Monteiro Lobato, livro a livro

"Somos leves, aéreos – uns alfenins;
somos 'ligeiros' – levianos.
Pela rama: que linda a nossa senha!
Borboletear...Viva!"

Monteiro Lobato. *O Saci*. 7ª ed. São Paulo:
Brasiliense, 1957. p.169

Marisa Lajolo
João Luís Ceccantini
(Orgs.)

Monteiro Lobato, livro a livro

Obra infantil

2ª reimpressão

© 2008, 2019 Editora UNESP

CIP – Brasil. Catalogação na fonte
Sindicato Nacional dos Editores de Livros, RJ

M778

Monteiro Lobato, livro a livro: Obra infantil / Marisa Lajolo, João Luís Ceccantini (organizadores). 1ª reimpressão – São Paulo: Editora Unesp: Imprensa Oficial do Estado S/A – IMESP, 2009.
il.

ISBN 978-85-7139-829-0 (Editora UNESP)
ISBN 978-85-7060-613-6 (Imprensa Oficial)

1. Lobato, Monteiro, 1882-1948 - Crítica e interpretação. I. Lajolo, Marisa, 1944-. II. Ceccantini, João Luís. III. Imprensa Oficial do Estado S/A – IMESP (SP).

08-2707.   CDD: 808.899282
    CDU: 82-93

Foi feito o depósito legal na Biblioteca Nacional (lei nº 10.994, de 14/12/2004).
Direitos reservados e protegidos pela lei nº 9.610/1998.
Proibida a reprodução total ou parcial sem a prévia autorização dos editores.

Direitos de publicação reservados à:

Imprensa Oficial do Estado S/A – IMESP
Rua da Mooca, 1921 Mooca
03103 902 São Paulo SP
SAC 0800 01234 01
www.imprensaoficial.com.br

Fundação Editora da Unesp (FEU)
Praça da Sé, 108
01001-900 – São Paulo – SP
Tel.: (0xx11) 3242-7171
Fax: (0xx11) 3242-7172
www.editoraunesp.com.br
www.livrariaunesp.com.br
feu@editora.unesp.br

Editora afiliada:

Asociación de Editoriales Universitarias de América Latina y el Caribe   Associação Brasileira de Editoras Universitárias

Sumário

Apresentação — 9

1 Linguagens *na* e *da* literatura infantil de Monteiro Lobato — 15
Marisa Lajolo

2 A imagem na obra lobatiana — 33
Luís Camargo

3 Belmonte ilustra Lobato — 53
Maria Alice Faria

4 De raro poder fecundante: Lobato editor — 67
João Luís Ceccantini

5 Algumas notas sobre a trajetória editorial de *O Saci* — 87
Evandro do Carmo Camargo

6 Monteiro Lobato e o processo de reescritura das fábulas — 103
Loide Nascimento de Souza

7 João Nariz, o garimpeiro que virou raridade — 123
Cilza Bignotto

8 Jeca Tatuzinho: patriotismo e propaganda   139
  Glaucia Soares Bastos

9 Hans Staden à lobatiana   151
  Lucila Bassan Zorzato

10 *Peter Pan* lido por Dona Benta   171
   Adriana Silene Vieira

11 *Reinações de Narizinho*: um livro "estupendo"   187
   Denise Maria de Paiva Bertolucci

12 *Viagem ao céu*: aventura, fantasia e ciência   201
   Milena Ribeiro Martins

13 *História do mundo para as crianças*: uma obra inovadora   221
   Míriam Giberti Páttaro Pallotta

14 História de caçador, histórias de caçadas   237
   Jaqueline Negrini Rocha

15 A gramática da Emília: a língua do país de Lobato   255
   Thaís de Mattos Albieri

16 *Aritmética da Emília* (1935): matemática para (não)
   matemáticos?   275
   Fernando Teixeira Luiz

17 *Geografia de Dona Benta*: o mundo pelos olhos da imaginação   289
   Rosimeiri Darc Cardoso

18 *História das invenções:* "a saga de Peludo"
   ou "as queixas de um pioneiro"   305
   Carlos Cortez Minchillo

19 *Dom Quixote das crianças* e de Lobato   325
   Amaya O. M. de Almeida Prado

20 *Memórias da Emília*   341
   Emilia Mendes

21 *O poço do Visconde*: o faz de conta quase de verdade   355
   Kátia Chiaradia

22 *Histórias de Tia Nastácia*: serões sobre o folclore brasileiro   373
   Raquel Afonso da Silva

23 *Serões*: verdades científicas ou comichões lobatianas?   391
   Lia Cupertino Duarte

24 *O Picapau Amarelo*: o espaço ideal e a obra-prima   409
   Mariana de Gênova

25 No centro do labirinto: o papel do leitor na obra
   O Minotauro   427
   Eliane Aparecida Galvão Ribeiro Ferreira

26 Entre guerras, ciências e reformas: Emília consertando
   a natureza   439
   Tâmara C. S. Abreu

27 A chave do mundo: o tamanho   455
   Thiago Alves Valente

28 O 13º trabalho de Lobato   471
   Emerson Tin

Referências bibliográficas   485

Índice onomástico   501

Apresentação

As discussões que propomos neste *Monteiro Lobato, livro a livro* pretendem abrir rumos para novas pesquisas – ou simplesmente para novas leituras – dos livros e do autor das histórias do Sítio. Seus capítulos recobrem, de forma instigante e às vezes polêmica, um espectro bastante amplo de questões que vêm pontuando o pensamento brasileiro e encontrando expressão na nossa melhor literatura. Formas de apropriação de diversas matrizes culturais, renovação da linguagem no contato com diferentes formações discursivas, consciência aguda da materialidade do texto, dialética sinuosa entre realidade e ficção, horizonte da história internacional bem como diálogo constante com os vários Brasis de seu tempo fazem parte do Monteiro Lobato que este livro propõe.

José (Bento) Monteiro Lobato (18.4.1882 – 4.7.1948) nasceu em Taubaté, no interior de São Paulo. Foi escritor, advogado, fazendeiro, diplomata, empresário e tradutor. Além de tudo isso – mas sobretudo! – é imagem carinhosamente guardada na memória de muitas gerações e ocupa lugar de destaque na literatura brasileira.

Autor de contos regionalistas, esgotava sucessivas edições dos livros (*Urupês* [1918], *Cidades mortas* [1919] e *Negrinha* [1920]), para os quais, a cada nova edição, reescrevia incansavelmente os textos. Seus enredos, ainda que às vezes engraçados, têm por referência um interior paulista marcado por paisagens e personagens decadentes, que parecem metaforizar as várias degradações e violências que marcam, no Brasil do começo do século XX, a transição de uma sociedade agrícola para outra que se quer urbana, industrializada, moderna. Além disso, Monteiro Lobato publicou um romance (*O presidente negro*, 1926), produziu centenas de artigos (alguns bastante polêmicos), que enfeixou em vários títulos de sua obra, e escreveu também milhares de cartas, que aos poucos vêm sendo publicadas. Bibliografia completa e acurada do escritor encontra-se em <http://www.unicamp.br/iel/monteirolobato> e em <http://www.lobato.globo.com>.

É, no entanto, como autor infantil que Monteiro Lobato é mais conhecido e amado.

É deste Lobato, inventor do Sítio do Picapau Amarelo, que se ocupa este livro, escrito a muitas mãos – por professores e pesquisadores de diferentes instituições brasileiras. Como seu título sugere, *Monteiro Lobato, livro a livro* dedica um capítulo a cada título infantil do escritor, acompanhando a cronologia de lançamento de suas primeiras edições. Abrem o livro discussões breves sobre linguagem, imagens, ilustrações e práticas editoriais do escritor.

Uma das novidades deste livro é apresentar o percurso cumprido por cada obra lobatiana – desde, muitas vezes, a discussão de seu projeto original até as alterações perceptíveis em suas diferentes edições. Trata-se, pois, de levar nossos leitores à oficina do escritor: lá se encontra um Lobato artífice da palavra e do livro, sempre disposto a refinar as maneiras pelas quais renova, a cada edição, o pacto que qualquer escritor estabelece com seus leitores. Com isso, *Monteiro Lobato, livro a livro* também traça, de um ângulo extremamente original, uma história da leitura do Brasil de Lobato.

Esta história ganha verossimilhança, profundidade e pluraliza suas perspectivas na medida em que – para a análise da obra lobatiana – tanto recorremos a cartas enviadas ao escritor por seus leitores, quanto a documentos editoriais e escolares, como, por exemplo, alguns pareceres de órgãos educacionais relativos à pretendida adoção e circulação escolar das histórias do Sítio. Em muitos casos trazidos a público pela primeira vez, tais documentos – quer os do Centro de Documentação Alexandre Eulálio, da Unicamp, quer os da Biblioteca Infantil Monteiro Lobato, quer ainda os do Instituto de Estudos Brasileiros – são extremamente sugestivos dos novos caminhos que aguardam novos pesquisadores.

A ideia do livro nasceu de pesquisa desenvolvida na Unicamp (projeto temático Monteiro Lobato [1882-1948] e outros modernismos brasileiros, financiado pela Fapesp-CNPq e pela própria Unicamp), a partir de documentação do escritor lá depositada por seus herdeiros e hoje parcialmente disponibilizada no site <http://www.unicamp.br/iel/monteirolobato>. Formatado livremente por cada um dos autores – professores, mestres e doutores da Unicamp e da UNESP –, *Monteiro Lobato, livro a livro*, embora tenha muito a dizer a profissionais e estudantes de Letras, de Educação, de História e de Comunicações, esforçou-se por ter como interlocutor privilegiado o leitor comum.

E não poderia ser de outra maneira.

Fruto de pesquisa financiada, direta ou indiretamente, por verbas públicas,[1] debruçando-se sobre uma figura tão popular como Monteiro Lobato, este livro se ocupa de algo muito íntimo de muitos brasileiros. Debruça-se sobre um componente fundador de nosso imaginário, de um escritor cujas personagens e cenários iluminaram (e continuam iluminando) milhões de vidas, de uma obra que é constantemente reescrita em diferentes mídias. Daí, posto que os instrumentos de que lançamos mão nas discussões

---

[1] Os organizadores e os autores gostariam de agradecer à Fapesp, à Capes e ao CNPq, pelo apoio recebido para as pesquisas que originaram este livro. Agradecem, ainda, à Biblioteca Infantil Monteiro Lobato e a Geovana Gentilli.

aqui propostas fossem inspirados por teorias literárias de ponta, todo jargão da teoria e dos estudos literários foi cuidadosamente evitado. Procuramos escrever – como gostava Lobato – em *linguagem clara e cristalina como água de pote*. Assim, muito embora o livro tenha sido concebido e escrito no ambiente de universidades públicas do sistema estadual paulista, ele pretende circular para bem além do ambiente acadêmico. Leitores de Lobato, mais recentes e mais antigos, encontrarão no livro renovadas razões para encantamento.

A todos estes (aliás, a todos nós!) este Monteiro Lobato tem muito a dizer.

Os autores

verso:
Monteiro Lobato. (s.d.). Fundo Monteiro Lobato
Fotografias/Cedae – Centro de Documentação Cultural "Alexandre Eulálio"– Unicamp

1
Linguagens *na* e *da* literatura infantil de Monteiro Lobato
Marisa Lajolo[1]

> *Isso que chamamos de "pátria" no fundo não passa da "língua". Pátria é a língua. Nostalgia é apenas a saudade da língua. E se temos mais saudades dos amigos do que do Pão de Açúcar e de todas as coisas materiais da pátria, é que com os amigos estamos literalmente dentro da língua, como um bicho dentro da goiaba. É com os amigos que conversamos – e viver é conversar.*
>
> (carta que Monteiro Lobato enviou a Cândido Fontoura de Buenos Aires, em 1.2.1947. Fundo Monteiro Lobato. Cedae-IEL-Unicamp. Mlb 3.1.00192 cx4)

Às turras com a gramática

Em carta que Edgar Cavalheiro supõe ser de 1895, um Lobato de treze anos, desolado, informa à mãe que havia sido reprovado numa prova de Português, consolando com isso todos nós que, alguma vez na vida, batemos de frente com ortografias esdrúxulas e perversas regras de colocação pronominal:

> Ontem entrei na prova oral de Português e fiz uma prova boa. Todos os que viram disseram que eu tinha tirado um plenamente,[2] mas quando fui ver eu estava

---

[1] Professora titular aposentada da Unicamp, coordenou o projeto temático "Monteiro Lobato (1882-1948) e outros modernismos brasileiros", que teve apoio da Fapesp e do CNPq e cujos resultados se encontram disponíveis em <http://www.unicamp.br/iel/monteirolobato>. Atualmente, é professora da Universidade Presbiteriana Mackenzie e continua a ler – com renovado encanto – Monteiro Lobato.

[2] Equivalentes a notas e conceitos de hoje, "Plenamente" e " Simplesmente" faziam parte do sistema de avaliação escolar contemporâneo da carta de Monteiro Lobato.

> inabilitado. Creio que é engano ... A minha prova escrita foi boa e a oral também. Eu vi na prova escrita uns seis rapazes que não sabiam nada, que me perguntavam tudo, que colavam ... serem aprovados. Na oral vi rapazes que diziam que "pouquíssimo" era advérbio; "fortes" não sabiam o que era, saírem aprovados. E eu que respondi tudo saí inabilitado. (Lobato, 1970, p.17-8)

A reprovação parece ter marcado profundamente o menino que, mais tarde, se transformou em um dos grandes escritores de nossa literatura. O antigo aluno que levou bomba de um professor ranzinza, de cujo nome ninguém mais se lembra, tornou-se mestre de linguagem que deu o troco: não apenas satirizou os gramáticos, no impagável conto "O colocador de pronomes" (de 1924), como o tempo todo desferia cotoveladas à pureza vernácula e a seus defensores.

Em janeiro em 1921, nas geralmente sisudas páginas da *Revista do Brasil*, o escritor publica uma história infantil que, depois, vai ser incorporada ao livro *Reinações de Narizinho*. Na história, que inclui o enterro de uma vespa, já se encontram algumas estocadas contra a linguagem *empolada* e *difícil*:

> As formigas depuseram na cova a defunta e começavam a cobrir o corpo de terra – quando apareceu, esbaforido, um besouro de sobrecasaca e chapéu canudo, com as tiras de um discurso na munheca. O ilustre figurão era o orador oficial do Instituto Histórico dos Escaravelhos, sábio de grande fama na Besourolândia, mas um peroba de marca! Principiou a falar, com citação de mil autores e muitas frases latinas. Falou, falou, e como não acabasse mais de falar, o louva-deus, impaciente, arrolhou-lhe a boca com um toquinho de pau. (*Revista do Brasil*, 1921, p.43)

Riem do besourinho pernóstico de *sobrecasaca e chapéu canudo* os leitores que sabem (como sabiam os leitores daquela época) que *ser um peroba de marca* é ser muito cansativo, enfadonho, chatíssimo.

Dez anos depois da publicação na revista, ao incluir o mesmo episódio num livro, Monteiro Lobato intensifica a ironia em relação ao falar pretensioso, trabalhando diferentes sentidos da palavra "pau", o que sugere um escritor bastante atento à linguagem que emprega, modulando-a com sutileza. Na época da publicação do livro, *pau* tanto significava *cansativo, enfadonho, chatíssimo* (equivalente à expressão *o peroba*, da versão da *Revista do Brasil*), quanto remetia ao material de que era feito o bastão com que o louva-deus policial fecha a boca do orador, quanto ainda, por extensão (metonímia, no caso), à própria arma do policial:

> O Fazedor de discursos. Veio ele, de discursinho debaixo do braço, escrito num papel e leu, leu, leu que não acabava mais. As formigas ficaram aborrecidas com o besourinho (era um besourinho do Instituto Histórico) e apitaram. Apareceu um louva-deus soldado, de pauzinho na mão. "Que há?", perguntou. "Há que estamos cansadas e com fome e este famoso orador não acaba nunca o seu discurso. Está muito pau", disseram as formigas. "Para pau, pau!" resolveu o soldado – e arrolhou o orador com o seu pauzinho. (Lobato, s.d.a., p.37-8)

Também através do Doutor Caramujo – personagem da história inaugural de Narizinho – a linguagem pedante, presunçosa e pretensiosa, distante da cotidiana, é satirizada. Narizinho se ri do médico que, para dizer que a perna de Emília havia sido esvaziada de seu recheio de macela, diagnostica:

> – A senhora condessa está sofrendo duma anemia macelar no pernil barrigóide esquerdo... (Lobato, s.d.a., p.63)

Enquanto, em sua ficção infantil (e também na não infantil), Monteiro Lobato satiriza a linguagem afetada, em sua correspondência, a crítica ao amaneiramento de estilo se radicaliza, ao dividir espaço com constantes pedidos de explicações e revisões gramaticais a Godofredo Rangel, amigo que funciona como uma espécie de *consultor gramatical* de Lobato:

> Quero que me mandes as tuas regras de colocação dos pronomes. Desconfio sempre dos meus pronomes. Colocam-se nas frases meio politicamente. (Carta de 29.10.1916) (Lobato, 1956b, p.117)
>
> ...
>
> Ora, como eu não sei gramática, sou obrigado a recorrer a uma e aprender o que ela quer que Dona Benta explique, "Regência dos verbos mais frequentes" . Eu devo saber fazer isso muito bem, mas não ligo o nome à pessoa. Antigamente você me resolvia as dúvidas gramaticais, quem sabe se ainda tem ânimo de me explicar isso? Porque se

eu for ver na gramática sou até capaz de não achar, de tal modo eu me perco naquele baratro. (Carta de 5.3.1945) (Lobato, 1956b, p.365)

A frequência do tema *linguagem*, ao longo da correspondência e da obra lobatiana, sanciona a hipótese de que cada livro de Monteiro Lobato – na realidade, cada edição de cada obra sua – constitui uma experiência de estilo, levada a cabo por um escritor consciente de que o trabalho artesanal com a linguagem é requisito da profissão. E, efetivamente, vários estudos[3] apontam e aplaudem a inventividade com que Monteiro Lobato se move, no mundo da linguagem.

Pesquisas recentes levam adiante a observação, debruçando-se sobre *variantes* das obras que documentam como, a cada nova edição de seus títulos, o escritor altera o texto: em reescritura constante, como – aliás – indicam vários ensaios deste livro, o escritor parece buscar procedimentos que melhor se prestem a provocar os efeitos de sentido pretendidos.

Esse incansável esforço de refacção textual manifesta-se desde o plano miúdo do texto (passagem de letra maiúscula para minúscula e vice-versa, inclusão ou corte de artigos, acréscimo, substituição ou apagamento de palavras) até alterações em estruturas maiores, como fusão, omissão ou incorporação de parágrafos, exclusão ou acréscimo de capítulos, ou mesmo junção ou divisão de livros.

Desde 1931, ano de publicação de *Reinações de Narizinho*, obra que – na explicação do próprio Monteiro Lobato – representa a unificação de uma série de historietas publicadas nos anos 1920, o leitor que acompanha as publicações do autor percebe como ele investe tempo e trabalho na criação de uma linguagem coloquial, a qual, aos olhos e ouvidos do leitor, soa como espontânea e natural. Mas sabe-se, pela consulta às diferentes variantes de

---

[3] Conferir como bibliografia recente BORGES, Maria Zélia. Sinhazinha Brazilina: português do Brasil, um sonho de Monteiro Lobato. *Revista do GELNE* (UFC), v.4, p.245-8, 2007; PIRES DE BRITO, Regina Helena. *A influência de autores estrangeiros em Lobato e a constituição da Brasilina*. GELNE (UFC), v.4, p.253-7, 2007.

cada título, que se trata de uma *falsa* naturalidade, fruto – ao contrário – de trabalho incessante do escritor.

Apesar de *Reinações de Narizinho*, como todos os outros títulos do escritor, ter sofrido várias reformulações textuais e editoriais, o livro mantém uma razoável identidade, ao longo da vida de Monteiro Lobato. Com pequenas alterações, o título (ainda que às vezes dividido em mais de um volume) recobre um mesmo conjunto de histórias e constitui uma espécie de *matriz* da série do Sítio.

É, pois, nele que nos vamos deter para discutir algumas marcas da linguagem lobatiana. Ao longo da história que começa com a viagem de Narizinho ao reino das Águas Claras, inúmeras passagens nos levam à oficina do escritor, e lá – talvez, por sobre o ombro do escriba – podemos nos familiarizar com alguns dos procedimentos que tornam sua linguagem fluente e coloquial e, nessa medida, marco inaugural da moderna literatura infantil brasileira.

A primeira observação nos mostra um Monteiro Lobato inventor de palavras: na história de Narizinho, *condessar* é nomear Emília condessa (p.45); um recado escrito nas asas de uma borboleta é um *borboletograma* (p.54); um inspetor que agride alguém dá-lhe *inspetoradas* no lombo (p.92) e a paixão do Príncipe Escamado por Narizinho é diagnosticada como *narizinhoarrebitadite* (p.95). Para completar o quadro, Emília chama seu cavalinho de pau de "Vossa Cavalência" e, em sua boca, a conjunção *entretanto* se transforma no latinório macarrônico *entretântibus* (p.201).

Ou seja, na oficina de Lobato, a língua portuguesa é tratada como matéria maleável – argila que guarda as digitais do oleiro, na bela imagem de Walter Benjamin. O escritor a molda em neologismos criados a partir de um agudo senso da tradição vernácula e a inventividade explode em jogos de palavras. Quando, por exemplo, Rabicó desafia Tom Mix,[4] "Queria ver a sua cara se

---

[4] Pseudônimo do ator norte-americano Thomas Hezikiah Mix (1880-1940), que, a partir dos anos 1920, populariza a figura do caubói em filmes de faroeste.

Lampião aparecesse por aí com os seus cinquenta cangaceiros", a resposta do caubói de Hollywood antecipa o trocadilho com que, mais de quarenta anos depois, a deliciosa comédia Mazzaropi[5] fazia rir a plateias lotadas:

– Lá tenho medo de lampiões ou lamparinas? (p.61)

O embaralhamento de substantivos próprios e comuns, o falso jogo masculino/feminino e a aparente flexão de gênero no par *Lampião/Lamparina*, que divertia (e talvez ainda divirta...) leitores familiarizados com as histórias de Lampião,[6] é um procedimento bastante próximo da divertida superposição de homônimos que ocorre quando Emília, discutindo a imagem de lua que iria enfeitar-lhe um vestido, pede uma *sala crescente* ao invés de um *quarto crescente* (p.235).

Os exemplos se multiplicam, reforçando a ideia de que, no plano vocabular, o escritor não desmente o remetente de tantas cartas que aconselhavam e confessavam trabalho ininterrupto com a linguagem.

> O meu processo é anotar as boas frases, as de ouro lindo, não para roubá-las ao dono, mas para pegar o jeito de também tê-las assim, próprias. Dum de seus livros [de Camilo Castelo Branco] extraí 60 frases de encher o olho. Não releio mais esse livro – não há tempo – mas releio o compendiado, o extrato, e aspiro o perfume e saboreio. Formo assim um florilégio camiliano do que nele mais me seduz as vísceras estéticas. E não discuto nem analiso, porque seria fazer gramática, do mesmo modo que não analiso botanicamente um cravo ou uma gostosa laranja mexeriqueira. Cheiro um e como a outra.

---

[5] Em 1963, Mazzaropi lança o filme *O Lamparina*, em que o popular Jeca vai ao Nordeste e encontra cangaceiros.

[6] Entre 1918 e 1938 – contemporaneamente ao lançamento do livro, portanto –, o bando comandado por Lampião (Virgulino Ferreira da Silva) percorria o sertão do Nordeste brasileiro, fato amplamente divulgado pela imprensa, o que dá ao livro de Lobato um curioso intertexto jornalístico, que, como se verá, será retomado em *O garimpeiro do rio das Garças*.

Resumindo: meu plano é ter uma horta de frases belamente pensadas e ditas em língua diversa da língua bunda que nos rodeia e nós vamos assimilando por todos os poros da alma e do corpo. (Lobato, 1956a, p.7-8)

Essa defesa do direito de inventar, desinventar e transformar a linguagem de que se vale Monteiro Lobato também se manifesta no que talvez se possa chamar de *nível discursivo* da sua obra. Neste outro plano, metalinguagem, intertextualidade, consciência do leitor e oralidade merecem menção, pela constância com que se manifestam e pelos fabulosos efeitos de sentido que criam.

Cartas & leitores nos bastidores dos livros

A conversa com leitores, a alusão a livros e escritores e a referência ao ato de escrita são procedimentos correntes e, às vezes, estruturantes de alguns livros lobatianos, além de surgirem aqui e ali temperando a narração.

Quando, por exemplo, no primeiro livro da série infantil, a turma do Sítio está visitando o país das fábulas, Narizinho sugere que Pedrinho salve o cordeirinho prestes a ser devorado pelo lobo, mas é advertida:

Não atrapalhe a fábula. O Sr. de Lafontaine lá está de lápis na mão tomando notas. (p.259)

Com a advertência à menina, o leitor com certeza sorri e talvez – nesse sorriso – se quebre o envolvimento da leitura, pois o foco no que está sendo narrado (o tenso diálogo entre o lobo e o cordeiro) cede lugar a uma prosaica observação de *como* aquilo que está sendo narrado chega aos leitores: pelo registro escrito de um autor, que é tão personagem da história quanto as personagens que o observam e que, nessa função de observadores, podem – por inadvertência do leitor distraído – embaralhar a posição de quem está fora e de quem está dentro das páginas de um livro.

Nessa superposição de ficção e realidade levada a efeito pela metalinguagem – isto é, pelas passagens nas quais o texto tematiza sua própria natureza textual e livresca – o leitor vai interagindo com procedimentos mais e mais sofisticados de linguagem.

Embora seja em *O país da gramática* (1934) que a linguagem ganhe primeiro plano, é em *Memórias de Emília* (1936) que a reflexão metalinguística formata, por assim dizer, uma obra inteira. Ao longo deste livro, sucedem-se tópicos que levantam questões contemporâneas nossas, como a noção de autoria, caminhos e descaminhos da produção de livros, a mão dupla entre literatura e outras linguagens – como o cinema – inauguradas pela modernidade. Tais questões, presentes e textualizadas no decorrer de todo o *Memórias de Emília*, retomam – em dicção calibrada para o público infantil – questões já presentes em "Marabá", magnífico conto de 1923 (publicado em edições posteriores de *Negrinha* (1920) e em *O presidente negro* (1926)), também palco de discussões sobre *como escrever um romance*.

A esta metalinguagem que se manifesta duplamente, tanto da perspectiva da *produção* quanto da *recepção*, soma-se ainda outra forma de autorreferenciação da obra lobatiana: o que se poderia chamar de *metalinguagem editorial*: *merchandising*, em linguagem marqueteira contemporânea.

Desde as edições dos anos 1930, as obras infantis de Monteiro Lobato dialogam entre si em quartas capas, subtítulos, notas finais, rodapés ou mesmo no interior dos textos. Essa unificação se fortalece e ganha expressão na inclusão de várias delas em coleções organizadas pela Companhia Editora Nacional. O procedimento de unificação é aperfeiçoado quando o próprio Lobato organiza sua obra completa – agora para a Editora Brasiliense – e denomina os dois conjuntos de seus livros, respectivamente, "Série infantil" e "Série adulta".

Metalinguagem e intertextualidade como matéria de criação extravasam dos livros de Monteiro Lobato e invadem a correspondência do escritor, como na carta que ele escreve, em 21 de junho de 1936, para uma menina pelotense, Maria Luiza Pereira Lima:

Sta. Maria Luiza:

Arrumando os meus papéis hoje, encontrei a sua cartinha azul de 11 de fevereiro e me deu vontade de lhe escrever sabendo como vai passando a minha amiguinha desconhecida e companheira de "livre pensamento".

Tem lido muito? Aumentou a biblioteca? Aquele tempo tinha 110 volumes. E agora? Aposto que já está em 120.

Li sua cartinha lá no sítio do Picapau e a Emília disse: "Ela que venha aqui e eu tiro a prosa dela" – e como você disse que sabia alemão, a sapeca da Emília pôs-se a aprender alemão depressa para não fazer feio quando você vier. Ela já sabe dizer Como vai? Bem, obrigada, e outras coisinhas assim na língua do Barão de Munchhausen.

Emília, coitada, anda muito aborrecida, porque os livros já deram notícia que ela estava escrevendo as Memórias da Marquesa de Rabicó e essas memórias não saem nunca. Ela é uma danadinha para falar, mas quando pega na pena fica boba e não sai nada. Eu desconfio que quem vai escrever as memórias dela é o visconde – e depois, está claro que ela as assina com o maior caradurismo do mundo, como fez com a arimética.

Este ano deu muita laranja lá, sobretudo cravo, e eles têm se regalado. Até o Quindim está gordo, de tanto mascar laranja – esse com casca e tudo.

Rabicó anda planejando qualquer coisa. Qualquer dia ele também sai com um livro, Geometria de Rabicó, qualquer coisa assim. Deu mania de escritor neles. Até Quindim está fazendo uma História Natural – e bem boa para um animalão chifrudo daqueles.

Bem, a prosa está boa mas é hora de ir tomar café. Já me chamaram (e com bolinhos de tia Nastácia). Por isso, adeus. Seja muito feliz e me escreva uma carta bem comprida e asneirenta como as da Emília.

Do amiguinho desconhecido

Monteiro Lobato

Na carta acima não apenas livros e leituras são assuntos de abertura, como a própria língua alemã é representada pelo Barão de Munchhausen (personagem já conhecida dos leitores lobatianos desde *Reinações de Narizinho*, onde o barão contracena com a turma do Sítio). Lobato foi um correspondente muito assíduo e sua correspondência – sobretudo as cartas dirigidas a leitores e as deles recebidas – parece refinar sua sintonia com seu público. A consciência dos leitores – com quem às vezes o narrador dialoga e cujas expectativas antecipa (e, ao antecipar, traz para a obra) – é constante na obra lobatiana. E, da obra, parece transferir-se para a vida do escritor, que foi pioneiro na prática, hoje tão corrente, de visitar escolas e conversar com crianças.

Manifestando-se de diferentes maneiras, esse olhar para seu público é, não poucas vezes, determinante da formatação de algumas obras como, por exemplo, todas as que mimetizam cenas de leitura. Incluem-se nesse grupo as histórias nas quais as personagens representam leitores, respondendo de forma variada porém sempre intensa a livros e a leituras, como ocorre em *Peter Pan* (1930) e em *D. Quixote das crianças* (1936).

O narrador de *Reinações de Narizinho* também estreita laços com os leitores quando os traz para as páginas do livro, já no parágrafo de abertura, ao introduzir na história um pronome *quem* indeterminado:

> Numa casinha branca, lá no sítio do Pica-pau Amarelo, mora uma velha de mais de sessenta anos. Chama-se Dona Benta. *Quem* passa pela estrada e a vê na varanda, de cestinha de costura ao colo e óculos de ouro na ponta do nariz, segue seu caminho pensando:
> – Que tristeza viver assim tão sozinha neste deserto ...
> Mas engana-se. Dona Benta é a mais feliz das vovós ... (Lobato, s.d.a., v.1, p.5)

A indeterminação do sujeito em *"quem passa pela estrada"* constitui convite para o leitor identificar-se com o transeunte da estrada, ao qual o narrador atribui algumas expectativas, que vai derrubar logo adiante. Mais para frente, o leitor – sempre de forma indeterminada – é novamente interpelado pelo narrador, temeroso de que o neologismo *borboletograma* não seja compreendido:

> Não sabem o que é? Invenção da Emília. (Lobato, s.d.a., p.54)

Se, em *Memórias de Emília*, a metalinguagem traz para primeiro plano a discussão de procedimentos de escrita e da produção de livros, em *Peter Pan* e em *D. Quixote das crianças* vêm para primeiro plano tanto o caráter intertextual da literatura (Dona Benta encomenda os livros de Cervantes e de James Barrie e os *reconta/reescreve* para seus netos) quanto a *mimese da recepção*.

Em ambos os títulos, os leitores de Lobato acompanham duas histórias: uma, a história inventada pelo autor dos livros (respectivamente Cervantes e Barrie) e recontada por Dona Benta; outra, a história da recepção dos livros, entremeada de comentários entusiasmados das crianças sobre a história que lhes é narrada, mimetizando, inclusive, episódios delas.

Essa mimese da recepção também se manifesta nas *Histórias de Tia Nastácia*, obra igualmente pródiga em *comentários* dos ouvintes à matéria narrada. No entanto, ao contrário do que sucedera em *Peter Pan* e em *D. Quixote das crianças*, os ouvintes-leitores não se entusiasmam pelas histórias contadas pela velha cozinheira.

Pode-se dizer que, ao inscrever sua obra infantil na confluência de duas vertentes da literatura – a retomada das tradições populares e o recurso à moderna (= pós-renascentista) tradição europeia –, Monteiro Lobato está tematizando, de uma perspectiva recepcional e tendo por horizonte o público infantil, uma das mais candentes questões da literatura brasileira.

Falando do horizonte cultural das primeiras décadas do século XX brasileiro, Alfredo Bosi – com aguda percepção – aponta os caminhos que dilaceram o horizonte de nossa literatura, dilaceramento que bem pode ser lido nas histórias contadas por Tia Nastácia, em oposição às obras lidas e recontadas por Dona Benta. Nas palavras de Bosi, as forças em conflito são chamadas de *centrípeta* e *centrífuga*:

> a *centrípeta*, de volta ao Brasil real, que vinha de Euclides sertanejo. Do Lobato rural, do Lima Barreto urbano; a *centrífuga,* o velho transoceanismo, que continuava selando a nossa condição de país periférico a valorizar fatalmente tudo o que chegava da Europa. (Bosi, 1970, p.342)

As cartas e a escrita

Ainda que o constante diálogo com o leitor confira sotaque oral à obra lobatiana, em *Reinações de Narizinho* – bem como em toda a obra do escritor – são também abundantes e variadas as cenas nas quais a escrita é protagonista.

Como se viu, o elogio da leitura é frequente, mas livros não são, em absoluto, fonte única da verdade, e os leitores ficcionalizados são elogiados por manterem espírito crítico em face do que leem: "Narizinho ficou assombrada com aquelas ideias, tão diferentes das que lia nos livros" (Lobato, s.d.a., p.69). Porém, ainda que o texto sublinhe a autonomia do leitor, a familiaridade com livros é, nessa obra, traço que marca positivamente as personagens leitoras, aqui representadas por Narizinho. Ao apresentar Emília ao Visconde, presuntivo pai do pretendente à mão da boneca, Narizinho diz que ela *lê nos livros como uma professora* (p.85) e arremata o elogio à leitura quando defende a seguinte tese:

> Vovó sabe porque lê nos livros e é nos livros que está a ciência de tudo. Vovó sabe mais coisas do mar, sem nunca ter visto o mar, do que este senhor caramujo que nele nasceu e mora. (ibidem, p.104)

Em outras passagens da obra, a escrita se representa por cartas. Em vários momentos, cartas são escritas, enviadas, recebidas e lidas. Logo no começo da história, por exemplo, é por intermédio de uma carta que vem o aviso da vinda de Pedrinho para o sítio e é por outra que Dona Benta fica sabendo da data da chegada do neto. Mais adiante, uma rápida conversa entre os primos sugere correspondência regular entre eles. Além de cartas, em outras passagens, a escrita se faz presente na história por meio de cartões que acompanham presentes, de recados e de convites, sendo que, no episódio do circo de escavalinho, a dificuldade de especificar o destinatário das cartas-convite – requisito indispensável do gênero epistolar – é responsável pela risada do leitor.

Assim, se considerarmos a chegada de Pedrinho ao sítio da avó como marco da estabilização do grupo de personagens da obra infantil lobatiana, podemos ver nas cartas da mãe do menino que anunciam, respectivamente, a chegada e a partida do neto de Dona Benta, uma espécie de sinal que marca, ao mesmo tempo, tanto a comunicação entre o *dentro* e o *fora* do sítio quanto, em outro plano, o trânsito que a obra patrocina entre fantasia & realidade, cidade & campo.

Num escritor tão assíduo em sua correspondência, como Monteiro Lobato, não surpreende a presença de cartas em sua ficção. E, num autor que trabalha tanto a linguagem, não surpreende igualmente que, em alguns momentos, não apenas a troca de cartas seja determinante do rumo dos acontecimentos, mas também que a *linguagem epistolar* seja tematizada.

Um desses momentos é a deliciosa carta na qual Rabicó pede clemência a Narizinho:

Pesso-vos-lhe perdão da minha kovardia. Tommiques sta qui amolando a phaca pra me Mattar. Tenha ddó deste infeliz, que se assina, com perdão da palavra, criado amigo brigado RABICO.

– O estilo, a letra, a ortografia e a gramática é tudo dele! Este bilhete corresponde a um perfeito retrato de Rabicó – ou Rabico, sem acento, como ele assina. Grandessíssimo patife! (ibidem, p.65)

Outro momento epistolar da história é a carta através da qual Narizinho é pedida em casamento. Numa retórica romântica que não está longe do estilo açucarado aconselhado em manuais de cartas de amor, e envelopado numa concha, chega ao sítio o pedido da mão da menina:

Senhora! A felicidade do reino das Águas Claras está nas vossas mãos. Nosso príncipe perdeu-se de amores e só pode ser salvo se a menina o aceitar como esposo. Ou casa-se ou morre, diz o médico da corte. Quererá a menina salvar este reino da desgraça compartilhando o trono com o nosso muito amado príncipe? (ibidem, p.97)

No comentário que Narizinho faz a essa carta, surge um inesperado (e raríssimo, na obra lobatiana) elogio à gramática, embora o plural (gramáticaS), as exclamações, o uso do pronome *vós* e a proclamação de amor dos súditos ao príncipe possa sugerir uma leitura irônica do elogio:

> – Sim, senhor! Disse Narizinho depois de lida a carta. Esses senhores peixinhos sabem escrever na perfeição. Acho que nem vovó, que é uma danada, seria capaz de escrever uma cartinha tão cheia de gramáticas! (ibidem, p.97-8)

Ao lado de protocolos epistolares, outras convenções da escrita também são trazidas de forma extremamente criativa para o interior do livro. Perguntada sobre qual título de nobreza gostaria de ter, responde Emília:

> – Quero ser a Condessa das três estrelinhas! Acho lindo tudo que é de Três Estrelinhas – a cidade de *** O ano de *** O duque de ***, como está naquele romance que Dona Benta vive lendo. (ibidem, p.36)

O trecho é interessante: reforça a imagem de Dona Benta como leitora assídua, para quem a leitura não se fazia apenas em função de poder contar história aos netos. Se não temos como saber qual seria o romance *que Dona Benta vivia lendo*, a passagem insinua o gênero: o romance de folhetim. É nele que o expediente ao asterisco – insinuando a veracidade de tempo, lugar e personagem, mas, ao mesmo tempo, ocultando sua identidade – intensifica o suspense. Ao definir seu título de nobreza a partir de um sinal gráfico, privilégio da escrita, transformado em substantivo próprio, Emília está radicalizando a ruptura de usos da linguagem, operando a passagem da oralidade para a escrita e vice-versa.

Contudo, essas irrupções do mundo da escrita, em *Reinações de Narizinho*, não abafam a oralidade na obra, que se manifesta na presença constante de diálogos ao longo de todo o livro, diálogos que primam pela verossimilhança, como, por exemplo, quando Pedrinho, impaciente, berra para o cocheiro "– Chegue já, seu coisa, senão vai pelotada ..." (p.106). E, se a oralidade é prerrogativa maior da fala de personagens (em discurso direto), ela invade também a fala do narrador, marcando-a com onomatopeias:

"Espere que eu te curo!" gritou passando a mão na vassoura. E pá! pá! Pá! ... desceu a lenha no lombo do gatuno .... (ibidem, p.48)

...

"Coin ! Coin! Coin!", grunhiu o ilustre fidalgo. (p.60)

...

A negra vai ao paiol, toma uma espiga de milho e vem para o terreiro – *xuk xuk xuk*! (p.79)

E, assim como sucedera com o asterisco que se transforma em substantivo próprio, também às vezes uma onomatopeia mais afoita se transforma em substantivo, como ocorre na informação, prestada pelo narrador, de que "Rabicó raspou-se com três coins" (ibidem, p.88).

Transitando, assim, de forma livre e extremamente inventiva da escrita para a oralidade e vice-versa, da reflexão sobre a própria obra para alusão a obras alheias, parece que, já neste Lobato das primeiras obras, encontra-se um artífice da linguagem a quem o tempo e o ofício vão apenas aprimorar.

O que talvez faça revirar-se na tumba – de arrependimento – aquele anônimo mestre que reprovou o menino Lobato numa prova de português.

verso:
A menina do narizinho arrebitado. 1.ed. São Paulo: Monteiro Lobato & Cia., 1920
Cedae – Centro de Documentação Cultural "Alexandre Eulálio" – Unicamp
Fotografia: Gregório Ceccantini

2
A imagem na obra lobatiana
Luís Camargo[1]

> *Eu bem digo que é muito perigoso ler certos livros. Os unicos que não fazem mal á gente são os que teem dialogos e figuras engraçadas.*[2]
> (Monteiro Lobato, 1929, p.8)

N'*O circo de escavallinho* (1929) – uma das onze histórias que mais tarde irão compor *As reinações de Narizinho* (1931) –, o Doutor Caramujo abre a barriga do Visconde de Sabugosa e tira "uma maçaroca de letras e signaes algebricos, misturados com 'senos' e 'cosenos' e 'logaritmos'". Narizinho chama Emília para ver "aquella tranqueira scientifica" que saiu de dentro do coitado e faz o comentário que serve de epígrafe a este capítulo (Lobato, 1929, p.6-8).

O comentário de Narizinho pode evocar a primeira cena de *Alice no país das maravilhas*, de Lewis Carroll. Alice dá uma olhadela no livro

---

1   Luís Camargo é escritor e ilustrador de livros infantis. Recebeu o Prêmio Jabuti, na categoria Ilustração, em 1986. Publicou *Ilustração do livro infantil*, em 1995. Doutor em Teoria e História Literária pelo IEL-Unicamp, sob orientação da profa. dra. Marisa Lajolo (2006). Desde 2003, trabalha como editor assistente no Editorial de Literatura, Projetos Especiais e Ensino Religioso da Editora FTD.

2   As citações reproduzem a ortografia do documento citado.

que sua irmã está lendo e diz: "Que cousa sem graça, livro sem figura nem dialogos!..." (Carroll, 1941, p.11).

Narizinho reforça a crítica de Alice, pois afirma que "os únicos [livros] que não fazem mal são os que têm diálogos e figuras". Mas não quaisquer figuras, só as "engraçadas". Pela voz de Narizinho, Lobato explicita, assim, alguns elementos de sua concepção de livro de literatura infantil: os diálogos, as figuras, o humor.

No mesmo *O circo de escavallinho*, essa posição é reforçada pela voz de Alariquinho, leitor de carne e osso e correspondente de Lobato, a quem este transformou em personagem (Debus, 2004, p.19-20, p.156-7, p.200-4). Ao responder a uma pergunta de Pedrinho, Alariquinho diz que seu pai vai bem:

> Ficou lendo um livro que espiei e vi que é dos taes sem graça, porque não tem dialogos nem figuras. (Lobato, 1929, p.20)

Cecília Meireles (1979, p.28), no livro *Problemas da literatura infantil*, resultado de uma série de três conferências que pronunciou em Belo Horizonte, em janeiro de 1949, critica as "capas coloridas" e as "abundantes gravuras", preferindo o "livro sem figuras". Há sessenta anos, talvez ainda fosse possível não levar em conta as capas e as gravuras – ou, como dizemos atualmente, as ilustrações. Hoje já não basta prestar atenção às ilustrações e suas relações com o texto. Nesse espírito, a palavra *imagem*, no título deste capítulo, refere-se a um conjunto de elementos: 1) o suporte material do texto; 2) a enunciação gráfica do texto; 3) a visualidade (construída pelas palavras) do texto; 4) a ilustração e, por extensão, a imagem, como texto, e 5) o diálogo entre texto e ilustração.

Neste capítulo, apresentarei alguns desses elementos, focalizando principalmente algumas obras que, reelaboradas e reunidas, compõem *As reinações de Narizinho* (1931) e, nas *Obras completas*, *Reinações de Narizinho* (1947). Não tenho a pretensão, assim, de fazer um estudo sobre a imagem na obra lobatiana, mas apenas abordar algumas categorias que me parecem importantes para esse estudo.

O suporte

Na quarta capa de *Novas reinações de Narizinho*[3] (1933) aparecem duas listas de livros, integrantes da Bibliotheca Pedagogica Brasileira e Outras Edições Infantis, reunindo livros de Lobato e outros autores. No canto inferior direito, lê-se:

> Todas estas edições de livros infantis são profusamente coloridas e em solida cartonagem.

As "figuras engraçadas" que Narizinho menciona n'*O circo de escavallinho* são aqui substituídas por figuras "coloridas", aliás, "profusamente coloridas". A frase destaca também o suporte material, a sólida cartonagem.

O suporte material do livro desempenha pelo menos três funções: 1) contribui para a durabilidade do texto e, assim, para manter a obra em circulação no sistema literário; 2) gera expectativa no leitor; 3) colabora para os significados do texto.

A falta de cuidado com o suporte material pode comprometer a circulação dos textos. Em carta a Godofredo Rangel, datada de 6 de julho de 1909, Lobato pede que o amigo devolva alguns livros emprestados:

> Mas faça-os voltar, não como veteranos vindos duma guerra estropiadora, sim como turistas que voltam duma viagem de recreio. ... *O Filho Prodigo* do Hall Caine fez como o filho prodigo da Biblia: chegou tão escalavrado e perrengue que lá baixou á enfermaria do encadernador. Ao que parece, você só tem amor á substancia do livro. Despresa-lhe o corpo – a vil materia. (Lobato, 1964a, t.1, p.252-3)

---

[3] *Novas reinações de Narizinho* (1933) traz como subtítulo, entre parênteses, "continuação de REINAÇÕES DE NARIZINHO", mas, na realidade, reúne seis das onze histórias já incluídas n'*As reinações de Narizinho*, obra publicada dois anos antes: "O Gato Felix", "Cara de coruja", "O irmão de Pinocchio", "O circo de escavalinho", "Pena de papagaio" e "O Pó de Pirlimpimpim" (no ÍNDICE, grafado com *e*: perlimpimpim). Nesse mesmo ano, a Companhia Editora Nacional publica *As reinações de Narizinho*, reunindo as cinco primeiras histórias da edição de 1931: "Narizinho arrebitado", "O Sítio do Picapau Amarelo", "O Marquês de Rabicó", "O casamento de Narizinho" e "Aventuras do príncipe".

Já não está na hora de os estudos literários também prestarem atenção ao "corpo" do texto? Se o suporte falha – "escalavrado e perrengue", na saborosa expressão acima transcrita –, a compreensão também pode ficar comprometida. Lobato brinca com isso em *As reinações de Narizinho*, na parte VI, "A viagem", de *O Sítio do Picapau Amarelo*, quando um "papelzinho rasgado" põe em risco a segurança da viagem:

> Porque era para o reino das Abelhas que iam, a convite a rainha. Reino das Abelhas ou das Vespas? Não havia certeza ainda. Na vespera chegara um marimbondo mensageiro com um convite assim:
>
> *Sua Majestade a Rainha das... dá a honra de convidar*
> *vocês para uma visita hoje*
> *ao seu reino.*
>
> Como o papelzinho estivesse rasgado num ponto, havia duvida se o convite era da rainha das Vespas ou da rainha das Abelhas. (Lobato, 1931, p.53-4)

A menina do narizinho arrebitado (1920) tem formato 29 cm × 21,8 cm, 44 páginas, algumas ilustrações só a traço e outras com manchas coloridas. Já *Narizinho arrebitado* (1921), cujo subtítulo é "segundo livro de leitura para uso das escolas primárias", tem formato 18,5 cm × 13,5 cm, 182 páginas, e apenas ilustrações a traço, sem cor. Esse formato não é muito diferente do de outro livro didático em circulação, no início dos anos 1920, *Contos infantis*, de Júlia Lopes de Almeida e Adelina Lopes Vieira, que contém igualmente ilustrações a traço: 11,5 cm × 18 cm, também 182 páginas. Parece, assim, que, nos dois livros de Lobato, o suporte obedece a algumas expectativas e rompe com outras: enquanto o livro didático segue o padrão dos livros escolares, o livro de entretenimento tem outra aparência.

Enunciação gráfica

Um texto pode nascer como uma espécie de fala interior, mas, para ser reconhecido como texto, precisa ser apresentado sob uma forma que possa ser percebida pelos sentidos. O termo *enunciação gráfica* designa o modo como o texto escrito é enunciado, abrangendo várias modalidades: a manuscrita, a impressa, a digital etc. O termo *enunciação* vem da Linguística e designa o ato de *enunciar*, isto é, o ato de *apresentar*, *tornar presente*, o texto. Poderia usar o adjetivo *visual*, em lugar do adjetivo *gráfica*. O termo *enunciação gráfica*, no entanto, procura evocar os termos *design gráfico* e *projeto gráfico*, usuais no universo editorial. A enunciação gráfica, como a entendo, abrange o projeto e o *design* gráfico. O termo *enunciação*, com sua grife linguística, procura sugerir que a enunciação gráfica é constitutiva do texto e, assim, de seu significado.

Lobato não descuidava da composição tipográfica. Em carta a Rangel,[4] ele escreve:

> Tenho em composição um livro absolutamente original, *Reinações de Narizinho* – consolidação num volume grande dessas aventuras que tenho publicado por partes, com melhorias, aumentos e unificações num todo harmônico. Trezentas paginas em corpo 10 – livro para ler, não para ver, como esses de papel grosso e mais desenhos do que texto. (Lobato, 1964a, t.2, p.329)

Esse trecho é bastante citado, mas parece que os leitores interpretam a palavra *composição* como *criação*. É possível, porém, que Lobato estivesse falando da composição tipográfica, pois especifica o corpo da fonte (corpo 10).

A enunciação gráfica desempenha pelo menos dois papéis: contribui para a legibilidade do texto e pode cooperar para seus sentidos.

A enunciação gráfica colabora – ou, pelo menos, *deveria* colaborar – para a legibilidade do texto, mas pode atrapalhar ou mesmo inviabilizar a leitura. Geralmente o leitor só se dá conta desse papel quando a enunciação falha, isto é, quando ela torna a leitura cansativa, difícil ou impossível.

---

4   Datada de 7 de outubro de 1934, erroneamente, conforme informa Milena Ribeiro Martins, neste livro.

Em janeiro de 1920, em artigo publicado na *Revista do Brasil* (comprada por Lobato, dois anos antes), Barbosa Vianna reclamava da baixa qualidade gráfica dos livros didáticos:

> Não queremos exemplificar, para não sermos pessoal, mas podemos afirmar que nenhum livro de nossas escolas obedece às regras ditadas pela higiene, para torná-los inofensivos à visão dos alunos.
>
> Javal na França e Cohn na Alemanha, já de há muito chamaram atenção para a influência dos livros escolares sobre o desenvolvimento da miopia nesses países.
>
> Depois deles muitos especialistas cuidaram do assunto sobre o qual estabeleceram regras que seriam fáceis de serem cumpridas, se não fora a negligencia de uns e a ganância da maior parte.
>
> Os editores, se preocupando muito mais com o barateamento das edições que com a visão dos leitores, compete a estes quando não à administração (na parte relativa a livros escolares) fiscalizar a natureza da impressão.
>
> Por isso Javal disse que o desenvolvimento da miopia pela leitura depende menos da quantidade que da qualidade do trabalho.
>
> Esta qualidade se infere do estado, forma e tamanho dos tipos, do comprimento das linhas, da densidade de impressão, da espessura, cor e transparência do papel, da cor da tinta, etc.
>
> Os tipos estragados fornecem uma impressão má e, portanto, caracteres difíceis de serem lidos.
>
> A fôrma das letras muito influi sobre a percepção visual, preferindo a higiene as letras gordas, e baixas, às magras e altas, o que quer dizer que os caracteres devem ser cheios, embora pequenos, melhor que finos e grandes. (apud Martins, 2003, p.78)

A enunciação gráfica pode contribuir para os sentidos do texto, exercendo papel semelhante ao que, na enunciação oral, desempenha a entonação, os gestos, a fisionomia e o olhar – ou seja, intensificando, relativizando ou contradizendo sentidos (como ocorre na ironia).

Vejamos, em algumas passagens da obra lobatiana, como ele se vale de alguns desses recursos:

1) Itálico para destacar onomatopeia:

O grillo recadeiro fez tres cabriolas e montou de um salto numa linda bicycletinha, repetiu de cabeça as palavras do principe, deitou-se na machina e – *fon ! fon ! fon !* partiu como um raio, ventando, em procura do capitão. (Lobato, 1921, p.62)

2) Caixa alta, nos diálogos, para sugerir ênfase na entonação:

— Doutor Caramujo, Emilia!
— Doutor CARA DE CORUJA. Só acordei quando o doutor CARA DE CORUJISSIMA me pregou um liscabão.
— Beliscão, emendou Narizinho pela última vez, enfiando a boneca no bolso. (Lobato, 1931, p.28-9)

3) Ortografia não convencional, visando a efeito cômico:

Princeza!
Pesso-vos-lhe perdão da minha kovardia. Tommi-
ques stá aqui amolando a phaca pra me matttar. Te-
nha ddó deste infeliz, que se assina, com perdão
da palavra,
                criado amigo brigado
                RABICO
(Lobato, 1931, p.65)

Cotejando o texto acima, de 1931, com a mesma passagem, em versão anterior (de 1921), parece ficar evidente a função significativa dos desvios da ortografia padrão, introduzidos na reescritura do livro, dez anos depois da publicação da versão abaixo:

Princeza!
Peço-te perdão da minha covardia. Tom-Mix
está aqui amolando a faca para me sangrar. Tem
dó deste infeliz e suspende o braço vingador...
Rabicó
(Lobato, 1921, p.159)

4) Composição gráfica que imita a composição de certos tipos de texto:

>As formigas, muito contentes, continuaram o serviço e levaram para o fundo da cova o cadáver da vespa. Em seguida apareceu uma trazendo um letreiro assim, que fincou num montinho de terra:
>
>
>AQUI NESTE BURACO JAZ
>UMA POBRE VESPA ASSASSINADA
>NA FLOR DOS ANOS
>PELA MENINA DO NARIZ ARREBITADO.
>ORAI POR ELA!
>
>
>(Lobato, 1947a, p.38)

Esse epitáfio, composto com letras maiúsculas, cinco linhas de texto, pode evocar um outro, presente no capítulo **CXXV** de *Memórias póstumas de Brás Cubas*, intitulado "Epitáfio":

AQUI JAZ
DONA EULÁLIA DAMASCENA DE BRITO
MORTA
AOS DEZENOVE ANOS DE IDADE
ORAI POR ELA!

(Assis, 1960, p.274)

Na comparação com o epitáfio machadiano – o qual segue à risca a praxe do gênero – evidenciam-se procedimentos lobatianos que conferem humor ao texto: o solene AQUI JAZ é relativizado pela inserção de NESTE BURACO. O nome civil DONA EULÁLIA DAMASCENA DE BRITO é substituído pelo herói-cômico UMA POBRE VESPA. O contido adjetivo MORTA é trocado pelo sensacionalista ASSASSINADA. Em lugar do referencial AOS DEZENOVE ANOS DE IDADE, aparece o chavão lírico NA FLOR DOS ANOS.

Pintar com palavras

O poeta norte-americano Ezra Pound (1976) propôs o termo *fanopeia* para designar a capacidade de um texto lançar imagens na mente do leitor. O ficcionista italiano Italo Calvino (1991), por sua vez, denomina *visibilidade* tanto essa característica textual como a capacidade de o leitor transformar o texto em imagens mentais.

Em carta a Rangel, já citada, Lobato se revela bastante consciente da possibilidade de um texto "pintar com palavras":

> No fundo não sou literato, sou pintor. Nasci pintor, mas como nunca peguei nos pinceis a serio (pois sinto uma nostalgia profunda ao ve-los – *sinto uma saudade do que eu poderia ser* se me casasse com a pintura), arranjei, sem nenhuma premeditação, este derivativo de literatura, e nada mais tenho feito senão pintar com palavras. Minha impressão é puramente visual. (Lobato, 1964a, t.1, p.251-2)

Vejamos alguns procedimentos textuais que podem provocar o leitor a transformar palavras em impressões visuais:

1) Palavras concretas:

> Não se passa um dia sem que Lucia vá sentar-se à beira d'água, na raiz de um velho *ingázeiro*, alli ficando horas, a ouvir o barulhinho da corrente e a dar comida aos peixes. (Lobato, 1920, p.4, itálico meu)

Nesse período, há várias palavras concretas. Destaquei a palavra *ingazeiro*, porque ela serve para mostrar que o lance de imagens na mente do leitor não depende só do texto, mas também do leitor, de sua capacidade de criar imagens mentais – menos ou mais nítidas – e de seu conhecimento de mundo. Se o leitor não souber o que é ingazeiro, se não tiver imagens dessa árvore no seu repertório mental, a visualização será prejudicada.

2) Descrição:

> E elles bem que a conhecem! É vir chegando a menina e todos lá vêm correndo, de longe, com as cabecinhas erguidas, numa grande famiteza. Chegam primeiro os piquiras, os guarús, de olhos saltados; vêm depois os lambarys ariscos de rabo vermelho; e finalmente uma ou outra parapitinga desconfiada. (Lobato, 1920, p.4)

A descrição lobatiana muitas vezes envereda pelo *nonsense*:

> Pantasma nada tem que vêr com phantasma. Pantasma é uma ideia que tenho na cabeça ha muito tempo, de um bicho que até agora ainda não existiu no mundo. Tem olhos nos pés, tem pés no nariz, tem nariz no umbigo, tem umbigo no calcanhar, tem calcanhar no cotovello, tem cotovellos nas costellas, tem costellas no ... (Lobato, 1929, p.18)

E pode atingir a mais alta fantasia:

> A sala estava que era um céo aberto. Em vez de lampadas havia no tecto, pelas paredes e pelos vasos, formosos buquês de raios de sol colhidos pela manhã. (Lobato, 1920, p.22)

3) Onomatopeia:

> Que gostosura! Aquillo era pol-as na bocca e apertal-as com os dentes até que – *tloc!* – um mel!
> E, como era assim, Narizinho não fazia outra coisa. O dia inteiro na arvore, feita uma macaquinha, ia colhendo as mais bonitas e *tloc !*
> E depois de *tloc !* uma engulidela e *pluf !* caroço fóra.
> E, *tloc! pluf ! tloc! pluf!*, lá se passava o dia, num regalo! (Lobato, 1921b, p.69-70)

4) Comparação (símile):

No capítulo X, "O baile", de *Narizinho arrebitado*, uma orquestra composta de cigarras e passarinhos miúdos executa a Valsa Real. O Príncipe Escamado levanta-se e pede a Narizinho a honra daquela valsa:

Narizinho, que não queria outra cousa, desceu do throno e nos braços do príncipe rodopiou pela sala em gyros tão velozes que mais *parecia um pião vivo*. (Lobato, 1921b, p.37, itálico meu)

5) Metáfora:
No parágrafo seguinte, o cágado compara (implicitamente) Narizinho com um foguete:

O kagado, vendo aquillo cochichou para o caramujo: Si aquelle *foguetinho* te tirasse para dançar, que seria de ti, compadre? (ibidem, itálico meu)

Os retratistas são uns bobos

A importância da ilustração em uma obra também se manifesta em aspectos jurídicos do sistema literário. O edital de convocação para inscrição de obras de literatura no processo de avaliação e seleção para o Programa Nacional Biblioteca da Escola – PNBE 2008 (Brasil, 2007b), por exemplo, determinava que na folha de rosto dos livros inscritos e/ou no seu verso deveriam constar dados sobre o autor. A ausência desses dados implicava exclusão da obra, já na primeira etapa, da triagem. Isso ilustra como qualquer alteração em um produto industrial como o livro acarreta custos (maiores ou menores), e por isso as editoras passaram a incorporar certos padrões editoriais determinados pelo Ministério da Educação – considerado o maior comprador de livros do mundo (Cafardo, 2007) –, independentemente de um determinado livro ser ou não inscrito em um programa do governo.

O mesmo edital, que não exigia o nome do ilustrador nem na capa, nem na página de rosto, nem em qualquer outro lugar, exigia, entretanto, um "contrato de Ilustração", ou seja, o "instrumento firmado com o ilustrador da obra" (Brasil, 2007b). Um contrato de edição em lugar do pagamento por prestação de serviço era uma reivindicação antiga dos ilustradores. Alguns ilustradores, assim, escudados nessa exigência, passaram a exigir uma fatia dos direitos autorais.

Esse edital provocou negociações entre ilustradores, autores e editores, tornando-se um momento significativo na história do livro infantil no Brasil.[5]

Também nessa história, Lobato representa um papel importante, como autor e editor, inclusive quanto à valorização do ilustrador e da ilustração. Vejamos como o ilustrador aparece, em alguns de seus livros.

Na página de rosto de *A menina do narizinho arrebitado* (1920), abaixo do título – composto em caixa alta, em três linhas, centralizadas –, aparece:

LIVRO DE FIGURAS
POR MONTEIRO
LOBATO COM
DESENHOS
DE VOLTO-
LINO

A expressão LIVRO DE FIGURAS está composta em corpo maior do que o utilizado para compor MONTEIRO LOBATO e VOLTOLINO. Os dois nomes, por sua vez, estão compostos em corpo maior do que as palavras POR e COM DESENHOS DE. O espaçamento de caracteres é maior em MONTEIRO LOBATO e na palavra DESENHOS, provavelmente para que a diagramação do texto em triângulo invertido (ou *cul-de-lampe*) ficasse mais harmoniosa.

O termo LIVRO DE FIGURAS sinaliza a valorização da ilustração. Além disso, o nome do escritor e o do ilustrador aparecem quase que com o mesmo destaque. Voltolino (1884-1926) é o mais importante desenhista de humor na capital paulista, nas primeiras décadas do século XX e, para Ana Maria de Moraes Belluzzo (1980), um precursor do modernismo.

---

5   O Ministério da Educação divulgou a lista de 160 títulos e a compra de mais de cinco milhões de exemplares, a serem distribuídos a mais de 212 mil escolas (Brasil, 2007a).

A valorização da ilustração e do ilustrador, nessa obra de 1920, constitui um avanço, por exemplo, em relação a *O patinho feio*, publicado por Weiszflog Irmãos (segundo Lobato, "a mais caprichosa, sem dúvida, de todas as nossas casas editoras" da época – apud Martins, 2003, p.75), em 1915, cujo ilustrador só é reconhecido pelo monograma FR, nas ilustrações. Segundo Nelly Novaes Coelho:

> *O patinho feio* teria sido, no Brasil, o primeiro livro infantil com ilustrações em cores, cuja alta qualidade, ludismo e beleza se deviam à arte de Franta Richter (também conhecido como Franz ou Francisco Richter), pintor tcheco radicado em São Paulo desde 1914, e que se tornou ilustrador de quase toda a Biblioteca Infantil, da Série Encanto e Verdade e de dezenas de outros livros. (Coelho, 1990)

Todavia, nem todos os livros de Lobato dão esse destaque ao ilustrador. Em *Narizinho arrebitado* (1921b), o nome de Voltolino desaparece da página de rosto e aparece na capa, em corpo bem pequeno, abaixo da ilustração, no canto inferior direito: *Desenhos de Voltolino*. Já em *Fabulas de Narizinho*, publicado no mesmo ano (1921a), o ilustrador apenas é identificado pela assinatura *Volt*, no canto inferior direito da capa.

Em outras obras, como *A penna de papagaio* (1930), o nome do ilustrador também não aparece na página de rosto, onde vem uma caricatura de Lobato junto com seus personagens. Ou seja, parece que a caricatura agrega valor ao livro, mas nem sempre se dão créditos ao caricaturista ou ao ilustrador.

Na edição de 1947 de *Reinações de Narizinho*, o nome do ilustrador figura na página de rosto:

Ilustrações de ANDRÉ LE BLANC

Podemos dizer, assim, que, em 1920, Lobato dá um salto, valorizando a ilustração e o ilustrador, porém depois volta atrás.

Como já vimos, o texto lança imagens na mente do leitor e o leitor transforma o texto em imagens mentais, ação que depende do repertório do leitor. Já o ilustrador transforma imagens mentais em ilustrações. As ilustrações, assim, nunca são retratos das imagens mentais do escritor – mesmo quando escritor e ilustrador são a mesma pessoa.

Lobato era um escritor bastante sensorial (não somente visual), além de pintor e desenhista.[6] Como ele reagia ao fato de que o ilustrador não retratava suas (= dele, Lobato) imagens mentais, mas criava outras imagens, a partir tanto das sugestões do texto como de seu próprio repertório de imagens? Talvez com algum sentimento de frustração.

Em outra passagem d'*O circo de escavallinho*, Alariquinho fala com Emília:

– Já conheço as suas histórias, dona Emilia e senti muito que a senhora se casasse com um leitão. Mas estou achando-a um tanto magra.

Emilia fez cara de espanto.

– Como isso, se você nunca me viu mais gorda?

– Mas vi o seu retrato nos livros.

– Retrato não vale nada. Os retratistas são uns bobos que nunca me fazem como sou. Uns me pintam de um jeito, outros pintam de outro, e até houve um que me pintou feito um judas e tão feia que cheguei a chorar de odio.

– Pois é uma grande injustiça. A senhora Emilia é bem mais bonitinha do que eu pensava.

– Bonitinha é essa sua bengala, respondeu a boneca, de olho ferrado na bengalinha que elle trazia nas mãos.

– Está ás suas ordens.

– Nesse caso, passe-a para cá, e Emilia, com o maior caradurismo do mundo, foi se apossando da bengala que o menino offerecera só por amabilidade. (Lobato, 1929, p.20-1)

Nesse trecho, que põe em cena uma bengala, Emília parece retomar uma passagem da infância de Lobato:

---

6   O Fundo Monteiro Lobato (Cedae-Unicamp) reúne 132 desenhos e aquarelas de Lobato. Algumas imagens podem ser vistas no *site* "Monteiro Lobato (1882-1948) e outros modernismos brasileiros", disponível em: <http://www.unicamp.br/iel/monteirolobato/pinturas_desenhos.htm>. Acesso em: 21 jan. 2008.

Neto pelo lado materno de José Francisco Monteiro, visconde de Tremembé, o menino recebe na pia batismal o nome de José Renato. A família o trata de Juca ... Por volta dos onze anos, decide mudar de nome: prefere José Bento, cujas iniciais coincidem com as letras encastoadas em ouro numa bengala de seu pai. Juca cobiça a bengala, naquele tempo complemento indispensável à elegância masculina. (Lajolo, 2000, p.12)

Mudando de bengala a guarda-chuva, vemos que nem sempre o texto visual é subalterno do verbal: em *A menina do narizinho arrebitado*, Narizinho é surpreendida por um peixe e um besouro vestidos como gente, andando sobre seu rosto. O peixe apresenta-se como "principe Escamado, guarú de prata para te servir", cujos domínios são o reino das Águas Claras (Lobato, 1920, p.9).

O príncipe conversa com o besouro, seu amigo:

Lasquei hontem tres escamas do lombo e o medico receitou-me ares do campo. Vim tomar o remedio, mas aqui encontrei este morro que não é meu conhecido, e estou a parafusar que diacho de terra tão branca e lisa é esta. Será porventura marmore? disse, batendo com a biqueira do guarda-chuva no nariz de Narizinho. (ibidem, p.5)

Esse trecho aparece no final da p.5. No canto superior direito dessa página, há uma ilustração mostrando o príncipe e o besouro sobre o rosto de Narizinho. O príncipe segura uma cartola com a mão esquerda e, com a direita, um guarda-chuva. Veste paletó e tem pernas. Algumas dessas características vêm do texto, outras – como as pernas – vêm da imaginação do ilustrador.

Em *A menina do narizinho arrebitado*, o príncipe é assim descrito:

E já estava a sonhar um lindo sonho quando sentiu cocegas no rosto. Arregalou os olhos e, com grande assombro, viu de pé na ponta do seu narizinho um peixinho vestido. Vestido sim, pois não! Trazia casaco vermelho, cartola na cabeça e flôr no peito: – uma galanteza ! (Lobato, 1920, p.4-5)

O guarda-chuva só é mencionado no texto um pouco adiante, quando o príncipe cutuca o nariz de Narizinho com a biqueira desse objeto, porém, n'*As reinações de Narizinho* (1931), o guarda-chuva é incorporado a essa primeira descrição do príncipe:

> Arregalando os olhos viu um peixinho vestido de gente, de pé na ponta do seu nariz. Vestido de gente, sim! Trazia casaco vermelho, cartolinha na cabeça e guarda-chuva na mão – uma galanteza! (Lobato, 1931, p.6)

Assim, é possível que, às vezes, os desenhos de Voltolino tenham inspirado algumas alterações no texto. O trecho que citei para exemplificar o itálico para destacar a onomatopeia era assim:

> O grilo recadeiro lá foi em procura do capitão e encontrou-o rondando o carcere do monstro. (Lobato, 1920, p.41)

Esse trecho não menciona a bicicleta (que aparece na ilustração), que, no entanto, como aconteceu no caso do guarda-chuva, é incluída no texto no ano seguinte:

> O grilo recadeiro fez tres cabriolas e montou de um salto numa linda bicycletinha, repetiu de cabeça as palavras do principe, deitou-se na machina e – *fon ! fon ! fon !* partiu como um raio, ventando, em procura do capitão. (Lobato, 1921b, p.62)

O caso é que, de *A menina do narizinho arrebitado* às *Obras completas* organizadas pelo autor, a obra lobatiana está em permanente processo. São frequentes os cortes, os acréscimos, as substituições, os deslocamentos (como a história do pinto sura, que passa de uma d'AS HISTORIAS DE D. BENTA, em *Narizinho Arrebitado*, de 1921, para uma das *Histórias de Tia Nastácia*, em 1937). Conhecer essas alterações é preciso para pesquisadores da história da literatura e da história da leitura: de autoria do próprio autor ou, postumamente, de autoria de terceiros (nem sempre identificados), as alterações articulam-se sempre à imagem que autor e editores fazem dos leitores.

Alguns leitores saem dos bastidores e transformam os autores em destinatários. No caso de Lobato, foram pelo menos 171 remetentes infantis, entre 1932 e 1946. Os leitores infantis "depõem a respeito das ilustrações e demonstram um sentido crítico a optar por este ou aquele ilustrador" (Debus, 2004, p.189).

O menino Severino de Moura Carneiro Junior, de nove anos, aluno do 4º ano primário, morador de Ipanema, Rio de Janeiro, escreve ao seu "caro amigo Monteiro Lobato", em 19 de fevereiro de 1945, para, entre outras coisas, "lhe chamar a atenção" para o seguinte:

> Há um desenhista chamado Rodolpho que faz verdadeiros aleigões [aleijões]. Ele faz Dona Benta feia. Tia Nastacia toda desajeitada, o Visconde nem parece o Visconde. Emilia uma coisa horrorosa, Pedrinho e Narizinho nem se fala. Eu gosto do outro desenhista chamado Belmonte, que faz desenhos muito bonitos.[7]

O menino Angelo Castro, por sua vez, hesita entre sua admiração por Belmonte e J.U. Campos:

> Rio de Janeiro, 7 de Março de 1944.
> Snr. Monteiro Lobato.
> ...
> Já li quasi todos os livros seus. Só falta ler "Aventuras de Hans Staden" e "Histórias de Tia Nastacia". Formidaveis estes livros. E por falar nisso, por onde anda o Belmonte? Os desenhos de J.U.Campos são melhores. A Emilia do Campos é graciosa! A Emilia é muito bem desenhada! Pedrinho é ótimo! Dona Benta idem! O J.U.Campos é um bom desenhista, mas... O Belmonte não fica atrás, não! O Belmonte, é uma espécie de caricaturista, como na "Arimética da Emilia", e "Emilia no País da Gramática", que são bons desenhos. Eis minha impressão dos desenhistas. Eu, quando fôr escritor, e tradutor, meu desenhista vai ser o Campos. ... (Angelo Castro).[8]

Hoje, em muitas casas editoriais, o editor aprova o projeto gráfico criado pelo editor de arte, aprova o ilustrador, aprova seus esboços (*rafes*, no jargão editorial, aportuguesamento de *rough*), aprova as artes-finais, de forma que, modernamente, temos de compreender que, embora um

---

7 Instituto de Estudos Brasileiros da Universidade de São Paulo. Fundo Raul de Andrada e Silva, Dossiê Monteiro Lobato, Série Correspondência Passiva, Cartas Infantis, Cx.1, P3, 21.
8 IEB/USP, ARAS-DML, Cp, Ci, Cx.1, P3, 10.

original possa ser concebido como uma obra individual, o objeto livro é sempre um trabalho coletivo.

E igualmente coletivo é o trabalho com a leitura que, além de gesto individual de cada leitor, torna-se prática coletiva, inscrevendo-se – no caso de bons autores, como Monteiro Lobato – na memória de várias gerações, não apenas como um enredo ou uma história, mas também um conjunto de imagens que mobilizam a inteligência e a sensibilidade de seus leitores.

verso:
Belmonte. Ilustração de *Emília no país da gramática*. 1934
Cedae – Centro de Documentação Cultural "Alexandre Eulálio" – Unicamp
Fotografia: Gregório Ceccantini

3
Belmonte ilustra Lobato
Maria Alice Faria[1]

As crianças que puderam ler Lobato nos anos 1930 tiveram o privilégio de ter livros ilustrados por um dos nossos maiores caricaturistas: Belmonte (1896-1947).

A aproximação de um ilustrador que se destacou na crítica política e social e em trabalhos pedagógicos com Lobato, escritor para crianças, formou uma dupla perfeita para estabelecer um diálogo entre a ilustração e o texto escrito.

A verve crítica de Lobato, seu temperamento polêmico, a participação em grandes discussões políticas e educacionais do tempo e a vertente educacional e pedagógica de seus livros encontraram no traço de Belmonte a transposição ideal das palavras para a linguagem visual. E um dos livros

---

[1] Maria Alice de Oliveira Faria aposentou-se como professora titular em Literatura Brasileira, ligada ao Departamento de Literatura da Faculdade de Ciências e Letras da UNESP, *campus* de Assis. Depois disso, atuou por mais de uma década como professora do curso de pós-graduação em Educação, da Faculdade de Filosofia e Ciências de Marília, até a sua morte, em 2005.

em que essa dupla realiza um dos melhores trabalhos em parceria é *Emília no país da gramática*, de 1934.

Quanto ao texto de Lobato nesse livro, dois aspectos se contrapõem: de um lado, a paródia, a gozação da gramática escolar do tempo; e, num campo mais amplo, a sua entrada na polêmica sobre a simplificação ortográfica do português, na qual tomou partido pela grafia fonética contra os partidários da grafia etimológica.

De outro lado, contrapõe-se a própria visão de Lobato do que era gramática e do ensino dessa gramática na escola. Pedagogicamente, ele propõe uma revolução, pois procura tornar esse ensino menos chato. Entretanto, não se pode deixar de observar que Lobato concordava com ele, porque não apresenta nenhuma outra alternativa para o ensino da língua, senão o que vinha nos manuais escolares. *Emília no país da gramática* é, pois, uma crítica (paródia em certos momentos) dos manuais escolares, mas sem contestar o que se ensinava como gramática nas aulas de Língua Portuguesa.

Assim, a pedagogia de Lobato procura "trocar em miúdos" as definições complicadas e, para quebrar as chatices das explicações, intercalar o besteirol da Emília. Isso salva o lado conservador do livro, ou seja, seu apego ao tipo de *descrição* da língua que faziam os manuais escolares da época, e é o ponto alto das histórias pedagógicas do Sítio do Picapau Amarelo. Por exemplo, ao tratar do período composto, Emília transforma em linguagem concreta a definição erudita de Dona Sintaxe:

> *– Aquilo é mais que uma oração – é todo um Período Gramatical, composto por várias Orações.*
>
> *– Um Período é então um cacho de Orações – disse Emília. Estou entendendo. A Oração é uma banana e o Período é um cacho de bananas.* (1964, p.122)

Outras ideias pedagógicas de Lobato podem até ser usadas hoje, como a cidade das palavras, a classificação de adjetivos em caixas, as conjunções em cordinhas de amarrar palavras ou frases. Dos mais expressivos é, por exemplo, a "casa da gritaria", onde moram as interjeições, da qual falaremos a propósito das ilustrações de Belmonte.

Belmonte é o nome artístico do paulistano Benedito de Barros Barreto. Versátil em sua produção (foi caricaturista, desenhista, pintor, jornalista, historiador), o humor detalhista era seu traço maior. Foi o cronista da política brasileira dos anos 1920 aos 40 e um marcante historiador da Segunda Guerra Mundial, por meio de suas charges.

Seu traço de cartunista era limpo, com linhas firmes e poucos detalhes, o que lhe permitia dar relevos aos traços mais marcantes das figuras que caricaturava nas charges. Com seu "traço altamente corrosivo", escreveu N. Moutinho, "percebeu o que havia de histriônico e de operístico em Hitler; Mussolini, Stálin ... e transfundiu tudo isso em desenhos filigranados de humor" (FSP, 18.5.1982, p.31).

São, portanto, essas qualidades que Belmonte traz para a ilustração de *Emília no país da gramática*. A edição de 1934 (como outras do tempo) é de tamanho grande, com capa dura e atrativamente ilustrada.

Outro fator positivo é a grande quantidade de ilustrações, uma vez que estas ocupam 81 páginas, em 172 de textos. Belmonte dá vida às lições de gramática, transformando-as em linguagem visual que, de pronto, leva o leitor a entender os enunciados complicados ou chatos. Nas partes críticas, seu humor implacável tem tanto ou mais graça que as palavras de Lobato.

São muito expressivos os desenhos das interjeições, no capítulo "A casa da gritaria", título já em si cheio de humor. Para cada série de interjeições, Belmonte desenhou figuras variadas, em grupos formando conjuntos, todas jovens, para caracterizar palavras em uso. Cada grupo é mostrado também em posições variadas, desde o gestual expressivo das figuras, como seus trajes e expressões faciais, representando o sentido da interjeição e revelando às crianças sua significação através da imagem.

Os traços nítidos e marcantes das caricaturas de Belmonte aparecem, por exemplo, na caracterização das palavras introduzidas no português por outros povos. Para cada palavra e sua origem estrangeira, Belmonte desenha a figura que a representa, com traços marcantes e fixados pelo senso comum e pela sua criação nas charges em jornal.

Entretanto, o ponto alto da ilustração de Belmonte, em *Emília no país da gramática*, está nos capítulos em que a pedagogia de Lobato se transforma em panfleto contra a grafia etimológica. A gozação cáustica de Lobato tem sua perfeita contrapartida na ilustração de Belmonte. A própria Senhora Etimologia, que os meninos ouvem com respeito, já é apresentada como uma velha velhíssima e com uma irreverência que já começa no título do capítulo – "O susto da velha". Belmonte a representa como uma velha arcaica no seu visual (roupas, penteado, nariz adunco e rugas, típicos da representação de bruxas). Mas, para representar o susto, se utiliza de processos gráficos das histórias em quadrinhos que, como se sabe, eram absolutamente proibidas na escola e vituperadas pelos pedagogos.

Mas o tratamento mais duro e ponto nodal do livro é dado à velha ainda mais antiquada – a Ortografia Etimológica – tratada sem perdão pelo autor, através das ações de Emília:

> Emília entrou e deu com uma velha de nariz de papagaio e ar rabugentíssimo, que tomava rapé em companhia dum bando de velhotes mais rabugentos ainda, chamado OS CARRANÇAS. (RB, p.142)

Belmonte não deixa por menos e desenha uma velha ainda mais bruxa e antiquada, cercada de velhotes mais velhos e reverentes.

Não menos engraçada e cheia de humor, vida e movimento é a ilustração de Quindim dando um corridão na velha e nos carrancas, para acabar com a Ortografia Etimológica.

Da mesma forma, a Ortografia Etimológica, subindo com medo na árvore, com suas calçolas até as canelas e expressão apavorada, com Emília de mãos na cintura, gargalhando embaixo, são também a transposição visual perfeita para as palavras de Lobato:

– Vamos Quindim! Avance e espalhe aqueles peludos complicadores da língua. Chifre neles!

O rinoceronte não esperou segunda ordem. Avançou de chifre baixo, a roncar que nem uma locomotiva.

Os carranças sumiram-se como baratas tontas e a velha ORTOGRAFIA ETIMO-LÓGICA, juntando as saias, trepou, que nem macaca, por uma árvore acima. Emília ria-se, ria-se. (ibidem, p.150)

Resta finalmente comentar a representação de Belmonte para a Emília, nesse livro, no qual a boneca tem um papel relevante e mostra toda sua personalidade de líder, cínica, autoritária e autossuficiente. Belmonte não teve nenhum prurido pedagógico em transformar isso em imagem. A Emília de Belmonte é uma "gentinha" (como escrevia Lobato) magra e empinada – o que era uma das posturas características da boneca, com as mãos na cintura, senhora de si e do mundo. É assim que ele a representa, com um sorriso de mofa, diante da velha Ortografia Etimológica com as mãos na cabeça diante do monte de letras dobradas que Emília tinha arrancado das palavras. Mostra-a agressiva, batendo com o "decreto do governo" (que fez a reforma ortográfica) no recalcitrante e amedrontado AMAL-O, que não queria mudar. E que, "transformado em AMA-LO, lá se foi com um galo na testa, fungando" (ibidem, p.149).

Como contraponto para as ilustrações de Belmonte, vale lembrar que Le Blanc (1921), outro conhecido ilustrador de Lobato, em sua caracterização gráfica da Emília, desfigura inteiramente a personagem principal do escritor, a porta-voz de suas ideias e de sua coragem e determinação em enfrentar as mais difíceis situações. Emília é transformada numa bonequinha com cara de nenê, rechonchuda e ingênua; trai assim totalmente a causticidade de Lobato, aquilo que ele tinha de melhor como educador emancipatório, ao cutucar o espírito crítico das crianças numa época de extremo autoritarismo na educação.

Restaria cobrar de nossos editores a publicação urgente de novas edições de Lobato com as provocadoras e irreverentes ilustrações de Belmonte.

Em fundo ocre, Belmonte desenha o ponto culminante do livro, o corridão que o rinoceronte, a mando de Emília, dá na Ortografia Etimológica e seus admiradores decrépitos. O desenho começa na capa, atravessa a lombada e termina na contracapa, cheio de movimento, de humor. O leitor-criança é estimulado a abrir o livro e procurar saber o porquê daquela correria...

Muitos dos enunciados gramaticais são apresentados sob a forma de caligramas expressivos, como o "homem magro" com seu adjetivo ou a interjeição TCHIBUM!, tão criativa.

As três figuras das interjeições de alegria – AH! OH! EH! – atravessam toda a página em diagonal, aos pulos, com braços e pernas em movimentação otimista e com expressões de grande alegria no rosto. Já as duas interjeições de dor – AI! UI! – correm no canto direito da página, como se quisessem escapar do livro, descabeladas, com a mão na cabeça e a expressão facial assustada.

A palavra *ópera* é representada pela caricatura de um tenor de ópera, de tórax largo para dar o famoso dó de peito, símbolo caricatural das capacidades vocais do cantor; a boca aberta num imenso Ó é igualmente caricatural e o gestual da figura o representa (enfocado de baixo para cima), numa postura arrogante de quem se acha o máximo.

Os gramáticos arcaicos em torno da Senhora Etimologia têm expressões de macaco ou de debilidade mental ou de senilidade.

Note-se, na página em que começa o capítulo "Emília ataca o reduto etimológico", a representação visual de uma energética batida, mais uma vez com as convenções das histórias em quadrinhos, através de uma expressiva onomatopeia gráfica, TOC! TOC! Em letras grossas, rodeado de traços simbolizando o barulho enérgico da batida. Por isso mesmo, essa "infração" à educação tradicional, introduzindo processos gráficos das histórias em quadrinhos em ilustrações educativas para crianças, tem uma grande significação de transgressão, em perfeita harmonia com a posição de Lobato.

O susto é mostrado pelos óculos saltando do rosto da velha e riscos em torno da cabeça para materializar susto, como é ainda a convenção gráfica das histórias em quadrinhos.

Duas visões de Emília: à esquerda, a de Belmonte; à direita, a de Le Blanc.

verso:
Praça da Sé, 108. Edifício onde funcionou a Cia. Gráfico-Editora Monteiro Lobato

4
De raro poder fecundante: Lobato editor
João Luís Ceccantini[1]

> *Livro não é gênero de primeira necessidade... é sobremesa: tem que ser posto embaixo do nariz do freguês, para provocar-lhe a gulodice.*
> (Monteiro Lobato)

De escritor a editor

Quando, em 1955, veio a público *Monteiro Lobato – vida e obra*, de Edgard Cavalheiro (Cavalheiro, 1955), o leitor brasileiro teve acesso pela primeira vez a uma biografia literária de fôlego – 852 páginas – sobre um dos mais lidos e reconhecidos escritores nacionais até então. Apenas sete anos após a morte de Lobato (1882/1948), essa obra fundadora pôs em circulação uma quantidade substantiva de informações sobre o escritor desconhecidas na época, bem como apresentou de maneira organizada inúmeros outros dados que se encontravam dispersos nas mais diversas fontes. Cavalheiro, contemporâneo de Lobato, teve amplo acesso ao arquivo do escritor, confiado por ele ao jovem ensaísta poucos anos antes

---

[1] João Luís Ceccantini é professor de Literatura Brasileira da UNESP – FCL Assis desde 1988. Tem realizado sistematicamente pesquisas sobre *literatura infantil e juvenil* e *formação de leitores*. Coordena o Grupo de Trabalho "Leitura e Literatura Infantil e Juvenil" da Associação Nacional de pós-graduação em Letras e Linguística – Anpoll. Até hoje não se recuperou do impacto da leitura – na primeira série primária – de *A chave do tamanho* (1942), de Monteiro Lobato.

de falecer, o que possibilitou a composição de um vasto e esclarecedor painel voltado a contextualizar a caudalosa produção de Lobato e importantes aspectos de sua existência.

O trabalho gigantesco de Cavalheiro tornou-se uma baliza absoluta para os estudos lobatianos que se produziram desde meados da década de 1950, tendo sido referido, citado e parafraseado por sucessivos pesquisadores dos mais diferentes perfis – daqueles que tiveram o zelo e o rigor de atribuir a Cavalheiro a origem de muitas das informações e ideias sobre Lobato expostas a novas gerações de leitores àqueles que, menos cuidadosos, nem sempre deixaram devidamente esclarecido que muito do que expunham em seus textos limitava-se a uma espécie de síntese ou diluição da obra de Cavalheiro, sem a consulta a novas fontes primárias ou o aporte de ideias originais, de fato.

Embora atualmente de difícil acesso, porque fora de catálogo, a obra de Cavalheiro é até hoje leitura das mais agradáveis. Vazada em estilo despojado e ritmo ágil, como produto de um *sujeito* empenhado em ser fiel à visão de mundo e à linguagem próprias de seu *objeto*, chega a um empolgante resultado de conjunto. Dentro do amplo espectro de tópicos da vida de Lobato contemplados pela obra de Cavalheiro, as atividades de Lobato como editor recebem um peso bem significativo. Perpassam a biografia quase que de ponta a ponta e merecem um capítulo específico voltado à questão – "Livros, livros a mancheias" –, onde é recuperada com algum detalhe a trajetória muito particular que conduziu Lobato, em cerca de uma década, da condição de um jovem escritor à de um dos mais relevantes editores brasileiros, não apenas dos anos 1920, mas até hoje.

Como informa Cavalheiro, depois da grande repercussão alcançada por Lobato com a publicação, no jornal *O Estado de S. Paulo*, em 1914, de dois artigos polêmicos – "Velha praga" e "Urupês"[2] –, que instauraram no

---

2 "Velha praga" foi publicado na edição de 12.11.1914 e "Urupês", na de 23.12.1914.

imaginário nacional a emblemática figura do Jeca Tatu, o escritor intensifica sua colaboração com esse jornal. Torna-se, a largos passos, um intelectual respeitado pela *intelligentsia* e um autor lido e reverenciado por um significativo contingente de leitores desse importante veículo da imprensa paulistana da época.

Nesses dois artigos que lhe trouxeram projeção, Lobato causa celeuma por colocar em pauta o *atraso* em nosso meio rural, condição que o discurso ufanista do poder instituído teimava em camuflar. E é movido por esse mesmo tipo de interesse em discutir questões candentes da realidade brasileira que, em 1917, o escritor realiza um inquérito sobre a figura do *saci*, junto aos leitores do *Estadinho* (edição vespertina de *O Estado de S. Paulo*), buscando contribuir para a afirmação de uma cultura autenticamente brasileira. Refutava, assim, nossa tradição de exacerbado colonialismo cultural, acostumada a cultivar os mitos e lendas europeus e ignorar aqueles ligados às nossas origens.

O grande interesse despertado pela realização do inquérito e por sua divulgação pela imprensa, assim como o farto material sobre o *saci* recebido de leitores de diferentes idades, grupos sociais e origem geográfica, acaba por despertar em Lobato a vontade de publicar um livro sobre o assunto, resultando numa obra de 291 páginas. Opta por não assinar o trabalho, assumindo a *persona* de um "demonólogo amador", responsável pela reunião de dezenas de depoimentos sobre o saci, além de elaborar o prefácio, o prólogo, as notas, entre outros textos. Foi esta a primeira empreitada de Lobato como editor, tornando-se marco da trajetória editorial de sucesso que se seguiria a essa publicação. *O Sacy-Pererê: resultado de um inquérito* foi bancado pelo próprio escritor e impresso pela gráfica do jornal *O Estado de S. Paulo*, obtendo enorme aceitação do público, ao ponto de se esgotar em dois meses a tiragem de dois mil exemplares – bem elevada, para os padrões da época –, o que exigiu uma segunda edição.

O êxito dessa primeira investida editorial, associado ao fato de que Lobato passa a contar com algum capital, proveniente da venda da fazenda

Buquira,[3] que havia herdado anos atrás do avô – o Visconde de Tremembé –, precipitou sua entrada decisiva no setor da indústria do livro. Resolve, então, comprar a *Revista do Brasil*, nova e importante publicação da época, associada ao jornal *O Estado de S. Paulo,* da qual era articulista, além de haver sido convidado para ser diretor, imbuído do firme propósito de expandir a área de atuação da empresa, direcionando-a também para a publicação de livros.

Quando cogita a publicação do primeiro título, Lobato decide editar uma obra de sua própria lavra, já que há algum tempo flertava com a ideia de se firmar como escritor. Reúne dez contos escritos ao tempo em que vivera a experiência de estar à frente da fazenda Buquira e também o artigo "Urupês", muito comentado e pouco lido, dada a efemeridade própria das publicações em jornal. O escritor chega, assim, à composição de *Urupês*, obra que, saída da gráfica em julho de 1918, viria a se tornar o que talvez se possa considerar o primeiro *best-seller* nacional. Numa carta de 30.10.1918 a Teófilo Siqueira, Lobato faz referência ao sucesso de vendagem da obra, levantando a hipótese de que este estaria associado a aspectos de cunho nacionalista:

> Pois não é de entristecer, aqui em S. Paulo, vermos acentuar-se cada vez mais a vitoria do estrangeiro? Ontem fui á exposição industrial e saí entenebrecido. Dois expositores brasileiros! Dois só! O que o português fez com o aborígine, fazem hoje os nossos adventícios com os descendentes dos portugueses. Alijam-nos de dentro de nossa propria casa – com o auxilio de brasileiros governantes, inconscientes, abrigado [sic] a eles. Os aspectos tristes dos Urupês, a impressão que tais contos causam, vem disso certamente. Sem intenção nenhuma, sem *parte-pris* [sic] da minha parte, esse estado geral dalma ali se refletiu. É a razão da boa acolhida que tem tido o livro. Acolhida muito maior do que eu poderia esperar. Já vendi 2800 exemplares em pouco mais de 3 meses, e já cuido de uma 3ª edição de mais e 4.000. Veja você, caro Teofilo, quanto isto é significativo... O segredo do livro é esse: interpretar fielmente um sentimento vago, indefinível, mas geral. (Lobato, 1970, p.90-1)

---

3   Lobato recebe 120 contos pela venda da fazenda.

As boas vendagens de *Urupês* e a popularidade crescente que a obra adquire à época são ainda expandidas pelo fato de Ruy Barbosa, durante sua campanha eleitoral de 1919, fazer uma referência a Jeca Tatu para vincular "a ignorância e o atraso do Brasil rural à política de seus adversários" (Hallewell, 1985, p.241). No entanto, isso parece pouco para explicar plenamente o êxito da obra:

> Evidentemente, como acontece com tantos livros, as vendas decorriam principalmente da velhíssima, conhecida e invisível propaganda de boca a boca entre os leitores. E essa propaganda se devia, por sua vez, à natureza revolucionária, oportuna e persuasiva do livro – o tema revolucionário da mensagem de Lobato, sua maneira revolucionária de expressá-la, e seu conceito revolucionário do público leitor que estava procurando atingir. (Hallewell, 1985, p.241)

A revolução dos livros

O sucesso do lançamento dessa que é a primeira obra assinada por Lobato fornece o impulso para que o escritor dê um mergulho vertical num novo universo à sua frente – o do *livro* –, tal como fizera quando se voltou para a questão do *saneamento*, alguns anos antes, ou mesmo, como faria mais tarde, ao dedicar anos e anos de sua vida à questão do *ferro* e à do *petróleo*. Ao investigar a realidade do livro, no Brasil, buscando meios para vender *Urupês* e viabilizar seu novo negócio, Lobato tem um autêntico choque ante a precariedade das condições de produção, circulação e recepção do livro, no país, o que o leva a uma série de ações que, pouco a pouco, lhe renderiam enorme prestígio como editor. Assim, não apenas a visada nacionalista da obra, mas também algumas dessas ações de Lobato estariam por trás da excelente vendagem de *Urupês*.

Edgar Cavalheiro considera desalentador o quadro da vida editorial brasileira da virada do século XIX para o XX com que depara Lobato:

até então não tínhamos tido verdadeiramente um editor nacional. Éramos um País sem leitores e sem oficinas tipográficas e os raros escritores que conseguiam aparecer, mandavam seus originais para Portugal. O Garnier, Briguiet, Garraux e outras casas francesas que imprimiam suas edições em Paris, estavam, no fim do século, em decadência, seus lançamentos se espaçejavam cada vez mais. Existia Francisco Alves, porém especializado em obras didáticas. Esporadicamente publicava um ou outro medalhão, em geral membro da Academia de Letras. Sem a possibilidade de se imprimirem, os intelectuais se retraíam, caindo a produção brasileira em estado de lastimável pasmaceira. (Cavalheiro, 1955, p.241)

Em face desse estado de coisas, Cavalheiro constrói para seu biografado um perfil de editor que tem por palavra-chave *revolucionário*, termo, aliás, absorvido do próprio Lobato, que, sobretudo ao final da vida, em inúmeros artigos e entrevistas, deu sua contribuição para que essa visão se cristalizasse, como ocorre em entrevista concedida nos anos 1940 à revista *Leitura*:

– Ah, fui um editor revolucionário. Abri as portas aos novos. Era uma grande recomendação a chegada dum autor totalmente desconhecido – eu lhe examinava a obra com mais interesse. Nosso gosto era lançar nomes novos, exatamente o contrário dos velhos editores que só queriam saber de "consagrados". (Lobato, 1969a, p.175)

Essa visão de Lobato como um editor de ponta, que dinamiza as práticas editoriais de seu tempo com estratégias de risco, ousadas, revolucionárias, é reiterada por vários pesquisadores que sucedem Cavalheiro no esforço de compreender os caminhos do livro, no Brasil. Koshiyama (1982), Hallewell (1985), Azevedo et al. (1997) e Lajolo (2000), entre outros, enfatizam, em maior ou menor grau, o quanto de inovação significou para nossa nascente indústria livreira a concepção lobatiana do livro *como mercadoria*, bem como destacam o impacto de diversas de suas iniciativas na configuração do que seria o mercado editorial brasileiro, a partir da década de 1920.

Uma vez adquirida a *Revista do Brasil*, em 1918, Lobato cria uma "seção editora" da *Revista*, que, para além das duas obras pioneiras do escritor, publica outros livros de sua autoria, novatos, gente desconhecida, os jovens amigos de Lobato. Os negócios vão crescendo e é fundada a editora Monteiro

Lobato & Cia.,[4] logo sendo reconhecida como uma marca de qualidade editorial, cujos lançamentos despertam a curiosidade de leitores de todo o país:

> Dotado de raro poder fecundante, inúmeros livros surgiram de ideias, apelos e influências exercidas por quem, na época, não era apenas o maior editor brasileiro, mas também o seu escritor mais lido, mais discutido e ... mais vendido. Sirva de exemplo o livro de Oliveira Viana – "Populações Meridionais do Brasil" – concluído graças à insistência com que, em sucessivas cartas, obrigou o sociólogo a levar avante o plano concebido. (Cavalheiro, 1955, p.250)

O fenômeno de transição do Lobato-escritor para o Lobato-editor mantém estreita relação com o processo mais amplo de modernização por que passa a sociedade brasileira – em particular, a paulista –, como bem percebe Marisa Lajolo, ao analisar a correspondência entre Lobato e seu fiel amigo de juventude, Godofredo Rangel:

> vai se manifestando uma filosofia editorial moderna que pode ser acompanhada na assídua correspondência com Godofredo Rangel. Nessa época, as cartas de Monteiro Lobato registram os impasses, indecisões, escrúpulos e sustos de um escritor travestido de editor e aos poucos testemunham o nascimento de um editor ousado, inventivo e sob medida para o país que modernizava sua cultura a partir da mesma São Paulo onde se instalara Monteiro Lobato.
>
> Por detrás de sua mesa de proprietário da *Revista do Brasil* (chancela sob a qual editou as primeiras obras), entre partidas de xadrez e conversas sobre obras e autores, Monteiro Lobato começa a conceber a literatura também como mercadoria, incluindo

---

4   Na verdade, Monteiro Lobato & Cia. é, das diversas empresas editoras a que Lobato esteve ligado na condição de sócio (majoritário ou minoritário), o nome que se tornou mais famoso e prontamente reconhecido. No entanto, depois da compra da *Revista do Brasil*, em 1918, a primeira editora formada por Lobato, em março de 1919, é denominada Olegário Ribeiro, Lobato & Cia. Somente um ano mais tarde, em meados de 1920, em sociedade com Octalles Marcondes Ferreira, essa empresa é convertida na Monteiro Lobato & Cia. Esta, por sua vez, transforma-se, em 1924, na Cia. Gráfico-Editora Monteiro Lobato, que encerra suas atividades em 1925. Nesse mesmo ano, entretanto, é criada a Companhia Editora Nacional, com Octalles Marcondes Ferreira à frente da empresa. Lobato a ela se associa, alguns meses depois, até que em 1930 vende suas ações e deixa de ser editor para ser escritor em tempo integral (Azevedo et al., 1997).

> e privilegiando no enfoque que dá aos livros a perspectiva editorial, isto é, a de quem *banca* a publicação da obra, tornando-se intermediário entre o fornecedor de uma das matérias-primas do livro (o escritor) e o consumidor do produto (o público). (Lajolo, 2000, p.31)

Se a abertura de possibilidades de publicação para novos autores, tal como põe em evidência o próprio Lobato, foi uma dos aspectos fulcrais no processo de renovação do meio editorial da década de 1920, não menos importantes foram algumas iniciativas de sua parte, na esfera da distribuição ou da divulgação de livros. Nos estudos sobre o autor, costuma ser reiteradamente lembrada, por exemplo, uma das primeiras ações de Lobato para tentar escoar a edição inaugural de *Urupês*, diante do cenário desolador da "meia dúzia de livrarias mal arrumadas e desertas" da capital paulista ou das "trinta e poucas casas [que] vendiam livros no País" (Cavalheiro, 1955, p.201). Trata-se da circular que Lobato enviou a mais de mil estabelecimentos comerciais espalhados pelo Brasil, em cidades que dispunham de agência postal, propondo a venda de livros sob consignação. Obteve uma resposta excepcional para sua proposta e passou a dispor, num curto prazo de tempo, de mais de mil pontos de vendas, em estabelecimentos como papelarias e bazares ou mesmo em lugares tão improváveis quanto açougues e farmácias.

No que diz respeito à divulgação dos livros, Lobato manteve uma relação de estreita aproximação com o universo da *publicidade*, desde o início de suas atividades como editor. Já na edição pioneira – *O Sacy-Pererê: resultado de um inquérito* –, diversos anúncios inseridos na obra auxiliaram a pagar sua impressão. E quando surgem os novos lançamentos, Lobato, para divulgá-los, lança mão sistematicamente de propaganda em jornais e revistas, bem como nos próprios livros por ele editados, numa atitude arrojada que escandaliza os puristas. Estes ficam inconformados com o "rebaixamento" a que o livro é submetido, ao ser anunciado e oferecido a consumidores como qualquer outro produto trivial.

A transição de escritor a editor leva Lobato, cada vez mais, à dessacralização do livro, a rejeitá-lo como fetiche e a assumir também a sua dimensão mercadológica, num processo que encontra sua expressão em comparações e metáforas variadas, geralmente de acento cômico, como no caso em que o livro é comparado a "batata, querosene ou bacalhau". Ou mesmo no caso da epígrafe deste trabalho, em que o livro é comparado a uma "sobremesa". Por um lado, há a "heresia" de propor que ele não seja "um gênero de primeira necessidade"; por outro, há a aceitação de que seja algo a mais, especial, sofisticado, que deva ser acessível, bonito e tentador, provocando a gula do "freguês", conduzindo-o diretamente ao doce pecado...

Além do recurso aos anúncios de livros, Lobato tem consciência aguda do peso dos intelectuais de prestígio para a divulgação da produção editorial de sua empresa, empenhando-se em enviar cada novo título produzido para literatos, jornalistas, figuras públicas de destaque e formadores de opinião. As implicações do discurso de Ruy Barbosa para o sucesso de *Urupês* permaneceram vivas no espírito de Lobato, que a elas se referiu mais de uma vez, como na correspondência trocada com Lima Barreto: o "raio do Ruy me criou uma revoada cá no escritório, e é um sair de livros sem conta" (Koshiyama, 1982, p.72).

Uma vez assegurado um bom sistema de distribuição e de divulgação dos livros, era de esperar que as tiragens crescessem, o que se deu de maneira vertiginosa, sobretudo na comparação com os padrões vigentes antes da entrada de Lobato na indústria do livro:

> quaisquer que fossem os livros colocados em circulação, as tiragens eram reduzidas e vendiam-se a conta-gotas, comprovando-se as dimensões do mercado leitor brasileiro. O experimentado e bem-sucedido editor Batista Luís Garnier afirmava francamente que determinados livros, qualquer que fosse o preço, se bem aceitos atraíam 300 a 400 compradores; os livros populares vendiam, no primeiro ano, de 600 a 800 exemplares. (Koshiyama, 1982, p.29)

São números irrisórios já na comparação com *Urupês* (1918), que atingiu cerca de 11.500 exemplares vendidos um ano depois de seu lançamento (Hallewell, 1985, p.241). O que dizer de *Narizinho arrebitado* (1921) que, nesse mesmo intervalo de tempo, vendeu cerca de cinquenta mil exemplares?[5] Para Lobato, as altas tiragens constituíam uma meta constante a atingir, não apenas pelo que isso implicava em crescimento dos lucros, mas em especial por serem fator determinante do barateamento do valor unitário do livro, permitindo a ampliação da faixa do público leitor, num país então carente de leitores e letramento.

Também constitui um conjunto de inovações marcantes na indústria editorial de seu tempo aquele que é produto da preocupação de Lobato com a materialidade do livro. Pode-se dizer, sem maior exagero, que, antes de Lobato, o livro brasileiro era feio, consistindo num objeto padronizado, sem maior personalidade ou atrativos para seus potenciais leitores. Tínhamos um livro ainda preso essencialmente ao modelo francês das capas tipográficas, em geral amarelas. Lobato muda o formato clássico do livro, atenta para a qualidade do papel e investe nas capas desenhadas, coloridas, que trazem ilustrações encomendadas especificamente para esta ou aquela obra. Em *Monteiro Lobato:* furacão na Botocúndia, esse aspecto é sublinhado, havendo o cuidado de se reproduzirem em cores, na obra, diversas capas da Monteiro Lobato & Cia. assinadas por artistas como Di Cavalcanti, J. Wasth Rodrigues, J. Prado, entre outros:

> Outra novidade da revolução editorial promovida por Lobato foi a mudança no padrão gráfico do livro, através de uma programação visual sofisticada e tipografia elegante, atentando, ao mesmo tempo, para a revisão rigorosa da composição e provas finais. Objetivando cativar e conquistar um número cada vez mais amplo de leitores, contrata artistas para "substituir as monótonas capas tipográficas pelas capas desenhadas", tornando seu produto mais atraente aos olhos do consumidor. "Os balcões das livrarias encheram-se de livros com capas berrantes, vivamente coloridas, em contraste com a monotonia das eternas capas amarelas das brochuras francesas". (Azevedo et al., 1997, p.131)

---

5   Desse total, por volta de trinta mil exemplares foram vendidos ao governo do estado de São Paulo, uma vez que a obra é aceita e adotada como livro de leitura no segundo ano das escolas públicas.

Certamente esse zelo de Lobato com a materialidade do livro está associado não apenas a sua concepção do livro como mercadoria, mas também aos interesses que o escritor sempre manifestou pelo universo das artes plásticas, tendo mesmo sonhado, na juventude, dedicar-se a essa atividade como profissão, no que foi impedido por seu avô, que o obrigou a cursar Direito. Não terá sido impunemente que Lobato dedicou diversos anos de seu trabalho, no jornal, à crítica da produção artística da São Paulo da época.[6]

A valorização da materialidade do livro e, em particular, o gosto pelas ilustrações casaram-se perfeitamente com outra iniciativa importante de Lobato, que, no futuro, seria objeto de sua principal ocupação: a aposta em livros, séries e coleções voltados a públicos específicos, especialmente o caso dos livros de circulação escolar e dirigidos às crianças e jovens. A exemplo do que já faziam alguns editores brasileiros, como Francisco Alves, que canalizou boa parte de suas atividades para a publicação de livros didáticos, Lobato percebeu existir aí um filão importante a explorar, propiciando a edição de livros de circulação garantida, em tiragens elevadas e, em boa parte das vezes, com o beneplácito do Estado, importante comprador, tudo convergindo para um retorno seguro de investimentos.

Assim, a Monteiro Lobato & Cia. publicou diversos livros didáticos, gramáticas, aritméticas, cartilhas e, cada vez mais, livros infantojuvenis, estes, na verdade, majoritariamente de autoria do próprio Lobato. Descontente com a má qualidade dos títulos disponíveis no mercado destinados às primeiras letras – boa parte deles literatura estrangeira –, Lobato decide ele mesmo escrever para crianças, publicando de início *A menina do narizinho arrebitado*, no final de 1920 (título que é reformulado, no começo de 1921, recebendo o título de *Narizinho arrebitado*, e ainda muito mais expandido, em 1931, sob o título de *As reinações de Narizinho*).

---

6 Tadeu Chiarelli analisa com detalhe a faceta do Lobato crítico de arte em *Um jeca nos vernissages* (Chiarelli, 1995).

O livro obtém estrondoso sucesso, alcançando elevadíssima tiragem e sucessivas edições, sendo inaugurada, deste modo, o que viria mais tarde a ser chamada por muitos de "a saga do Picapau Amarelo". Na verdade, um conjunto de histórias, unidas pelo denominador comum de um espaço recorrente – o Sítio do Picapau Amarelo – e de uma galeria de personagens fixas – Lúcia, a menina do narizinho arrebitado; Pedrinho, seu primo; Dona Benta, avó das crianças; Emília, uma irreverente boneca de pano, que parece gente; Tia Nastácia, a cozinheira do Sítio; Visconde de Sabugosa, o sábio feito de espiga de milho, entre outros.

Novos autores, obras com temas nacionais e na ordem do dia, distribuição competente e divulgação sistemática das publicações, edições de boa qualidade e apuro gráfico, diversificação e segmentação de públicos constituem, enfim, um conjunto de aspectos na base do sucesso do empreendimento editorial de Lobato, que conduz a vendas e tiragens dificilmente imagináveis pelos profissionais do livro, no Brasil, até o início da década de 1920. E é nesse contexto que o escritor adquire consciência de que o parque gráfico brasileiro não comporta suas ambições editoriais, já que nem sequer se podia contar com gráficas especializadas na confecção de livros. Lobato dá, assim, novos passos em direção à ampliação de seu negócio editorial, transformando-o também num empreendimento gráfico.

Adquire modernas impressoras importadas dos Estados Unidos e instala-as num edifício de cinco mil m², no Brás. Com os negócios crescendo em ritmo acelerado, abre o capital para captar fundos. Em 1924, acaba por transformar a Monteiro Lobato & Cia. na Companhia Gráfico-Editora Monteiro Lobato, "sociedade anônima que reunia entre seus acionistas a nata da classe dirigente paulistana" (Azevedo et al., 1997, p.137) e contava com um capital de 2.200 contos:

> Dispondo do mais moderno parque gráfico da época – o qual se vinha equipando desde a Monteiro Lobato & Cia. – a editora, gestada seis anos antes em uma pequena sala da *Revista do Brasil*, transforma-se na maior e mais importante empresa do ramo no país.
> ...

Dotado de tecnologia de ponta, esse complexo gráfico – que incluía cerca de uma dezena de linotipos para composição em geral, três monotipos, além de equipamentos para costura, encadernação e acabamento, onde chegaram a trabalhar cerca de duzentos operários – entrava agora em processo de expansão. Aguardava máquinas da Europa e dos Estados Unidos, importadas para atender à crescente demanda por serviços que iam de livros a impressos os mais diversos. (Azevedo et al., 1997, p.137)

Embora tudo fizesse crer que os negócios de Lobato só iriam crescer e prosperar com os novos rumos dados à empresa, sobretudo levando-se em conta a trajetória absolutamente ascendente da Monteiro Lobato & Cia., desde sua criação, uma série de adversidades, concentradas nos meses subsequentes à fundação da Gráfico-Editora Monteiro Lobato, abreviou a vida da empresa.

O primeiro problema surge com a Revolução dos Tenentes, iniciada em julho de 1924, paralisando as atividades da editora por dois meses e gerando substanciais prejuízos. Na sequência, uma grande seca atinge duramente São Paulo e a Light corta o fornecimento de dois terços da energia elétrica usualmente fornecida; a editora somente pode trabalhar dois dias por semana – mais prejuízos. O golpe final vem da abrupta mudança da política econômica do governo de Artur Bernardes, com a desvalorização do mil-réis e a suspensão do redesconto de títulos pelo Banco do Brasil, implicando forte estrangulamento de caixa. Em julho de 1925, Monteiro Lobato e o jurista Waldemar Ferreira assinam o pedido de falência da "maior casa editora do Brasil" (Azevedo et al., 1997, p.146).

Apenas dois meses após o pedido de falência, o incansável Lobato põe mãos à obra e deixa claro que não abandonará facilmente o ramo editorial. Juntamente com Octalles Ferreira, valendo-se de um pequeno capital, funda, no Rio de Janeiro, com filial em São Paulo, a Companhia Editora Nacional, que logo lança novos títulos – o primeiro, uma "adaptação" do próprio Lobato: *Meu captiveiro entre os selvagens do Brasil*, de Hans Staden ("texto ordenado literariamente por Monteiro Lobato").

No entanto, em 1927, transfere-se para Nova York, onde é nomeado adido comercial, tendo de abrir mão da direção da empresa, ainda que se mantenha como acionista. Quando retorna ao Brasil, havendo perdido tudo que possuía na fatídica quebra da bolsa, em 1929, acaba por vender suas ações e, como editor, se afasta do mundo dos livros, para concentrar-se na condição de escritor, ainda que se dedique também, até o fim da vida, a muitas outras causas.

Um editor em desconstrução

Embora se tenha desligado da indústria do livro na condição de editor, no início dos anos 1930, a intervenção de Lobato nesse setor foi tão contundente que ele teve o pleno reconhecimento de seus contemporâneos. Foi muito prestigiado e, com o passar do tempo, foi adquirindo verdadeira aura, tendo sido eleito como uma espécie de patrono da indústria editorial brasileira. Koshiyama destaca um evento em que esse aspecto foi formalizado em público:

> em 1948, suas vinculações com o setor editorial foram institucionalmente referendadas. O I Congresso Brasileiro de Editores e Livreiros do Brasil reconheceu o trabalho de Monteiro Lobato enquanto empresário editorial, escritor e defensor das atividades livreiras para a economia de mercado. (Koshiyama, 1982, p.112)

Não apenas os profissionais do livro contemporâneos a Lobato tenderam a transformá-lo em ícone da indústria editorial no Brasil. Ao tomarem como ponto de partida a biografia de Cavalheiro, também alguns dos estudiosos de Lobato aqui abordados talvez tenham, de maneira mais ou menos sutil, transformado Lobato *no* inaugurador do mercado editorial brasileiro, fazendo *tabula rasa*, de certa forma, de um processo de renovação que já estava em curso. Nesse caso, poderia ter pesado a mão na ênfase de seu papel como *indivíduo* a intervir na realidade editorial de um Brasil – mais precisamente, de São Paulo – sob a égide do atraso, mas irreversivelmente em processo de modernização. E haveria aí o risco de reduzir o Lobato-editor a um *tipo* de feições heroicas.

Percebendo esse movimento de seus contemporâneos, o próprio Lobato, na sua dicção sempre irreverente e fiel a seu espírito iconoclasta, refutou esse processo de sacralização que o enquadrava no papel de "herói revolucionário do mundo da edição", ainda que – como vimos – ele mesmo tenha ajudado a construir esse mito. Curiosamente, esse Lobato que não teve pudor em contribuir para a construção do "herói", manifestando mais de uma vez – em âmbito público e privado – seu papel revolucionário na década de 1920 para o mercado editorial brasileiro, é o mesmo Lobato que se desconstrói e rejeita a celebração em torno de seu nome, preferindo, antes, cultivar a corrosão saudável das ideias, típica de sua literatura e de sua atitude na vida cotidiana:

> – ... Não ha herói neste mundo. Criador da industria editora brasileira? Sim, talvez – mas sem a menor intenção disso. Nós precisavamos vender a nossa mercadoria e eu redigi a circular que resolveu o problema. Os altos interesses da cultura estavam envolvidos no caso – mas juro que no momento não me passaram pela ideia. Eu e o meu companheiro queriamos uma coisa só: dar saida a uma boa quantidade de livros editados e encalhados. Porisso rio-me quando me consideram herói – e lá por dentro duvido de todos os heróis deste mundo. (Lobato, 1969a, p.174)

Nesse depoimento (o mesmo dado à revista *Leitura*, anteriormente citada), Lobato, como fez com os livros, procura trazer também a figura do *editor* para o rés do chão, por paradoxal que possa parecer sua atitude.

Cilza Carla Bignotto, arguta representante da nova safra de pesquisadores da obra lobatiana, dá mostras de estar em sintonia com essa postura do escritor, em *Novas perspectivas sobre as práticas editoriais de Monteiro Lobato (1918-1925)*.[7] Nesse estudo, em que a pesquisadora se fundamentou em documentos até então inéditos ou esquecidos, relativos às editoras dirigidas

---

7   Trata-se de tese de doutorado, orientada por Marisa Lajolo, defendida publicamente junto ao curso de Teoria e História Literária do Instituto de Estudos da Linguagem da Unicamp.

por Lobato, entre 1918-1925 (contratos, cartas, notícias de jornal, memórias), Bignotto apoia-se no conceito de *sistema literário*, posto em circulação já no final da década de 1950 por Antonio Candido e burilado ao longo de toda sua produção teórica posterior. Mostra-se, assim, pouco empenhada em enfatizar a ação de Lobato pelo livro no Brasil como fruto de um *indivíduo* excepcional, mito construído de maneira afetiva por Cavalheiro, para insistir na compreensão do papel do escritor taubateano segundo uma perspectiva mais crítica:

> Quando Lobato iniciou sua carreira como editor, encontrou uma tradição já consolidada de práticas editoriais e autorais, que procurou sistematizar de maneira a torná-las mais eficientes. (Bignotto, 2007, p.405)
>
> ...
>
> Acreditamos que Monteiro Lobato foi revolucionário, mas não no sentido que esse termo lhe é atribuído comumente. Ele não teria criado uma rede nacional apenas com a circular enviada a comerciantes, nem publicado apenas autores novos, nem pago somente direitos autorais generosos, nem inovado sozinho a indústria gráfica. Mas ele realmente utilizou métodos que transformaram pequenas teias de relações em uma grande rede, publicou autores novos fundamentais para nossa literatura, como Hilário Tácito, Léo Vaz, Oswald de Andrade e Menotti del Picchia, e investiu na renovação gráfica dos livros, até então feita de modo tímido.
>
> ...
>
> ... ele foi revolucionário, sim, porque tornou profissionais práticas até então realizadas de maneira quase artesanal. Ele recorreu à tradição brasileira, livreira e editorial, para avaliá-la, criticá-la, modificá-la, inová-la de tal modo que essa tradição passou a comportar os métodos introduzidos por ele, posteriormente utilizados por outros editores. (p.407)

Bignotto empenha-se, assim, em redimensionar o papel de Lobato como editor, procurando estabelecer com maior precisão as relações deste com uma dada tradição editorial, que, embora para alguns um tanto rarefeita, já havia se instaurado no país. Talvez o enfoque da questão do livro no Brasil, na primeira metade do século XX, concentrado excessivamente na figura de Lobato, desde o estudo pioneiro de Cavalheiro, tenha, em certa medida, cristalizado a abordagem sobre o assunto e venha assumindo a tendência de apagar aspectos importantes relacionados à ligação de Lobato com o sistema literário de sua época.

Na verdade, com base no conjunto de trabalhos sobre o escritor aqui examinados, pode-se dizer que qualquer esforço em compreender o fenômeno Lobato-editor que não se faça sob o signo da contradição e das tensões do contexto histórico em que se insere Lobato parece fadado ao fracasso. O papel exercido por Lobato na indústria do livro dos anos 1920 foi dos mais complexos, situando-se em algum lugar entre a originalidade das iniciativas de um indivíduo profundamente inventivo, que, na condição de escritor, transportou para o mundo editorial doses maciças da criatividade característica do universo da literatura, e a continuidade e o aperfeiçoamento de práticas editoriais de um sistema já instituído, que vinham gradativamente sendo implementadas, com maior ou menor intensidade.

Talvez só seja possível compreender a contribuição de Lobato para o universo editorial brasileiro por meio do esforço contínuo em perceber a sobreposição dos papéis de *escritor* e *editor*, nessa mesma figura humana, em que se dá a ênfase sucessiva de um ou de outro desses dois aspectos, mas ambos sempre em estreita relação de complementaridade.

E isto constituiria apenas uma dentre outras facetas de um fenômeno maior, ligado à personalidade de Lobato, que permitiu a convivência, no mesmo homem, do humanista engajado socialmente e cheio de ideais com o empresário plenamente alinhado à lógica do capital; do literato lusitanizante, vinculado a modelos estéticos do século XIX, com o escritor afeito ao coloquialismo, aos neologismos e à metalinguagem; do admirador da cultura greco-latina com o apreciador de inúmeros produtos da indústria cultural, nas suas várias vertentes; do publicista de agudo senso do concreto e atento às mazelas do país com o artista livre, imaginativo e amante da fantasia desbragada, que, do início da década de 1920 até meados da década de 1940, criou as narrativas do "Picapau Amarelo", as quais, seguramente, configuram o mais alentado e consistente projeto literário nacional para crianças de que se tem notícia, seduzindo até hoje não apenas os pequenos, mas também jovens e adultos, e revelando-se como objeto do maior interesse para os estudiosos de nossa cultura.

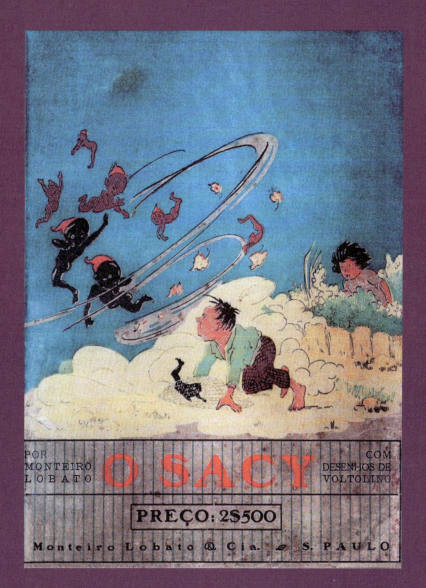

verso:
O Saci. 1.ed. São Paulo: Monteiro Lobato & Cia., 1921
Biblioteca Monteiro Lobato/SP
Fotografia: Gregório Ceccantini

5
Algumas notas sobre a trajetória editorial de *O Saci*
Evandro do Carmo Camargo[1]

> *"Vai um pobre mortal espairecer ao jardim da Luz e em vez duma nesga da nossa natureza tão rica, é sempre o volapuk que se lhe depara. Pelos canteiros de grama inglesa, há figurinhas de anões germânicos, gnomos do Reno, a sobraçarem garrafas de bier. Por que tais niebelunguices, mudas à nossa alma, e não sacis-pererês, caiporas, mães d'água, e mais duendes criados pela imaginação popular?"*
> (Monteiro Lobato, *Ideias de Jeca Tatu*, p.92-3)

No ano seguinte ao do lançamento de seu livro de estreia para o público infantil – *A menina do narizinho arrebitado* (1920) – e no mesmo ano da publicação de *Narizinho Arrebitado* (que teve trinta mil exemplares adquiridos pelo governo paulista, para serem distribuídos entre o público escolar), Monteiro Lobato, empolgado por conta desse sucesso inicial, lançou outra produção no gênero.

Valendo-se do riquíssimo material reunido por ocasião de uma pesquisa sobre o saci, empreendida no ano de 1917, por meio da edição vespertina de *O Estado de S. Paulo*, na qual se baseou o livro *O Sacy-Pererê:*

---

1 Evandro do Carmo Camargo é mestre em Letras, na área de Literatura e Vida Social, pela UNESP de Assis, e doutorando em Letras, na área de Teoria e História Literária, pelo IEL – Unicamp. No mestrado, estudou as iniciativas lobatianas a tematizarem o saci. No doutorado, estuda a produção de Lobato para *O Estadinho*. Reside em Taubaté, onde leciona Língua Portuguesa na Emef Mons. Evaristo Campista César e Literatura, no curso de pós-graduação em Literatura da Unitau. Em tempo: o autor não acredita em saci.

resultado de um inquérito (1918),² Lobato lança, em 1921, *O Saci*. Assim como o inquérito, a obra parece ter sido projetada para difundir, agora entre o público infantil, aspectos de nossa cultura popular, tematizando sobretudo o folclore e, mais especificamente, a figura do saci.

Questões editoriais

A trajetória editorial da obra, da primeira edição (1921) à versão definitiva (a da *Obras completas*, de 1947), nos dá a dimensão de seu alcance comercial, em sua fase inicial. À 1ª edição, surgida em 1921, se seguiriam, como informa Merz (1996), uma 2ª, em 1927; 3ª, em 1928; 4ª, em 1932; 5ª, em 1936; 6ª, em 1938; 7ª, em 1942; 8ª e 9ª, em 1944 e, finalmente, a 10ª edição, já nas *Obras completas* do autor, publicadas em 1947.

A 1ª edição foi publicada na primeira casa editora do autor de *Urupês*, a Monteiro Lobato & Cia. Nessa edição, a obra traz, na página que antecede a folha de rosto, uma propaganda de *Narizinho arrebitado* e, após a última página, anúncio da terceira produção infantil lobatiana, *Fábulas de Narizinho*. Tal procedimento, que se repetiria por toda a produção infantil do escritor, revela que Lobato, já nas primeiras publicações, manifestava o aguçado senso comercial que caracterizaria sua atuação no mercado editorial brasileiro.

Carta da editora enviada ao autor registra que, até 1944, por volta de sessenta mil exemplares de *O Saci* tinham sido postos em circulação. O documento em questão contém o balanço editorial da obra enquanto ela foi publicada pela Cia. Editora Nacional, informando a data e as tiragens de *O Saci*, de sua 2ª à sua 9ª edição.³

---

2   *O Sacy-Pererê*: resultado de um inquérito. Publicado com sucesso em maio de 1918 e com uma segunda e última edição já em junho do mesmo ano, trata-se do primeiro empreendimento editorial de Monteiro Lobato, que reuniu, em volume, acrescidos de sua intensa participação, os relatos obtidos com a pesquisa de 1917.

3   É interessante observar que, apesar do prestígio de que desfruta *O Saci* entre a crítica especializada, a narrativa, comparando-se suas edições e tiragens às edições e tiragens de outras produções infantis

A partir de 1947, *O Saci* passa a compor, ao lado de *Viagem ao céu*, o segundo volume da obra infantil completa do autor, publicada pela Editora Brasiliense. E a trajetória de *O Saci* segue seu curso: a edição de 2004, ainda da Brasiliense, informa que, no ano em questão, a obra se encontrava na 15ª reimpressão da 56ª edição, de 1994.

Lobato em mangas de camisa: as reescrituras da obra

Um estudo comparativo entre algumas das edições iniciais de *O Saci*[4] reforça o que dizem estudiosos da produção infantil de Lobato: o escritor implementava, a cada nova edição, muitas alterações na linguagem e mesmo na matéria narrativa.

Apesar dessas constantes revisões, a trama, da primeira versão à definitiva, permanece basicamente a mesma. Seguindo as orientações de Tio Barnabé, Pedrinho captura um saci, com quem protagonizará, protegido e instruído pelo duende, na mata virgem que ficava próxima ao sítio, uma aventura em que entrará em contato com algumas figuras de nosso folclore. O Saci é também o principal responsável pelo resgate de Narizinho, vítima da temível Cuca.

O acompanhamento do percurso da obra fornece alguns indícios interessantes sobre como se teria processado o desenvolvimento de Monteiro Lobato como escritor infantil. Entre a 1ª e a 3ª edição, além do esforço constante do

---

lobatianas, no período específico em que foi publicada pela Cia. Editora Nacional, parece não ter constituído sucesso editorial, já que outras obras, inclusive algumas de intenção didática mais declarada, obtiveram maior êxito de vendas. *História do mundo para as crianças* constitui um bom exemplo do que acabamos de afirmar. Lançada em 1933, a obra levaria apenas dez anos para que contasse com as mesmas nove edições e os cerca de sessenta mil exemplares alcançados por *O Saci*, somente após 23 anos de circulação. Injunções da mediação escolar que marcam as obras destinadas ao público infantil talvez expliquem essa circunstância.

4   Em nossas pesquisas, conseguimos encontrar, além de uma 1ª edição da obra, corrigida à mão por Lobato, em suas 8 páginas iniciais, a 3ª, a 6ª, a 7ª, e, naturalmente, a versão final da narrativa.

escritor por tornar a linguagem mais simples, substituindo palavras e simplificando construções sintáticas, notam-se algumas ousadias gramaticais.[5] Mas o que parece mais significativo é o apagamento da figura de uma fada. Na abertura da 1ª edição da obra, lê-se:

> Que galanteza de cazinha! – diziam todos que passavam pela estrada, ao ver, lá no fundo da grota a casa de Dona Benta. E era mesmo. Parecia um pombinho muito alvo pousado no meio dum bando de periquitos. Veiu uma fada e virou o pombinho em casa e os periquitos em laranjeiras ... (Lobato, 1921c).

Na terceira edição da obra, Lobato mantém os termos de comparação tipicamente brasileiros (pombinhos, periquitos e laranjeiras), que caracterizam a narrativa em toda a sua existência, mas suprime a fada da versão original. Talvez tenha incomodado a Lobato a presença de um personagem tão típico da tradição literária infantil europeia, que marcara também o começo da literatura infantil brasileira, com as adaptações de clássicos infantis do velho continente empreendidas, sobretudo, por Figueiredo Pimentel. Para quem buscava o novo, o genuinamente brasileiro, poderia parecer um retrocesso o recurso a personagens do imaginário europeu.

Curioso observar, no entanto, que, apesar de a fada ter sido excluída, ela se mantém nas ilustrações de Voltolino, dando ensejo a um desencontro entre o texto e a imagem.

Outra alteração importante é a supressão de um comentário preconceituoso do narrador lobatiano quanto à maneira de Tio Barnabé se expressar. Ao reproduzir a fala do negro velho, na primeira edição, o narrador assinala os desvios da norma padrão com aspas e comenta, entre parênteses, que "tio Barnabé não sabia falar, o coitado... Dizia 'véve'..." (Lobato, 1921c, p.8). Esse comentário, linguisticamente preconceituoso, a propósito de um

---

5 Ao corrigir, à mão, a primeira edição da obra, Lobato substitui o gramaticalmente correto "achou-o" por "achou ele", construção típica da linguagem oral. Tal alteração seria mantida até pelo menos a 3ª edição, de 1928, já que, na 6ª e mesmo na versão definitiva, o narrador lobatiano recua e escreve "achou o pito".

"representante" da cultura popular, a qual Lobato queria valorizar com sua obra, desaparece na 3ª edição.

Também entre a 1ª e a 3ª edição, ocorre a transformação dos indeterminados e anônimos capadetes (porcos) no "pai do Marquês de Rabicó", o que sugere que Lobato, em 1928, já vinha reforçando procedimentos intertextuais entre seus livros infantis, processo que se intensifica a partir de 1931, com o lançamento de *As reinações de Narizinho*, reunião de várias histórias já publicadas, remodeladas de modo que ganhassem unidade. O processo prossegue durante a revisão final de sua obra no biênio 1944-1945, com vistas à publicação de sua *Obra completa* infantil (1947).

São também muito significativas as alterações da cena na qual Narizinho passa por uma situação bastante singular, no papel de vítima da Cuca. Pedrinho e o Saci, após terem visto o ninho da sacizada,[6] o lobisomem e a mula sem cabeça, resolvem, para satisfazer a curiosidade do menino, visitar a Cuca. Chegando à caverna da megera, surpreendem-na comendo uma criança, cena que é descrita com tal requinte de crueldade que beira o humor negro. Após uma série de peripécias, aproveitando-se do sono profundo que, após o jantar, acomete o papão feminino, Saci e Pedrinho conseguem subjugá-la, enrolando-a em um firme novelo de cipós. Para acordá-la, os dois se valem de um recurso bastante truculento: espancam-lhe a cabeça com dois porretes, fazendo-a urrar de dor.

Vencida, a Cuca se vê obrigada a regurgitar a criança engolida, episódio que também ganha descrição minuciosa: a criança devorada e regurgitada era Narizinho.

É importante observar que se intensifica, entre a 1ª e a 3ª edição da obra, o caráter violento e grotesco da cena, uma vez que, na 3ª edição, após comer Narizinho, a Cuca come, de sobremesa, mais de cem mamangavas "das bem venenosas" e duas dúzias de aranhas caranguejeiras; além disso,

---

[6] Segundo a narrativa, os sacis seriam gerados dentro de gomos de bambu. Invenção lobatiana, tal característica seria relembrada com carinho por leitores de diversas épocas, chegando alguns a afirmarem não mais terem visto um gomo de bambu sem se lembrarem do saci.

o Saci ameaça, na edição de 1928, assar a bruxa em uma fogueira, caso ela não restitua à vida a criança devorada.

Em edições posteriores, a violência é atenuada: Narizinho é transformada em pedra pela Cuca, que também não sofre a violência narrada nas edições da década de 1920.

A falta de humor é, ainda, característica das primeiras edições de *O Saci* – aspecto que acompanharia a narrativa durante toda sua trajetória e, curiosamente, contraria a tradição lobatiana no gênero.[7] Quantas vezes, ao lermos as obras de Lobato, não nos surpreendemos a rir sozinhos, por conta do humor fino, da ironia e da graça na elaboração das peripécias e dos diálogos? Com *O Saci*, tal não acontece. A obra parece seguir um roteiro predefinido: sob a tutela de Pedrinho e do Saci, apresentar às crianças brasileiras figuras de nosso folclore e alguns aspectos da cultura caipira. Tal propósito parece tolher, de alguma maneira, os movimentos e a criatividade de Lobato.

Igualmente avesso ao estilo lobatiano é certo apelo ao sentimentalismo, presente nas edições iniciais. Nas despedidas do final da narrativa, quando o Saci é libertado, há um clima de choro ao qual nem o Saci escapa: "Uma lágrima brilhou em seus olhos – talvez a primeira lágrima que ainda apareceu em olhos de Saci..." (Lobato, 1928, p.32).

Entre a 3ª e a 6ª edição, as alterações são bem mais radicais e acabam por se constituir, simultânea e paradoxalmente, no grande senão e no grande mérito da obra.

Chama atenção, quando folheamos a sexta edição de *O Saci*, a ampliação do livro. Na primeira edição, de 1921, a narrativa contava com nove capítulos, distribuídos em 38 páginas. A terceira edição, de 1928, preservou os mesmos nove capítulos, com pequenas alterações em seus títulos e 32 páginas. Já a sexta edição, de 1938, é composta por 33 capítulos, dispostos ao longo de 121 páginas.

---

[7] Sintomática, a esse respeito, a completa ausência da narrativa *O Saci* no recém-publicado *Lobato humorista*, obra em que Lia Cupertino Duarte analisa os procedimentos lobatianos para a instauração do humor, em sua produção infantil (Duarte, 2006).

Na primeira e terceira edições, a narrativa contemplava efetivamente apenas o próprio Saci, o lobisomem (que aparece no final do capítulo "A festa da sacizada"), a Cuca e a Iara. A sexta edição expande o número de entidades mitológicas abordadas, dedicando, quase sempre, um capítulo para cada uma, focalizando, além do saci, o cauré, uirapuru, urutau, jurupari, curupira, boitatá, negrinho do pastoreio, lobisomem, mula sem cabeça, porca dos sete leitões, caipora e, por fim, a Cuca e a Iara. Tamanho desfile de entidades exige, em certa medida, a suspensão da narrativa propriamente dita.

Contudo, essa multiplicação de figuras folclóricas não é a única responsável pelo significativo aumento no tamanho da obra. Na sexta edição, valendo-se do Saci como "professor", Lobato inclui, de maneira didática, quase enciclopédica, animais típicos de nossa fauna – a onça, a sucuri, a muçurana, a cascavel –, alguns insetos e espécies vegetais, além de "discussões filosóficas" entre o Saci e Pedrinho.

A obra, assim, ganha um matiz mais didático, constituindo-se, por vezes, num verdadeiro manual do folclore brasileiro para crianças, com informações sobre bichos típicos de nossas florestas, além dos debates entre Pedrinho e o Saci acerca do saber letrado em oposição ao saber instintivo e, finalmente, as conversas dos dois, nas quais o Saci parece exprimir a visão pessimista de Lobato sobre o "bicho-homem". Com relação a essas discussões filosóficas, é impossível não notar o tom professoral que as marca. Além disso, sempre que ocorrem, tais discussões suspendem a ação, tornando a narrativa um tanto arrastada.

Contudo, se essa repetida suspensão da ação em favor do discurso pedagogizante compromete a estrutura narrativa, "estrangulando-a", a multiplicação das figuras folclóricas evocadas acabou por tornar *O Saci* uma importante fonte de dados acerca do folclore brasileiro, transformando-se em fonte utilizada por outros autores que, posteriormente, escreveram obras infantis sobre o tema.[8]

De certa maneira, com *O Saci*, Monteiro Lobato acabou criando uma espécie de *cânone* do folclore brasileiro, elegendo suas figuras mais apreciáveis e colocando ao alcance das crianças um saber folclórico que – com o refluxo da cultura popular, sobretudo a caipira, calcada na oralidade – tendia ao desaparecimento.

Cumpre ressaltar, no entanto, que a representação dos mitos na narrativa lobatiana nem sempre é fiel às versões consagradas pela tradição popular. O próprio Saci, a partir do momento em que é capturado por Pedrinho, é destituído de quaisquer traços demoníacos, tão recorrentes nas descrições dele presentes, inclusive, no *inquérito*; também a mula sem cabeça, descrita na tradição popular como sendo o castigo que recebe a concubina do padre, tem suprimidos seu caráter sacrílego e a conotação sexual que distinguem o mito na origem.

Outro aspecto relevante na comparação entre a 3ª e a 6ª edições da obra é a linguagem. O escritor, como já observado por alguns estudiosos, parece conseguir atingir, provavelmente no começo da década de 1930, como que um "padrão Lobato de qualidade", o que torna sua linguagem nas obras infantis – e *O Saci* de 1938 não ficaria imune a essa circunstância – inconfundível. Há muito mais naturalidade no manejo das palavras, o coloquialismo encontra a medida certa e as expressões populares têm presença cada vez mais assegurada.

---

8   Para se ter ideia do filão aberto por Monteiro Lobato com a publicação de sua segunda obra infantil, em uma pesquisa em um *site* de cotação de preços de livros via internet, verificamos que existem mais de 50 diferentes obras infantis em cujo título há referência ao saci sendo comercializadas atualmente. Com relação à influência exercida por *O Saci*, entre outros exemplos, Clarice Lispector, em uma obra sobre lendas brasileiras destinada ao público infantil, cria um conto sobre o saci em que os ecos da narrativa lobatiana na representação do mito são incontestáveis (Lispector, 1997). Em obras como *Sacici siriri sici*, de Luiz Galdino (1985), e *O Saci e a reciclagem do lixo*, de Samuel Murgel Branco (1994), o aspecto didático/utilitário que a personagem assume na narrativa lobatiana ganha outros matizes, como a defesa do meio ambiente e a preservação da cultura popular.

A 7ª edição é idêntica à 6ª. Com relação a esta, a versão definitiva, de 1947, promove algumas alterações quanto à linguagem, exclui três mitos ornitológicos amazônicos – cauré, uirapuru, urutau – e suprime o capítulo "A Iara e a Cuca".

Chama atenção, nesse capítulo, o maniqueísmo expresso pela divisão dos seres em partidários da beleza (Iara) ou da feiura (Cuca), de onde derivam outros maniqueísmos, como beleza/bondade e feiura/maldade. Lobato, a princípio, tenta subverter esse quadro de valores tão presente nos contos de fadas e nas narrativas orais, porém, acaba reiterando tal estigma. Expressando-se por meio do Saci, identifica a velhice de Dona Benta e a "pretura" de Tia Nastácia à feiura. Porém, por serem bonitas "por dentro", pertenceriam ao partido das coisas belas, ou ao time da Iara.

Porém, mais significativo do que as supressões é a inclusão de um capítulo, logo no início da narrativa, em que ocorre a descrição mais pormenorizada do espaço do Sítio do Picapau Amarelo de que se tem notícia em toda a saga lobatiana.

Trata-se, sem sombra de dúvida, de um dos bons momentos da criação infantil lobatiana. O detalhismo da descrição que Lobato faz do interior da casa lembra as descrições naturalistas, onde nada escapa ao olhar minucioso do narrador. Os objetos e móveis descritos exalam brasilidade; os ambientes construídos remetem à vida tranquila do interior.

Essa descrição ganha realce quando articulada aos artigos que Lobato publica, a partir de 1915, sobretudo em *O Estado de S. Paulo* e na *Revista do Brasil*, em que critica a mania de cópia do brasileiro nos mais diversificados setores da existência. Tais artigos seriam reunidos em *Ideias de Jeca Tatu* (1919), obra que, ao lado do *inquérito* (1918), constitui um dos pontos culminantes dessa batalha nacionalista.

Todo esse conjunto de ideias em favor de um estilo de vida tipicamente brasileiro, que contempla desde questões arquitetônicas até elementos decorativos, plantas ornamentais, gastronomia, enfim, uma variada gama de aspectos que envolvem a vida do brasileiro, migra para o segundo capítulo da versão definitiva de *O Saci*. Na história infantil, dilui-se o matiz panfletário dos artigos de jornal, transfigurando-se em uma representação literária.

Como pudemos observar, a narrativa *O Saci* percorreu uma trajetória bastante irregular, revelando um Lobato, nas primeiras edições, ainda inseguro, revisando e reescrevendo muito. Em determinado momento, talvez consciente de não ter conseguido de maneira satisfatória resolver literariamente a narrativa, Lobato passa a investir em seu aspecto útil, valendo-se da figura do Saci para transmitir às crianças certos conhecimentos práticos e convencê-las de determinada visão de mundo.

O Saci e a crítica

Antonio Candido, em artigo publicado em 1953, aponta e aplaude a constante reescritura da narrativa sobre o negrinho de uma perna só:

> Encantado com a lenda do saci desde criança, a cada nova edição Lobato acrescentava e modificava episódios, incluindo outras lendas como a da Iara, do Lobisomem e do Boitatá. Em sua versão definitiva leva a criança brasileira à poesia forte desta obra-prima que é *O Saci*. (Candido apud Blonski, 2003, p.120)

Leonardo Arroyo, apesar de não se deter sobre as especificidades da obra, é taxativo ao afirmar que se trata de "um dos seus melhores livros para crianças" (Arroyo, 1968, p.204), ou, ainda, "um dos mais belos trabalhos da literatura infantil brasileira" (ibidem).

João Carlos Marinho Silva, autor de clássicos da literatura infantil brasileira, como *O caneco de prata* e *Sangue fresco*, em estudo sobre Lobato, a exemplo do que fizera Cavalheiro em sua biografia, chama a atenção para a descrição da floresta onde se desenrola a ação, que considera uma "das mais belas páginas paisagísticas de nossa literatura" (Silva, 1978, p.6). Além disso,

Silva considera o livro sobre o saci como sendo "talvez o escrito em estilo mais inspirado" (Silva, 1978, p.13).

Laura Sandroni, por sua vez, destaca o pioneirismo lobatiano com relação à utilização do folclore. Segundo ela, Lobato teria sido o "primeiro a fazer do folclore tema sempre presente em suas histórias através dos personagens do Sítio como Tia Nastácia e Tio Barnabé" (Sandroni, 1987, p.58).[9]

Mas a fortuna crítica de *O Saci* não se constitui apenas de louvores. Lucia Miguel Pereira, ao referir-se à produção infantil do escritor taubateano, mesmo valorizando-a, posiciona-se de maneira diametralmente oposta à de Antonio Candido, criticando os numerosos acréscimos implementados por Lobato, ao longo da trajetória editorial de *O Saci*.

> Há nos primeiros livros – lembro-me principalmente da versão original de *Narizinho* e do *Saci*, cujos acréscimos foram malvindos – uma frescura, uma graça material, um raro dom de misturar fantasia e realidade, uma arte literária que os torna esteticamente superiores a *Urupês*. (Pereira apud Nunes, 1998, p.221-2)

Assim, se, para Candido, os acréscimos à narrativa a tornaram "esteticamente superior", para Pereira, os adendos foram prejudiciais ao "frescor" da versão original.

Marisa Lajolo, em *Literatura comentada*, aponta o aspecto engajado de *O Saci*, ao afirmar que se trata de "um dos livros de Lobato que mais direta e ostensivamente incorpora elementos da cultura brasileira" (Lajolo, 1988,

---

9 Por conta, principalmente, das adaptações da obra infantil do escritor paulista para a televisão, a impressão com que se ficou é a de que Tio Barnabé teria uma participação importante no universo ficcional lobatiano, fazendo parte de diversas aventuras e sendo consultado com frequência sobre mistérios e personagens de nosso folclore. Contudo, trata-se somente de uma recriação da TV, uma vez que, na obra infantil de Lobato, Tio Barnabé participa apenas de *um* capítulo da narrativa *O Saci*, não tomando parte em nenhuma outra aventura da turma do Sítio do Picapau Amarelo. O mesmo acontece com relação ao Saci e à Cuca, personagens recorrentes nas adaptações televisivas e que, na obra de Monteiro Lobato, só aparecem na narrativa de que temos tratado. Talvez a presença fugaz dessas figuras seja um indício de que o folclore também não esteja assim tão presente no universo ficcional infantil lobatiano quanto tem querido a crítica especializada.

p.65). Além disso, a autora não omite o "forte lastro didático" que caracterizaria a narrativa.

O caráter didático seria referido também por Renato da Silva Queiroz, para quem o saci, na narrativa lobatiana, assumiria "traços de pedagogo". Queiroz, além disso, em seu *Estudo antropológico sobre o saci* (1987), atribui a Lobato o início do processo de domesticação por que passaria o saci, ao longo dos anos, processo que, despojando o mito de seus traços sarcásticos e contestadores, garantiu seu ingresso na era da indústria cultural e da propaganda.

Apesar do caráter panorâmico que identifica os estudos de onde provêm as referências aqui evocadas, alguns estudiosos apontam, como vimos, elementos importantes para avaliação desta segunda produção de Lobato no gênero infantil.

Como sublinham Queiroz e Lajolo, o aspecto útil da obra foi drasticamente hipertrofiado, ao longo de seu percurso editorial, o que deixou marcas profundas na estrutura narrativa, que acaba, em diversos momentos, esfacelando-se entre os ensinamentos transmitidos pelo Saci. Constitui, nessa perspectiva, uma obra construída sob o princípio da eficácia, elaborada para agir sobre o leitor, à qual falta gratuidade, elemento essencial, de acordo com a leitura que Perrotti (1986) faz de Jakobson, para a existência do "poético" ou do "discurso estético". Esse utilitarismo que percorre a narrativa, desde sua primeira edição, talvez seja o responsável pela presença escassa do humor, característica essencial da produção infantil lobatiana.

Também fator negativo do livro é a ausência do restante da turma do Sítio, no desenrolar da narrativa. João Carlos Marinho Silva – acertadamente, segundo nosso ponto de vista – atribui grande parte do sucesso da saga lobatiana à participação de todos em tudo, o que favorece multiplicidade de opiniões e visões de mundo. Apesar das tentativas do narrador lobatiano de ir inserindo, ao longo das reedições da obra, o maior número possível de personagens – sobretudo no capítulo "O sítio de Dona Benta", em que o escritor consegue um bom resultado, ao ir revelando o contato de suas personagens com o espaço do sítio –, o foco narrativo que prevalece é mesmo o que se volta para as ações e os diálogos entre Pedrinho e o Saci, impossibilitando a instauração do discurso polifônico e, de certa maneira, empobrecendo a narrativa.

Pedrinho é muito bem-comportado e tem soluções pouco originais para as situações que se apresentam; o Saci, destituído de seu caráter ambíguo, assume ares de educador. Assim, a narrativa parece se ressentir da ausência das asneiras de Emília, das opiniões pernósticas de Visconde, da crendice de Tia Nastácia e mesmo da racionalidade experimentada de Dona Benta. Além desses aspectos, o Saci presente na narrativa perde a complexidade da construção do mito, no imaginário popular.

Contudo, se a narrativa lobatiana sobre o saci, pelos problemas elencados ao longo deste texto, não atinge plenamente o nível estético, por exemplo, das narrativas curtas que compõem *Reinações de Narizinho* e da primeira parte de *As caçadas de Pedrinho*, a obra apresenta, por outro lado, virtudes que não podem ser ignoradas.

Traz para a presumível perenidade do objeto livro as figuras folclóricas, preservando-as e apresentando-as aos mais jovens, já que, ao tempo das primeiras edições da obra, não mais faziam parte do repertório cultural de seu público e, assim, tendiam ao desaparecimento; contrapõe à tradição europeia, com suas fadas e bruxas, elementos típicos do nosso folclore e de nossa cultura popular; e inicia a tradição folclórica na literatura infantil brasileira, criando, a seu modo, não obstante algumas limitações, um cânone do folclore nacional, que viria a se constituir em importante fonte de referência.

Por tudo isso, seguramente, *O Saci* merece o lugar de destaque que ocupa em meio à saga lobatiana.

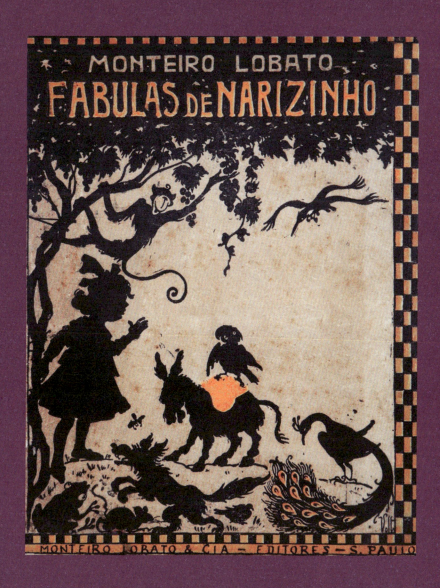

verso:
Fábulas de Narizinho. 1.ed. São Paulo: Monteiro Lobato & Cia., 1921
Biblioteca Infantil Monteiro Lobato/SP/R.L
Fotografia: Gregório Ceccantini

6
Monteiro Lobato e o processo de reescritura das fábulas
Loide Nascimento de Souza[1]

> *Que é que nossas crianças podem ler? Não vejo nada. Fábulas assim*
> *seriam um começo da literatura que nos falta.*
> (Monteiro Lobato, 1916)

No princípio

Em 1920, quando Monteiro Lobato (1882-1948) publica seu primeiro livro para crianças, ele já era reconhecido como bem-sucedido escritor e editor. Embora já tivesse escrito algumas histórias infantis,[2] a ideia de escrever mais sistematicamente para o público infantil surge a partir da observação de cenas domésticas e de sua preocupação com as necessidades de um receptor específico – a criança.

---

[1] Graduada em Letras e especialista em Literatura e ensino pela Universidade Estadual de Maringá. Professora da rede pública estadual do Paraná. Mestre em Letras e doutoranda em Literatura e Vida Social pela UNESP de Assis. Não conheceu a obra de Monteiro Lobato na infância. Mas a história do Jeca Tatu reproduzida nas páginas do almanaque do Biotônico Fontoura e, mais tarde, os fragmentos e as belas ilustrações presentes em um livro didático ficaram para sempre gravados em sua memória.

[2] Em *Monteiro Lobato em construção*, Bignotto resgata contos publicados por Monteiro Lobato em 1903, no *Jornal da Infância* da revista paulistana *Educação*. Cf. <http:www.unicamp.br/iel/monteirolobato>.

Em 8 de setembro de 1916, em carta a Godofredo Rangel, seu amigo de longa data, expõe o esboço do seu projeto:

> Ando com varias ideias. Uma: vestir á nacional as velhas fabulas de Esopo e La Fontaine, tudo em prosa e mexendo nas moralidades. Coisa para crianças. Veio-me diante da atenção curiosa com que meus pequenos ouvem as fabulas que Purezinha lhes conta. Guardam-nas de memoria e vão reconta-las aos amigos – sem, entretanto, prestarem nenhuma atenção á moralidade, como é natural. A moralidade nos fica no subconsciente para ir se revelando mais tarde, á medida que progredimos em compreensão. Ora, um fabulario nosso, com bichos daqui em vez dos exoticos, se for feito com arte e talento dará coisa preciosa. As fabulas em português que conheço, em geral traduções de La Fontaine, são pequenas moitas de amora do mato – espinhentas e impenetraveis. Que é que nossas crianças podem ler? Não vejo nada. Fabulas assim seriam um começo da literatura que nos falta. Como tenho um certo jeito para impingir gato por lebre, isto é, habilidade por talento, ando com ideia de iniciar a coisa. É de tal pobreza e tão besta a nossa literatura infantil, que nada acho para a iniciação de meus filhos. (Lobato, 1972c, p.245-6).

A iniciativa, em princípio, era pouco ambiciosa e Lobato nem sequer podia imaginar que o seu sucesso seria muito grande. É como escritor de literatura infantil que Monteiro Lobato faz história, transformando-se na principal referência dos escritores que investem nesse gênero.

Conforme registra Lobato em sua carta, a ausência de literatura de qualidade voltada para a criança marcava o panorama brasileiro das décadas iniciais do século XX. As obras existentes, em sua maioria, eram escritas sob a ótica do adulto, aproximavam-se muito mais dos interesses didáticos e seu valor estético é questionável.

A fábula como alternativa para o começo

Embora o livro de fábulas não tenha sido o primeiro da série, a fábula faz parte do projeto inicial de Lobato para a literatura infantil brasileira. Em 13 de abril de 1919, envia alguns originais a Rangel e solicita que os avalie:

> Tive ideia do livrinho que vai para experiencia do publico infantil escolar, que em materia fabulistica anda a nenhum. Ha umas fabulas de João Kopke, mas em verso – e diz o Correia que os versos do Kopke são versos do Kopke, isto é, insulsos e de não facil compreensão por cerebros ainda tenros. Fiz então o que vai. Tomei de La Fontaine o enredo e vesti-o á minha moda, ao sabor do meu capricho, crente como sou de que o capricho é o melhor dos figurinos. A mim me parecem boas e bem ajustadas ao fim – mas a coruja sempre acha lindos os filhotes. Quero de ti duas coisas: juizo sobre a adaptabilidade á mente infantil e anotação dos defeitos de forma. (ibidem, p.290)[3]

Dois anos depois, em 1921, Lobato publica *Fábulas de Narizinho*, com 29 fábulas e 76 páginas não numeradas, ilustrações de Voltolino e uma nota introdutória sem título.

A fábula é um gênero de origens remotas, formada por uma narrativa breve, cuja finalidade é ilustrar lições de vida. Ao longo dos séculos, foram inúmeros os fabulistas. Entre eles, pode-se destacar, por exemplo, Esopo (VI a.C., Grécia), Fedro e Bábrio (século I, Roma) e La Fontaine (século XVII, França).

Na nota introdutória sem título que Lobato inclui, em sua primeira coletânea de fábulas, o escritor expõe a sua visão a respeito do gênero fábula e destaca as suas referências e a sua estratégia, na reescritura das fábulas:

> As fabulas constituem um alimento espiritual correspondente ao leite na primeira infancia. Por intermedio dellas a moral, que não é outra coisa mais que a propria sabedoria da vida accumulada na consciencia da humanidade, penetra na alma infante, conduzida pela loquacidade inventiva da imaginação.
>
> Esta boa fada mobiliza a natureza, dá fala aos animaes, ás arvores, ás aguas e tece com esses elementos pequeninas tragedias donde resurte a "moralidade", isto é, a lição da vida.
>
> O maravilhoso é o assucar que disfarça o medicamento amargo e torna agradavel a sua ingestão.

---

[3] João Köpke (1852-1926) fundou o Instituto Henrique Köpke, no Rio de Janeiro, em 1886. O nome do instituto é uma homenagem ao seu pai. As fábulas a que Lobato se refere na carta provavelmente constam na seguinte obra: *Fabulas para uso das classes de lingua materna arranjadas pelo director* (Instituto Henrique Köpke, 1911).

O autor nada mais fez senão dar forma sua ás velhas fabulas que Esopo, Lafontaine e outros crearam. Algumas são tomadas do nosso"folk-lore" e todas trazem em mira contribuir para a creação da fabula brasileira, pondo nellas a nossa natureza e os nossos animaes, sempre que é isso possivel. (Lobato, 1921a)

Servindo-se, em parte, de fontes da Antiguidade, Lobato confirma o que o filósofo Platão (428/27-347 a.C.) já recomendava, em sua *República*: as fábulas eram equivalentes a um cálcio espiritual que alimentava a alma da criança, sendo, por isso, essencial para a formação de seu caráter. Lobato acentua, entretanto, que os ensinamentos penetram na "alma infante" de maneira quase imperceptível, porque a fábula é sutil e o seu enredo disfarça o gosto amargo da "moralidade". Outro dado importante nessa nota é também a revelação da intenção de abrasileirar os textos. Se as crianças, para as quais escrevia, eram brasileiras, era necessário que as fábulas fossem adaptadas a esse contexto.

No Brasil, desde as décadas finais do século XIX, a fábula já circulava entre o minguado público leitor, mas, como afirma Monteiro Lobato, as traduções eram ruins. Assim, quando decide escrever fábulas, Lobato, além de assumir a especificidade de seu público, preocupa-se, sobretudo, com a forma. Na carta a Godofredo Rangel, já citada, essa preocupação fica clara: "Tomei de La Fontaine o enredo e vesti-o à minha moda, ao sabor do meu capricho, crente como sou de que o capricho é o melhor dos figurinos" (Lobato, 1972c, p. 290).

De edição para edição: efeito depurativo e tentativas de adequação

As fábulas de Lobato tiveram grande aceitação. O curto espaço de tempo entre uma edição e outra comprova esse fenômeno.[4] De-

---

4 Seguem as referências das várias edições da obra em questão:
LOBATO, Monteiro. *Fabulas de Narizinho*. [Desenhos de Voltolino]. São Paulo: Monteiro Lobato & Cia. Editores, 1921. [Biblioteca Monteiro Lobato].

pois de lançar *Fábulas de Narizinho*, em 1921, já no ano seguinte, em 1922, Lobato faz uma ampliação da obra, que passa a se chamar *Fábulas*, apresenta 77 textos, distribuídos em 184 páginas. Nos anos de 1924 e 1925, vêm as 2ª e 3ª edições de *Fábulas*, com o mesmo número de textos, publicadas pela Monteiro Lobato & Cia. e pela Companhia Gráfico-Editora Monteiro Lobato. Falida esta última, os sócios, Monteiro Lobato e Octales Marcondes Ferreira, abriram a Companhia Editora Nacional, que editaria a partir de então toda a obra de Lobato.

No verso do anterrosto da 7ª edição, de 1939, há uma relação das tiragens das sete primeiras edições, totalizando 36 mil exemplares, em quinze anos, um número altamente significativo para a época:

EDIÇÕES DESTE LIVRO
1924 – 1ª Edição   3.000   exemplares
1925 – 2ª Edição   5.000   "
1926 – 3ª Edição   3.000   "

LOBATO, Monteiro. *Fabulas*. [Desenhos de Voltolino]. Obra aprovada pela Directoria da Instrucção Publica do Estado de S. Paulo. 1.ed. São Paulo: Monteiro Lobato & Cia. Editores, 1922. [Biblioteca Monteiro Lobato].

LOBATO, Monteiro. *Fabulas*. [Desenhos de Voltolino]. Obra aprovada pela Directoria da Instrucção Publica dos Estados de São Paulo, Paraná e Ceará. 2.ed. São Paulo: Monteiro Lobato & Cia. Editores. [Cedae-Unicamp].

LOBATO, Monteiro. *Fabulas*. [Desenhos de Voltolino]. Obra aprovada pela Directoria da Instrucção Publica dos Estados de São Paulo, Paraná e Ceará. 3.ed. São Paulo: Cia. Graphico-Editora Monteiro Lobato, 1925. [Biblioteca Monteiro Lobato].

LOBATO, Monteiro. *Fabulas*. [Desenhos de K. Wiese]. 4.ed. São Paulo: Companhia Editora Nacional, 1929.

LOBATO, Monteiro. *Fabulas*. [Desenhos de Wiese e J.U.Campos]. 7.ed. São Paulo: Companhia Editora Nacional, 1939. [Cedae-Unicamp].

LOBATO, Monteiro. *Fabulas*. Desenhos de Wiese. 8.ed. São Paulo: Companhia Editora Nacional, 1943. (Biblioteca Pedagogica Brasileira. Série 1ª. Literatura Infantil, v.34) [Biblioteca Monteiro Lobato].

LOBATO, Monteiro. *Fabulas e Historias diversas*. Ilustrações de André Le Blanc. São Paulo: Editora Brasiliense Limitada, 1947. (Obras completas de Monteiro Lobato. 2ª Série. Literatura Infantil, v. 15) [Biblioteca Monteiro Lobato. Exemplar com páginas faltando.]

1929 – 4ª Edição   5.000   exemplares
1934 – 5ª Edição   10.000 "
1937 – 6ª Edição   5.000   "
1939 – 7ª Edição   5.000   "

Ressalve-se, contudo, que as datas de publicação das três primeiras edições não correspondem às datas que aparecem nas páginas de rosto dessas edições, respectivamente 1922, 1924 e 1925.

Depois de *Fábulas de Narizinho* (1921), a 1ª edição de *Fábulas* (1922), além de conter um número muito maior de textos, é aprovada pela Diretoria da Instrução Pública do Estado de São Paulo, o que favorecia a circulação da obra entre o público escolar. A nota introdutória recebe o título "Advertência" e vai para o final do livro. O título *Fábulas* exclui a menção a Narizinho, o que sugere diferentes interpretações: em primeiro lugar, nenhuma das fábulas era criação de Narizinho, pois vinham todas da tradição e, segundo a Advertência, do "folk-lore". Além disso, a presença do nome da personagem Narizinho, na primeira versão do livro, poderia representar uma oportuna carona no sucesso dos livros *A menina do narizinho arrebitado* (1920) e *Narizinho arrebitado* (1921). Nestes, a leitura do título sinaliza que o livro era endereçado às crianças, contendo textos narrados em linguagem mais adequada aos pequenos leitores. Estabelecido o elo entre obra e público, o artifício do nome da personagem talvez não fosse mais necessário. Na edição de 1922, também ocorre uma mudança significativa no título da fábula "A cigarra e a formiga", que passa a "A cigarra e as duas formigas", apresentando os intertítulos: "I A formiga boa" e "II A formiga má".

A 2ª edição de *Fábulas* (1924) é aprovada pela Diretoria da Instrução Pública do Estados de São Paulo, Paraná e Ceará. Essa observação, na página de rosto, configurava-se em um golpe de mestre por parte do escritor e editor, que, com isso, abria caminhos de distribuição de suas obras em outras regiões do país. Nessa edição, a Advertência passa a ocupar a página 3 e a fábula "A cigarra e as duas formigas" volta a ser a primeira fábula, como em *Fábulas de Narizinho*.

Merece destaque, na segunda edição, o fato de 52 fábulas receberem notas de rodapé, entre uma e sete notas, totalizando 114 notas. Nota-se, assim, que o investimento de Lobato na circulação escolar se dá de várias maneiras: tanto no aspecto material do livro, como na inserção dessas notas, que tinham como finalidade facilitar a compreensão do texto por parte dos leitores.

Na 3ª edição de *Fábulas* (1925), igualmente aprovada pela Diretoria da Instrução Pública dos Estados de São Paulo, Paraná e Ceará, ocorrem mudanças nos títulos das fábulas; por exemplo, "O gato e o sabiá" passa a "A fome não tem ouvidos"; "A cabra, o carneiro e o leitão" passa a "As razões do porco"; "A onça, a anta e o macaco" passa a "O egoísmo da onça"; "A onça e os companheiros de caça" passa a "Liga das Nações". Esses exemplos mostram talvez uma constante inquietação do escritor na busca do que seria mais atraente para as crianças. Além disso, Monteiro Lobato se preocupava ainda com a atualização do texto e defendia o abrasileiramento da linguagem, por meio do aproveitamento do que era mais corrente na modalidade oral.

Existe também certa variação do número de fábulas entre as edições: o mínimo é de 29 e o máximo de 77 fábulas. Há um aumento definitivo de *Fábulas de Narizinho* para *Fábulas*. A oitava edição, por exemplo, de 1943, apresenta 74 fábulas, eliminando três delas: "As abelhas e os zangões", de *Fábulas de Narizinho*, e "Os demandistas" e "O burro, o cachorro e a onça", de *Fábulas*.

A marca distintiva

Até a 7ª edição, as fábulas de Lobato não apresentam um de seus traços mais característicos: o comentário das personagens do Sítio do Picapau Amarelo. A edição que traz, pela primeira vez, esses comentários é a 8ª, de 1943, com desenhos de K. Wiese.

Foram necessários, portanto, mais de vinte anos para que Lobato imprimisse às suas fábulas a singularidade formal que as integra ao universo do Sítio. Essa singularidade parece ter agradado aos pequenos leitores, como sugere uma carta da menina Edith Canto:

> São Paulo, 12 de Janeiro de 1944
> Meu caro Sr. Lobato
> ...
> O que muito me agradou na nova edição das "Fabulas" foi o comentário do pessoal do sítio. Comentário "batatal" que dá margem a outros comentários...
> Quanto à "Viagem ao Céu" ficou inda mais interessante depois das muitas modificações sofridas.
> Que delicia a gente receber um presente como este!
> Agradeço-lhe muito, Sr. Monteiro Lobato; foi o melhor presente que recebi em minha vida mesmo porque ele me veio de suas mãos.
> Edith Canto.[5]

Nas *Obras completas*, de 1947, *Fábulas* integra o volume 15, da 2ª Série, Literatura Infantil, junto com *Histórias diversas*. A partir dessa reorganização, as edições das obras de Monteiro Lobato, por um longo tempo, passarão a ser publicadas tanto em volumes isolados, quanto em coleção.

O modo de compor

Considerando o grande número de edições, é possível concluir que as fábulas de Lobato foram e continuam sendo amplamente aceitas. Até 2006, editada pela Editora Brasiliense, sua 50ª edição, de 1994, teve dezessete reimpressões: é inegável, portanto, que, ainda hoje, as fábulas contadas por Dona Benta encantam os leitores.

---

5   IEB/USP, Fundo Raul de Andrada e Silva, Dossiê Monteiro Lobato, Série Correspondência Passiva, Cartas Infantis, Cx.1, P2, 19.

"Vestir a fábula à sua moda", como Lobato escreveu a Rangel, em 1919, significou, entre outras coisas, representar cenas de leitura e de recepção das fábulas a partir de um quadro familiar: se Purezinha contava fábulas aos filhos e eles gostavam, Dona Benta podia contar fábulas às personagens do Sítio e compartilhar reações com seus ouvintes.

Como sugere a carta a Rangel, a maior referência de Lobato é La Fontaine. Das 74 fábulas escritas ou reescritas por Lobato, pelo menos 58 foram escritas pelo fabulista francês. Mas há outros interlocutores. De acordo com Maria Celeste Consolin Dezotti (2003), de Esopo há, por exemplo, "Os dois viajantes na macacolândia", "O peru medroso", "O corvo e o pavão", "O lobo velho" e "A pele do urso"; e de Fedro, "O julgamento da ovelha" e "O imitador dos animais".

O que primeiro chama a atenção na obra *Fábulas* não é a influência de escritores clássicos ou da Antiguidade, porém a originalidade da reescritura dos textos, o que exige, igualmente, originalidade na leitura. Embora haja fábulas que mantêm o mesmo enredo da tradição, a linguagem é diferente e a narrativa é sempre ampliada por um segundo texto, que traz o comentário dos ouvintes, crianças e adultos. "A cigarra e as formigas", por exemplo, sinaliza a expectativa de leitura e parece pressupor um leitor capaz de perceber a atualização da versão lobatiana em relação a versões anteriores, interessado em verificar outros sentidos possíveis perante o contexto de produção e leitura, disposto a exercitar sua capacidade de argumentação crítica e a considerar as especificidades do gênero fábula.

Diferentemente de outras obras de Lobato, o livro *Fábulas* se inicia *ex abrupto*: ao abri-lo, o leitor já se vê diante da primeira fábula, "A cigarra e as formigas", que é narrada por alguém que ele teoricamente não sabe quem é. Ele também não sabe onde e quando o episódio acontece. Somente nos comentários – ao final da fábula – Dona Benta é apresentada como narradora e neles o leitor pode encontrar indícios de tempo e de espaço. Certamente a escolha dessa fábula como abertura da obra não foi aleatória. Largamente conhecida e trabalhada de forma singular, transforma-se em um atrativo poderoso para os ouvintes e leitores que, provavelmente, terão sua curiosidade aguçada em relação ao próximo texto. O pedido incisivo de Emília, no final da fábula, pode ser um indicativo dessa estratégia de tentar prender a atenção dos leitores: "Conte outra." (p.11).

Uma das explicações para a inexistência de introdução em *Fábulas* pode ser o fato de a obra fazer parte de um conjunto em que as narrativas foram estruturadas de forma parecida. Em 1943, ano em que publica pela primeira vez a edição de *Fábulas* que traz os comentários, Lobato já havia publicado *Histórias de tia Nastácia* e *Dom Quixote das crianças,* entre outras, em que a situação de narração oral é introduzida. Dessa maneira, em *Fábulas*, ele parece se aproveitar desse conhecimento, eliminando a parte introdutória da narração e concentrando-se nos diálogos.

"A cigarra e as formigas"[6] é um composto que reúne duas fábulas com o mesmo conflito e finais diferentes. Depois das fábulas, seguem os comentários dos ouvintes.

Na primeira fábula de "A cigarra e as formigas", "A formiga boa", a personagem principal, na verdade, é a cigarra: "Houve uma jovem cigarra que tinha o costume de chiar ao pé dum formigueiro." (p.11). Quando chegou o inverno, ela foi acolhida pela formiga que, agradecida, lembrou-se das belas músicas ouvidas durante o trabalho. Já a segunda fábula, "A formiga má", focaliza as maldades da formiga e remete a um espaço distante: "Já houve, entretanto, uma formiga má que não soube compreender a cigarra..." (p.11). O espaço da história é a Europa, o que permite deduzir que o espaço da anterior seria o Brasil. Em "A formiga má", os fatos são semelhantes aos da primeira fábula, mas a formiga recusa-se a ajudar a cigarra e a deixa morrer diante de sua porta.[7]

---

6   Análises, comentários e citações das fábulas têm por base a seguinte edição: Lobato, 1973b.

7   O enredo de "A formiga má" mantém fidelidade ao texto de La Fontaine, que pode ser localizado em: La Fontaine, 1965. t.1, p.31. Ou ainda em traduções, entre as quais se cita a de Bocage, que pode ser encontrada em: La Fontaine, 1957, p.25-6.

A moral explicitada em "A cigarra e as formigas" tem um valor conceitual, porém a lição da generosidade e da partilha está implícita no desenvolvimento das duas histórias. Por sua vez, os comentários se iniciam com o grito de Narizinho, que discorda da fábula. As discussões giram em torno de uma suposta falsidade científica, já que, segundo Narizinho, as formigas são "insetos caridosos". Dona Benta então explica – e essa é uma função que ela desempenhará com frequência – que existe muita diferença entre "lições de História Natural" e lições de história moral.

É possível notar, portanto, na fábula em questão, que a lição da importância do trabalho veiculada pela fábula clássica (da Europa) é relativizada. O que ocorre é a exaltação da arte e a formiga é boa, não por suas habilidades, mas porque valoriza o talento da cigarra. Em *Fábulas*, como também ocorre em outros fabulários, a relativização não acontece somente em relação aos textos da tradição. Ela pode ocorrer no diálogo conflituoso ou amistoso que se estabelece na dinâmica interna da obra, de fábula para fábula.

Como se sabe, Monteiro Lobato era um homem ligado aos acontecimentos de seu tempo. Exemplo disso é o título da última fábula, "Liga das Nações", que, ao remeter à organização internacional formada em 1919 e seu fracasso na tarefa de promover a paz mundial, sintetiza o elo entre história e moral. Lobato alude ainda a filmes recentes, como Bambi, de 1942, e *E isto acima de tudo* (*This above all*), do mesmo ano. Essa preocupação com o contexto era, às vezes, determinante na relativização – operada pelo escritor – do ensinamento presente na história tradicional.

Pontos de contato entre as fábulas e unidade da obra

Em "A cigarra e as formigas", valoriza-se a arte como mérito da cigarra, ao passo que o trabalho, vocação da formiga, ocupa um segundo plano. Todavia, as décadas iniciais do século XX representavam um momento de grande inquietação em busca da modernização do país, projeto no qual o próprio Lobato estava engajado e ao qual, talvez, ele faça alusão em "A mosca e a formiguinha". Nessa fábula, diferentemente da anterior, todas as razões são reservadas à formiga e a moral explicita o seguinte ensinamento: *"Quem quer colher, planta. E quem do alheio vive um dia se engasga."* (p.34).

Outro confronto também pode ser estabelecido, por exemplo, entre as fábulas "O lobo e o cordeiro" e "A cabra, o cabrito e o lobo". Enquanto o cordeirinho, por ser ingênuo, morre nas garras do lobo, o cabritinho usa da esperteza e consegue se safar. Nas fábulas, os animais quase sempre caracterizam vícios e virtudes humanas. Logo, se nessas duas fábulas tanto o cordeiro como o cabrito podem representar a criança, a lição proposta por Emília, nos comentários finais da obra, é justificada e reforçada: "... se tivesse um filho, só lhe dava um conselho: 'Seja esperto meu filho'" (p.55).

Considerando que, com exceção da primeira, todas as fábulas de Lobato têm dois espaços discursivos/textuais, existem na obra também dois narradores. Em ambos os espaços, a composição se faz com o mesmo tipo gráfico, porém em tamanhos diferentes: a narração tem fonte de tamanho maior e os comentários, fonte de tamanho menor. A narradora das histórias e os comentários são orquestrados por um outro narrador não identificado, situado fora da história. Em geral, esse narrador introduz a fala das personagens e tem uma participação ínfima. Mas é essa participação que promove a unidade da obra e destaca o caráter narrativo dos comentários. Ainda quando informa as entradas e saídas de Tia Nastácia, esse narrador acaba por impregnar o texto de leveza e humor.

Um dado interessante a observar nos comentários é a representação do exercício da crítica, não somente por parte de Dona Benta, mas, principalmente, por parte das crianças. É nesse intervalo que Lobato dá uma verdadeira aula de mediação de leitura, mostrando que os textos – inclusive as fábulas – não foram feitos para servir como lições a serem "aprendidas", mas como objetos de reflexão, de debate, inclusive de recusa, como ocorre em "O olho do dono", ou quando as personagens dizem não concordar com determinada fábula.

Durante os comentários, quando a fábula entra em debate, as personagens igualmente alternam as suas funções. Dona Benta passa de narradora a comentarista, e os demais – Narizinho, Pedrinho, Emília, Visconde e Tia Nastácia – ora ouvem, ora falam, sendo a participação de cada um coerente com o perfil que manifesta, ao longo da obra lobatiana. Narizinho demonstra preocupações de ordem estética, vocabular e ética, enquanto Pedrinho mostra consciência crítica, curiosidade e gosto por aventuras. Já Emília revela total independência, subverte a moral e não tem qualquer preocupação com a lógica dos fatos. Visconde participa pouco e dá indiretas ao autoritarismo de Emília, enquanto Tia Nastácia ouve, por acaso, alguns trechos das histórias, não entende e reage pouco, porque não participa efetivamente da roda de ouvintes.

Da moral e da linguagem

Segundo Alceu Dias Lima (1984), a fábula apresenta três tipos de discurso: discurso figurativo (história), discurso temático (moral) e discurso metalinguístico (que fala da própria fábula como gênero), que, na forma clássica da fábula, pode aparecer expresso da seguinte maneira: "Esta fábula mostra que..." ou "Esta fábula ensina que...". No caso de algumas fábulas de Lobato (ou da maioria), o discurso metalinguístico é representado pelo itálico, que destaca a moral e, ao mesmo tempo, sugere uma entonação diferente na fala. Mas o discurso metalinguístico ganha seu espaço maior nos comentários das personagens. Um dos exemplos, entre vários outros, é o da fábula "A coruja e a águia", em que Dona Benta diz: "E essa fábula se aplica a muita coisa, minha filha".

Tratando-se do discurso temático da moral, a maioria das fábulas o traz destacado pelo itálico e no final do texto; entretanto, em boa parte, pelo menos trinta – de um total de 74 –, a moral fica embutida na história. Nesses casos, ela poderá ser deduzida pelo leitor, de acordo com sua experiência de vida. Geralmente enunciada por Dona Benta, por várias vezes a moral também é representada por ditados populares, como em "Os dois pombinhos": "Bem certo o ditado: *Boa romaria faz quem em casa fica em paz*". Ou pela inversão do ensinamento popular, como em "O homem e a cobra": "*Fazei o bem, mas olhai a quem*".

Quanto à temática das fábulas de Lobato (explicitada, sobretudo, no discurso da moral), verifica-se a existência de um número considerável de textos que focalizam a brutalidade da força e a eficiência da esperteza, como ocorre em "O lobo e o cordeiro". Os temas relacionados à solidariedade, à generosidade, à previdência e à ingratidão estão ilustrados em fábulas como "A cigarra e as formigas", "O homem e a cobra", "As duas cachorras", "A mosca e a formiguinha" e "O cavalo e o burro".

As fábulas de Lobato, no entanto, veiculam também outros ensinamentos. Por exemplo, sobre assuntos relacionados a questões de identidade e de autoconhecimento, em geral, há um grande número de fábulas, entre as quais "A rã e o boi", "A gralha enfeitada com penas de pavão", "O corvo e o pavão" e "O útil e o belo". Há ainda a focalização de outros assuntos, como imprevidência ("O touro e as rãs", A rã sábia" etc.), morte ("A morte e o lenhador" e "O sabiá na gaiola"), hipocrisia ("Os dois viajantes na macacolândia" etc.), covardia ("O pastor e o leão" etc.), inveja ("O sabiá e o urubu") e liberdade ("O cão e o lobo").

Além disso, há um número de fábulas que, agrupadas, podem ser chamadas de *ciclo do burro*: "Burrice", "O burro juiz", "O burro na pele de leão", "Os dois burrinhos", "Os dois ladrões", "O cavalo e o burro", "O burro sábio", "Os animais e a peste" e "Tolice de asno". Por fim, podem-se juntar as fábulas que retratam *tipos humanos*: "O reformador do mundo", "A menina do leite", "O intrujão", "Unha-de-fome", "A galinha dos ovos de ouro", "O imitador dos animais", "Segredo de mulher" e "O olho do dono".

Todas as modificações de Lobato, na reescritura das fábulas, não teriam sentido, não fosse a linguagem original e adequada ao público, o que constitui um dos elementos determinantes do humor e um atrativo para o leitor infantil. Quanto a isso, vale lembrar mais uma vez a carta de 1916, escrita a

Rangel – citada no início deste texto – em que Lobato se mostra preocupado com o abrasileiramento dos textos.

A fim de se aproximar do leitor infantil, além de um estilo direto, Lobato usa uma linguagem extremamente afetiva, o que talvez explique a presença de diminutivos e onomatopeias em suas fábulas, como "mulinha", "pastorzinho", "Laurinha", "vaquinha", "Narizinho", "Pedrinho", "fabulazinha" etc. e "tique, tique, tique", "pum", "plat", entre outras. Como é corrente na linguagem oral, em certos casos o diminutivo não expressa afetividade ou tamanho, mas enfatiza e produz efeito de superlativo, como ocorre, por exemplo, em "tardinha" e "carregadinha".

Em suas fábulas, Lobato também usa gírias e expressões populares do tipo "Justiça é pau." (p.43) e "Deixe estar, seu malandro, que eu já te curo!..." (p.21). Esses recursos tornam a linguagem das fábulas fluente e revelam o posicionamento questionador de Lobato perante a gramática tradicional, presente, por exemplo, nos comentários de Dona Benta, em "O galo que logrou a raposa": "– A gramática, minha filha, é uma criada da língua e não uma dona. O dono da língua somos nós, o povo ..." (p.21). Vale ressaltar ainda que o aproveitamento de palavras, locuções e ditos populares fazem parte do projeto lobatiano de criar a fábula brasileira e de estabelecer empatia com o público.

Ao longo das várias edições de *Fábulas*, Lobato realizava frequentes revisões, nas quais eliminava arcaísmos e expressões muito eruditas. Em carta de 1º de fevereiro 1943 a Rangel, comenta especificamente o trabalho de reescritura dessa obra, registrando tanto sua insatisfação com o resultado final, quanto sua recusa ao linguajar pedante:

> De tanto escrever para elas [as crianças], simplifiquei-me, aproximei-me do certo ... estou tirando tudo quanto é empaste.
>
> O último submetido a tratamento foram as *Fabulas*. Como o achei pedante e requintado! Dele raspei quase um quilo de "literatura" e mesmo assim ficou alguma. O processo da raspagem não é o melhor, porque deixa sinais – ou "esquirolas", como eu diria se ainda tivesse coragem de escrever como antigamente. (Lobato, 1972c, p.357)

E Lobato tem razão, quando diz que há vestígios de uma linguagem rebuscada em suas fábulas: lá estão termos como "espostejou-a", "horripilado" e "vitupério". É relevante considerar, no entanto, que as fábulas foram revisadas pelo autor há mais de cinquenta anos. Assim, mesmo sendo Lobato um autor que se preocupava intensamente com a atualização de suas obras, a linguagem de sua época é, logicamente, diferente da de hoje, o que confere grande relevo ao importante papel de pais e de professores que, seguindo o exemplo de Dona Benta, podem atuar como mediadores de leitura. Contudo, nesse exercício de mediação, é preciso que se leve em conta também que, embora Lobato defendesse o uso de uma linguagem coloquial, não era raro que o escritor utilizasse de propósito expressões mais refinadas ou de pouco uso, como ocorre na fábula "Os dois burrinhos":

> – Então por que a senhora não diz logo "qualidade" em vez de "naipe" e "igualha"?
> – Para variar, minha filha. Estou contando estas fábulas em estilo literário, e uma das qualidades do estilo literário é a variedade. (ibidem, p.35)

Ou ainda em "A fome não tem ouvidos", na qual as crianças questionam a linguagem utilizada por Dona Benta: "– E por que a senhora botou essas 'literaturas' na fábula? /– Para que vocês me interpelassem e *eu explicasse*, e todos ficassem sabendo mais umas coisinhas..." (p.39, grifo nosso). É notório, portanto, como revela a resposta de Dona Benta, que, ao escrever as fábulas, além de lutar pela simplificação, Lobato mostrou uma grande preocupação com a ampliação do vocabulário, por parte de seus leitores. Talvez por isso, nos comentários, a pergunta mais insistente por parte dos ouvintes seja "O que é...?", pergunta esta que, ao mesmo tempo, remete à ação mais desempenhada por Dona Benta: explicar.

O comportamento das personagens-ouvintes é altamente instigante, porque sugere um olhar crítico para a fábula. Inspirados nelas, os leitores (crianças ou adultos) podem desenvolver a sua capacidade de criação e de argumentação. Fazendo parte da gênese do projeto do autor para a literatura infantil brasileira, o modo de composição desse livro, expresso já na carta de 1916 a Rangel, efetiva-se em outras obras da saga picapauense. A partir de Lobato, a literatura infantil floresce, amadurece e atinge a dimensão de sistema literário: tem escritores, obras e público. De fato, o diagnóstico de Lobato – *"Que é que nossas crianças podem ler? Não vejo nada"* –, a partir dele, não mais se coloca: o leque de escolhas passa a ser farto e variado e é nesse horizonte que *Fábulas* continua e continuará sendo um excelente mote para a iniciação literária dos pequenos leitores.

MONTEIRO LOBATO

O Garimpeiro do Rio das Garças

verso:
O garimpeiro do rio das Garças. 1.ed. São Paulo: Cia. Gráfico-Editora Monteiro Lobato 1925.
Biblioteca Infantil Monteiro Lobato/SP
Fotografia: Gregório Ceccantini

7
João Nariz, o garimpeiro que virou raridade
Cilza Bignotto[1]

> *Fazer bons livros para crianças é das coisas mais sérias, nas quais é preciso não só trabalhar com inteligência e coração, mas com uma elevada argúcia e cuidado.*
> (Monteiro Lobato, 1965, p.82)

Monteiro Lobato deve ter sido daquelas pessoas que têm o dom de pôr apelidos que "pegam". Os apelidos de suas personagens costumam conquistar imediatamente a simpatia de quem os ouve ou lê; é o caso de Jeca Tatu, hoje dicionarizado, ou Narizinho, pelo qual é conhecida a menina Lúcia, neta de Dona Benta. Mas há um outro Nariz, o João, que nem de longe desfruta da fama de Jeca ou de Narizinho, embora tenha sido criado por Lobato em 1924, na esteira do sucesso do caboclo e da dona de Emília. É justamente desse desconhecido personagem, de tão bom apelido e tão desditosa vida editorial, que trataremos a seguir.

João Nariz é protagonista de *O garimpeiro do rio das Garças,* livro para crianças publicado pela Cia. Graphico-Editora Monteiro Lobato,

---

1 Doutora em Teoria e História Literária pelo IEL-Unicamp e professora de Língua Portuguesa nas Faculdades de Campinas (Facamp). Passa férias no Sítio do Picapau Amarelo desde 1978. Tem lá um canteirinho de artigos, dissertação e tese sobre Monteiro Lobato, ao lado das zínias do Visconde de Sabugosa.

em 1924, mesmo ano em que vieram a público *Jeca Tatuzinho*, que narra ao leitor infantil a regeneração do caboclo pobre e doente, e *A caçada da onça*, que traz novas aventuras de Narizinho e seus companheiros. João Nariz, assim como Jeca, é um homem "muito pobre". Quando ouve falar dos diamantes descobertos no garimpo mato-grossense, localizado em torno do rio, decide lá tentar a sorte. Vende sua casinha de palha e parte para o "sertão" levando seu único amigo, o cachorrinho Joli. No rio das Garças,[2] encontra aventureiros de todas as partes do mundo e aprende a extrair diamantes. Mas não é com as lições recebidas, e sim com o faro especial desenvolvido para reconhecer diamantes com seu "grande nariz", que descobre uma pedra do tamanho "do ovo de uma galinha".

Mal tem tempo para apreciar o achado, porém, porque dois "ferozes cangaceiros", Lamparina (que na 1ª edição era Lampião) e Papagaio, percebem que ele tem um diamante raro e roubam-no, deixando o garimpeiro amarrado a uma árvore. João é salvo por Joli, que consegue desatar o nó da corda; põe-se, então, no encalço dos criminosos, disposto a reaver o diamante. O garimpeiro e o cachorro enfrentam os mais divertidos obstáculos, até que finalmente encontram os cangaceiros. Na verdade, os heróis caem em um buraco, que leva à caverna onde os bandidos se escondiam. A queda termina bem em cima dos ladrões, que são esmagados pelo protagonista. Com esse golpe de sorte à maneira das comédias do cinema mudo, João Nariz recupera o diamante.

Até onde foi possível saber, não existem estudos críticos sobre *O garimpeiro do rio das Garças*. O livro espera, portanto, por ser redescoberto, tal qual o diamante raro de João Nariz.

---

2   O rio das Garças realmente atraiu muitos garimpeiros, principalmente após expedição realizada, em 1897, pelo sertanista Antônio Cândido de Carvalho, que passou a incentivar outros sertanistas a percorrer a região, em busca de diamantes e de terras. Um ponto de partida para conhecer a história da região é o *site* da prefeitura de Poxoréu (MT).

O garimpeiro do rio das Garças no mercado editorial

A edição mais recente de *O garimpeiro do rio das Garças* que se pode encontrar nas livrarias é de 1993, lançada pela Editora Brasiliense. De acordo com informações dessa edição, o livro teria sido publicado pela primeira vez em 1924, sob a chancela da Companhia Editora Nacional. Entretanto, a Companhia Editora Nacional só foi fundada em 1926, o que faz supor ter sido o livro lançado pela Cia. Graphico-Editora Monteiro Lobato, sua antecessora, falida em 1925. A hipótese é comprovada por exemplar encontrado na Biblioteca Monteiro Lobato e lá classificado como 1ª edição. Esse exemplar realmente foi editado pela Cia. Graphico-Editora Monteiro Lobato; traz, porém, a data de 1925.

A 2ª edição, aparentemente, saiu em 1930; a terceira, em 1937 e a quarta, em 1940, todas pela Companhia Editora Nacional. É o que se lê na edição de 1940, segundo a qual o livro teria sido publicado pela primeira vez em 1924, com tiragem de dez mil exemplares, número repetido nas edições posteriores. *O garimpeiro...* somente voltou a ser editado em 1993, pela Brasiliense. É curioso, porém, que a editora informe ter feito naquele ano uma 4ª edição, ignorando a de 1940. A ficha catalográfica de exemplares lançados em 2003 avisa que eles integram a terceira reimpressão da 4ª edição, de 1993.

De qualquer modo, 53 anos separam a edição de 1940 da edição de 1993, o que pode explicar por que o livro é desconhecido dos leitores de Lobato que tiveram contato com a obra do escritor nesse intervalo. Durante esse período, o livro transformou-se em pedra rara, garimpada com dificuldade em sebos. *O garimpeiro...* não foi incluído nas *Obras completas* de Monteiro Lobato, organizadas por ele e publicadas em 1946. Ainda não se sabe a razão que teria levado o escritor a excluir o livro da coleção. Podemos imaginar que a história do garimpeiro João Nariz tenha sido omitida por não se passar no Sítio do Picapau Amarelo, cenário de todos os livros infantis integrantes das *Obras completas*. Destino semelhante, afinal, teve *Jeca Tatuzinho*, igualmente excluído das *Obras completas*.

Tanto *O garimpeiro do rio das Garças* como *Jeca Tatuzinho* integravam a "Biblioteca de Narizinho, de Monteiro Lobato", título sob o qual eram elencadas as produções do autor para crianças, a partir de 1926, nas contracapas de livros publicados já pela Companhia Editora Nacional. Ambas as obras figuravam entre livros como *A menina do narizinho arrebitado* (1920), *O Saci* (1921c) e *A caçada da onça* (1924b),[3] os quais passaram a constituir a "saga do Sítio do Picapau Amarelo".[4]

A 1ª edição de *O garimpeiro do rio das Garças* tem vinte e um centímetros de altura e trinta e sete páginas, todas elas ocupadas por grandes ilustrações de Kurt Wiese. O ilustrador tinha contrato de "locação de serviços constantes" com a Cia. Graphico-Editora Monteiro Lobato,[5] e assina os desenhos de vários livros publicados pela casa, entre eles *Jeca Tatuzinho*. Em *O garimpeiro...*, o trabalho de Wiese parece ir além da ilustração, pois texto e imagens dialogam como se tivessem o mesmo valor e funções semelhantes, dentro do livro. Ambos contam, cada um a seu modo, a história de João Nariz; o que um não narra, o outro mostra, e vice-versa.

Vamos, aqui, nos concentrar na *narrativa* escrita por Monteiro Lobato, em especial nas modificações feitas pelo autor no texto da 2ª edição, com acréscimos que terminaram por mudar o projeto gráfico original. A 2ª edição, que foi reimpressa apenas com atualizações ortográficas, nas edições de 1937, 1940 e 1993, já não apresenta uma ilustração por página. O texto tomou conta de páginas inteiras, de tal modo que o formato da edição original, próximo da história em quadrinhos, ficou descaracterizado nas seguintes.

---

3   Esses livros, como outras publicações infantis lobatianas lançadas entre 1920 e 1931, sofreram modificações e acréscimos, nas décadas de 1930 e 1940.

4   Em catálogo da Cia. Graphico-Editora Monteiro Lobato, de 1925, chegou a ser anunciado *O pequeno bandeirante*, nunca publicado. Se Lobato chegou a escrever esse livro, os originais ainda não foram encontrados.

5   No processo de falência da Cia. Graphico-Editora Monteiro Lobato, Kurt Wiese é elencado entre os credores da empresa, que lhe devia 252$000 por serviços prestados em julho de 1925. Ver, a respeito, Bignotto, 2007, p.273.

João Nariz fareja diamantes

A 1ª edição de *O garimpeiro do rio das Garças* é iniciada com o seguinte parágrafo:

> João Nariz ouvia sempre falar do Rio das Garças e da enorme quantidade de diamantes que existe por lá. Esse rio fica no Estado de Goyaz e attrahe aventureiros de todas as partes do mundo. (Lobato, 1925a, p.4)

Ocorre, porém, que o rio das Garças fica no estado do Mato Grosso, e não em Goiás – confusão talvez causada pelo fato de a confluência desse rio com o Araguaia delimitar a fronteira entre os dois estados. O engano de Monteiro Lobato parece ter provocado a reclamação de leitores; um deles teria escrito a Cecília Meireles, relatando o erro. Entre 1930 e 1934, a poeta dirigiu uma página diária, no jornal carioca *Diário de Notícias*, dedicada a assuntos de ensino. No dia 13 de julho de 1930, Cecília publicou artigo na página, intitulado "Um descuido de Monteiro Lobato", em que trata da informação errônea sobre a localização do rio:

> Monteiro Lobato, que produziu os livros infantis mais belos, do ponto de vista gráfico, mas lamentavelmente em desacordo com o moderno espírito de educação, apesar do seu formoso talento e da sua brilhante inteligência, incorreu também num desses desagradáveis descuidos, como nos mostra a carta abaixo, – o que, se não empana a sua reputação literária, serve ao menos de aviso prudente aos que se aventurarem 'pelas regiões difíceis' da boa literatura infantil. (Neves, 2004)

Cecília Meireles se autodefinia como a "antítese de Lobato" (ibidem),[6] quando o assunto era literatura infantil, segundo a pesquisadora Margarida de Souza Neves. Para a poeta, Lobato era "muito engraçado, escrevendo. Mas aqueles seus personagens são tudo o que há de mais malcriado e detestável no

---

6   As transcrições da carta de Cecília Meireles a Fernando Azevedo também foram extraídas desse artigo.

território da infância". Essa crítica foi feita por Cecília em carta ao educador Fernando Azevedo, datada de 9 de novembro de 1932, em que ela comenta ter recebido livros infantis de Monteiro Lobato, pelos quais iria agradecer ao escritor. Elogia a qualidade gráfica dos livros, mas adverte: "Por nenhuma fortuna do mundo eu assinaria um livro como os do Lobato, embora não deixe de os achar interessantes". Assim, quando ela escreve que os livros de Lobato estavam "em desacordo com o moderno espírito de educação", podemos supor que esse espírito fosse aquele defendido por ela em seus textos sobre literatura infantil e em seus livros para crianças.[7]

O artigo de Cecília, publicado no *Diário de Notícias*, e sua carta a Fernando Azevedo sugerem que nem sempre a literatura infantil de Monteiro Lobato recebeu elogios da crítica especializada. Faltam ainda, porém, estudos mais aprofundados sobre a recepção crítica da obra lobatiana para crianças, em especial nas décadas de 1920 e 1930, que permitam mapear a extensão das vozes desaprovadoras do que ele publicou naqueles anos.

Não podemos assegurar que Lobato leu a correção feita por Cecília Meireles relativa à localização do rio das Garças, ou se encontrou o erro de outra maneira. Sabe-se, porém, que a 2ª edição de *O garimpeiro...* – publicada em 1930, portanto no mesmo ano em que Cecília Meireles apontara o erro – trazia a devida correção. Apresentava também, já no primeiro parágrafo, mudanças dignas de nota:

> João Nariz ouviu falar do Rio das Garças e da enorme quantidade de diamantes que existia em seu leito. Leito é o lugar por onde um rio corre. Esse rio das Garças fica no Estado de Mato Grosso, lá longe. A fama dos seus diamantes há muito tempo que atrai aventureiros de todas as partes do mundo. (Lobato, 1930b, p.6)

---

[7] A visão de Cecília Meireles a respeito de literatura infantil pode ser mais bem conhecida por meio da leitura de crônicas publicadas no *Diário de Notícias* e compiladas em Meireles, 2001. Ver, também, Meireles, 1984.

O conteúdo dos períodos adicionados ao texto da 1ª edição é de caráter didático, principalmente no trecho em que o narrador explica *o que é leito*. A preocupação de Lobato em esclarecer o significado geográfico da palavra "leito" é coerente com seu entendimento de como deveria ser uma literatura infantil de qualidade. Antes mesmo de publicar *A menina do narizinho arrebitado* (1920), seu primeiro livro para crianças, Lobato já manifestava, em cartas a amigos e em artigos de jornal, sua opinião sobre literatura para crianças. Nos últimos anos da década de 1910 e no início da década de 1920, ele publicou, principalmente na *Revista do Brasil*, uma série de críticas a livros para o público infantil, em especial livros didáticos. Em uma delas, a respeito de *Pequenos trechos* (1920), de Otaviano de Melo, cujo objetivo era "servir de livro suplementar de leitura nas escolas primárias", Lobato afirma que o volume tinha a mesma falha de todos os seus congêneres – era de leitura árida:

> Os assuntos, muito bem escolhidos ..., não vestem, contudo, aquela forma peculiar da boa literatura infantil, que, pela naturalidade do estilo, pela ausência de termos de complexa significação, pela aparência de singeleza das noções transmitidas – constitua para as crianças antes um recreio de ledos atrativos, que não, propriamente, uma *disciplina*. (Lobato, 1965, p.79)

O garimpeiro do rio das Garças não é uma obra didática, mas a preocupação de "transmitir noções" de forma singela, de evitar "termos de complexa significação" e de alcançar "naturalidade de estilo" parece ter guiado Monteiro Lobato nas modificações feitas da primeira para a 2ª edição do livro. Podemos inferir, por outros textos em que Lobato expressou seu ideal de literatura infantil,[8] que essas qualidades deveriam estar presentes em qualquer livro para crianças, fosse ele didático ou não. Assim, é "singeleza" que ele parece buscar quando escreve, na 2ª edição: "Esse rio das Garças fica no Estado do Mato Grosso, lá longe". Longe de leitores paulistas? De qualquer modo,

---

8   Ver, por exemplo, Lobato, 1959c, p.249.

é uma noção singela de distância, talvez mais adequada, para Lobato, às mentes infantis.

A busca do autor por maior "naturalidade do estilo" aproxima a linguagem de seu texto da linguagem oral. Quando Lobato insere um "que", desnecessário na linguagem escrita, mas comum na oral, pode ter almejado obter efeito de naturalidade por meio de uma estrutura sintática próxima do coloquial, no trecho "A fama dos seus diamantes há muito tempo *que* atrai aventureiros de todas as partes do mundo".

Vejamos como ele apresenta João Nariz, o protagonista da história, na 1ª edição:

> Como João Nariz fosse muito pobre, e tivesse uma grande vontade de ser rico, lembrou-se de ir tambem tentar a fortuna d'aquellas bandas.
>
> Vendeu todos os tarécos que possuia, comprou uma picareta, uma lata, uma colleira para o Joli e partiu para o sertão com o seu inseparavel amigo.

Na 2ª edição, a personagem é apresentada assim:

> João Nariz era muito pobre e por isso mesmo tinha grande vontade de ser rico. Mas como perdesse a esperança de ficar rico no trabalho de todos os dias, resolveu tentar a fortuna no Rio das Garças.
>
> Um belo dia vendeu sua casinha de palha, comprou uma picareta, uma lata, uma coleira para o Joli e partiu para o sertão levando por uma cordinha esse seu único amigo.

Lobato acrescenta, na segunda versão, uma razão para que João Nariz decidisse deixar sua terra a fim de tentar enriquecer em outra: havia perdido a esperança de ficar rico no trabalho de todos os dias. Que trabalho seria esse? A semelhança de João Nariz com outra personagem lobatiana bem mais conhecida, Jeca Tatu, leva a crer que o futuro garimpeiro era lavrador. Como Jeca, João Nariz vivia em uma casinha de palha; mas, se Jeca tinha mulher, filhos e o cachorro Brinquinho, a João Nariz restou somente o cão Joli, "seu único amigo". Mulher e filhos certamente não permitiriam a João Nariz perseguir cangaceiros com tanta dedicação.

"Um diamante do tamanho dum ovo de galinha"

Depois de passar por "muitas privações" durante a viagem, tanto na primeira como na 2ª edição, João Nariz chega ao seu destino. A seguir, uma tabela comparativa apresenta a versão original da chegada do protagonista, e a versão modificada a partir da 2ª edição.

1ª edição	2ª edição
Afinal, depois de longos meses de caminhada, chegou ao famoso Rio das Garças. Encontrou lá milhares de aventureiros – baianos, australianos, russos etc. Essa gente vivia em casebres de palha á beira do rio e só se ocupava com os trabalhos da cata do diamante. João Nariz conversou com os mais velhos do lugar e aprendeu os processos ali empregados. O costume é tirar o cascalho do fundo do rio e procurar nesse cascalho a preciosa pedra.	Mas afinal, depois de longos meses de caminhada, chegou ao famoso Rio das Garças. Não encontrou garça nenhuma, e sim aventureiros de todos os tipos. Encontrou baianos, australianos, russos, homens da África do Sul e das Guianas. Viviam em casebres de palha armados à beira do rio e só se ocupavam com o serviço de catar diamantes. João Nariz puxou prosa com os mais velhos e logo aprendeu o sistema de vida ali e o melhor feito de pegar diamantes. O costume é tirar as pedras do fundo do rio, chamadas cascalho, para entre elas descobrir os diamantes brutos.

As mudanças feitas por Lobato no trecho transcrito na coluna da direita parecem obedecer, novamente, à procura por uma linguagem mais simples e por um estilo mais natural. O autor também aparenta, na 2ª edição, tentar estabelecer diálogo mais explícito com seu público infantil. Desse modo, pode ter antevisto que crianças pensariam haver garças no rio das Garças, e rompe com essa suposta expectativa, informando que João encontrou, em lugar das aves, "aventureiros de todos os tipos". Nessa mesma linha, pode ter percebido que crianças poderiam desconhecer o significado da palavra "cascalho", que explica de maneira simples, na 2ª edição. Outra mudança significativa é a troca de "conversou" para o mais coloquial "puxou prosa", que pode apontar para um aprimoramento da "naturalidade de estilo".

Mas chega o momento de João Nariz descobrir sua própria maneira de encontrar diamantes, e mostrar que não tem esse nome à toa.

1ª edição	2ª edição
Mas João, que tinha um nariz de palmo e meio, possuía também um faro de primeira ordem e aprendeu logo a conhecer diamante pelo cheiro. Os outros acharam muita graça quando João disse que diamante tinha cheiro, mas João provou logo que pelo menos para ele era assim. Começou a farejar o chão, feito cachorro perdigueiro, e um dia exclamou, batendo o pé: – É aqui! Cavou a terra e descobriu lá no fundo um enorme diamante. Sua alegria foi imensa, pois achara um diamante de tamanho descomunal. Teria mais ou menos o tamanho de um ovo de pata e deveria valer milhares de contos de réis.	Mas João tinha um enorme nariz e um faro ainda melhor que o dos cachorros. "Vou ver se descubro diamantes pelo cheiro", disse ele consigo mesmo – e tanto fez que aprendeu a conhecer diamante pelo cheiro, coisa que ninguém no mundo jamais achou possível. Muitos que caçoaram com ele, mas João não fez caso. Passava os dias furando a terra aqui e ali e cheirando. Certa vez, depois de cheirar, bem cheirado, um buraco aberto com a picareta, ergueu-se com ar radiante e disse: "É aqui!" Sua alegria foi imensa, porque de fato havia achado um diamante do tamanho dum ovo de galinha. Quanta valia? Com certeza, um dinheirão. Talvez quinhentos contos; talvez mil contos.

O nariz de João, que tinha "palmo e meio" na 1ª edição, passou a ser classificado apenas como "enorme", adjetivo que se adapta a diferentes tamanhos de palma e é mais coerente com as ilustrações. A aprendizagem de conhecer diamantes pelo cheiro tornou-se mais demorada e mais valorizada; afinal, era habilidade que "ninguém no mundo jamais achou possível". A descoberta do diamante parece também ter levado mais tempo, ao que indicam "os dias" passados a furar a terra e cheirá-la, acrescentados na 2ª edição.

O adjetivo "descomunal" da versão original deu lugar a explicação mais direta; João tinha achado "um diamante do tamanho dum ovo de galinha" – e não mais de pata. Ainda nesse período, chama atenção a mudança do pretérito mais-que-perfeito simples, "achara", para o composto, "tinha achado", mais informal e próxima do dizer de todo dia.

O autor aparenta, na 2ª edição, pressupor leitores que não conheceriam o valor de um diamante tão grande, como demonstra a pergunta "Quanto valia?". A resposta também parece mais adequada a leitores infantis: "com certeza, um dinheirão". A noção de "dinheirão", bastante singela, abarca de quinhentos a mil contos e transmite rapidamente a informação de que João se tornara rico. Essa informação é reforçada quando o garimpeiro, com a ajuda do cachorro Joli, consegue trazer a pedra para fora do buraco onde jazia.

1ª edição	2ª edição
Que maravilha! Era um diamante de dimensões nunca vistas, que iria pôr num chinelo todos os diamantes célebres do mundo. Muito maior que a "Estrela do Sul", famoso diamante encontrado em Minas e hoje propriedade de... não sei quem. João, de joelhos, contemplava o seu tesouro como se aquilo fosse uma relíquia. Era muito maior do que lhe parecera. Muito maior que um ovo de pata! Regulava o tamanho de uma laranja da Bahia, das médias.	Que maravilha! Um diamante de tamanho nunca visto, que iria pôr num chinelo todos os diamantes célebres do mundo. Muito maior que a "Estrela do Sul", famoso diamante encontrado por uma negra velha em Minas. João, de joelhos, contemplava o seu tesouro como se fosse uma relíquia sagrada. Era muito maior do que lhe parecera. Maior que um ovo de galinha. Regulava o tamanho de um ovo de pata, dos mais graúdos.

As "dimensões nunca vistas" dão lugar ao mais simples "tamanho nunca visto". A incerteza da propriedade do diamante "Estrela do Sul", expressa na 1ª edição, cede espaço à certeza, na 2ª edição, da descobridora do diamante, "uma negra velha" – mulher que se aproxima de João pela pobreza. Continua, porém, a informação sobre o célebre diamante brasileiro, que pode ser interpretada como recurso dos mais usados por Lobato em suas obras infantis, qual seja, o de trazer elementos do mundo "real" para o mundo fictício. Esse recurso permite que, por exemplo, as personagens do Sítio vivam aventuras com estrelas do cinema americano, como se lê em *Memórias da Emília*. Na história do garimpeiro do rio das Garças, Lobato usa de maneira mais pontual, mas não menos expressiva, esse artifício. Expressiva, porque possibilita expressar, com mais vivacidade e de maneira mais concreta, o valor de um diamante fictício, por exemplo, por meio da comparação com um diamante real, que os leitores podem conhecer ou vir a conhecer.

A busca por uma linguagem simples, por um estilo natural, pela transmissão clara de noções como medidas – o que é mais fácil de conhecer e imaginar, uma laranja-baía das médias ou um ovo de pata? –, ou de significados mais complexos, como o da palavra "cascalho", perpassa toda a narrativa. O esforço de Monteiro Lobato, nesse sentido, pode explicar, em parte, o sucesso de suas histórias para crianças. Lobato reescreveu algumas delas várias vezes, sempre almejando maior "leveza e graça" da língua, o que significava, em alguns casos, escrever em "língua desliteraturizada" (Lobato, 1957a, p.233), como disse ele ao amigo Godofredo Rangel, em carta de 17 de junho de 1921. Tirar a "literatura" de suas obras infantis significava para Lobato, pelo que podemos perceber das modificações que fazia em seus livros, tirar o excesso de ornamentos, de informações desnecessárias, de complexidades estruturais ou conteudísticas. Para tanto, era necessário ter, além de inteligência e coração, argúcia e cuidado, como ele expressa no trecho que aqui serve de epígrafe.

A história de João Nariz merece tornar-se objeto de pesquisas mais aprofundadas, que estudem, com argúcia e cuidado, o modo como Monteiro Lobato a narrou. O tom humorístico do texto, por si só, vale estudo dedicado. Afinal, um autor que troca o nome "Lampião", de um dos bandidos, por

"Lamparina",[9] dava ao humor uma consideração especial; tanto que parece ter modificado vários trechos da história com o objetivo de torná-la mais divertida. Também precisam ser mais investigadas as razões pelas quais a divertida trajetória do garimpeiro não foi incluída por Monteiro Lobato em suas *Obras completas*. Finalmente, a edição que circula atualmente merece paratextos que contextualizem, para as crianças de hoje, as informações que, para as crianças dos anos de 1920 e 1940, eram conhecidas e reconhecíveis.

O narigão do garimpeiro fará belo par com o narizinho de Lúcia, nas estantes dos leitores e da crítica especializada.

---

9   O mesmo apelido é usado pelo cangaceiro trapalhão interpretado por Mazzaropi, no filme *O Lamparina* (1964), dirigido por Glauco Mirko Laurelli.

MONTEIRO LOBATO

Jéca Tatuzinho

1 9 2 4

COMP. GRAPHICO-EDITORA MONTEIRO LOBATO
PRAÇA DA SÉ, 34 – SÃO PAULO

verso:
Jeca Tatuzinho. 1.ed. São Paulo: Comp. Graphico-Editora Monteiro Lobato, 1924
Biblioteca Infantil Monteiro Lobato/SP
Fotografia: Gregório Ceccantini

8
Jeca Tatuzinho: patriotismo e propaganda
Glaucia Soares Bastos[1]

> *Pois bem: se assim é, a missão comum e geral, tanto de particulares*
> *como de governos, é uma só: curar o Brasil, sanear o Brasil.*
> (Monteiro Lobato, 1948a, p.256)

O livro *Jeca Tatuzinho* (Lobato, 1924a), lançado pela Companhia Gráfico-Editora Monteiro Lobato, em 1924, é uma narrativa que traz ilustrações coloridas e atraentes de Kurt Wiese, num volume dirigido ao público infantil. Lobato apresenta nele uma versão ficcionalizada de preocupações e opiniões expressas anteriormente, em textos publicados no jornal *O Estado de S. Paulo* e reunidos no volume *Problema vital*, que teve sua primeira edição em 1918, nos quais divulgava as posições dos então chamados higienistas, envolvidos na campanha de saneamento do Brasil.

É evidente em Lobato a convergência entre as obras de "literatura geral" e as de "literatura infantil" (conforme a designação do próprio autor, quando preparou a edição das *Obras completas*), já que as duas séries constituem parte do mesmo projeto de construção, via literatura, da identidade

---

[1] Doutora em Letras pela Pontifícia Universidade Católica do Rio de Janeiro. É professora titular do Colégio Pedro II.

nacional. Comunicação estabelecida, por exemplo, entre livros como *O Saci: resultado de um inquérito*, organizado e editado por Lobato, em 1917, e *O Saci*, da série infantil, lançado em 1921; ou entre *O escândalo do petróleo*, de 1936, e *O poço do Visconde*, de 1937, no qual leva a campanha pela prospecção de petróleo em terras brasileiras até seus jovens leitores.

Jeca Tatu, a personagem central do livrinho de quarenta páginas, nascera em 1914, igualmente de artigos publicados em jornal, e que depois integraram o volume *Urupês*, de 1918, primeiro livro assinado por Lobato. Os dois artigos, "Velha praga" e "Urupês", denunciavam as queimadas promovidas sistematicamente nas áreas rurais e faziam um retrato duro da ignorância e das carências da gente do campo. Nos textos em questão, os apelidos conferidos aos caboclos – Chico Marimbondo, Manoel Peroba e Jeca Tatu – aproximam os homens de animais e plantas e dão um toque ficcional aos artigos jornalísticos. No final de "Urupês", Lobato fixa, dentre os nomes apresentados no texto anterior, aquele que, mais curto e incisivo, batizará um personagem de vida longa: "Aqui tratamos da regra e a regra é Jeca Tatu". E, dirigindo-se a ele, retoricamente: "Pobre Jeca Tatu! Como és bonito no romance e feio na realidade!" (Lobato, 1969b, p.281).

O tratamento dado por Lobato ao Jeca, em 1914, vai sofrer alterações que revelam as mudanças na forma como o autor passa a compreender os problemas sociais e os empecilhos à criação de uma nação em que todos sejam, de fato, cidadãos.

Em carta a Godofredo Rangel datada de 1917, época em que está envolvido com a preparação de *O Saci: resultado de um inquérito*, Lobato já se mostra simpático ao Jeca:

> Meu Saci está pronto, isto é, composto; falta só a impressão. Meto-me pelo livro a dentro a corcovear como burro bravo, em prefácio, prólogo, proêmio, dedicatória, notas, epílogo; em tudo com o maior desplante e topete deste mundo. Ontem escrevi o Epílogo, coisa mais minha que fiz até hoje – e concluo com a apologia do Jeca. Virei a casaca. Estou convencido de que o Jeca Tatu é a única coisa que presta neste país. (Lobato, 1948b, p.160)

A personagem Jeca Tatu alcançará grande projeção, pela polêmica que instaura, quando for publicado *Urupês*, no ano seguinte, e for citada por Rui Barbosa em sua campanha eleitoral, em 1919. Desde então, passa a fazer parte do repertório de imagens recorrentes do homem brasileiro, transportando-se para as telas de cinema na interpretação de Mazzaropi, que cristaliza no Jeca a visão que a população dos centros urbanos tem do habitante do interior.

Condenado a princípio, o Jeca será absolvido por seu autor, quando este identificar, na precariedade de sua saúde, a causa dos males do caipira, descartando as determinações de raça e meio anteriormente consideradas. Ainda em 1918, Lobato publica uma série de artigos no jornal *O Estado de S. Paulo* em que aborda, em tom indignado, os problemas de saúde da população rural. Os títulos dos artigos revelam o teor e o tom das informações: "Dezessete milhões de opilados", "Três milhões de idiotas e papudos", "Dez milhões de impaludados". As posições de Lobato fazem eco às de Arthur Neiva e Belisário Pena, médicos sanitaristas com os quais o escritor estabeleceu forte amizade.[2] Referindo-se ao equívoco que fora atribuir à mestiçagem o caráter indolente do Jeca, Lobato se retrata:

> A nossa gente rural possui ótimas qualidades de resistência e adaptação. É boa por índole, meiga e dócil. O pobre caipira é positivamente um homem como o italiano, o português, o espanhol.
> Mas é um homem em estado latente.
> Possui dentro de si grande riqueza em forças.
> Mas força em estado de possibilidade.
> E é assim porque está amarrado pela ignorância e pela falta de assistência às terríveis endemias que lhe depauperam o sangue, caquetizam o corpo e atrofiam o espírito.
> O caipira não "é" assim. "Está" assim. (Lobato, 1948a, p.285)

Os artigos originalmente publicados no jornal foram reunidos, em seguida, no livro *Problema vital*, editado por iniciativa da Sociedade Eugênica de São Paulo e da Liga Pró-Saneamento do Brasil, cabendo ao Dr. Renato Khel,

---

2   Um interessante estudo sobre a atuação dos médicos sanitaristas encontra-se em Lima, 1999.

secretário das duas instituições, compor o prefácio. Nele, o médico afirma a importância da divulgação do quadro sanitário do país, empreendida por Lobato, com seus artigos de jornal, que funcionaram como "alavancas que nos deslocaram do enervante estado de apatia" em que jaziam as autoridades, obrigando-as a conhecer "os males que urgia serem combatidos" (apud Cavalheiro, 1955, p.235-6). Os textos de Lobato são apelos inflamados a favor dos "jecas" pobres e adoentados, esquecidos no interior do país:

> Acoimam de anti-patriota quem diz às claras o que é, o que está, o que urge fazer. Patriotismo! Como anda esta palavra desviada do verdadeiro sentido! ...
> A esta hora milhões de verdadeiros patriotas lá estão no eito, porejantes de suor, na faina da limpa e do plantio. Febrentos de maleita, exaustos pelo amarelão, espezinhados pelo ácaro político, lá estão cavando a terra como podem, desajudados de tudo, sem instrução, sem saúde, sem gozo da mais elementar justiça. Estão "fazendo" patriotismo, embora desconheçam a palavra pátria. (Lobato, 1948a, p.270)

Na nova versão do Jeca, a personagem caricatural, traçada em 1914 e apresentada como fatalmente preguiçosa e ignorante, passa a ter nas doenças de que é vítima a causa de sua indolência. Urge portanto curá-lo, restaurando-lhe as forças e a capacidade produtiva. Daí o subtítulo incorporado ao texto: "Jeca Tatu: A ressurreição".

Daí também a associação altamente eficiente que se estabeleceria entre o texto de Lobato e os remédios fabricados, em seu pequeno laboratório doméstico, por um médico ainda desconhecido: Cândido Fontoura. Na narrativa distribuída aos milhares, durante décadas, para promover a venda dos medicamentos Fontoura, o Jeca, agora designado carinhosamente Jeca Tatuzinho, passa a garoto-propaganda da Ankilostomina, usada no combate à verminose, bem como do Biotônico, do Gripargil e até do Detefon, novidade na exterminação de insetos.

É interessante observar as alterações empreendidas no texto de Lobato, para seu uso com fins de propaganda dos produtos do Laboratório Fontoura. Compare-se, por exemplo, a solução para a verminose. Na versão do livro publicado em 1924, a cura se dá pelo uso de medicamento fitoterápico reconhecido pela cultura popular e endossado na narrativa pelo conhecimento médico:

> O Doutor mandou que Jeca fosse ao mato e trouxesse uma porção de erva de Santa Maria. Vinda a erva, o doutor socou-a, espremeu o caldo e deu-o de beber ao Jeca. Depois disse:
> – Faça isto várias vezes, com espaço de uma semana. E de cada vez tome também um purgante de óleo de rícino. Depois, continuou o médico, trate de comprar um par de botinas e nunca mais me ande descalço, ouviu? (Lobato, 1924a, p.15-6)

A versão incluída em *Problema vital* omite a referência à erva-de-santa-maria, e inclui a recomendação moralista de que evite ingerir bebida alcoólica:

> O doutor receitou-lhe o remédio adequado; depois disse-lhe: "E trate de comprar um par de botinas e nunca mais me ande descalço nem beba pinga, ouviu?". (Lobato, 1948a, p.332)

Na versão do almanaque, impressa e distribuída pelo Laboratório Fontoura, recomenda-se detalhadamente o uso dos medicamentos de sua fabricação, recorrendo-se mesmo ao destaque de seus nomes pelo uso de recursos gráficos:

> O doutor receitou um vidro de ANKILOSTOMINA FONTOURA, para tomar assim: seis comprimidos hoje pela manhã e outros seis amanhã de manhã.
> – Faça isto duas vezes, com o espaço de uma semana. E de cada vez tome também um purgante de sal amargo, se duas horas depois de ter ingerido a ANKILOSTOMINA não tiver evacuado. E trate de comprar um par de botinas e alguns vidros de BIOTÔNICO e nunca mais me ande descalço e nem beba pinga, ouviu?

O médico explica, didaticamente, ao caipira incrédulo (e, por extensão, aos leitores), que os vermes entram pela sola dos pés que andam descalços na terra úmida. O Jeca não se convence, e o doutor saca uma lupa que lhe revela a verdade inegável:

Jeca tomou a lente, olhou e percebeu vários vermes pequeninos que já estavam penetrando na sua pele, através dos poros.

O pobre homem arregalou os olhos, assombrado.

— E não é que é mesmo? Quem "havera" de dizer!...

— Pois é isso, sêo Jeca, e daqui por diante não duvide mais do que disser a Ciência.

— Nunca mais! Daqui por diante dona Ciência está dizendo, Jeca está jurando em cima! T'esconjuro! (Lobato, 1924a, p.20)

Na versão do almanaque, acrescenta-se mais uma frase à fala do Jeca: "E pinga, então, nem para remédio...".[3]

O fato é que, com erva-de-santa-maria ou Ankilostomina Fontoura, de todo modo o Jeca se cura e, curado e calçado, vira um novo homem. Fica forte como um touro e, desaparecida a preguiça, trabalha com entusiasmo, tratando de plantar e colher, o que faz de sua terra antes pobre e abandonada um exemplo de produtividade que deixa com inveja o vizinho italiano.

Com a recuperação da saúde vem a regeneração moral e social, que faz dele um fazendeiro-modelo, disposto a enriquecer e semear saúde e riqueza entre seus compatriotas, levando de caminhão remédios Fontoura que distribui patrioticamente entre os necessitados. Como Lobato, empenhado na modernização da sociedade brasileira, fazia dos livros remédio para a ignorância. E como fariam também Dona Benta, Pedrinho e Narizinho, quando começasse a jorrar dinheiro no Sítio, junto com o petróleo extraído do poço Caramingá nº 1:

— Isso, meu filho. Você está certo. O maior prazer da vida é fazer o bem. Eu sempre quis beneficiar este nosso povo da roça, tão miserável, sem cultura nenhuma, sem assistência, largado em pleno abandono no mato, corroído de doenças tão feias e dolorosas. Se empregarmos nosso dinheiro em melhorar-lhe a sorte, não só nos divertiremos, como você diz, como ficaremos com a consciência tranqüila. Meu programa é esse. (Lobato, 1949, p.199-200)

---

3   LOBATO, *Jeca Tatuzinho*, Cap. VIII. Disponível em: <www.lobato.globo.com./miscelanea>.

O programa de modernização do entorno do Sítio vai sendo elaborado em conjunto: Pedrinho propõe a construção de estradas, Narizinho a criação de escolas profissionais para a "caboclada bronca"; surge a ideia de se organizarem casas de saúde e de se construírem moradias "decentes", para serem vendidas a prestações "bem baixinhas". É todo um conjunto de medidas para sanear e melhorar as condições de vida da população rural, em tudo semelhante às mudanças ocorridas com o caipira que virou coronel: "Jeca parecia um doido. Só pensava em melhoramentos, progressos, coisas americanas" (Lobato, 1924a, p.32).

Tal qual Dona Benta, o *coronel Jeca* quer empregar seu dinheiro em benefício coletivo, e torna-se ele mesmo difusor dos medicamentos que lhe restauraram a saúde e o vigor.

> Ficou rico e estimado, como era natural; mas não parou aí. Resolveu ensinar o caminho da saúde aos caipiras das redondezas. Para isso montou na fazenda e vilas próximas vários POSTOS DE MALEITOSAN, onde tratava os enfermos de sezões; e também POSTOS DE ANKILOSTOMINA, onde curava os doentes de amarelão e outras verminoses. E quando algum empregado sentia alguma dor de cabeça, se estava resfriado, Jeca arrumava-lhe uns dois ou três comprimidos de Fontol, e imediatamente o homem estava bom, e pronto para o serviço.[4]

Na versão do livro de 1924, é a erva-de-santa-maria que será recomendada, enquanto, na versão de *Problema vital*, não é recomendado remédio algum, e os postos são designados simplesmente pelos nomes das doenças a serem tratadas: maleita e anquilostomose (Lobato, 1948a, p.339).

Assim se chega ao fim da fábula sobre a regeneração do brasileiro pobre e doente que, graças à ciência e à medicina, se salva e se transforma em um homem saudável e rico. E que expressa, em seu entusiasmo, a atitude de Lobato: "Hei de empregar toda a minha fortuna nesta obra de saúde geral, dizia. O meu patriotismo é este. Minha divisa: Curar gente. Abaixo a

---

4   LOBATO, *Jeca Tatuzinho*, Cap. XVII. Disponível em: <www.lobato.globo.com./miscelanea>

bicharia que devora o brasileiro..." (ibidem). E que, no almanaque Fontoura, inclui um reforço da propaganda: "Viva a ANKILOSTOMINA! Viva o Maleitosan! Viva o Fontol!"[5]

São posições explicitadas por Lobato em *Problema vital*, no texto intitulado "Reflexos morais", em que defendia a ideia corrente entre os higienistas de que um corpo são necessariamente abrigaria uma mente sã:

> Quereis remendar um país assim? restaurar-lhe as finanças? dar-lhe independência econômica? implantar a justiça? intensificar a produção? criar o civismo? restabelecer a vida moral?
> Restaurai a saúde do povo.
> Curai-o, e todos os bens virão ao seu tempo pela natural reação do organismo vitalizado. (Lobato, 1958a, p.264)

Era com o mesmo entusiasmo de Dona Benta e Jeca Tatu que Lobato pregava (desde 1918, em *Problema vital*, até 1937, em *O poço do Visconde*) a regeneração moral do povo pela restauração de sua saúde. O país, em dívida com os habitantes do interior, teria muito a lucrar se destinasse recursos para o tratamento de doenças.

Enunciando a moral da história, aparece um narrador que interpela o leitor, convocando-o a tomar parte nesse esforço patriótico:

> Meninos: nunca se esqueçam desta história; e, quando crescerem, tratem de imitar o Jeca.
> ...Um país não vale pelo tamanho, nem pela quantidade de habitantes. Vale pelo trabalho que realiza e pela qualidade da sua gente. Ter saúde é a grande qualidade de um povo. Tudo mais vem daí. (ibidem, p.340)

O folheto do Biotônico Fontoura foi responsável pela divulgação maciça da figura do Jeca, e chegaria a cem milhões de exemplares distribuídos em 1982, ano do centenário de nascimento do escritor. Considerado peça

---

5   LOBATO, *Jeca Tatuzinho*, Cap. XVII. Disponível em: <www.lobato.globo.com./miscelanea>.

publicitária exemplar, na história da propaganda brasileira, inspirou a criação do Prêmio Jeca Tatu, instituído pela agência Castelo Branco e Associados, em homenagem "à obra-prima da comunicação persuasiva de caráter educativo, plenamente enquadrada na missão social agregada ao marketing e à propaganda".[6] Nos anos 1990, a fábula ainda circulava, adaptada para o formato de história em quadrinhos.

Jeca Tatu seria revisto e atualizado outra vez, nos anos 1940, quando Lobato volta a tratar dos problemas do homem do campo (Lajolo, 1983b). Zé Brasil, personagem que dá nome ao livrinho publicado por uma editora que divulgava textos marxistas, caboclo pobre e adoentado, tem consciência da precariedade de sua condição de trabalhador explorado pelos latifundiários e aponta como causa para seus males: a oligarquia agrária que o mantém subjugado e incapaz de ser proprietário da terra em que trabalha.

As diferentes versões do Jeca Tatu revelam as mudanças do diagnóstico de Lobato sobre os problemas do caipira, seu modo de vida, sua relação com o ambiente, seus conhecimentos tradicionais. De um ponto de vista a princípio carregado de preconceitos, foi evoluindo para uma atitude mais atenta e cuidadosa, acompanhando o movimento das ideias, no quadro do pensamento nacional, e insistindo em buscar soluções para um mesmo problema: a precariedade das condições de vida da parcela mais pobre da população do país.

---

[6] LOBATO, *Jeca Tatuzinho*. Disponível em: <www.lobato.globo.com./miscelanea>.

Aventuras de Hans Staden

O HOMEM QUE NAUFRAGOU NAS COSTAS DO BRASIL EM 1549
E ESTEVE OITO MEZES PRISIONEIRO DOS INDIOS TUPINAMBÁS;
NARRADAS POR DONA BENTA AOS SEUS NETOS NARIZINHO
E PEDRINHO E REDIGIDAS POR MONTEIRO LOBATO.

COMPANHIA EDITORA NACIONAL
Rua dos Gusmões, 33 - São Paulo - Brasil

verso:
Aventuras de Hans Staden. 1.ed. São Paulo: Companhia Editora Nacional, 1927
Biblioteca Infantil Monteiro Lobato/SP
Fotografia: Gregório Ceccantini

9
Hans Staden à lobatiana
Lucila Bassan Zorzato[1]

> *A nova companhia está fundada e com todas as rodas girando. ...*
> *Primeiro livro dado: o meu Hans Staden.*
> (Monteiro Lobato, 1951a, p.282-4)

Hans Staden entre os projetos do editor

O trecho da carta enviada ao amigo Godofredo Rangel, epígrafe acima, ilustra o acúmulo de funções – escritor, editor, empresário – desempenhadas por Monteiro Lobato na década de 1920. Essa diversidade de papéis é um traço relevante não só para a biografia do autor, como também para a interpretação de sua obra: é em seu trabalho como editor que chegamos ao livro de Hans Staden.

A obra *Meu cativeiro entre os selvagens do Brasil*, publicada em outubro de 1925, dá início às atividades da Companhia Editora Nacional, com a tiragem de três mil exemplares. A boa recepção do livro promove uma segunda edição, em março de 1926, e outra – a terceira – em junho de

---

[1] Mestre em Teoria e História Literária, IEL-Unicamp, com a dissertação *A cultura alemã na obra infantil* Aventuras de Hans Staden, de Monteiro Lobato, financiada pela Fapesp. A pesquisadora integrou o grupo de pesquisa "Monteiro Lobato (1882-1948) e outros modernismos brasileiros", coordenado pela profa. dra. Marisa Lajolo.

1927.[2] O balanço da empresa aponta a publicação de oito mil exemplares da edição da obra de Hans Staden, meses depois de seu lançamento. O sucesso entre o público é, mais uma vez, registrado em carta a Rangel, datada de 26 de janeiro de 1926:

> Mando-te um *Staden,* a edição primogênita da nova companhia e, por coincidência, o primeiro livro que se publicou sobre o Brasil. É obra realmente interessante e merecedora do sucesso que tem tido. A edição inicial está no fim. Vamos tirar outra e maior.[3]

No prefácio da obra, Lobato justifica a importância da publicação para a cultura brasileira, dizendo ser o livro um documento inédito sobre as origens do Brasil e sobre a cultura indígena, cuja linguagem, no entanto, voltada para historiadores e antropólogos,[4] comprometeria sua circulação entre leitores comuns, em função do que se propôs reorganizá-la, dando-lhe *forma literária*.

As altas tiragens imediatamente absorvidas pelo público atestam o êxito do projeto e talvez ainda justifiquem a iniciativa do escritor em adaptar a obra para o público infantil. No prefácio da primeira edição de *Meu cativeiro entre os selvagens do Brasil* (1925), o próprio escritor apresenta a sugestão de colocar a obra ao alcance desse público, como um livro de valor documental sobre a história do Brasil – "É obra que deveria entrar nas escolas, pois nenhuma dará aos meninos a sensação da terra que foi o Brasil em seus primórdios" (Lobato, 1925b, p.4)

---

2   Em agosto de 1945, uma nova edição vem a público, ampliada e atualizada. O livro *Hans Staden:* suas viagens e cativeiro entre os índios do Brasil é lançado pela Editora Nacional e pertence à seção "História e Biografia" da coleção Biblioteca do Espírito Moderno, 3ª série, v.39.

3   A carta refere-se ao livro de Lobato *Meu captiveiro entre os selvagens do Brasil*, 1925b, p.3-4. In: Lobato, 1951a, p.287.

4   A obra de Hans Staden é publicada pela primeira vez em 1557 e, desde então, tem notável aceitação entre o público. A primeira tradução da obra para o português é de 1892, feita por Alencar Araripe e publicada na *Revista do Instituto Histórico e Geográfico Brasileiro* (IHGB). Em 1900, nova edição vem a público, organizada por Alberto Löfgren e publicada pelo Instituto Histórico e Geográfico de São Paulo (IHGSP). A essas, segue-se a edição organizada por Monteiro Lobato, publicada pela Editora Nacional, em 1925.

Lobato estaria, assim, anunciando uma possível versão da obra para as crianças, lançada dois anos mais tarde?

As aventuras de Monteiro Lobato

O livro *Aventuras de Hans Staden* – o homem que naufragou nas costas do Brasil em 1549 e esteve oito meses prisioneiro dos índios Tupinambá; narradas por Dona Benta aos seus netos Narizinho e Pedrinho e redigidas por Monteiro Lobato – tem sua primeira edição publicada em 10 de julho de 1927, com tiragem de seis mil exemplares.[5]

A prática da leitura oral é elogiada já no prefácio, no qual Lobato orienta mães e avós a lerem para seus filhos e netos as aventuras de Hans Staden:

> É inestimável o valor das memórias de Hans Staden, o aventureiro alemão que esteve prisioneiro dos tupinambás oito meses durante o ano de 1550. Representam elas o melhor documento daquela época quanto aos costumes e mentalidade dos índios. Em vista disso Dona Benta não poderia deixar de contar a história de Hans Staden aos seus netos queridos – como não poderão as outras avós e mães deixar de repeti-las aos seus netos e filhos. (Lobato, 1927a)

Às razões mencionadas no trecho acima somam-se outras, que justificam o empenho do editor-escritor em divulgar a obra. Conhecendo o texto de Staden e seu valor para conhecimento dos primórdios do Brasil e da cultura indígena, Lobato adapta a narrativa para o público infantil, apostando no tom de aventura vinculado à ideia de naufrágio e índios, anunciados no título, para despertar o interesse pela história.

O subtítulo da versão infantil aponta um dos recursos adotados por Monteiro Lobato no processo de adaptação do texto para crianças – o uso de três

---

[5] Dados obtidos a partir do "Movimento das edições da Editora Nacional". Documento levantado pela pesquisadora Adriana Vieira, em sua tese de doutorado.

vozes na narrativa: a de Staden, a de Lobato e a de Dona Benta. Da primeira pessoa da narrativa original, o texto passa a ser narrado na terceira, já que a avó Dona Benta, sob o ponto de vista de Lobato, conta para seus netos a história do viajante alemão preso entre índios antropófagos, grandes apreciadores de carne humana. Assim, a adaptação apresenta-se como uma história dentro de outra história, e a avó assume a figura de um "contador de histórias".[6]

A imagem do contador de histórias é frequente na obra infantil lobatiana. Em diversos livros, a leitura oral é representada como ritual no centro das atividades vividas pelos personagens do Sítio. E a mediação da avó, principal contadora de histórias do Sítio, é reconhecida pelos seus ouvintes – "Leia a sua moda vovó! Pediu Narizinho"[7] – como um modo inovador e simples de contar as mais diversas histórias. Para tanto, a narradora, também leitora muito experiente, vale-se de inúmeras estratégias: a leitura prévia de alguns textos, a busca por histórias originais e algumas vezes escolhidas pelas próprias crianças, incentivo à participação ativa dos ouvintes, uso de uma linguagem coloquial e, sobretudo, a valorização do livro e do ato de leitura na infância.

Em *Aventuras de Hans Staden*, a narrativa inicia-se com a fala da avó, apresentando aos seus netos Narizinho e Pedrinho o personagem Hans Staden. Embora não seja descrita de forma detalhada, a cena retoma o ambiente em que normalmente se desenrolam os serões de leitura: "Dona Benta sentou-se na sua velha cadeirinha de pernas serradas e principiou ...".[8]

A participação dos ouvintes na narrativa é um dos recursos empregados por Lobato para despertar o interesse do público infantil. Num rápido passeio

---

6   O quadro descrito por Lobato a Rangel, na carta de 8 de setembro de 1916, em que Purezinha conta histórias infantis a seus filhos, talvez tenha influenciado o escritor a introduzir na saga do Sítio do Picapau Amarelo a figura do contador de histórias. Para Adriana Vieira, "nas histórias do Sítio temos Dona Benta e Tia Nastácia no papel de Purezinha, e as crianças e bonecos do Sítio em posição homóloga à dos filhos de Lobato" (Vieira, 1999).

7   Segue-se o trecho completo: "– Leia a sua moda vovó! Pediu Narizinho. A moda de Dona Benta ler era boa. Lia "diferente" dos livros. Como quase todos os livros para crianças que há no Brasil são muito sem graça, cheio de termos do tempo da Onça ou só usados em Portugal, a boa velha lia traduzindo aquele português de defunto em língua do Brasil de hoje" (Lobato, 1947a, p.198).

8   A edição consultada para a análise é a primeira, publicada em 1927.

pelo texto, é possível observar a quantidade de diálogos em que os netos questionam, discutem ou mesmo ironizam fatos da história relatados pela avó. O discurso, assim, permite a inclusão de outras vozes, e a avó, como mediadora da história, ajusta continuamente o julgamento dos fatos, explicando dados históricos e culturais, interrompendo longas digressões, revendo conceitos ou discutindo as interpretações dos netos. Em alguns momentos, a narração assume um tom pedagógico, característica que inscreve o livro, na concepção de alguns estudiosos da obra lobatiana, na série de histórias paradidáticas protagonizadas por Dona Benta,[9] cuja figura parece, assim, concretizar o projeto pedagógico de Lobato, que se cristaliza no decorrer de sua vasta obra, exprimindo-se quer através de questões referentes à própria linguagem, quer através de questões de caráter ideológico, como – em Hans Staden – quando é debatida, por exemplo, a representação do índio e de sua cultura.

Índice de oralidade é igualmente a participação ativa dos ouvintes – e, por extensão, dos leitores – que, por hipótese, compartilham as mesmas dúvidas de Narizinho e Pedrinho, ou criam suas próprias suposições. Ou seja, não só atuam como decodificadores da mensagem, mas também interagem com a história, aproximando-se das personagens.

---

[9] Para alguns estudiosos da obra lobatiana, como Alice Áurea Penteado Martha e Nelly Novaes Coelho, obras como *Aventuras de Hans Staden* (1927), *História do mundo para as crianças* (1933), *Geografia de Dona Benta* (1935), entre outras, são caracterizadas como narrativas que atendem a um duplo objetivo: transmitir conhecimento (conquistas da ciência, mitos, aspectos da história) e questionar verdades construídas (valores cristalizados pelo homem).

A valorização do saber, tópico recorrente na obra infantil lobatiana, em *Aventuras de Hans Staden* é representada principalmente pela imagem da avó, e parece internalizada pelas crianças.

> – É uma danada, esta vovó. Parece um livro aberto, disse o menino, entusiasmado com a ciência da velha. (Lobato, 1927a, p.15)

Outro dado importante a ser observado no processo de reescrita de *Hans Staden* para o público infantil e que atende às necessidades de uma situação oral é a composição da narrativa. Como no texto original, a versão infantil é composta por capítulos curtos, o que permite uma leitura parcelada da história. A obra é reduzida a 22 pequenos capítulos; e os títulos[10] destes, ainda que breves (em oposição aos longos títulos presentes na obra de Staden), sintetizam o conteúdo dos capítulos. A escolha dos títulos enfatiza dois aspectos da obra: as aventuras de Hans Staden, no mar e em terra, e a representação do índio. Essa mesma divisão parece prevalecer também nas ilustrações de capa das diferentes edições da obra.

O livro não reproduz as xilogravuras que, desde a primeira edição alemã da obra, no século XVI, articulavam-se ao texto de Staden, mas apresenta ilustrações de episódios mais significativos para a história, imagens que auxiliam a leitura dos pequenos leitores e que enfatizam alguns trechos do enredo. Algumas dessas ilustrações, nas primeiras edições infantis, são legendadas com trechos da narrativa, mas tal procedimento não é comum a todas as edições, sobretudo nas mais atuais, publicadas a partir da década de 1980.

---

10 Títulos: "Quem era Hans Staden"; "A revolta dos índios"; "A volta para Lisboa"; "A segunda viagem"; "Reconhecimento da terra"; "O naufrágio"; "O forte de Bertioga", "A captura de Hans Staden", "Rumo à taba"; "Os Maracás"; "O francês sem coração"; "Antropofagia"; "Esperança"; "A volta do francês"; "Cenas de canibalismo"; "Aparece outro navio"; "O carijó doente"; "O terceiro navio"; "A guerra"; "Festas de canibais"; "Hans muda de taba"; "A salvação".

Os índios usavam flechas incendiárias, preparadas com algodão embebido em cêra.

Figura 1 – As ilustrações de episódios mais significativos da história, além de auxiliar a leitura das crianças, enfatizam, em sua grande maioria, hábitos e rituais da cultura indígena.[11]

História e histórias: naufrágios, guerras, índios e canibais

A adaptação infantil abrange apenas a primeira parte do texto[12] de Staden, em que são relatadas as viagens do protagonista e sua convivência com os índios no Brasil, e traz, dispersas no texto, descrições dos costumes indígenas. Nesse sentido, Lobato faz um resumo da narrativa, considerando, ao lado do aspecto aventuresco do texto, seu valor documental (história do Brasil, cultura indígena) para as crianças. Mas, mesmo que baseada no

---

11   A legenda retoma o trecho da narrativa: "Os índios usavam flechas incendiárias, preparadas com algodão embebido em cêra." Ilustrações de André Le Blanc, 2.ed., 1932.

12   A narrativa original de Hans Staden está dividida em duas partes: na primeira, o autor descreve, em 53 capítulos, as aventuras de suas duas viagens ao Brasil, permanecendo, em uma delas, preso entre os índios Tupinambá. A segunda parte, intitulada "Um breve e verídico relato sobre os costumes e os rituais dos Tupinambá", é composta por 38 capítulos e dedica-se a descrever o universo indígena.

texto original, a adaptação lobatiana inclui um novo elemento no enredo da história: o pai de Hans Staden.

Por que isso?

Talvez porque a imagem de um pai inscreva a história de Hans Staden na constelação familiar, por hipótese corrente entre os leitores de Monteiro Lobato. E também talvez porque a figura do pai aproxime a história de Hans Staden à de Robinson Crusoe,[13] náufrago inglês que viveu sozinho durante anos numa ilha visitada, algumas vezes, por índios antropófagos. *Robinson Crusoe* é considerado um clássico da literatura para jovens e crianças, tendo sido adaptado em inúmeras línguas e em diferentes momentos para o público infantojuvenil.

A tradução pioneira de *Robinson Crusoe* para o público brasileiro foi feita por Carlos Jansen, em 1885, época em que primeiro se observa, entre os homens de letras, uma preocupação com a literatura infantojuvenil. Muito tempo decorreu até que fosse feita uma nova tradução da história – somente em 1931 outra edição foi publicada por Monteiro Lobato, esta adaptada para crianças, na linha da literatura infantil que o autor vinha produzindo desde *Narizinho arrebitado* (1921). A adaptação lobatiana foi sistematicamente reeditada, alcançando, no ano de 1995, a 38ª edição, reimpressa, pela quinta vez, em 2001.

Em Staden, no entanto, não há – como há em Robinson Crusoe – a desobediência ao pai, que comparece à história na cena da despedida do filho: "Adeus, meu pai! Não nasci para árvore. Quero voar, conhecer mundo. Adeus!" (p.10).

Dois tópicos presentes nas histórias originais de Robinson e de Hans Staden são religião e antropofagia. As alterações propostas por Lobato, suprimindo e/ou modificando trechos referentes à religião, são bastante significativas já que se distanciam do sentido religioso presente nas versões originais.

---

[13] Abril de 1719 é a data da primeira edição do primeiro volume da história de *Robinson Crusoe*, publicada em Londres, por Daniel Defoe.

Quanto ao tratamento dado aos episódios de canibalismo das narrativas, em ambos os textos, o assunto é exposto de forma sutil, sem atribuir ao ritual o sentido de barbárie. Aproxima também os dois protagonistas a razão que os leva à vida no mar: o sonho da riqueza.

A identificação da versão infantil lobatiana de Hans Staden com a história de Defoe fica ainda mais patente no prefácio da segunda edição da narrativa do alemão (1932), onde Lobato, motivado pela boa acolhida da primeira edição, justifica a impopularidade do livro de Hans Staden pela falta de adaptações, principalmente para o público infantil, a exemplo de *Robinson Crusoé*:

> As aventuras de Robinson Crusoé constituem o mais popular livro do mundo. Da mesma categoria são estas de Hans Staden. Se as de Robinson tiveram a divulgação conhecida, proveio de passarem às mãos das crianças em adaptações conforme a idade, e sempre remoçadas no estilo, de acordo com os tempos. Com as de Staden tal não sucedeu – e em conseqüência foram esquecidas.
>
> Quem lê hoje, ou pode ler, o livro de Defoe na forma primitiva em que apareceu? Os eruditos. Também só os eruditos arrostam hoje a leitura original das aventuras de Staden.
>
> Traduzidas ambas, porém, em harmonia moderna, toante com o gosto do momento, emparelhar-se em pitoresco, interesse humano e lição moral. Equivalem-se.

As palavras de Lobato trazem à tona duas outras questões relacionadas ao seu projeto de criação de uma literatura infantil brasileira: a adaptação de clássicos e o trabalho com a linguagem. No primeiro caso, conforme Lajolo (2002), contar a história de um clássico, como a obra de Cervantes, a de Defoe ou a de Hans Staden, é uma estratégia para vencer a transitória imaturidade literária dos jovens. Mantendo, muitas vezes, alguns termos originais, ou apenas exibindo a obra durante os serões de leitura, a avó educa linguística e literariamente seus netos (e seus leitores), insistindo na ideia de que "ler um livro é melhor que ouvir sua história" (Lajolo, 2002).[14]

---

14   Para mais informações, cf. Lajolo, 2002.

O trabalho com a linguagem é outra estratégia lobatiana de apropriação do texto. A adoção de uma linguagem de que estão ausentes formas eruditas e regras gramaticais, uma linguagem despojada de "literatices", nas palavras de Lobato, é igualmente um modo de interação com a obra. Em Hans Staden, Lobato procura usar uma linguagem próxima do universo infantil, simplificada no nível sintático e vocabular, acrescida de interjeições e de expressões populares e gírias: "Valha-me Deus!"; "Nossa!", "derrota!".

Embora o autor opte mais frequentemente por uma linguagem de uso corrente, próxima ao universo dos leitores, não se abstém, em alguns momentos, de utilizar um vocabulário menos cotidiano. Neste caso, a avó elucida o significado e uso do termo, com a intenção mesma de instruir seus ouvintes, ainda de cultura letrada incipiente, para que eles lentamente se familiarizem com construções mais sofisticadas:

> – Que é epopéia, vovó? – exclamou a menina.
> – Eu sei! – exclamou o menino. – Epopéia é, por exemplo, *Os Lusíadas*, de Camões, não é, vovó?
> – Não é, meu filho. Dar exemplo não é definir. Epopéia quer dizer poema em que o poeta canta uma grande empresa heróica, uma alta façanha. *Os Lusíadas* são uma epopéia, mas "a epopéia não é, por exemplo, *Os Lusíadas*…" (Lobato, 1927a, p.23)

Os termos indígenas, frequentes ao longo da narrativa, têm seu significado transcrito em notas de rodapé, de maneira sucinta, ou são explicados pela avó. A especificidade e a importância de cada língua (portuguesa e indígena) é foco de discussão, na obra, e, na comparação entre os vários idiomas, ressaltam diferentes modos de abordar a questão, levando em consideração as fontes históricas, as culturas distintas e os valores atribuídos a cada uma. Noutro sentido, como parte do projeto pedagógico de Lobato, é possível observar a preocupação deste em tornar a criança capaz de conhecer e entender a diversidade cultural e de despertar em seus leitores a capacidade de julgamento.

Alguns subtemas, como história, religião e antropofagia, também parecem adquirir novas significações na adaptação infantil. No que se refere à história, nota-se o valor documental do texto de Staden, que contém importantes informações sobre a colonização do Brasil e os costumes dos povos indígenas, além de outros elementos que caracterizam o discurso histórico: valores morais, superstições, questionamentos quanto à veracidade dos fatos. Os personagens julgam os fatos narrados, comparando-os à sua realidade, questionam verdades estabelecidas, discutem as razões que movem o homem na busca por riquezas e conquistas e, em seu posicionamento crítico, citam e modificam fábulas e provérbios conhecidos, de acordo com a sua própria visão dos fatos.

É no que se refere à religião que se notam grandes diferenças entre o texto de Hans Staden e a reescritura deste por Lobato. No texto alemão, o objetivo primeiro de Hans Staden é agradecer ao Senhor pela sobrevivência ao cativeiro indígena e pelo regresso à Europa e não descrever as condições de vida na América, ou tratar da relação entre índio e colonizador. Relativamente à questão religiosa, a versão lobatiana aponta a ingenuidade de qualquer um (branco ou índio) que se prenda à crença no auxílio divino. Assim, Hans Staden, embora retratado em seus momentos de orações, invocando os poderes de Deus nas horas de perigo ou rendendo graças às conquistas obtidas, ao findar de cada impasse, tem sua religiosidade questionada. O mesmo se aplica aos índios mostrados como supersticiosos, já que acreditam na "magia" de Staden, contra a qual nada podem fazer.

O ritual antropofágico, descrito na versão infantil, é diversas vezes anunciado, aguçando a expectativa do leitor e o sentido de aventura que o narrador confere à descrição da cerimônia. A descrição do ritual está dispersa por vários capítulos, embora alguns deles, como, por exemplo, os intitulados "Antropofagia", "Cenas de canibalismo" e "Festas de canibais", sejam mais direcionados para a representação da cerimônia. As cenas mais fortes são retratadas ora com humor, ora com argumentos culturais que expõem o sentido que, na cultura indígena, tem o ritual de devoração dos inimigos.

Em *Aventuras de Hans Staden*, a representação do índio ganha especial relevo. As ilustrações apresentam parte do universo indígena, ora complementando, ora sintetizando o conteúdo do texto. Na maior parte das edições consultadas, as ilustrações de capa retratam os índios com cocares e penas, munidos de arcos e flechas, em seu ambiente natural – a mata. Junto à figura de Hans Staden, loiro e de olhos claros, opõem-se pela cor morena e um aspecto físico forte. As imagens que integram o texto não diferem dessa proposta e focalizam ainda cenas de guerra, de caça e ainda do ritual antropofágico vividos pelos índios. Neste último caso, como nas xilogravuras de Staden, as ilustrações reproduzem as várias etapas da cerimônia: a festa de apresentação do prisioneiro, o cativeiro, a interação da comunidade indígena no evento e o sacrifício do preso.[15]

Entre os 22 capítulos que compõem a narrativa, dez abordam, direta ou indiretamente, a cultura indígena sob diferentes enfoques: hábitos, costumes, religião, ritual antropofágico, guerras, a função de homens e mulheres, a representação dos deuses e a relação com o branco no processo de colonização das terras brasileiras.

Nesse sentido, a obra tenta resgatar a figura do índio e sua importância na história do país, a partir de uma visão na qual o índio não é romanticamente idealizado. O paralelo traçado entre as figuras do índio, do branco e do negro retoma a discussão em voga, nos séculos XIX e XX, sobre a diversidade das etnias que compõem a sociedade brasileira, em que, com base na ideia de aperfeiçoamento das raças, cabe ao branco a função de civilizador; ao índio, resgatado o valor de suas origens na história do Brasil, a de representante do nacional, e ao negro, a condição de degradado.

Retomando certas particularidades do processo de adaptação da obra, a estrutura narrativa de *uma história dentro de outra história*, já aqui mencionada, solidifica-se na construção do texto, diversas vezes interrompido e retomado, trazendo cenas da vida cotidiana no universo do sítio. O uso desse recurso fortalece ainda a proposição que vê nos serões de leitura da avó um ritual,

---

15 Para a representação visual, foram consultadas as seguintes edições: 1.ed. (1927); 2.ed. (1932); 3.ed. (1934); 6.ed (1944); 9.ed. (1954); 21.ed. (1980); 32.ed. (1994) e 1.ed. das *Obras completas*, v.3, série infantil (1947).

já que as personagens sabem que, a cada dia, em determinada hora, Dona Benta põe-se a narrar suas histórias.

> – Vovó, interrompeu Pedrinho, é hora de botar a moringa no sereno.
> – E é hora também de recolher-nos, acrescentou Dona Benta; – Vamos deixar o resto para amanhã. ...
> No outro dia, à tarde, sob a capa da jabuticabeira cheia de jabuticabas "pintando", Dona Benta retomou o fio da narrativa. (Lobato, 1927a, p.44-5)

Nesses intervalos, outros personagens do sítio são lembrados, como Rabicó e Emília. A boneca, que ainda não teria sofrido sua "evolução gental",[16] também participa dos serões de leitura e é a eterna companheira de Narizinho:

> – Pare um pouco vovó, pediu a menina. – Quero dar um pulo lá dentro para trazer a Emília. A coitadinha gosta tanto de ouvir histórias... (Lobato, 1927a, p.17)

Emília, segundo Nelly Novaes Coelho (1981a), é a única personagem que evolui dentro da obra lobatiana. Na primeira versão de *A menina do narizinho arrebitado* (1920), seu papel é secundário e a personagem não passa de uma "bruxinha de pano". É somente na edição posterior, *Narizinho arrebitado* (1921), que Emília, com a "pílula falante", adquire o dom da fala e, após *Reinações de Narizinho*, publicada em 1931, a boneca se define como líder dos personagens do sítio e como porta-voz de Lobato. Em *Hans Staden*, Emília ainda não assumiu o papel de protagonista entre as personagens infantis, sendo sua participação filtrada pela voz de Narizinho.

---

16 Em *A chave do tamanho* (Lobato, 1942b), Emília explica sua evolução: "– Muito simples. Eu de fato fui boneca de pano. Mas evolui e virei gente." (p.52) "... Eu sou a 'evolução gental' daquela bonequinha pernóstica. – Como? – Artes do mistério. Fui virando gentinha e gente sou; belisco-me e sinto a dor da carne. E também como." (p.80). Sobre o tema, conferir o trabalho realizado por Valente, 2004.

Os bastidores do livro: edição e recepção de *Aventuras de Hans Staden*

A versão infantil de Hans Staden tem um significativo número de edições. A obra, publicada pela primeira vez em 1927, é sistematicamente reeditada, atingindo, no ano de 1994, a 32ª edição. Nas edições das *Obras completas,* 2ª série, em 1947, o texto é publicado junto a *Caçadas de Pedrinho*, compondo o 3º vol. da coleção, lançada pela Editora Brasiliense.

No cotejo de algumas edições, encontramos elementos intrigantes para uma análise. A capa, "porta de entrada" para o texto, aponta o primeiro deles: o destaque dado ao adaptador, em detrimento do autor. O subtítulo apresenta a história de Hans Staden como verídica, mas sua função como autor parece estar "camuflada" sob o nome de Monteiro Lobato. Nas demais edições, tal hipótese se confirma, e o nome de Lobato, escrito em letras grandes e cores fortes, ganha cada vez mais destaque. Podemos conjecturar que esse destaque ao adaptador é uma possível estratégia de *marketing* das editoras (Nacional e Brasiliense), dado que Monteiro Lobato, ao longo do tempo, torna-se cada vez mais um autor consagrado de literatura para crianças, justamente o público que a obra pretende atingir.

Nota-se também a mudança de título – de *Aventuras de Hans Staden* para simplesmente *Hans Staden* – em algumas das edições mais atuais, como a 21ª, lançada em 1980 pela Editora Brasiliense. Já o longuíssimo subtítulo da obra – "O homem que naufragou nas costas do Brasil em 1549 e esteve oito meses prisioneiro dos índios tupinambás; Narrados por Dona Benta aos seus netos Narizinho e Pedrinho" –, muitas vezes, é omitido nessas edições. Todas as edições reproduzem o prefácio da 2ª edição, no qual Lobato justifica o valor do livro de Staden e o compara, como já comentado, com *Robinson Crusoe*, de Defoe. Quase todas as versões publicadas pela Editora Nacional integram a coleção Biblioteca Pedagógica Brasileira,[17] fato que se altera a partir da

---

17　A Biblioteca Pedagógica foi criada, em 1930, por Fernando de Azevedo.

Monteiro Lobato, livro a livro   165

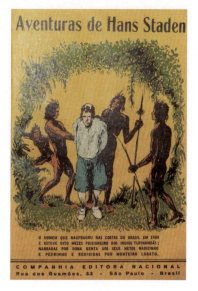
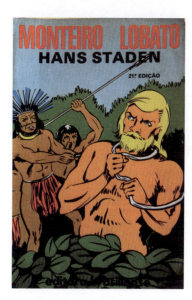

1.ed. (1927)   21.ed. (1980)

Figuras 2 e 3 – Capas de edições publicadas, respectivamente, em 1927 e 1980, e que ilustram mudanças significativas com relação à formatação dos textos de capa.

7ª edição, lançada em 1948 pela Editora Brasiliense.[18] O nome das editoras ganha igualmente destaque, nas capas das edições mais recentes.

Já o conteúdo da narrativa não traz mudanças, permanecendo com os mesmos 22 capítulos, todos titulados. As alterações mais significativas estão relacionadas à composição do texto: capas, ilustração, formatação. As tiragens de algumas edições comprovam a boa recepção da obra entre o público infantil, fato registrado também por Lobato: "Anos atrás tivemos a ideia de extrair do quase incompreensível e indigesto original de Hans Staden esta versão para as crianças – e a acolhida que teve a primeira edição, bastante larga, nos levou a dar a segunda".[19]

---

18   A Editora Brasiliense passa a publicar as obras de Monteiro Lobato em 1944.
19   Prefácio da segunda edição de *Aventuras de Hans Staden* (Lobato, 1932).

A adaptação de Staden, assim como outras obras lobatianas,[20] recebe algumas críticas duras, como demonstra o boletim da Liga Universitária Católica Feminina, que, nos anos 1940, embora reconhecendo o pioneirismo de Lobato e seu valor literário enquanto escritor infantil, aponta problemas de diversa ordem:

> Há em toda ela situações, episódios, conclusões morais que expressam grande pessimismo no valor dos homens ... .
> Particularmente nas *Aventuras de Hans Staden,* são consideradas impróprias algumas cenas de antropofagia, "descritas tão ao vivo que podem impressionar crianças muito pequenas ou muito sensíveis". (apud Cavalheiro, 1955a, p.168)

O trecho da carta[21] endereçada ao escritor pelo leitor-mirim Breno Maciel, em julho de 1936, ilustra a recepção do livro entre o público infantil, que parece associar essa obra a outras da série de livros paradidáticos de Lobato:

> Prezado amigo:
> Sr. Monteiro Lobato
> *Quando li seu primeiro livro de historia, As aventuras de Hans Staden, gostei muito.* Depois li a Historia do Mundo para crianças que me tem sido de muito utilidade nos meus estudos de História da civilização. A Geografia de Dona Benta também. Então com aqueles apartes de Emilia torna-se muito engraçado. ... Aceite um apertado abraço do amigo que muito o admira
> Breno Augusto Ribeiro Maciel. [Grifo nosso]

As Aventuras de Hans Staden surgem, assim, como um livro que mistura história e histórias, acrescentando à importância de conhecer os primórdios do país o sentido aventuresco do convívio entre brancos e índios e da conquista

---

20 Neste caso, a Liga Universitária Católica Feminina registra as "falhas" presentes em todos os livros que compõem a série do "Sítio do Picapau Amarelo".

21 Carta de 4.7.1936, Caixa 1, pasta 1, carta 46, pertencente ao arquivo Raul de Andrada e Silva, no Instituto de Estudos Brasileiros (IEB), da USP. O estudo da correspondência dos leitores infantis de Monteiro Lobato foi objeto de investigação da pesquisadora Raquel Afonso da Silva, no trabalho de mestrado "*Conversa de bastidores*: a correspondência entre Monteiro Lobato e seus leitores infantis", que contou com o apoio da Fapesp.

de terras e riquezas. Da versão para adultos à adaptação infantil – tentativa de resgatar e valorizar a cultura indígena, dentro da história do Brasil –, nota-se o grande sucesso que a obra alcança junto aos seus diferentes públicos: crianças ou adultos, sempre leitores de Monteiro Lobato.

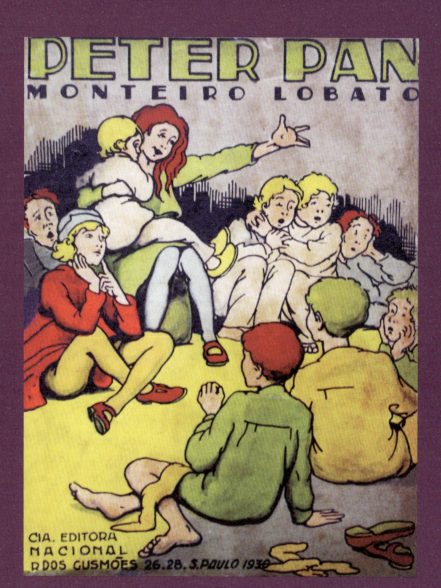

verso:
Peter Pan. 1.ed. São Paulo, Companhia Editora Nacional, 1930
Biblioteca Infantil Monteiro Lobato – SP
Fotografia: Thaís de Mattos Albieri

10
Peter Pan lido por Dona Benta
Adriana Silene Vieira[1]

> A moda de Dona Benta ler era boa.
> Lia "diferente" dos livros.
> (Monteiro Lobato, 1952b, p.199)

História editorial e fortuna crítica

Peter Pan, história do menino que não queria crescer, contada por Dona Benta, foi lançado em 1930, pela Companhia Editora Nacional. Essa publicação se deu alguns anos depois de o escocês James Barrie haver inventado e publicado a história do menino que não queria crescer. O livro de Barrie, escrito em 1902, tinha por título *The Little White Bird*[2] e foi adaptado para o teatro como *Peter Pan, or The Boy Who Wouldn't Grow*, estreando em Londres, em 27 de dezembro de 1904.

---

[1] Doutora em Letras, Teoria e História Literária, pelo IEL-Unicamp e professora da Uniradial, *campus* Interlagos.

[2] Em 1906, a parte do livro *The Little White Bird* que narra a história de *Peter Pan* foi republicada com o título *Peter Pan in Kensington Gardens*, com ilustrações de Arthur Rackam. Em 1911, Barrie fez outra adaptação, que chamou de *Peter and Wendy*, mas que geralmente é chamada simplesmente de *Peter Pan*. Disponível em: <http://pt.wikipedia.org/wiki/James_Matthew_Barrie>. Acesso em: 11 nov. 2007.

O *Peter Pan* lobatiano teve quatro edições pela Companhia Editora Nacional. Na primeira edição, de 1930, fizeram-se 5.000 exemplares; na segunda, de 1935, 10.000, na terceira, de 1938, 7.082, e na quarta, de 1944, 10.000.[3] Como várias outras obras do escritor, esse livro fez parte da coleção que a editora publicou, no contexto da Biblioteca Pedagógica Brasileira/ Literatura Infantil.

A partir de 1946, a obra passou a dividir, com *Memórias de Emília*, o volume 5 da Série Literatura Infantil das *Obras completas* de Monteiro Lobato, lançada a partir de então pela Editora Brasiliense e ilustrada por André Le Blanc.

Peter Pan, história do menino que não queria crescer, contada por Dona Benta tem muitas histórias.

Uma delas é que ele fazia parte dos livros proibidos pelo Deops (Delegacia de Ordem Política e Social), órgão criado pelo Estado Novo, com a finalidade de controlar e reprimir movimentos políticos e sociais contrários ao regime no poder,[4] em 1941. Segundo Carneiro (1997, p.73-9), o procurador Dr. Clóvis Kruel de Morais afirmava que o texto era perigoso e "alimentava nos espíritos infantis, 'injustificavelmente', um sentimento errôneo quanto ao governo do país" e "incutia às crianças brasileiras 'a nossa inferioridade, desde o ambiente em que são colocadas até os mimos que lhes dão'".

Também Azevedo et al. (1997, p.307-10) registram e discutem o pedido de apreensão e destruição, no estado de São Paulo, de todos os exemplares do *Peter Pan* lobatiano. Tratando do ofício de Kruel, informa que, "nos esforços policiais de apreensão do livro", foram localizados quatorze volumes em Santos, dois em Araçatuba, Paraguaçu e Lorena, quatro em Rio Preto, um em Olímpia e 142 na capital, contando-se nove livrarias e a sede da Companhia Editora Nacional. O pesquisador registra ainda que o superintendente da Segurança Política e Social, Bráulio de Mendonça Filho, encaminhou um

---

3   Conferir acervo da Companhia Editora Nacional, que tem também o *site* <www.ednacional-acervo.br>.
4   Disponível em: <http://www.arquivoestado.sp.gov.br/acervo/vermais_deops.htm>. Acesso em: 11 nov. 2007.

ofício ao secretário de Educação do estado, para saber se a Diretoria de Ensino indicara a obra para a rede pública de bibliotecas escolares.

O *Peter Pan* lobatiano foi também comentado por Marisa Lajolo, Nilce Sant'Ana Martins e Marcos Rey. Lajolo (1983a, p.48) trata da alteração sofrida pelas histórias estrangeiras, no ambiente do Sítio, como uma retomada da tradição com a sua imersão em um outro contexto, moderno e nacional. Segundo Marcos Rey (1982), o escritor tinha contato com o que havia de mais atual, no mundo, além de ter ótimo tino comercial. Já Martins (1972, p.228) considera essa obra como uma das histórias lobatianas em que a voz das personagens aparece mais que a do narrador, comentário que se casa com as cartas de Lobato a Rangel, nas quais o escritor tece elogios à escrita, sob a forma de diálogos.

É justamente isso que ele faz, nessa obra.

A história dentro da história

A história se inicia com um narrador de terceira pessoa, o qual leva os leitores direto para a sala de Dona Benta, onde as crianças, tendo ouvido falar de Peter Pan,[5] perguntam à avó quem é tal personagem. Ela não o conhecia, mas toma providências:

> Escreveu a uma livraria de São Paulo pedindo que lhe mandasse a história do tal Peter Pan. Dias depois recebeu um lindo livro em inglês, cheio de gravuras coloridas ... O título dessa obra era *Peter Pan and Wendy*.
> Dona Benta leu o livro inteirinho e depois disse:
> – Pronto! Já sei quem é o senhor Peter Pan, e sei melhor do que o gato Félix, pois duvido que ele haja lido esse livro. (Lobato, 1952c, p.150)

---

5 Neste ponto, o próprio texto faz referência a *Reinações de Narizinho*.

Já nessa abertura, podemos observar como Dona Benta, leitora culta e poliglota, consegue acesso à obra estrangeira, propiciando a Monteiro Lobato a oportunidade de trazer para o livro um aspecto importante da história da leitura, no Brasil: a dificuldade de acesso a algumas obras e os expedientes que permitiam sua chegada aos leitores. E, ainda, mostra a leitura como fonte para a história que seria depois transmitida oralmente. Dona Benta, leitora, não apenas traduz o livro para o português, mas o *reescreve* numa linguagem simplificada e oralizada, mais ao alcance das personagens do Sítio (ouvintes da história de Dona Benta) e das crianças brasileiras (leitoras do livro de Monteiro Lobato).

Essa presença do livro enquanto mercadoria que se compra por encomenda também rende algumas passagens metalinguísticas, como, por exemplo, ao mencionar que, antes de Dona Benta inteirar-se pela leitura do livro encomendado da história de Peter Pan, a personagem inglesa já tinha sido citada em outras obras lobatianas:

> Quem já leu as Reinações de Narizinho deve estar lembrado daquela noite de circo, no Picapau Amarelo, em que o palhaço havia desaparecido misteriosamente. Com certeza fora raptado. Mas raptado por quem? Todos ficaram na dúvida, sem saber o que pensar do estranho acontecimento. Todos, menos o gato Félix. Esse figurão afirmava que o autor do rapto só poderia ter sido uma criatura – Peter Pan. (ibidem, p.149)

Em *O irmão do Pinóquio*, publicado como livro independente, em 1927, anteriormente, portanto, a *Peter Pan,* a personagem João Faz de Conta garante ter visto e falado com o menino que não queria crescer (Lobato, 1927b). Assim, tanto em *O irmão do Pinóquio* como em *Peter Pan*, o narrador sublinha a importância do objeto livro,[6] já que Dona Benta tem de recorrer a ele para poder conhecer e contar as histórias. A menção a livros e a apresentação de Dona Benta no papel de contadora de histórias constituem recurso corrente nos textos de Lobato, o que também ocorre em obras como *Hans Staden* (1927) e *Dom Quixote das crianças*[7] (1936).

---

6   O que era interessante para Lobato enquanto editor.
7   A obra *Dom Quixote das crianças* é discutida por Marisa Lajolo, em "Lobato, um Dom Quixote no caminho da leitura" (in Lajolo, 1993a).

Podemos, com isso, perceber que Lobato, em sua obra infantil, mesmo ao reproduzir situações de narração oral de histórias, ressalta a importância do livro como princípio da cultura e fonte das narrativas. Quando Dona Benta conta as histórias que leu, altera o *texto original* em função de *sua leitura*, das expectativas de sua plateia e da relação entre narradora e ouvintes.

No processo de *oralização* das histórias lidas, Dona Benta não só traduz a história, mas também explica certos termos intraduzíveis, modifica certas situações e usa artifícios para despertar o interesse de todos. Agindo assim, contextualiza a narrativa e instaura alternativas para que, durante a leitura oral, se crie uma situação compartilhada por um grupo que ouve a leitura de forma atenta e interessada. O resultado relaciona-se ao que salienta Chartier, quando afirma que "a leitura não é somente uma operação abstrata de intelecção; ela é o engajamento do corpo, inscrição num espaço, relação consigo e com os outros" (Chartier, 1994, p.16).

Na esteira de Chartier, que comenta algumas formas assumidas pelas relações de leituras compartilhadas, vale a pena discutir a representação de práticas de leitura nessa obra infantil lobatiana e o relacionamento entre a narradora e os ouvintes.

Começa-se por apontar que o fato de ser apresentada como uma senhora sábia aproxima Dona Benta dos antigos contadores de histórias, abordados por Walter Ong (1982, p.41). Todavia, a diferença entre a teoria de Ong e a prática lobatiana é que o primeiro trata de narradores como pertencentes à cultura oral, enquanto Dona Benta é uma personagem letrada, portanto leitora e contadora de histórias.

Apesar da diferente forma de ter acesso às histórias, Dona Benta desempenha a mesma função dos antigos contadores: a transmissão do saber aos mais jovens. De modo semelhante aos antigos narradores, ela é uma figura sábia – e respeitada por sua sabedoria – em torno da qual se junta um grupo de ouvintes. O dado curioso é que – sempre segundo Ong – essa prática cultural tão antiga, ao ser resgatada em torno da história de Peter Pan, está operando a recuperação de formas de cultura oral através de uma obra moderna e livresca.

Outra característica que liga a personagem letrada ao mundo da oralidade é que ela conta a história de forma *resumida*, dando mais ênfase às cenas de *ação* e *diálogo*, já que, como Lobato, acredita que o que interessa a seu público são as *aventuras*. Ela também se vale de palavras mais populares na época de publicação da obra, como "gabolice", "prosa", "mangar" etc. (Lobato, 1952c, p.165), que serviram a seu propósito de simular oralidade, de resto igualmente construída através de frases que respeitam certa indeterminação que, admitida na fala, é desaconselhada na escrita, como ao dizer, por exemplo, que "O pai [de Wendy] chamava-se não sei que Darling" (ibidem, p.152), bem como ao usar onomatopeias, como "bem, bem", "tlin, tlin", "Prrrr..."

Outra característica da narrativa de Dona Benta, voltada para a oralidade, é o procedimento de aproximar os fatos narrados do cotidiano no qual se conta a história (Ong, 1982, p.42). Tal marca pode ser observada nas passagens em que Dona Benta interfere para fazer com que seus ouvintes assimilem a obra inglesa. Para que a interação se dê, a narradora interrompe sua história a quase todo o momento, a fim de explicar nomes, situações e locais que fazem parte da outra cultura, como, por exemplo, o que vem a ser uma *nursery*. Ao explicar sobre a *nursery* e seus brinquedos, Dona Benta desperta a curiosidade das personagens como Emília, que pergunta se na Inglaterra existe "boi de chuchu", ao que ela responde: "talvez não tenha, pois esse é um brinquedo da roça e Londres é uma grande cidade".

Essas observações de Dona Benta sobre os brinquedos (Lobato, 1952c, p.152) sugerem que a família de Wendy teria boas condições financeiras.[8] Contradizendo essa impressão, no texto inglês, constatamos que a família Darling era considerada pobre em relação a outras famílias, já que, segundo a história de Barrie, o nascimento de Wendy preocupou os pais por causa das despesas (Barrie, 1993, p.2). Também no texto original vemos que os Darling, não podendo contratar uma babá, delegaram essa função a uma cachorra (ibidem, p.4).

---

[8] Tais comentários levaram a obra *Peter Pan* a ser colocada na lista dos livros proibidos, pois as autoridades brasileiras achavam que as informações sobre o nível econômico dos ingleses estariam depreciando as condições das famílias brasileiras.

Entretanto, Dona Benta não se detém em comentários sobre a situação desfavorecida dos pais de Wendy com respeito à sua sociedade, parecendo preferir explicar algumas *diferenças* entre a cultura inglesa e a brasileira. Em vários momentos, aproxima os fatos da narração do cotidiano de seus ouvintes, mas às vezes essa relação se dá por conta deles mesmos. Dessa forma, a narradora *sugere* e seus ouvintes *praticam* uma recepção ativa, como talvez fizesse parte de um eventual *projeto lobatiano de formar leitores*.

Um exemplo dessa situação ocorre quando Dona Benta apresenta os índios da história de Peter Pan, afirmando que eles "Viviam em silêncio e em descanso, sempre de cócoras, como os nossos caboclos do mato" (Lobato, 1952c, p.179-80), o que nos lembra a personagem Jeca Tatu, também criação lobatiana. Se, no texto de Barrie, tais índios eram desqualificados por nunca conseguirem derrotar o Capitão Gancho, ou por estarem "um pouco gordos" (Barrie, 1993, p.62), na versão lobatiana, a sua comparação com o caboclo produz efeito semelhante.

Dona Benta, como mediadora entre o texto e seus ouvintes, não é neutra e manifesta suas reações e opiniões, quando, por exemplo, ao comentar sobre a mãe de Wendy, generaliza, ao dizer que ela "Assustou-se, está claro, porque as boas mães se assustam por qualquer coisinha" (Lobato, 1952c, p.156). É ainda o envolvimento de Dona Benta com a história que permite que ela "se safe" de perguntas difíceis, brandindo sua autoridade de "leitora", como no trecho em que responde a uma pergunta de Emília:

> – ... havia entrado pela janela uma pequena bola de fogo.
> – Como havia entrado pela janela, se a janela estava fechada? Berrou Emília.
> – Isso não sei, disse Dona Benta. O livro nada conta. Mas como fosse uma bola de fogo mágica, o caso se torna possível. Para as bolas de fogo mágicas tanto faz uma janela estar aberta como fechada... (ibidem, p.158)

Dona Benta, porém, nem sempre é fiel ao livro. Ela modifica situações e às vezes acrescenta palavras às falas das personagens, de acordo com aquilo que deseja transmitir a seus ouvintes. Em Barrie, os meninos perdidos vão para a Terra do Nunca para "reduzir gastos" (Barrie, 1993, p.34). Já no texto lobatiano, eles vão para a Terra do Nunca se as famílias não conseguem encontrá-los em quinze dias. Além disso, Lobato mais uma vez trata de livros, quando faz Wendy afirmar que "as geografias não falam da terra do Nunca" (Lobato, 1952c, p.169). Observamos, assim, que Dona Benta, de novo, omite a informação econômica e adiciona referência a livros. Tal referência irá se repetir em outro trecho, em que Peter Pan conta a Wendy sobre as sereias da Terra do Nunca: "Sereias iguaizinhas a essas que você vê pintadas nos livros" (ibidem, p.169).

Podemos notar, dessa maneira, que na narrativa de Dona Benta há mudanças nas falas das personagens, as quais, ao falarem *português*, dizem exatamente o que a narradora quer. E, nos dois exemplos acima, as personagens fazem referência a livros. A história, portanto, também é usada como pretexto para a narradora – e, por trás dela, Lobato – incluir livros como elementos presentes no dia a dia dos ouvintes, independentemente de serem os livros incompletos (como as geografias) ou exemplares (como os livros de figuras em que se veem sereias).

Um dos aspectos do Peter Pan lobatiano que lembra ao leitor a ocorrência de uma história dentro de outra são as várias *interrupções e retomadas que permeiam a narrativa*.[9] Há momentos em que a ação se volta para a cena do serão, no qual Emília discute com Tia Nastácia. Logo em seguida, há o retorno para a história de Peter Pan, de forma que a história narrada é sempre entremeada pela cena da narradora e ouvintes. Importantes são ainda as perguntas e comentários dos ouvintes, a respeito da história, que obrigam a narradora a interrompê-la para dar explicações.

Em alguns momentos, entretanto, certos ouvintes não estão interessados nas explicações, mas sim na história. Também Dona Benta, em geral

---

9   O exemplo clássico dessa estrutura é *As mil e uma noites,* obra em que temos um narrador, que conta a história de Sherazade, que, por sua vez, conta histórias em que aparecem outros narradores.

uma paciente narradora, em certo momento, quando Emília discute com Tia Nastácia, parece cansar-se e reclamar das interrupções: "Mas vamos ao caso. Vocês me interrompem tanto que a história não pode chegar ao fim." (Lobato, 1952c, p.167).

Com respeito ainda às interrupções e retomadas feitas na história narrada, observamos que Dona Benta usa a mesma estratégia de Sherazade e do romance-folhetim, ao criar suspense, adiando a história ou trechos dela, que sejam mais interessantes, para o capítulo e o dia seguinte. Assim, ela interrompe a narração no final de cada noite, para continuar no dia seguinte, às sete horas, fazendo com que o momento da narração seja esperado com ansiedade pelos ouvintes.

Os ouvintes e a interação

Em *Dom Quixote das crianças*, os ouvintes de Dona Benta exigem que ela use uma linguagem menos "literária" em sua narrativa. Quando ela concorda, dizendo que usará suas palavras, Emília aplaude: "Isso ... com palavras suas e de tia Nastácia e minhas também – e de Narizinho – e de Pedrinho – e de Rabicó. ... Nós ... queremos estilo de clara de ovo, bem transparentinho, que não dê trabalho para ser entendido" (Lobato, 1952a, p.12).

O comentário de Emília, por um lado, toca na questão da oralidade, pois a boneca deseja que, ao narrar, Dona Benta utilize a mesma linguagem falada por seus ouvintes. Todavia, por outro lado, sugere que também os ouvintes ajudariam a avó a contar a história. E, se observarmos tanto *Dom Quixote das crianças* quanto *Peter Pan*, constataremos que isso realmente acontece – a história é contada *também* pelos ouvintes, a partir de seus comentários, que muitas vezes a direcionam para seus interesses. Esses ouvintes são muito participativos e exigentes. Eles pedem coerência, fazem a narradora continuar, quando esta se distrai e, além disso, comentam apaixonadamente a história, aproximando, nesse comentário, ainda mais o mundo de Peter

Pan de seu cotidiano e, por extensão, do cotidiano brasileiro dos leitores de Lobato. Um bom exemplo está no momento em que Dona Benta narra as tentativas de Peter Pan de "colar" sua sombra, e Emília dá sua opinião, ao dizer, por exemplo: "se fosse eu, experimentava a bisnaga de cola-tudo" (Lobato, 1952c, p.160).

As personagens do Sítio ajudam a tecer a narrativa e, com isso, fazem Peter Pan ganhar contornos de personagem lobatiana, pois, quando a história agrada a eles, é como se a personagem passasse a existir dentro de sua própria realidade. Sendo assim, Peter Pan, na história de Dona Benta, já seria uma personagem diversa da criada por Barrie, a qual, aliás, aparece em outros momentos da saga do Picapau Amarelo.

Algumas atitudes e comentários das personagens lobatianas mostram seu envolvimento e identificação com a história. Um exemplo ocorre, quando a narradora conta que Peter Pan se vangloria após Wendy remendar sua sombra. As crianças se identificam com Peter Pan e Wendy e trazem o conflito dos garotos ingleses para dentro da sala onde estão ouvindo a história:

> – "Oh, não se ofenda, Wendy! Eu tenho este defeito. ... Quando qualquer coisa de bom me acontece, ponho-me sem querer a contar prosa. Seja boa. Perdoe-me. Reconheço que uma menina vale mais do que vinte meninos."
> – Isso também não! Protestou Pedrinho. Só se é lá na Inglaterra. Aqui no Brasil um menino vale pelo menos duas meninas.
> – Olhem outro gabola! Exclamou Narizinho. (ibidem, p.163)

Dona Benta dá liberdade aos ouvintes para criarem novas aventuras a partir da história ouvida, ao sugerir que eles continuem a história narrada em seus sonhos:

> Tudo dormiu. Dormiu a floresta o seu sono agitado de morcegos ... Dormiram os piratas, e os índios, vendo o inimigo dormir, deixaram a perseguição para o dia seguinte e dormiram também. ...
> Dona Benta parou nesse ponto, achando que o melhor era também irem dormir.
> – Chega por hoje. O resto fica para amanhã. Agora é cada um ir para sua cama sonhar com o Capitão Gancho e o crocodilo. (ibidem)

No trecho acima, vemos que Dona Benta, mais uma vez, estabelece um paralelo entre a história narrada e o mundo do Sítio – e agora sem intuitos pedagógicos. Assim como as personagens da história de *Peter Pan* estariam a dormir, ela recomenda a seus leitores que também o façam, aproveitando a oportunidade para encerrar a narração daquele dia.

Enquanto os netos de Dona Benta se envolvem com a história, Tia Nastácia demonstra certo estranhamento em relação a ela, ao contrapô-la a seu horizonte de expectativas.

> – ... Não entendo como é que a senhora Darling foi deixar a janela aberta. Quarto de criança a gente não deixa de janela aberta nunca. Entra morcego, entra coruja – e entram até esses diabinhos, como o tal Peter Pan. (ibidem, p.174)

Tia Nastácia se recusa a aderir à fantasia e a acreditar na existência de fadas. Além disso, ao caracterizar Peter Pan como um diabinho, parece querer aproximá-lo do Saci, personagem das histórias populares, padrão unanimemente recusado pelos ouvintes de Dona Benta, como Narizinho, a qual, terminado o primeiro dia do serão, elogia a história narrada e a compara com outras histórias que conhecia.

> – Estou notando isso, vovó, disse ela. Nas histórias antigas, de Grimm, Andersen, Perrault e outros, a coisa é sempre a mesma – um rei, uma rainha, um filho de rei, uma princesa ... As histórias modernas variam mais. Esta promete ser muito boa. Peter Pan está com jeito de ser um diabinho levado da breca.

O comentário de Narizinho estabelece uma diferença entre a narrativa de Dona Benta e outras histórias infantis clássicas. Ela se vale de uma história escrita e, além disso, contemporânea, enquanto as outras, como os contos de fadas, provenientes do folclore europeu, ou mesmo as histórias populares contadas por Tia Nastácia, apresentavam enredos repetitivos. Crítica semelhante foi feita logo no início de *Reinações de Narizinho*, quando as personagens lobatianas comentam que as histórias da Carochinha estariam "emboloradas" (Lobato, 1952b, p.12).

No final da narrativa, Emília e as crianças identificam-se tanto com as personagens e a Terra do Nunca que desejam mudar-se para lá. Todavia, o que vem a acontecer em obras posteriores de Lobato é exatamente o contrário: as personagens de Barrie e a própria Terra do Nunca é que viriam para o Sítio.

De Neverland para o Sítio

O Sítio é um espaço mágico, onde personagens de outras histórias podem visitar os netos de Dona Benta ou levá-los para seu mundo. Notamos também que as histórias em que primeiro se dá o intercâmbio entre o Sítio e outros mundos, como *O cara de coruja*, *O irmão do Pinóquio*, *O gato Félix* e *O circo de escavalinho*, foram lançadas pela primeira vez em 1927, portanto, três anos antes da publicação de *Peter Pan*.

Dessa forma, pelo fato de já terem, antes – isto é, em obras anteriores de Lobato – recebido "visitantes", quando ouvem a história de Peter Pan, os ouvintes passam a desejar que ele venha a fazer parte de seu mundo. Acreditam, assim, que a personagem poderia, com toda naturalidade, estar presente na sala de Dona Benta, ouvindo sua própria história.

Emília, depois de escutar de Dona Benta que a sombra de Peter Pan havia sido cortada, tem a ideia de cortar a sombra de Tia Nastácia. Ao saber do picotamento da sombra da cozinheira, Dona Benta alimenta ainda mais a fantasia das crianças, ao confidenciar que suspeita ser Peter Pan o autor de tal "reinação":

> Dona Benta foi de opinião que aquilo só poderia ser arteirice do Peninha, ou talvez do próprio Peter Pan, que houvesse entrado na sala às escondidas, no momento em que todos estavam mais distraídos com a história. (Lobato, 1952c, p.176)

No mesmo ano do lançamento de *Peter Pan*, Lobato publica *Pena de papagaio* e *O pó de pirlimpimpim*, textos nos quais introduz a personagem Peninha e que, depois, são transformados em capítulos de *Reinações de*

Narizinho. Por isso, os ouvintes se referem a essa personagem, no texto, num entrelaçamento textual admirável:

> Estou desconfiado, disse Pedrinho, que o tal pó mágico de Peter Pan era o nosso pó de pirlimpimpim.
> – E quem nos garante que o tal Peninha, que deu a você o pó de Pirlimpimpim, não seja esse mesmo Peter Pan? (Lobato, 1952c, p.175)

Ao final da história, quando Dona Benta narra a derrota do Capitão Gancho por Peter Pan, as personagens fazem mais comentários e Pedrinho sela o *happy end* do episódio:

> – Bravos! exclamou Pedrinho. Eu sabia que ia suceder isso. Menino protegido pelas fadas acaba sempre vencendo... (ibidem, p.250)

Todas estas observações nos fazem perceber que *Peter Pan, história do menino que não queria crescer, contada por Dona Benta* é, efetivamente, uma história lobatiana. Nela, Lobato recria a história de Peter Pan, a partir da apresentação e comentários de suas personagens-ouvintes, que não só têm opiniões diversas, como são capazes de brigar por elas. Em histórias posteriores, *Memórias da Emília* (1936) e *O Picapau Amarelo* (1939), a personagem de James Barrie visita o Sítio, primeiramente, discutindo com Pedrinho a respeito do anjinho caído do céu (*Memórias da Emília*) e, em *O Picapau Amarelo,* unindo-se à personagem lobatiana em novas aventuras, seguindo as "profecias" lobatianas, presentes em comentários, como os de Pedrinho, de que seria bom se as personagens europeias fugissem dos livros e viessem para o Sítio.

E uma tal "fuga" não seria uma forma concreta de definir a leitura, professada e valorizada por Monteiro Lobato?

BIBLIOTHECA PEDAGOGICA BRASILEIRA
serie I LITERATURA INFANTIL *Vol. 1*

MONTEIRO LOBATO
Reinações de Narizinho

verso:
Reinações de Narizinho. 1.ed. São Paulo: Companhia Editora Nacional, 1931
Cedae – Centro de Documentação Cultural "Alexandre Eulálio" – Unicamp
Fotografia: Gregório Ceccantini

11
Reinações de Narizinho: um livro "estupendo"
Denise Maria de Paiva Bertolucci[1]

> *O gosto que sinto em escrever histórias que irão dar prazer às crianças prova que estou chegando à idade mental delas. A criança que mais se diverte com as minhas histórias é a que subsiste ou está renascendo dentro de mim.*
>
> (Monteiro Lobato apud Cavalheiro, 1942)

A aceitação perene

O gosto em escrever histórias, relatado por Monteiro Lobato na epígrafe acima, talvez seja responsável, em grande parte, pelo requinte artístico em *As reinações de Narizinho* (1931), livro que marca a maturidade do autor no campo da literatura infantil. O próprio escritor parece acreditar nisso ao contar, em carta de outubro de 1931, dirigida ao amigo Godofredo Rangel:

> Tenho em composição um livro absolutamente original, Reinações de Narizinho – consolidação num volume grande dessas aventuras que tenho publicado por

---

[1] Denise Maria de Paiva Bertolucci é doutora em Letras pela UNESP (Assis), na área de Literatura e Vida Social e professora das Faculdades Integradas de Ourinhos (FIO). Os estudos sobre Monteiro Lobato são tema de seu mestrado e doutorado, nos quais considerou tanto a literatura geral como a infantil do escritor.

partes, com melhorias, aumentos e unificações num todo harmônico. Trezentas páginas em corpo 10 – livro para ler, não para ver, como esses de papel grosso e mais desenhos do que texto. Estou gostando tanto, que brigarei com quem não gostar. Estupendo, Rangel! (Lobato, 1957a, p.329).

A acolhida do público é muito favorável à obra, desde seu lançamento pela Companhia Editora Nacional como primeiro volume da coleção Biblioteca Pedagógica Brasileira, Série I - Literatura Infantil.

As reinações de Narizinho (o título original tem artigo definido) compõe--se de onze capítulos,[2] distribuídos em 306 páginas, com ilustrações de Jean G. Villin. Em artigo do jornal *O Estado de S. Paulo*, de 19 de dezembro de 1931, Plínio Barreto julga bem-sucedido o empenho de Lobato, naquela que é, possivelmente, a primeira resenha crítica do livro:

> Nas páginas de seus contos, agora reunidos no volume "As reinações de Narizinho", palpita a vigorosa sensação de um ambiente desenrolado em plena natureza, com a graça, o pitoresco e o humorismo que fizeram de Monteiro Lobato um narrador inconfundível. Dir-se-ia que nessas criações integralmente novas, em que toca às próprias fontes da emoção e da poesia, ele concentrou todas as qualidades primaciais, com que se impôs nos "Urupês", e que o gosto e o hábito de escrever para crianças desenvolveu e apurou em vigor e simplicidade. Páginas alegres, ágeis e sadias, leves e delicadas, ricas de substância da vida, são as "Reinações de Narizinho", a melhor festa para as crianças que vivem horas felizes, entretidas com esse feiticeiro animador de ilusões, artista e educador a um tempo, que, conseguindo fazer-se amar das crianças, faz com que elas comecem, por ele, a amar os livros. (Barreto, 1931, p.3)

Barreto recebe o novo livro com entusiasmo e destaca o lirismo, o apuro narrativo, a verdade das situações de vida presentes no texto. O mesmo entusiasmo é externado pelo público infantil, como se vê em cartas enviadas a Lobato por crianças, que fazem referências às viagens pelo maravilhoso,

---

2   "Narizinho arrebitado", "O Sítio do Picapau Amarelo", "O Marquês de Rabicó", "O casamento de Narizinho", "Aventuras do príncipe", "O Gato Félix", "Cara de coruja", "O irmão de Pinóquio", "O circo de escavalinho", "A pena de papagaio", e "O pó de pirlimpimpim".

à fruição de momentos de encanto e desprendimento proporcionados pelo volume, em contraste às atividades excessivamente prescritivas e lógicas a elas reservadas naqueles tempos.[3]

O livro tem uma segunda edição em 1933 e 1937 marca sua sétima edição. Quando da oitava, em 1940, os juízos favoráveis a *Reinações de Narizinho* continuam, solidificando seu sucesso. Edgard Cavalheiro comenta as altas tiragens do livro, que indicariam a grande aceitação da obra lobatiana:

> Setenta a oitenta mil exemplares dos livros infantis de Monteiro Lobato são reeditados e consumidos, anualmente, pelas crianças do Brasil. Mais de um milhão circula pelo país, de Norte a Sul, de Leste a Oeste. As cifras são astronômicas, não há dúvida, sobretudo se pensarmos nas dificuldades financeiras com que lutam os pais para manterem os filhos nas escolas. Alguma razão muito forte existirá que explique a popularidade de Lobato, como autor infantil. (Cavalheiro, 1942)[4]

Ao analisar *As reinações*, Cavalheiro dá destaque ao "sentido poético" das histórias infantis do escritor paulista, exemplificando-o com o episódio do casamento de Narizinho. Na continuação do artigo, o crítico aponta outros aspectos responsáveis pelo sucesso de Lobato: a objetividade da narração e o rompimento da noção de "tempo" e de "realidade", em histórias nas quais acontecimentos maravilhosos são tratados como naturais e ocorrem sem que se recorra à explicação do sonho, "como a gente estava acostumada a ver em tantos outros autores."

Na primeira versão do livro, *A menina do narizinho arrebitado* (1921), a protagonista Lúcia acordava de um sonho, às margens do ribeirão das Águas Claras. Mas, segundo Cavalheiro, "Lobato percebeu que não havia razão para

---

[3]   Numa carta de 1932, uma pequena admiradora de Lobato, de dez anos, cita algumas dessas atividades: aulas de piano, harmonia e solfejo cantado (Documento do Dossiê Monteiro Lobato, pertencente ao Fundo Raul de Andrada e Silva do Arquivo do Instituto de Estudos Brasileiros – USP).

[4]   CAVALHEIRO, E. No sítio do Picapau Amarelo. *Gazeta Magazine*, São Paulo, 11.1.1942. (Documento do Dossiê Monteiro Lobato, Fundo Raul de Andrada e Silva – Instituto de Estudos Brasileiros – USP).

ser um sonho aquela maravilhosa aventura, e, nas edições subsequentes, melhorou a obra, fazendo com que, para a meninada do Sítio do Picapau Amarelo não existisse distinção alguma entre o maravilhoso e a realidade" (Cavalheiro, 1957). Em *Monteiro Lobato* – vida e obra (1957, p.578), Cavalheiro menciona alteração semelhante realizada em *Reinações de Narizinho*.

Edgard Cavalheiro trata ainda da "elasticidade" da língua usada por Lobato, que cria vocábulos e "torna os verbos maleáveis"; reporta-se também ao abandono do intuito moralizador e à defesa da tese segundo a qual "a inteligência bem orientada" se impõe à força bruta. Na conclusão do artigo, afirma que a "imaginação" e o "espírito" das narrativas de Lobato são os da própria infância, o que explicaria a imensa aceitação de seus livros e de suas personagens pelas crianças brasileiras da época.

Nos anos 1940, o livro é um êxito editorial. Saem a nona e a décima edições, com a décima primeira e a décima segunda em 1945. Pedro Paulo Moreira, proprietário da editora Itatiaia, relata numa entrevista a primeira vez em que viu Lobato na Companhia Editora Nacional, no aludido decênio. Segundo o editor, teria acontecido a seguinte cena, envolvendo também Arthur Neves, o editor-chefe da citada companhia:

> – Oh Pedro Paulo, você não cumprimenta o Monteiro Lobato, não? Aí eu falei,
> – Oh! Seu Lobato. Então, cumprimentei ele assim, e, uai! Nem o Arthur viu que eu fiquei assim meio sem jeito, não reconheci que era o Monteiro Lobato. Então ele tornou a falar – Pedro Paulo, esse aí é o Monteiro Lobato, autor de Reinações de Narizinho, o livro que você está cansado, enjoado de vender. Aí eu caí na real, né? (Lopes & Gouvêa, 1999, p.127)

As palavras de Neves, recuperadas por Pedro Paulo Moreira, e a frase final do próprio Moreira dão a exata noção da popularidade e do respeito de que gozava o livro na década de quarenta. Mas o sucesso não acontece apenas em terras brasileiras. A partir de 1944, quando são lançadas pela Editorial Americalee, de Buenos Aires, *Las travesuras de Naricita* e *Las nuevas travesuras de Naricita*, leitores e editores argentinos e de toda a América espanhola ampliam as fileiras de admiradores da obra. No ano de 1945, sai *Nasino*, tradução para a língua italiana de um dos episódios contados no livro.

Em 1947, o volume abre a série infantil das *Obras completas* de Monteiro Lobato, organizadas em definitivo pelo próprio escritor e lançadas pela editora Brasiliense, com ilustrações de André Le Blanc.

Os anos 1980 assistem a um substancial aumento de estudos críticos sobre a literatura infantil brasileira, particularmente sobre Monteiro Lobato. Em relação especificamente a *Reinações de Narizinho*, Nelly Novaes Coelho aponta a evolução das ideias de Lobato quanto a questões de ordem religiosa e moral, enquanto outros trabalhos mostram o resgate e a reescritura como procedimentos básicos da composição do livro: resgate de narrativas tradicionais como as que envolvem as personagens Rosa-Branca, Rosa-Vermelha, Pássaro Azul, Cavalo Encantado, entre tantas outras que interagem com a turma do sítio. A reescritura das histórias que o próprio Lobato publicara nos anos 1920 também passa a ser estudada mais sistematicamente pela crítica.

Liga-se a essa última tendência da crítica especializada a elaboração do "Guia de leitura de *Reinações de Narizinho*", documento eletrônico disponibilizado na internet que comporta noções modernas de teoria literária como interatividade, hipertexto, leitura personalizada e multimídia (Ribeiro, 2003, p.6). A iniciativa parece ter o objetivo de reaproximar do livro seu público original, as crianças.

A organização moderna

Como informa Lobato na carta a Godofredo Rangel transcrita no início deste capítulo, ele consolida *Reinações* com a reunião, remodelagem e unificação de livros lançados na década de 1920. No arranjo dos onze capítulos formadores da obra, o autor obedece à cronologia dessas publicações isoladas, como aponta a tabela a seguir.

EDIÇÃO ISOLADA		AS REINAÇÕES DE NARIZINHO (1931)
TÍTULO	DATA	TÍTULO DOS CAPÍTULOS
A menina do Narizinho arrebitado	1920	Narizinho arrebitado
Narizinho arrebitado	1921	O sítio do Picapau Amarelo
O Marquês de Rabicó	1922	O Marquês de Rabicó
O noivado de Narizinho	1928	O casamento de Narizinho
Aventuras do príncipe	1928	Aventuras do príncipe
O Gato Félix	1928	O Gato Félix
Cara de coruja	1928	Cara de coruja
O irmão de Pinóquio	1929	O irmão de Pinóquio
Circo de escavalinho	1929	O circo de escavalinho
A pena de papagaio	1930	A pena de papagaio
O pó de pirlimpimpim	1931	O pó de pirlimpimpim

É em *As Reinações* que se apresenta, se caracteriza e se firma o núcleo lobatiano – Dona Benta, Narizinho, Tia Nastácia, Emília, Rabicó, Pedrinho, Visconde de Sabugosa – e se estabelece o Sítio do Picapau Amarelo como espaço das histórias, a partir do qual as personagens partem para viver suas aventuras.

Narizinho participa de todas as aventuras, que se encadeiam para dar origem a uma grande história. Afinal, o primeiro passo para a composição do livro *Reinações de Narizinho* é, como diz Lobato, a "consolidação, num volume grande [das] aventuras publicadas anteriormente de forma isolada". A dos episódios é o meio pelo qual Lobato obtém a unidade de *Reinações*.

Todos os acontecimentos narrados nesses episódios partem invariavelmente do sítio e para lá convergem. A motivação para as várias aventuras parece sempre nascer do desejo das personagens de realizar experiências fantásticas que se misturam à realidade.

Ao longo do livro, ocorre o que a teoria da narrativa chama de redundância, que vem a ser a reiteração de elementos da estrutura ficcional, como a repetição de personagens, de espaço e de temas, ao longo da cadeia de eventos narrados. Plenamente adequada à recepção infantil, pela noção de coesão que acrescenta ao texto, a redundância característica dos episódios institui-se como marca não apenas de *Reinações*, mas da ficção infantil lobatiana como um todo.

A unificação da obra de 1931 pelo entrelaçamento de episódios anteriormente publicados oferece possibilidades amplas de leitura e ainda identifica o texto de Lobato com o modelo de narrativa de composição aberta. Em *Reinações de Narizinho*, como no conjunto de ações narradas em toda a obra lobatiana, não há um desenlace irreversível. Existe sempre a possibilidade de se retomarem as histórias e cada leitor desenvolver uma sequência de leitura própria.

Talvez se possa ler, sob essa ótica da "obra aberta", a referência de Plínio Barreto a *As reinações de Narizinho* como "reunião de contos". O criador de Narizinho, de fato, exercita, com semelhante abertura na unificação das histórias contidas em *Reinações*, princípios inovadores de organização da narrativa, constituindo tal procedimento elemento importante da feição moderna da ficção infantil lobatiana.

O avanço dos temas

Ao longo dos episódios do livro, disseminam-se ideias avançadas para os anos de 1930, relativamente à família, à escola, à leitura e à infância.

A família representada no livro não é a convencional, pois não se integram às aventuras pais nem mães, figuras às quais compete tradicionalmente o papel de controle das ações dos pequenos:

> Alta madrugada os meninos pularam da cama, vestiram-se e, pé ante pé, dirigiram-se ao pomar sem que Dona Benta percebesse coisa nenhuma. Emília foi atrás, muito tesinha, também na ponta dos pés. O Visconde, de canastra às costas, fechava o cortejo. (Lobato, 1956h, p.257).

Pedrinho, sempre que está em férias, deixa a mãe na cidade e vai para o Sítio, onde Dona Benta assume a incumbência de zelar pelo bem-estar do garoto. Mas a relação que ela firma com os netos não se baseia no mando ou na proibição, e sim na orientação. O período que o menino passa no sítio significa a oportunidade de viver aventuras com liberdade plena, longe da escola, ainda que em várias passagens o sítio funcione como uma "escola", no sentido de proporcionar experiências para a formação e a instrução das crianças. A ideia que o livro transmite, portanto, é a de experiências enriquecedoras criadas e conduzidas pelas próprias crianças, separadas temporariamente do ambiente escolar: as situações de aprendizado ocorrem a todo momento, mas sem a formalidade característica da escola. Entre essas experiências, livros e cenas de leitura – que se multiplicarão em outras obras lobatianas – são muito importantes.

No episódio "O irmão de Pinóquio", Dona Benta – com habilidade de Sherazade – lê a história da célebre personagem de Collodi aos netos:

> – Alto lá! – interveio Dona Benta. Quem vai ler o Pinocchio, para que todos ouçam, sou eu, e só lerei três capítulos por dia, de modo que o livro dure e nosso prazer se prolongue. A sabedoria da vida é essa. (Lobato, 1956h, p.199)

Talvez se possa articular à natureza coletiva da cena de leitura proposta por Dona Benta a farta alusão a seres ficcionais provenientes de inúmeras fontes, num claro exercício de intertextualidade. Compareçam ao livro personagens e cenas de várias fontes: gregas, europeias, brasileiras. Algumas dessas personagens "importadas" muitas vezes constituem "duplos", como parece ser o caso de João Faz de Conta, boneco modelado por Tia Nastácia para ser irmão de Pinóquio, e de Peninha, ente ficcional "irmão" de Peter Pan, ou ainda o falso Gato Félix.

Também merece destaque a linguagem usada pelas personagens. Termos característicos da linguagem popular, encontrados na obra, podem sugerir a força de certas palavras e frases como forma de a criança afirmar-se em relação aos mais velhos. É o caso, por exemplo, de diaba ou diabo. Para Nilce Sant'Anna Martins, esse vocábulo, na obra lobatiana globalmente considerada, "ora tem sentido ofensivo, ora é até um elogio" (Martins, 1972, p.62): " – Pois foi aquela diaba da Dona Carocha. A coroca apareceu na gruta das cascas..." [Emília, em conversa com Narizinho] (Lobato, 1956h, p.28). A mesma pesquisadora também comenta coroca, palavra mencionada em *O dialeto caipira*, de Amadeu Amaral (1920), que aparece associada à personagem vilã, Dona Carochinha. Encontram-se ainda, em *Reinações de Narizinho*, duas ocorrências da palavra dugudeia, sinônimo não dicionarizado de "coroca".

Observa-se coerência absoluta entre o uso de tais expressões irreverentes e o comportamento das personagens que as empregam. O possível neologismo adapta-se perfeitamente ao temperamento por vezes insolente de Pedrinho e à criatividade de Emília:

– Pois apareceu por lá uma velha coroca, de porrete na mão e cesta no braço. "Menino" – disse-me ela, "é aqui a casa onde moram duas velhas dugudéias em companhia duma menina pequenina de nariz arrebitado, muito malcriada?" Furioso com a pergunta, respondi: "Não é da sua conta. Siga seu caminho que é o melhor." "Ah, é assim?" exclamou ela. "Espere que te curo!" E me virou a mim em passarinho, virou vovó em tartaruga e tia Nastácia em galinha preta... (Lobato, 1956h, p.76)

– Não me atrapalhe! [Diz Emília a tia Nastácia]. A minha história só tem esta velha. Encontrou uma velha e disse:
– "Velha dugudéia, diga-me, se for capaz, se há por aqui uma pastora assim, assim, e de bom coração". (Lobato, 1956h, p.160)

Essa funcionalidade atribuída ao léxico popular distende-se para o nível da frase. No uso de muitas das expressões idiomáticas presentes em *Reinações de Narizinho* subjaz o pensamento de Monteiro Lobato acerca do papel da linguagem popular e autêntica no processo de afirmação das crianças.

É Pedrinho a personagem que, em *Reinações de Narizinho*, mais intensamente se afirma através do uso de expressões idiomáticas:

> – Basta! Basta! Basta! Já estou ficando bochechudo de tanto te assoprar e "tu [o boneco João Faz-de-conta] não vive" nunca, seu feiúra. Vai-te pros quintos! e, agarrando-o por uma perna, jogou-o para cima do armário da sala de jantar. (Lobato, 1956h, p.214).

> – E eu, se fosse você – respondeu o menino de mau humor, ia pentear macacos. [Pedrinho dirige sua fala a Emília.] (Lobato, 1956, p. 238).
> – E por que você não vai lamber sabão, Emília? (Lobato, 1956h, p.239).

Pedrinho, pois, através de um repertório linguístico popular e, por isso, direto, cru, algumas vezes até grosseiro, enfrenta e desafia as pessoas a sua volta. Em parte, isso surpreende, porque mostra-se uma personagem questionadora, ao ponto de pôr em dúvida a sabedoria de Dona Benta. Primeiro, durante a viagem para o reino das Águas Claras:

> – Uma coisa não há – interveio Narizinho. Sereias! Vovó diz que sereia é mentira.
> Pedrinho fez um muxoxo de dúvida.
> – Como vovó pode saber, se nunca devassou todos os mares? (Lobato, 1956h, p.108).

Depois, na ocasião da leitura de Pinóquio:

> – Alto lá! – interveio Dona Benta. Quem vai ler o Pinocchio, para que todos ouçam, sou eu, e só lerei três capítulos por dia, de modo que o livro dure e nosso prazer se prolongue. A sabedoria da vida é essa.
> – Que pena! – murmurou o menino fazendo bico. Não fosse a tal sa-be-do-ri-a da vida, que nunca vi mais gorda, e hoje mesmo eu dava conta do livro e ficava sabendo toda a história do Pinocchio. Mas, não! Temos de ir na toada de carro de boi em dia de sol quente – nhen, nhen, nhen... (Lobato, 1956h, p.199)

Manifestam-se, pela linguagem, o desdém, a ironia e mesmo a mofa no choque do pensamento de Pedrinho com o de sua avó. Auxiliam-no, na defesa de seu ponto de vista, não apenas as frases populares, mas também o gesto de desprezo, a fala sarcasticamente pausada e o emprego zombeteiro da onomatopeia, o som do carro de boi, que, no caso, se associa a ações monótonas, lentas, bem ao gosto das pessoas mais velhas.

Apesar de insolentes, muitas vezes, as expressões idiomáticas de Pedrinho destacam-se pelo frescor e pela vivacidade típicos da idade da personagem. Pode-se, assim, relacionar o uso dessas expressões ao comportamento verdadeiramente infantil. Cumprem, desse modo, uma função importante e, somadas aos vocábulos de origem popular, constituem um aparato linguístico que pode representar a ruptura de certas imposições no trato com os mais velhos, o que inspiraria o leitor a ter consciência de seu espaço na interação com os adultos.

A sofisticação narrativa

O caráter de obra aberta que se pode atribuir a *Reinações de Narizinho* permite dizer que através do livro se vivem e se contam histórias sem fim. É Tia Nastácia quem anuncia o momento de se ouvirem as narrativas. Ela acende o lampião da sala e diz: "É hora!". Todos, então, se reúnem para conhecer os enredos. O ritual descrito no livro para os atos de contar e de ouvir histórias faz pensar no atavismo desses costumes entre os seres humanos. O acender do lampião evoca o acender da fogueira dos antepassados mais remotos do homem, os quais, provavelmente inspirados pela aura de mistério trazida pela noite, procuravam, mediante as histórias, compreender o mundo: "O mundo deixa de ser inexplicável quando se narra o mundo", diz Roland Barthes (1953, p.47). As mesmas personagens que protagonizam a história vez ou outra também se encarregam de narrar histórias. A delegação do ato narrativo a personagens já ocorrera de forma tímida em versões anteriores do livro, mas é a versão de 1931 que assinala a maturidade do procedimento.

Nessa obra, a história dentro da história elide as fronteiras de uma para a outra. O sexto capítulo, "O Gato Félix", é totalmente composto por essas "histórias na história". O leitor, assim, une-se às personagens e "ouve" com elas as histórias do gato, de Emília e do Visconde de Sabugosa.

É, pois, por narrar o mundo e por narrá-lo por diferentes vozes que Lobato parece ter alcançado a maturidade artística como autor para crianças, em *Reinações de Narizinho*. Quando o escritor fala das unificações que empreende na composição do livro, na carta a Rangel, podemos entendê-las como relativas não apenas à reunião dos episódios, mas também às transformações dos temas e da linguagem narrativa dessa obra em relação a suas versões anteriores.

Resulta do processo de reescritura um texto ajustado à recepção da criança, em que os atos de viver e de contar histórias se afinam pela lógica infantil e parecem não ter fim, irmanando personagens e leitores no acompanhamento de inúmeras aventuras, e – a julgar pela grande aceitação da obra – em pleno atendimento aos anseios mais profundos dos receptores. E, por isso, pode-se afirmar com Lobato: *Reinações de Narizinho* é um livro "estupendo".

BIBLIOTECA PEDAGOGICA BRASILEIRA
Série I LITERATURA INFANTIL Vol. III

Monteiro Lobato
VIAGEM AO CÉU

verso:
Viagem ao céu. 2.ed. São Paulo: Companhia Editora Nacional, 1934
Biblioteca Infantil Monteiro Lobato/SP
Fotografia: Gregório Ceccantini

12
Viagem ao céu: aventura, fantasia e ciência
Milena Ribeiro Martins[1]

> *A inteligência só entra a funcionar com prazer, eficientemente, quando a imaginação lhe serve de guia. ... A arte abrindo caminho à ciência: quando compreenderão os professores que o segredo de tudo está aqui?*
> (Monteiro Lobato, 1956i, p.8)

Diversas são as aventuras da turma do Sítio do Picapau Amarelo que envolvem viagens fantásticas. A turma viajou para o Reino das Águas Claras, localizado no fundo de um ribeirão; para o país das fábulas; para o país da gramática; foi até o fim do mundo, para encontrar a Casa das Chaves; viajou no tempo, para a Grécia Antiga; e viajou pelo espaço sideral, para a Lua, Marte e Saturno. Viagens para mundos distantes ou fantásticos requerem um meio de transporte também fantástico: o pó de pirlimpimpim.

É com ele que a turma realiza sua *Viagem ao céu*.

O pó de pirlimpimpim – presente recebido de Peninha, nas aventuras narradas em *Reinações de Narizinho* – "é o pó mais mágico que as fadas inventaram" (Lobato, s.d.b, p.256), muito conveniente para viagens

---

[1] Milena Ribeiro Martins é doutora em Teoria e História Literária pela Unicamp. Em seu mestrado e doutorado, estudou o processo de escrita e a história editorial dos contos de Monteiro Lobato. Atualmente, é pesquisadora visitante na Universidade de Illinois (EUA). Na bagagem, levou vários livros do Lobato.

espaciais, devido à sua velocidade: "Sabe, vovó, que a velocidade do nosso pó de pirlimpimpim é a mesma da luz? A Emília até diz que o pirlimpimpim é luz em pó..." (Lobato, s.d.c, p.69).[2] E foi, então, com o auxílio do pó de pirlimpimpim que a turma voou para a Lua, depois para Marte, para a Via Láctea, cavalgou um cometa, chegou a Saturno e, de lá, começou a viagem de volta à Terra. É este o percurso da *Viagem ao céu*, de Monteiro Lobato, publicada pela Companhia Editora Nacional, em 1932.

As viagens espaciais existem como desejo humano desde há vários séculos, mas a conquista do espaço é recente – e ainda incipiente. É importante que os leitores do século XXI se lembrem de que, quando Lobato escreveu *Viagem ao céu*, as viagens espaciais existiam apenas na imaginação e na ficção. O homem só viria a pousar na Lua, de fato, décadas depois, em 1969. Hoje, passados mais de setenta anos da escrita da aventura lobatiana, ainda há muitos enigmas sem solução a respeito do universo. Talvez por isso, também, a ficção científica continue fazendo sucesso no cinema e na literatura.

Ao longo da viagem e antes dela, nas conversas com Dona Benta, as crianças do sítio aprenderam muito sobre o universo. Aprenderam inclusive que não havia resposta para muitas das suas perguntas, embora houvesse hipóteses. De tanto ouvir falar em hipóteses, Emília pergunta a Pedrinho qual o significado da palavra: "– Hipótese – explicou Pedrinho – é quando a gente não sabe uma coisa e inventa uma explicação jeitosa" (cap.XIV, p.87). Depois disso, já de volta à Terra, Emília teria oportunidade de explicar a três cientistas o que entendera da explicação do menino: "– Hipótese são as petas que os senhores nos pregam quando não sabem a verdadeira explicação duma coisa e querem esconder a ignorância, está ouvindo, seu cara de coruja?" (Cap. XXII, p.135). Petulância à parte, a explicação de Emília recupera o que Pedrinho lhe ensinara: hipótese pressupõe dúvida e imaginação. Pela lógica de Pedrinho e Emília, portanto, há um fio tênue separando hipóteses científicas

---

2 Todas as citações do livro *Viagem ao céu* serão feitas a partir dessa edição. Serão indicados somente o capítulo e as páginas.

e criações ficcionais: embora com métodos e objetivos diferentes, ciência e literatura se aproximam, na formulação de hipóteses sobre o universo.

Conversas científicas

Mesmo viajando por meio de um recurso mágico, como o pó de pirlimpimpim, as crianças demonstram grande interesse pelo conhecimento científico relativo ao universo e a viagens espaciais. Por meio de conversas com Dona Benta, elas aprendem o que até então se sabia sobre o funcionamento do universo.

Mas, afinal, o que é que se sabia sobre o universo? Declara o físico brasileiro Marcelo Gleiser:

> Parece até brincadeira, mas até a década de 1920 se acreditava que a Via Láctea fosse a única galáxia no cosmo. Claro, astrônomos viam outras "nebulosas", mas a maioria pensava que elas faziam parte da nossa galáxia. Alguns, porém, afirmavam que essas nebulosas eram outros "universos-ilhas", galáxias como a nossa. Não havia consenso.
>
> Apenas em 1924, o astrônomo americano Edwin Hubble, munido de um telescópio de 100 polegadas (o diâmetro do espelho coletor de luz), pôs fim ao debate: Hubble provou que os universos-ilhas estavam fora da nossa galáxia, sendo, portanto, galáxias também. O cosmo era muito maior do que se imaginava, com um número de galáxias imenso, chegando a centenas de bilhões. Por sua vez, cada galáxia tem uma enormidade de estrelas, de alguns milhões a centenas de bilhões. Bilhões de ilhas com bilhões de "árvores" iluminadas.
>
> Essa fantástica visão era apenas o começo. Em 1929, Hubble fez outra descoberta fundamental, talvez uma das mais importantes na história da ciência: o Universo está em expansão! (Gleiser, 2007)[3]

Eis uma oportuna sinopse do estado do conhecimento sobre astronomia, no final dos anos 1920. Lobato era um grande leitor, um intelectual curioso,

---

3   O tema deste artigo é desenvolvido em Gleiser, 2006.

mas não um astrônomo. Mesmo assim, ele parece bastante bem informado a respeito das últimas descobertas da astronomia.[4] Em consonância com tais descobertas, Dona Benta informa que a Via Láctea não é a única galáxia do cosmos; que os cientistas haviam identificado outras nebulosas "a 500 milhões de anos-luz da Terra"; e mostra-se atenta a novas descobertas que estariam por vir:

> – Quando inventarem telescópios ainda mais poderosos que os de hoje, é possível que essas nebulosas sejam consideradas próximas. Descobrir-se-ão outras a bilhões de anos-luz... Pois as nebulosas são isso – verdadeiros universos dentro do universo, a tremendas distâncias do nosso sistema planetário. E quando nos pomos a pensar no número de estrelas, então é que ficamos tontos de uma vez. A nossa galáxia, isto é, o universo onde está o nosso Sol e mais as estrelinhas que vemos no céu, compõe-se de mais de 40 bilhões de estrelas. (Cap.XIV, p.82-3)

Interessada tanto pelo futuro quanto pelo passado da astronomia, Dona Benta ensina a seus netos um pouco de história da ciência, por meio da qual eles descobrem que os astrônomos não tinham respostas para todas as perguntas. Havia muito a ser descoberto, além do que os sábios eram capazes de ver com o auxílio de telescópios.

Sem informações precisas sobre o universo, a viagem não teria o mesmo sabor. Pedrinho é o mais sabido dentre os viajantes, o que melhor aprendeu as lições dos livros e das histórias contadas por Dona Benta. Diversas vezes a avó e o narrador o elogiam, chamando-o de *pequeno sábio* e *Flammarionzinho*. Por sua vez, a avó também é comparada a Flammarion, nas palavras do narrador:

> Dona Benta parecia um Camilo Flammarion de saia. Esse Flammarion foi um sábio francês que escreveu livros lindos e explicativos. "Quem não entender o que esse homem

---

[4] Ainda está por ser feita uma análise da *Viagem ao céu* do ponto de vista de um especialista da astronomia ou da física. Localizar essa obra de Lobato em meio a outras obras de divulgação científica seria uma contribuição valiosa não só para os estudos sobre o autor, mas também para os estudos sobre o ensino de ciências, no Brasil.

conta", costumava dizer Dona Benta, "é melhor que desista de tudo. Seus livros são poemas de sabedoria, claríssimos como água." (Cap.V, p.29)

Referências como essa indicam algumas das fontes de pesquisa de Lobato para a escrita da *Viagem ao céu*. Nicolas Camille Flammarion (1842-1925), o referido astrônomo francês, é uma delas. Sua obra de divulgação científica ficou famosa no mundo todo, e foi traduzida para vários idiomas, inclusive para o português. Títulos como *A pluralidade dos mundos habitados*,[5] *La planète Mars et ses conditions d'habitabilité* [O planeta Marte e suas condições de habitabilidade] (Flammarion, 1909) e, sobretudo, *Voyage dans le ciel* [Viagem no céu] (Flammarion, 1917) podem ter servido de fonte para algumas das informações científicas apresentadas no livro pelas vozes de Pedrinho e Dona Benta, ambos leitores do astrônomo francês.

Além de obras científicas, Lobato também alude a duas obras literárias, de ficção científica.[6] Uma delas é a obra do escritor francês Savinien de Cyrano de Bergerac (1619-1655), referido como "um dos 'lueiros' mais interessantes ... que por lá [pela lua] andou e escreveu a respeito uma obra célebre". O título não é mencionado, mas supomos que se trate da obra póstuma *Histoire comique: contenant les états et empires de la lune* (1657), em que se narra uma viagem à Lua e o encontro com seus habitantes. A outra obra referida é

---

5 Na França, a obra *La pluralité des mondes habités*, cuja 1ª edição é de 1862, alcançou grande sucesso. Em 1880, ela estava na sua 33ª edição (cf. Dick, 1998, p.20). A obra foi traduzida no Brasil (Flammarion, 1878, tradução de M. Vaz Pinto Coelho). Uma pista acerca da recepção de Flammarion, no Brasil, está na afirmação de Laurence Hallewell, de que a obra do escritor francês teria exercido importante influência na escrita de *O doutor Benignus* (1875), de Augusto Emílio Zaluar, considerado o primeiro escritor brasileiro de ficção científica (cf Hallewell, 2005, p.217).

6 Lobato leu obras de ficção científica desde pelo menos o início do século XX. Em carta de 17 de dezembro de 1905, ele já se refere a Verne e H. G. Wells: "Ando com ideias dumas coisas a Wells, em que entrem imaginação, a fantasia possível e vislumbres do futuro – não o futuro próximo de Júlio Verne, futurinho de 50 anos, mas um futuro de mil anos" (Lobato, 1946b, p.113). Em 1926, enquanto escreve *O presidente negro*, Lobato volta a se referir a Wells: "Sabe o que ando gestando? Uma ideia-mãe! Um romance americano, isto é, editável nos Estados Unidos. Já comecei e caminha depressa. Meio à Wells, com visão do futuro" (ibidem, p.293-4). Estranhamente, porém, neste livro de 1932, ele não faz menção ao escritor inglês, que em 1901 havia publicado o romance *The First Men in the Moon*.

Da Terra à Lua (1865), romance de Júlio Verne, referido como uma tentativa malsucedida do homem de chegar à Lua. Como se sabe, várias outras obras do escritor francês narram *viagens extraordinárias*, algumas delas espaciais, como o romance citado e a sua sequência, *Viagem ao redor da Lua* (1870).

As obras literárias aparecem na voz de São Jorge, habitante da Lua, que diz ter sido testemunha das duas expedições, tanto a de Bergerac como a de Verne. Admirado com a proeza dos viajantes recém-chegados, ele compara a viagem das personagens lobatianas com as anteriores:

> – ... saiba que inúmeros homens têm tentado vir à Lua e bem poucos o conseguiram. O último veio dentro duma bala de canhão, num tiro mal calculado. A bala passou por cima da Lua e ficou rodando em redor dela. Não sei quem foi esse maluco.
> – Eu sei! – gritou Pedrinho. – Foi um personagem de Júlio Verne, no romance *Da Terra à Lua*. Vovó já nos leu isso.
> São Jorge estava ali desde o reinado do Imperador Diocleciano sem outra companhia a não ser o dragão, de modo que ficava muito alegre quando alguém aparecia por lá. Mas como era raro! Um dos "lueiros" mais interessantes foi um tal Cyrano de Bergerac, que por lá andou e escreveu a respeito uma obra célebre. E agora apareciam aquelas criaturas – duas crianças, uma negra velha, uma bonequinha...(Cap.VII, p.44)

Como se pode perceber, São Jorge se refere às duas aventuras ficcionais como a acontecimentos reais, e não produtos da imaginação. Diluem-se, assim, nesta obra – e agora na voz de São Jorge – os limites entre fato e ficção. Entende-se que ele aja assim, afinal ele também pertence ao mundo da fantasia: embora São Jorge seja personagem histórico, é como lenda que ele "vive" na Lua, eternamente em luta contra o dragão. Personagem lendário, São Jorge aceita a fantasia de Bergerac e Verne como parte de seu mundo. Da mesma forma, Emília, a boneca de pano que age como gente, é entre as crianças a que mais faz parte do reino da fantasia. Pedrinho e Narizinho guardam semelhanças com seres do mundo real; Emília, muito menos. Isso faz dela um ser especial, tal como São Jorge.

Vejamos um exemplo.

Terminado o efeito do pó de pirlimpimpim, os viajantes pousam num solo desconhecido. Discutem, então, tentando descobrir onde estão. Pedrinho é bastante cuidadoso com as palavras. Ele diz: "Estamos, sim, no céu, num astro que ainda não sabemos qual é". Em seguida, diante da hipótese de Emília de que poderiam estar no sol, ele discorda, argumentando:

> Não sabe que o Sol é mais quente que todos os fogos e que se estivéssemos no Sol já estávamos torrados até o fundo da alma? Pelo que vovó nos explicou, isto está com cara de ser a Lua – mas não tenho certeza. De longe é muito fácil conhecer a Lua – aquele queijo que passeia no céu. Mas de perto é dificílimo. (Cap.VI, p.36)

É pela observação e pelo conhecimento previamente adquirido que ele formula suas hipóteses e descarta a de Emília. Por outro lado, na mesma situação, Emília assume uma postura nada científica. Em vez de observar e buscar evidências, ela prefere agir como criança, brincando, fantasiando, fazendo de conta que estão na Lua. É ela quem propõe: "Achei um jeito de resolver o caso de saber que astro é este. Basta fazermos uma votação. Se a maioria votar que isto é a Lua, fica sendo a Lua" (Cap.VI, p.37). Por menos convencional que Emília seja, sua sugestão é imediatamente aceita, de forma que é por meio de uma votação que – em vez de *descobrirem* onde estão – eles *decidem* que estão na Lua.

Embora seja difícil separar inteiramente os domínios da ciência e da ficção, nessa viagem, pode-se observar a seguinte tendência (considerando que Visconde é viajante, porém foi deixado de lado na viagem, como veremos a seguir): Pedrinho e Dona Benta são as vozes mais científicas da obra, são eles os detentores das informações sobre o universo; Emília é a mais fantasiosa. Não por acaso, é ela quem primeiro vê os seres extraterrestres em Marte e em Saturno – em Marte, só ela os vê –, e é ela quem encontra o anjinho no céu. O céu de Pedrinho é menos fantástico que o de Emília. Não há, porém, uma tensão entre os discursos científico e fantástico: há uma tentativa de integração dos dois discursos, como também dos dois universos. O céu para onde as crianças viajam é o céu dos astrônomos, mas também é um céu lendário e de certa forma religioso – lá estão São Jorge e o anjinho. Além disso, é também um céu de fantasia inédita, povoado por seres extraterrestres (marcianos e saturninos), que compõem talvez a melhor parte dessa obra.

Num dado momento da viagem, quando as crianças decidem ir para a Via Láctea, a fantasia predomina claramente sobre a ciência:

> Mas agora que estavam no céu e o *fiunnn* os levara justamente à Via-láctea, não quiseram saber daquela Via-láctea dos astrônomos.
> Quiseram a Via-láctea da Emília, muito mais interessante. E foi na Via-láctea da Emília que eles brincaram, lá nos espaços infinitos.
> Emília estava que nem doida. Viu por ali inúmeras estrelinhas em formação e começou a brincar com elas como se fossem amigas de infância e a contar-lhes histórias lá do sítio. (Cap.XIV, p.83)

Diferente da Via Láctea "dos astrônomos", descrita por Dona Benta, a Via Láctea da Emília é lugar para brincadeiras; é lugar onde estrelas se transformam em personagens, que podem ser postas no bolso do avental e levadas para o Sítio, em que a brincadeira teria continuidade.

O episódio que apresenta o motivo do encerramento da viagem das crianças mostra, mais uma vez, que Lobato estava bastante atento aos últimos movimentos da ciência. O narrador informa que um grupo de astrônomos observou "perturbações inexplicáveis" no céu, mas só foi capaz de identificar sua causa, quando um novo telescópio foi posto em funcionamento:

> Essas perturbações, jamais observadas, causaram a maior sensação no mundo da ciência. Numerosos artigos foram publicados na imprensa, e o povo ignorante tremeu de medo, julgando que fossem sinais de "fim do mundo".
> Infelizmente os telescópios ainda não eram bastante poderosos para que os sábios pudessem ver os meninos reinando no espaço; eles verificavam as perturbações, mas não descobriam a causa – e começaram a formular hipóteses. E ainda estavam nisso, quando foi inaugurado o gigantesco telescópio de Palomar, na Califórnia, que custou 6 milhões de dólares e tinha uma lente de 5 metros e meio de diâmetro. Por meio desse potentíssimo óculo de alcance puderam eles descobrir o mistério das perturbações celestes: os famosos netos de Dona Benta andavam reinando por lá! (Cap.XX, p.125)

O astrônomo George Hale recebeu, em 1928, uma vultosa verba para a construção do referido telescópio. Em 1930, ele e sua equipe escolheram o monte Palomar, no sul da Califórnia, para a construção do observatório e do telescópio (Palomar Observatory, 2007). Lobato, que morou nos Estados Unidos entre 1927 e 1931, pode ter tomado conhecimento dessas notícias pelos jornais. Em 1932, ano da 1ª edição de *Viagem ao céu*, o telescópio ainda não estava em funcionamento; ele só começaria a funcionar de fato em 1948. Lobato manteve-se atento aos movimentos da astronomia e, em edições subsequentes de seu livro, atualizou informações acerca do telescópio. Assim, a informação de que o telescópio custara 6 milhões de dólares, por exemplo, figura a partir da 4ª edição, de 1943, contudo não nas anteriores.[7] Mesmo acompanhando o desenvolvimento da astronomia, Lobato se antecipou à ciência, colocando o telescópio para funcionar, *na ficção*, cerca de cinco anos antes de seu funcionamento na vida real.

Diferente de um mero observador dos avanços científicos, Lobato usa a ficção para se adiantar à ciência. Além disso, mistura informações científicas e dados precisos com procedimentos fantasiosos e engraçados das personagens. É o que acontece quando os astrônomos, surpresos com as reinações das crianças no espaço (já que elas colocavam em risco a harmonia universal), exigem que Dona Benta tome "enérgicas providências". Enquanto eles precisam do novíssimo telescópio para observar as perturbações no espaço,

---

[7] Na 2ª edição da obra, as referências ao telescópio são mais imprecisas: "Nos Estados Unidos um milionario deu uma enorme quantidade de dolares em ouro para que se construisse o telescopio mais comprido do mundo. Assim se fez com a maior pressa, e o céu inteirinho começou a ser espiado por esse canudo que tenha quasi uma legua de comprimento. Só desse modo puderam os astronomos descobrir afinal a causa das perturbações celestes, que tamanhos transtornos estavam causando no pobre planeta chamado Terra. Eram os netos de Dona Benta!" (Lobato, 1934a, p.94-5). As alterações não param por aí. Há várias outras mudanças significativas que podem ser percebidas, por exemplo, por meio do cotejo dos sumários de diferentes edições do livro. Uma análise comparativa detalhada das diferentes edições de *Viagem ao céu* ainda está por ser feita.

Dona Benta só precisa de um potente berro para se comunicar com suas crianças que estão na Lua.

Lobato e Júlio Verne

Lobato é, algumas vezes, comparado a Júlio Verne, por várias razões, entre as quais pelo pioneirismo de ambos junto ao público infantil, pelo apreço de Lobato pelo escritor francês, e pelo fato de ambos terem escrito obras de ficção científica. Ao referir-se, em seu livro, a um romance de Verne, Lobato instiga à comparação: será a Lua de Lobato semelhante à de Verne? Serão as viagens equivalentes?

As viagens de Lobato e Verne são muito diferentes.

Os personagens do escritor francês não conseguem desembarcar na Lua, apenas orbitam em torno dela. A preparação para a viagem, os equipamentos necessários para a sua realização, os detalhes técnicos necessários para a construção da nave espacial – estes são alguns dos temas que ocupam quase metade do romance de Verne.

Além disso, para a composição de seus romances, Verne lança mão de fontes científicas diversas, citando-as nos diálogos dos personagens cientistas. Em *Da Terra à Lua*, os cientistas são quatro engenheiros, que, antes de chegarem a um consenso sobre os procedimentos a serem tomados para a viagem, fazem discursos extensos e travam longas discussões, bastante diferentes das conversas entre Dona Benta e seus netos. Numa análise dos discursos científico e didático, na obra de Verne, o professor americano Arthur Evans informa que, além de prover informações científicas pela voz de personagens, Verne também reproduz em suas obras extensas citações de textos de origens diversas:

... além das diferentes citações de obras de cientistas famosos, exploradores, historiadores e geógrafos, tais como Camille Flammarion,[8] Sir William Parry, Michelet e Elisée Reclus, extensos excertos de obras de referência tais como o *Dictionnaire illustré* de Vorepierre são reproduzidos integralmente na definição de certos termos técnicos ..., assim como passagens de jornais científicos como o popular *Tour du Monde*. (Evans, 1988, p.141-2)[9]

Lobato se baseia igualmente em dados e textos científicos, mas não vai tão longe: seus personagens não são cientistas, são crianças-aprendizes. Dona Benta também não é cientista e, embora seja capaz de impressionar um grupo de astrônomos, ela dialoga com crianças e se esforça por fazê-las compreender conceitos complexos por meio de explicações claras, analogias, metáforas, simplificações e reformulações. No episódio que abre o capítulo XX, quando Dona Benta vai explicar o que significa um "sistema planetário", o narrador comenta: "Parecia um bicho-de-sete-cabeças, mas a boa velha costumava explicar as coisas mais difíceis de um modo que até um gato entendia" (Cap.XX, p.121).

Ela não incorpora ao romance, portanto, um discurso científico árido: como mediadora competente, Dona Benta cria a possibilidade de que as crianças compreendam a ciência. Considere-se, ainda, que entre as crianças há diferentes níveis de compreensão das explicações da avó. Assim, quando Emília ou Narizinho ainda têm dúvidas, Pedrinho age como outro mediador, reformulando o que aprendera. Dessa forma, o discurso científico passa por vários mediadores, sendo incorporado suavemente ao tecido narrativo, sem que se recorra à citação de textos científicos, acadêmicos ou enciclopédicos.

Diferentemente da obra de Júlio Verne, em que as informações científicas são abundantes, nesta ficção científica de Lobato a fantasia tem mais espaço do que a ciência. Menos do que aulas de astronomia disfarçadas sob uma

---

8 Camille Flammarion (1842-1925) foi contemporâneo de Júlio Verne (1828-1905).
9 O trecho citado foi traduzido por mim.

estrutura ficcional, *Viagem ao céu* apresenta-se como uma aventura ficcional cuja compreensão depende de alguns conhecimentos científicos sobre o universo. E, para o bem dos leitores-mirins (ou mesmo de leitores-crescidos) que pouco sabem sobre astronomia, esses conhecimentos não são pressupostos, mas são explicitados ao longo da narrativa.

Do plano à realização

A ideia original de Lobato para esse livro sofreu algumas importantes mudanças. O escritor planejava, por exemplo, inserir alguns cientistas como personagens da aventura, mas acabou descartando tal ideia. É o que se depreende da leitura de uma carta escrita ao amigo Godofredo Rangel:

"S. Paulo, 7,10,1934
Rangel:
...
E os novos livros que tenho na cabeça ainda são mais originais. Vou fazer um verdadeiro *Rocambole* infantil, coisa que não acabe mais. Aventuras do meu pessoalzinho lá no céu, de astro em astro, por cima da via Latea, no anel de Saturno, onde brincam de escorregar... E a pobre da tia Nastacia metida no embrulho, levada sem que ela o perceba... A conversa da preta com Kepler e Newton, encontrados por lá medindo com a trena certas distancias astronomicas para confundir o Albert Einstein, é algo prodigioso de contraste comico. Pela primeira vez estou a entusiasmar-me por uma obra.
...
Rangel, has de estar estranhando o tom euforico desta carta e pensarás que é o ferro ou o petroleo que vem vindo *around the corner*. Nada disso. É a perspectiva do encontro de tia Nastacia com Isaac Newton que me põe de bom humor. Imagine a coitada lá pelos intermundios, escorregando dum rabo de cometa, caindo de estrela em estrela e afinal aparada por um par de braços. De quem? De Sir Isaac Newton! E o Burro Falante, que andava gostando dela e com honestissimas ideias de casamento, derruba as orelhas, enciumado...
Adeus, Rangel! A literatura é o meu consolo...
(Lobato, 1946b, p.328-30)

Esta carta é um dos poucos documentos (talvez o único) sobre o processo de criação de *Viagem ao céu*. Todavia, a interpretação dela como documento sobre a gênese da obra lobatiana esbarra em alguns problemas. O ano de 1934, por exemplo, que aparece no cabeçalho, está errado, como observou Jaqueline Negrini Rocha,[10] já que *Viagem ao céu* foi publicado dois anos antes. A carta também não poderia ser de 1930, porque neste ano Lobato estava morando em Nova York, e a carta menciona São Paulo como local de origem. Portanto, foi escrita provavelmente em 1931, o que sugere que o livro em questão foi planejado, escrito e publicado num curto período entre o final de 1931 e 1932: documentos da editora[11] registram o mês de outubro de 1932 como o da saída do livro.

Diferentemente de boa parte dos livros anteriores do escritor – publicados ao longo da década de 1920 e, depois de reescritos e reunidos, relançados a partir de 1931, com outros títulos, como *As reinações de Narizinho* (1931) e *As caçadas de Pedrinho* (1933), por exemplo (Rocha, 2006, p.43) –, *Viagem ao céu* era um livro inteiramente novo, como o escritor anunciara na carta.

Nenhum dos cientistas mencionados faz parte dessa narrativa lobatiana: nem Johannes Kepler (1571-1630), nem Isaac Newton (1643-1727), nem Albert Einstein (1879-1955). Na Lua, Tia Nastácia encontraria apenas o que ela imaginava encontrar, dois personagens da cultura popular: "A única coisa que Tia Nastácia sabia da Lua era que lá morava São Jorge a cavalo, sempre ocupado em espetar na sua lança o dragão" (cap.VI, p.37). Se Newton não está lá para amparar Tia Nastácia, também o Burro Falante não se sente enciumado, até porque entre ele e Tia Nastácia não haveria nenhuma história

---

10 "A carta, datada em *A Barca de Gleyre* de 1934, é, possivelmente, de 1931, já que é esse o ano da publicação de *Reinações*, e o posterior, 1932, o lançamento de *Viagem ao céu*, livro a que se refere" (Rocha, 2006, p.24).
11 Documentos levantados por Adriana Silene Vieira e depositados no Fundo Monteiro Lobato do Cedae-IEL-Unicamp. Carta da editora ao autor. MLb 3.200407.

de amor. Percebe-se, dessa maneira, que entre o plano inicial e o texto final houve várias modificações.

Pode-se apostar que o diálogo entre Tia Nastácia e os cientistas seria um primor; possivelmente o humor seria construído a partir da oposição entre o saber popular e o saber científico sobre o universo – o que se supõe pela expressão "contraste cômico", usada por Lobato na carta. Porém, por alguma razão, o autor excluiu da aventura todos os sábios. Alguns sábios são *mencionados* ao longo do texto, mas eles não *participam* da viagem ao céu. Da mesma forma, os únicos astrônomos que atuam como personagens na narrativa também não viajam com a turma do sítio. Além disso, o mais científico dos personagens do sítio – o Visconde de Sabugosa – também é excluído da aventura.

Mantiveram-se, porém, as anunciadas brincadeiras infantis, de astro em astro, que ganharam especial relevo na "cavalgada louca" sobre um cometa e nos anéis de Saturno. Lá, as crianças brincam e filosofam sobre as delícias de ser criança.

Qual a importância de tais modificações?

Se Lobato tivesse criado um Newton que tentasse confundir um Einstein, ao medir com trena distâncias astronômicas, ele teria de entrar em certos detalhes a respeito das teorias dos dois cientistas, o que dificilmente seria claro para leitores infantis – talvez fosse obscuro até mesmo para leitores não infantis. Ainda hoje, obras de divulgação científica se esforçam para explicar as teorias de Einstein. Embora sua imagem seja associada à de um *pop star*, suas ideias ainda são pouco acessíveis para leigos.

Dona Benta seria capaz de explicar com clareza as ideias de Einstein, contrapondo-as às de Newton? Talvez sim, talvez não. Entretanto, caso esse esforço fosse feito, o livro se tornaria mais científico e menos aventureiro.

E, por fim, por que Lobato deixou de lado o Visconde de Sabugosa?

Nos capítulos iniciais, Visconde, que havia morrido, é recriado por Tia Nastácia. Porém, feito de outro tipo de espiga de milho, ele renasce com um aspecto muito diferente do original, recebendo até outro nome (Doutor

Livingstone), devido à sua semelhança com um explorador inglês que viajara pela África:

> Mas o Doutor Livingstone veio ao mundo com um defeito: era sério demais. Não ria, não brincava – sempre pensando, pensando. Tão sério e grave que Tia Nastácia não escondia o medo que tinha dele. Não o tratava como aos demais do sítio. Só lhe dava de "senhor doutor"; e depois que Narizinho lhe disse muito em segredo que o Doutor Livingstone era protestante, a pobre preta não passava perto dele sem fazer um pelo-sinal disfarçado e murmurar baixinho: "Credo!" (cap.II, p.14)

Primeiro, elimina-se a familiaridade entre Visconde e as crianças, através da sua alteração física e de personalidade; depois, encontra-se um artifício para que ele fique vagando pelo espaço e não participe das aventuras. Dessa forma, as crianças passam a ser o centro da aventura. A sabedoria enciclopédica de Visconde seria um entrave para a ascensão de Pedrinho como o mais sabido da turma. Talvez pela mesma razão, Dona Benta tenha ficado no Sítio.

A censura

Lobato eliminou da aventura os cientistas e o cientista-sabugo, mas teceu várias considerações a respeito dos *sábios*, de maneira geral, com grandes elogios aos seus trabalhos, através dos quais eles "vão botando um pouco de luz dentro da escuridão" (cap.III, p.19) dos homens comuns, dos não sábios. Ao mesmo tempo que elogia os sábios, estimula os sábios em formação, ao associar as noções de *saber* e *prazer*. Na concepção lobatiana de conhecimento, além da sua importância político-social, o *saber* alegra. Numa de suas conversas, Dona Benta comenta, diante do entusiasmo de Pedrinho pelos temas científicos:

> – Sim, meu filho. Saber é realmente uma beleza. Uma isquinha de ciência que você aprendeu e já ficou tão contente. Imagine quando virar um verdadeiro astrônomo, como o Flammarion!

– Aí, então, ele fica com cara de bobo, a rir o dia inteiro, só de gosto da ciência que tem lá por dentro – disse Emília. (cap.IV, p.24)

Lobato parece advertir, porém: que não haja ingenuidade nessa alegria! No mesmo capítulo em que elogia os sábios, Dona Benta também conta a história de sua perseguição pelos "pastores" – metáfora para os condutores de povos, provavelmente os políticos, a Igreja e demais instituições de poder, pelas quais os sábios foram historicamente perseguidos, censurados e mortos; e os não sábios foram subjugados, extorquidos e conduzidos.

Referências à censura aparecem em outras obras do escritor. Possivelmente, o estado de tensão dos primeiros anos do governo provisório de Getúlio Vargas tenha trazido à baila o tema da censura – que Lobato sentiria na pele, nos anos seguintes.

No mesmo ano em que publicou *Viagem ao céu*, Lobato também publicou *América*, livro em que também tece sérias críticas à censura sofrida pelo cinema, nos Estados Unidos. O retrato que o personagem Mr. Slang faz dos censores é severo: refere-se figurativamente a eles como "percevejos humanos", "baratas" e "piolhos da Moral" (Lobato, 1946c, p.135). No entanto, ele não se limita a referências figurativas, e vai além: coloca o dedo na ferida, apontando quem são os censores, como eles agem e em benefício de quem o fazem. Se em *Viagem ao céu* os *pastores* são os que conduzem a *carneirada*, tentando mantê-la "na doce paz da ignorância", em *América* os censores são mais precisamente apontados entre os religiosos e os políticos, cujas ações têm por fim o benefício das "elites dirigentes". Mr. Slang vai ainda mais além e nomeia as mulheres puritanas e algumas figuras da indústria cinematográfica como os maiores responsáveis pela censura às artes, nos Estados Unidos (Lajolo, 2006b, p.17-31).

Duas das reflexões indignadas de Mr. Slang contra a censura são especialmente interessantes de serem lidas à luz das aventuras das crianças do Sítio do Picapau Amarelo. Numa delas, o intelectual inglês qualifica os censores como "moralistas" fanáticos, vítimas de perturbações glandulares, gente de molas íntimas muito bem desvendadas por Freud e seus discípulos – bichos de uma má infância, com recalques levados a grau agudo. (ibidem, p.135)

E, na outra, ele lamenta:

É espantoso, é incrível, é abracadabrante, isto dos maiores artistas modernos, as mais altas mentalidades criadoras, terem de deformar seu pensamento e mutilar sua criação porque um certo número de percevejos humanos foram vítimas de má infância! (ibidem, p.135)

Essa é uma das raras referências à psicanálise, na obra de Lobato. Enfurecido, Mr. Slang identifica o que seriam as origens do comportamento conservador. Encontra, então, na *má infância* a explicação para os comportamentos fanáticos e castradores. Lobato, por sua vez, investe sua literatura na formação da *boa* infância, isto é, de uma infância que tenha acesso ao conhecimento, à fantasia e à experimentação do mundo.

Nos anos seguintes, possivelmente por influência de seu contato com as ideias da Escola Nova (Bignotto, 1999), por meio, entre outros, de Anísio Teixeira, Lobato investiria ainda mais na educação infantil, com obras de acentuado conteúdo didático. Porém, o conteúdo didático não elimina a fantasia. E, como Emília anunciara, ao dizer que Pedrinho ficaria "a rir o dia inteiro, só de gosto da ciência que tem lá por dentro", saber e prazer estão indissociavelmente ligados na boa infância das crianças de Lobato.

SERIE I — **Biblioteca Pedagógica Brasileira** — VOL. X
LITERATURA INFANTIL

Monteiro Lobato

Historia do Mundo para as Crianças

Cia. Editora Nacional — S. Paulo

verso:
História do mundo para as crianças. 1933
1.ed. Biblioteca Monteiro Lobato/SP
Fotografia: Gregório Ceccantini

13
História do mundo para as crianças: uma obra inovadora
Míriam Giberti Páttaro Pallotta[1]

> *Habituamo-nos de tal modo ao regime da mentira convencional que a verdade nos dói ... Temos deveres para com o futuro. Já que não soubemos ou não pudemos consertar as coisas tortas herdadas, tenhamos ao menos a hombridade de não iludir nossos filhos.*
> (Monteiro Lobato, , 1946b, p.224)

Edições e alterações

História do mundo para as crianças teve sua primeira edição em 1933, pela Companhia Editora Nacional, que continuou a publicá-la até 1943, num total de nove edições (2ª e 3ª edições em 1934; 4ª, em 1935; 5ª, em 1936; 6ª, em 1938; 7ª, em 1940; 8ª, em 1942 e a 9ª edição, em 1943). A obra fez parte da coleção Biblioteca Pedagógica Brasileira – Literatura Infantil, Série 1ª, dirigida por Fernando de Azevedo e, a partir de 1947, foi incorporada à coleção das *Obras completas* de Monteiro Lobato, da Editora Brasiliense, volume 4, da Coleção de Literatura Infantil, e em 1982, pela Edição Centenário, da mesma editora.

---

1   A autora é graduada em História pela Unicamp, mestre em Comunicação pela UNESP de Bauru e doutora em Letras pela UNESP de Assis. Atualmente, é professora de Literatura Brasileira e Literatura Portuguesa no curso de Letras da Unip, *campus* de Bauru. Este artigo fundamenta-se na sua tese de doutorado – *Uma história meio ao contrário*: estudo sobre a obra *História do Mundo para as crianças,* de Monteiro Lobato (Editora UNESP, no prelo).

De todas as obras lobatianas, essa foi a que teve maior tiragem editorial entre os anos 1927-1955, conforme levantamento feito por Penteado (Penteado, 1997, p.171). Nesse período, foram editados, no total, 92.156 exemplares, sendo 67.164 pela Companhia Editora Nacional e 24.992 pela Editora Brasiliense.

O livro *História do mundo para as crianças* é uma adaptação da obra norte-americana *A Child's History of the World* (1924), de Virgil Morres Hillyer, que também foi traduzida e adaptada no Brasil, por Godofredo Rangel, e intitulada *Pequena história do mundo para crianças*. Por isso, na página de rosto da 1ª edição lobatiana, encontramos as seguintes informações: Adaptado de V. M. Hillyer/Ilustrações de J. U. Campos. Porém, as ilustrações de J. U. Campos são, na verdade, acréscimos feitos ao conjunto de ilustrações da obra *A Child's History of the World*, elaboradas por C. M. Boog e M. S. Whright. A 9ª edição analisada contém algumas ilustrações da obra norte-americana; já a 11ª edição apresenta também ilustrações de André Le Blanc.

Como Monteiro Lobato costumava revisar suas obras a cada nova edição produzida, encontramos significativas alterações em edições posteriores a 1933, ano do lançamento de *História do mundo para as crianças*. Pela análise feita das edições encontradas – 2ª, 6ª, 8ª, 9ª e 11ª – nota-se que as revisões produziram sobretudo três tipos de alterações: simplificação da linguagem, inserção de novos acontecimentos mundiais (atualização de conteúdo) e ênfase em momentos reflexivos e questionadores dos assuntos apresentados.

Por meio, principalmente, da substituição de certos termos e certas expressões de uma edição para outra, o texto foi "lapidado", as informações são expostas de forma mais explícita, mais compreensível e até com mais exatidão. O conteúdo da obra foi atualizado pelo acréscimo de alguns capítulos na 9ª e 11ª edições. A edição de 1943 foi acrescida de dois novos capítulos: um deles apresenta alguns dados sobre a formação étnica, política e linguística da Península Ibérica (Capítulo LXVII – "A Península Ibérica") e o outro enfoca a atuação de Símon Bolívar no processo de independência de alguns países da América Latina (Capítulo LXXIX – O Libertador). Em ambos, a personagem Dona Benta, que assume em muitos momentos da obra o foco narrativo, ressalta a violência que marca certos acontecimentos históricos e a necessidade de ela ser suprimida, a fim de que a humanidade finalmente vivencie sua Idade do Ouro. Para isso, ela chega a sonhar com uma unidade política mundial, com os Estados Unidos do Mundo, para acabar com as rivalidades entre os países inimigos.

Na 11ª edição, foram acrescentados dois novos capítulos, os últimos da obra: o LXXX, "A Segunda Guerra Mundial", e o LXXXI, "Hiroshima". O capítulo LXXX – A Segunda Guerra Mundial – apresenta de forma sucinta, pela narração de Dona Benta, as possíveis causas e o final desse acontecimento que se estendeu de 1939 a 1945. Segundo a personagem, essa guerra foi iniciada devido a Hitler que, com medo do comunismo, armou-se e acabou voltando-se não contra a Rússia, mas contra outros países da Europa. Dona Benta ressalta que esse conflito mundial foi pior que a Primeira Guerra, "porque a aviação estava muito desenvolvida e os bombardeios aéreos não pouparam as mais belas cidades. Nunca o mundo viu tanto horror" (p.311). O ataque dos japoneses a Pearl Harbour é chamado de "traiçoeiro", e os americanos são elogiados por seu esforço e sua organização. A narradora-personagem assim conclui o capítulo: "A conseqüência foi a que tinha que ser: depois da vitória aliada sobre os alemães na frente européia, a vitória americana sobre os japoneses no Pacífico, meses depois, em agosto" (p.312).

O capítulo LXXXI, intitulado "Hiroshima", constitui-se mais como uma crítica à violência que ainda atinge a humanidade e que, segundo Dona Benta, advém da imaturidade do ser humano. Segundo ela, "a humanidade é ainda muito criança" (p.312). Só irá alcançar a maturidade e agir de modo adequado, quando tomar como exemplo as atitudes dos filósofos:

> Assim se comportam os filósofos, isto é, os homens de juízo. Tenho esperança de que também a Humanidade, quando alcançar a era do juízo, resolva todas as suas questões com a filosofia dum Sócrates, em vez de resolvê-las, como até aqui, a tiro e

facadas. O tempo, só o tempo pode curar o grande defeito da Humanidade – que é ser muito criança ainda.
Assim terminou Dona Benta o seu apanhado da história do mundo. (p.313)

Nota-se o comentário sobre o uso da tecnologia, símbolo do progresso, que também provoca "horror", e a vitória sobre os regimes e representantes de sociedades não capitalistas. As modificações efetuadas, tanto em relação à forma como ao conteúdo da obra, confirmam a fórmula criada por Lobato para essa adaptação, desde a sua 1ª edição. A visão histórica explicitada não sofre desvios, mas a oposição em relação às guerras e à exaltação do saber e do progresso (técnico, jurídico e de costumes) são ainda mais ressaltadas. Até mesmo a inclusão de novos acontecimentos, mais recentes, como a Segunda Guerra Mundial, servem para confirmar esse ponto de vista. Assim, ao mesmo tempo que a humanidade vive uma "era de milagres" (título de um dos capítulos do livro), ela ainda é abalada por um conflito desse porte. Como ressalta Vasconcellos, "as invenções melhoraram a vida, mas não melhoraram o homem, que continuaria o mesmo animal estúpido de todos os tempos" (Vasconcellos, 1982, p.57).

A recepção crítica

As personagens do Sítio do Picapau Amarelo, Narizinho, Pedrinho, Emília, Tia Nastácia e Visconde, além de ouvintes, também interferem na narrativa, com comentários e sugestões para algumas situações e questões que consideram críticas. Esses comentários é que dão a tônica da narrativa, oferecendo ao leitor diferentes pontos de vista sobre um mesmo assunto, o que era incomum em obras infantis brasileiras. Tal postura das personagens está de acordo com os propósitos de Lobato para o público infantil. O escritor postulava que "não será mentindo às crianças que consertaremos as nossas coisas tortas" (Lobato, 1964b). Por isso, sempre insistiu na fidelidade (sua e de todos seus personagens) aos conceitos de liberdade, de verdade e de justiça.

História do mundo para as crianças foi uma das obras de Lobato que recebeu mais críticas nos anos subsequentes à sua publicação. A Liga Universitária Católica Feminina, por exemplo, publicou na década de 1940 a seguinte ressalva:

> Há em toda ela situações, episódios, conselhos, conclusões morais que expressam grande pessimismo no valor dos homens, na sua capacidade de aperfeiçoar-se, numa ironia nada construtiva, mas quase sempre ao alcance da inteligência infantil e, por isso mesmo, perigosa. (apud Cavalheiro, 1955, p.594)

Apesar das críticas, esse parecer pode ser lido hoje como um elogio à obra lobatiana, pois ressalta sua capacidade de proporcionar às crianças oportunidade de reflexões e questionamentos, através de ações inteligentes e inusitadas e, às vezes, consideradas ameaçadoras e perigosas, segundo critérios mais convencionais.

A chefia do "Serviço das Instituições Auxiliares da Escola", do Departamento de Educação da Secretaria dos Negócios da Educação e Saúde Pública do Estado de São Paulo, também criticou, em parecer oficial, essa obra e chegou a enumerar suas "inconveniências", condenando-as em nome da defesa da "formação cristã" da família brasileira. "Quaisquer ironias, diz o parecer, sobre os princípios religiosos, quaisquer conceitos mais ou menos avançados sobre o Deus da nossa fé, reputa-se falta grave contra todo o trabalho educacional" (apud Cavalheiro, 1955, p.592). Por isso, o Departamento de Educação censura, por exemplo, a passagem em que Dona Benta afirma que as ideias de Cristo, disseminadas por todo o Ocidente, são insuficientes para acabar com as guerras.

História do mundo para as crianças foi considerada tão polêmica que causou reações negativas até fora do Brasil. Segundo Cavalheiro, o órgão oficial do governo português pediu, e obteve, a proibição da obra em Portugal e colônias. Interpelado sobre as razões de tal atitude, Monteiro Lobato responde que só encontrava explicação no fato de pertencer à corrente que afirma ter sido o Brasil descoberto "por acaso". Ou então, hipótese mais provável, a de ter registrado a história das 1.600 orelhas cortadas à marinhagem árabe por Vasco da Gama, em Calicute, acontecimento, aliás, que os portugueses omitem, mas que pode ser encontrado, entre outros, no compêndio de Albert Malot (Cavalheiro, 1955, p.592).

Devido a tantas críticas, nas escolas oficiais e praticamente em todos os colégios católicos, é dada "uma ordem absurda, chocante: os livros de Monteiro Lobato devem ser retirados das bibliotecas escolares. As explicações para essas medidas falam em excessivo regionalismo, críticas desairosas ao Brasil, comunismo e outras pelo estilo" (ibidem, 1955, p.593). Alude-se ainda à divulgação de "inverdades e irreverências a respeito da Bíblia e da Religião" (ibidem, 1955, p.597), de que pode ser um exemplo a menção à teoria evolucionista do surgimento do universo.

Provavelmente, o maior incômodo causado pelas obras lobatianas resulte do fato de suas personagens irem muitas vezes contra o tradicional incentivo à obediência, aos bons modos, à boa linguagem e à educação. No entanto, como bem ressalta Vasconcellos, o que está em questão nelas não é tanto o incentivo à desobediência das crianças, mas "o estímulo da sua independência face aos adultos e à sua possibilidade de recusar os valores e modos de ação por eles oferecidos, buscando outros" (Vasconcellos, 1982, p.142).

Obras mais recentes criticam *História do mundo para as crianças* por outro prisma. Ela não é mais "condenada" por conter conceitos polêmicos, mas sim devido ao seu caráter "didático", que tenderia até para certo utilitarismo. Segundo Perroti, um texto utilitário é aquele que privilegia determinada finalidade prática: uma causa, uma premissa, uma intenção prática. Ainda segundo ele, em obras desse tipo o caráter estético pode ficar comprometido pelo pragmatismo nelas presente.

Alguns autores, ao promoverem uma classificação das obras lobatianas, avaliam-na sob esse ponto de vista. Perrotti, por exemplo, retoma a proposta de João Carlos Marinho de dividir a obra lobatiana em três grupos. Acredita ser possível tal classificação devido à consciência que Lobato tinha da distinção entre literário e didático, estético e utilitário. O primeiro grupo envolve as obras em que há uma história livre ou bem casada com propósitos didáticos. É o caso, por exemplo, de *Reinações de Narizinho*. O segundo grupo é formado por aquelas obras em que há predomínio de intenção didática e "não há literatura", a obra *História do mundo para as crianças* está incluída nesse conjunto. E, finalmente, o terceiro grupo abrange as "histórias de fora do sítio, contadas nas reuniões do sítio, onde um personagem, geralmente Dona Benta, é narrador, e os demais são ouvintes e palpiteiros". É o caso da obra *Fábulas*, entre outras. Marinho é taxativo quanto ao segundo grupo: "Estamos declaradamente fora da literatura, são compêndios escolares com pretensões de originalidade" (apud Perrotti, 1986, p.64).

Vasconcellos também reúne as obras infantis lobatianas em três grupos: ficcionais, adaptações e paradidáticos. *História do mundo para as crianças* faria parte deste último grupo que, segundo ela, também contém obras em que a narrativa é feita "sob a forma de falas (lições) de um narrador dirigidas às crianças", a exemplo do que ocorre no segundo grupo (Vasconcellos, 1982, p.27).

Penteado, por sua vez, apesar de não classificar as obras infantis lobatianas em grupos, entende ser essa obra o "primeiro dos livros 'didáticos' ou 'paradidáticos' de Lobato" (Penteado, 1997, p. 194).

Mesmo sendo adaptação de uma obra didática, como *A Child's History of the World*, não podemos, todavia, interpretar essa obra lobatiana apenas como tal. Essas classificações podem até ser úteis e justificáveis, diante das propostas de seus autores, mas – como boa parte dos processos classificatórios – são reducionistas. Vasconcellos, por exemplo, registra que a polifonia foi instaurada por Monteiro Lobato na literatura infantil brasileira e acha que esse recurso (presente igualmente em *História do mundo para as crianças*) contribui para o espírito crítico do leitor e constitui um dos diferenciadores da adaptação lobatiana em relação ao seu original.

Perrotti chega a comentar, citando Vasconcellos, que a estrutura dialogada presente nas *Fábulas* – que é a mesma desta obra:

evidencia que a preocupação do autor é, antes de mais nada, contribuir para o desenvolvimento do espírito crítico do leitor. E, para tanto, não lhe serve uma narrativa unidirecional, fechada, como a narrativa didática. Ao contrário, é a narrativa aberta, "polifônica", multidirecionada, "artística", que poderá levar o leitor a alcançar o espírito crítico. (Perrotti, 1986, p.63)

Por isso, achamos muito mais conveniente a posição de Yunes, que considera impraticável uma divisão clara das obras lobatianas, pois nelas a fantasia se alia à realidade e, ainda quando beiram o didatismo ou apelam para a intertextualidade, as personagens atuam como condutores críticos do texto (Yunes, 1982, p.48). Devemos, portanto, ter cuidado para não correr o mesmo risco daqueles que tentaram qualificar Lobato exclusivamente como "comunista" ou "pré-modernista". Sua obra *História do mundo para as crianças*, assim como seu autor, devem ser avaliados com muito cuidado, para não correrem o risco de serem qualificados de modo impróprio e/ou insuficiente.

Um texto de muitas vozes...

Estruturada de modo similar a obras anteriores, como *Fábulas* (1922), *As aventuras de Hans Staden* (1927) e *Peter Pan* (1930), em *História do mundo para as crianças* Dona Benta incumbe-se de narrar certos fatos históricos para as demais personagens lobatianas, que participam da narrativa como ouvintes e comentaristas. Ela deixa, assim, de ser apenas personagem, para se tornar narrador de parte dessa obra.

Entretanto, Dona Benta não é a única personagem a desempenhar tal papel. Além de haver um narrador externo que orquestra toda a história (no caso, a história da narração da *História do mundo*), outras personagens, como Pedrinho, Narizinho e Emília, intervêm na narrativa, comentando o assunto abordado ou relacionando-o a outras situações. Assumindo momentaneamente a direção da narração, elas deixam de ser meramente ouvintes – situação passiva – para serem também narradores – situação ativa.

Uma estrutura circular, envolvendo as personagens lobatianas, configura-se então, num esquema que se aproxima de um rodízio: ora Dona Benta é narradora, ora é ouvinte, e o mesmo sucede com as outras personagens.

No momento em que Dona Benta cede a voz para outra personagem, a narrativa é conduzida por esta, e com isso o leitor ganha acesso a outro ponto de vista, que até pode ser o seu, pois, segundo Flory, esse discurso dialógico pressupõe a "antecipação do discurso de um outro no próprio discurso do narrador, como se na própria fala deste estivesse encravada a réplica do leitor" (Flory, 1994, p.59). Podemos, nesse caso, considerar o narratário como o leitor implícito, conforme definição de Iser: o leitor previsto pelas estratégias textuais e que acaba por representar o destinatário da obra.

Além do dialogismo, o texto lobatiano também é marcado pela polifonia, já que em seu interior encontramos muitas e diferentes vozes. Essa multiplicidade de vozes, por sua vez, representa uma multiplicidade de consciências. As personagens coexistem e interagem, por meio de um diálogo muito especial, pois envolvem consciências diversas e diferentes entre si. Essa relação entre as personagens se baseia numa interação mútua; o resultado final é que a narrativa é conduzida graças à participação de todos.

De muitas linguagens...

A fim de atrair e reter a atenção de seu leitor, Lobato desenvolveu um estilo claro e original. Segundo Martins,

> predominando a narração dialogada, os mais diversos recursos expressivos da linguagem coloquial são utilizados. Frases feitas, padrões especiais de interrogação, negação e exclusão, construções afetivas de todo tipo, figuras e processos enfáticos dos mais diversos, tudo isso se combina com graça e naturalidade, resultando essa força de atração a que só resistem os meninos muito avessos aos livros ou ainda pouco desenvolvidos na leitura. (Martins, 1972, p.42)

Em *História do mundo para as crianças*, assim como nas demais obras lobatianas, encontramos então um estilo que se caracteriza por grande clareza, informalidade, graça e vivacidade. Isso não implica, contudo, um vocabulário composto apenas por palavras conhecidas do público infantil. Há um equilíbrio entre o erudito (de que são exemplos palavras tais como *belicosidade, emulação, ostracismo, epicurismo, estoicismo, cuneiforme, hieróglifos, clepsidra, alcabuz, hunos, brâmanes/párias, câs/khans, césares*) e o popular (presente em expressões como "Alexandre *tinha o bicho carpinteiro no corpo*. Não podia parar" (1.ed., p.103); "no trono egípcio estava a célebre rainha Cleópatra, que era uma *rapariga do chifre furado*" (1.ed., p.117)).

Essa linguagem multifacetada – poética, humorística, enfática, didática –, conforme classificação de Martins, está presente em todas as obras de Lobato. Apesar, então, do seu conteúdo "didático", *História do mundo para as crianças* evidencia como certos assuntos, às vezes "áridos", podem ser expressos de forma criativa, sem subestimar o leitor infantil, sem tratá-lo de modo infantilizador.

E de uma nova história

Esse caráter, aliás, também está presente na concepção de história difundida por essa obra, embora ela não seja muito divergente da visão histórica difundida pelas escolas brasileiras, durante a década de 1930, época de seu lançamento. Nela, a história é narrada de forma cronológica, linear e contínua, aproximando-se de uma concepção evolucionista que a apresenta como continuação da evolução natural. Segundo Vasconcellos,

> também como nos compêndios didáticos tradicionais, tratar de História é centrar fogo nos aspectos políticos mais exteriores: guerras, feitos de reis, governantes, conquistadores. Várias vezes se observa que a História é uma sucessão de "campeões". (Vasconcellos, 1982, p.43)

Percebe-se ainda, como aponta Vasconcellos, que a concepção de história da obra é movida por dois fatores díspares: a guerra, que é sinal da estupidez humana, e as invenções, expressões do conhecimento humano, resultado do saber tão valorizado por Lobato.

História do mundo para as crianças também apresenta *indivíduos* como os responsáveis diretos pela condução da história, "vista como feita pelos grandes homens, principalmente pelos governantes – esses são muitas vezes moralmente julgados, censurados, etc..., mas está em suas mãos o poder de conduzir bem ou mal o destino dos povos" (Vasconcellos, 1982, p.45).

Outro aspecto tradicional da obra, ainda segundo Vasconcellos, é que ela

> transmite vários lugares comuns míticos quanto a fenômenos históricos – Nero, o governante arquimau; a Idade Média, época de trevas; a corajosa Joana D'Arc; o grande presidente Lincoln, etc. ... especialmente em relação à História do Brasil, passa a versão da descoberta por acaso, a lenda mítica do "Independência ou Morte", a visão de D. Pedro II como imperador filósofo, etc. ... (Vasconcellos, 1982, p.46)

Existem, todavia, outros pontos que a distinguem desse contexto, tornando-a pouco tradicional para a época. Por exemplo, as religiões são criticadas, tidas como relacionadas à ignorância e entrave ao progresso e à ciência. Muitas vezes impulsionados pelo fanatismo, são abordados movimentos como as Cruzadas e períodos marcados pela "mais crassa ignorância", como a Idade Média. Há, igualmente, uma preocupação em mostrar as discrepâncias que existem entre os princípios e a prática religiosa, promovendo uma crítica em relação às autoridades religiosas e instituições e "verdades" por elas estabelecidas. Assim, se Cristo é exaltado por suas qualidades e pelos princípios que pregou, a Igreja Católica é censurada por distanciar-se às vezes de seus ensinamentos.

Justamente numa época em que antigas metodologias de ensino eram questionadas, principalmente devido às ideias escolanovistas difundidas por intelectuais e pedagogos que exigiam uma profunda reestruturação do sistema educacional brasileiro, Monteiro Lobato começa a produzir obras desse tipo. Semelhante à proposta da chamada Escola Nova, a produção infantil lobatiana visava a despertar no leitor, a partir dos seus conhecimentos e interesses, sua potencialidade como protagonista, como agente social. Segundo afirma Azevedo,

> intuitiva e pioneiramente, Monteiro Lobato já explorava o imaginário, percorria os arquétipos e viajava pelos meandros do inconsciente coletivo de uma maneira crítica e criativa. Por meio de suas invenções narrativas ensinava a meninada a questionar a veracidade das convenções impostas pelos adultos. (Azevedo et al., 1997, p.164)

Conclusão

A adaptação lobatiana de *A Child's History of the World* chama a atenção, como se procurou mostrar, por sua estrutura dialógica: os fatos históricos são narrados sob o ponto de vista de Dona Benta, mas há espaço para intervenções das outras personagens que, ora concordando, ora divergindo do que está sendo narrado, apresentam diversificados pontos de vista. Além disso, elas são críticas, têm um senso de justiça aguçado, condenam a violência e as guerras (a opressão, em geral), e trazem para a obra certa leveza, graças ao modo cômico como tratam, às vezes, de certos fatos históricos. Se considerarmos essas personagens como "duplos" dos destinatários para quem o autor dirige suas obras, concluiremos que a criticidade e a conscientização individual são os objetivos almejados para eles. Por meio de uma linguagem equilibrada, que conjuga vocábulos cultos e populares, o leitor é tratado sem pieguice, concebido como alguém esperto, com capacidade lógica e senso crítico.

Apesar de o conceito de história presente nessa obra beirar o tradicional, a estrutura dialógica redimensiona essa tendência, discutindo-a em certos momentos. Manifesta-se, por vezes, o reconhecimento da parcialidade da visão eurocêntrica da história, certo desprezo pela intromissão religiosa nas explicações históricas e a valorização de conceitos, como sabedoria e justiça. Mesmo tratando do passado, o objetivo principal da obra *História do mundo para as crianças* é despertar o leitor para o conhecimento da sua realidade. O conceito de história assumido pelo livro privilegia dois assuntos: "guerras", que são condenadas, e "invenções", que representam o saber e são enaltecidas. Devemos lembrar que Lobato acreditava poder operar mudanças na sociedade, educando seus leitores, tornando-os cientes de determinados fatos e incitando seu pensamento crítico.

A conjugação de tantos elementos originou uma obra que só poderia gerar grande polêmica. Contrariando os valores da sociedade tradicional, individualista, autoritária, dogmática, interessada em oferecer às crianças obras convencionais, *História do mundo para as crianças* permite questionamentos e críticas sobre vários fatos históricos, por meio dos comentários das personagens lobatianas, que estimulam o raciocínio e a capacidade reflexiva de seu leitor.

BIBLIOTECA PEDAGOGICA BRASILEIRA
Série I   LITERATURA INFANTIL   Vol. IX

MONTEIRO LOBATO

AS CAÇADAS DE PEDRINHO

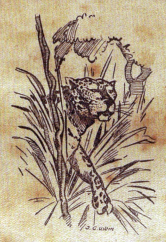

Ilustrações de JEAN G. VILLIN

1 9 3 3

CIA. EDITORA NACIONAL - R. GUSMÕES, 26-28-30 - S. PAULO

verso:
As caçadas de Pedrinho. 1.ed. São Paulo: Companhia Editora Nacional, 1933
Cedae – Centro de Documentação Cultural "Alexandre Eulálio" – Unicamp
Fotografia: Gregório Ceccantini

14
História de caçador, histórias de caçadas
Jaqueline Negrini Rocha[1]

> *O que vale não é ser gente grande, é ser gente de coragem.*
> (Monteiro Lobato, 1924a, p.10-1)

A caçada da onça, obra de Monteiro Lobato publicada em 1924, traz como caçadores da fera do título a turminha já conhecida dos leitores daquela época: Pedrinho, Narizinho, Emília, Visconde e Rabicó. São esses os heróis que matam a onça e, talvez, concretizam de forma ficcional um antigo sonho do próprio escritor, conforme carta de 16.6.1907 a Purezinha, sua futura esposa, quando ainda era promotor de Direito na cidade de Areias, São Paulo:

> sigo amanhã para Serra com o Quim e a encontrarmo-nos com quatro caçadores de onça que lá estão. *Quero ver se mato a bicha. Foi sempre uma das minhas ambições: caçar onça.* E a que anda por lá promete, pois continua a fazer estragos, subindo a

---

[1] Graduada em Letras pela UNESP mestre em Teoria e História Literária pela Unicamp. A pesquisadora produziu a dissertação *De caçadas às caçadas*: o processo de re-escritura lobatiano de *Caçadas de Pedrinho* a partir de *A caçada da onça*, financiada pela Fapesp e orientada pela profa. dra. Marisa Lajolo. Integrou o grupo de pesquisa "Monteiro Lobato (1882-1948) e outros modernismos brasileiros".

nove o número de rezes encontradas mortas por lá. Promete ser uma pintada de bom tamanho. Se eu a matar levo-te um dente.[2] (Lobato, 1994d, grifos nossos)

Não se conhece o desfecho da aventura vivida pelo escritor. Ela pode ter motivado, porém, não só a criação de *A caçada da onça,* como também o conto "O resto de onça" (*Cidades mortas*, 1919), em que um homem conta a aventura de que participara com "Quim da Peroba, o mais terrível caçador das redondezas. Quando é ele quem dirige o serviço, a bicharada sofre destroço pela certa" (Lobato, 1951c, p.68).

Se o "caçador" Monteiro Lobato deixa de perseguir onças, ele se empenha, ao tornar-se escritor, em perseguir o aperfeiçoamento de seus textos, manifestando traços peculiares aos caçadores: tenacidade e meticulosidade. Essa busca incessante por perfeição não se expressa somente na passagem do original para sua publicação, mas também se manifesta de uma para outra edição de um mesmo livro.

Esse contínuo processo de criação e de recriação levara Monteiro Lobato a agrupar, em 1931, sob um único título, *As reinações de Narizinho,* obras anteriormente publicadas nos anos 1920 e início dos 1930, como *Narizinho arrebatado* (1921) e *O Marquês de Rabicó* (1922).

Entretanto, nem todas as publicações do escritor aparecem no livro *As reinações de Narizinho*. Quando Lobato apresenta a nova obra ao amigo Godofredo Rangel, define-a como "consolidação num volume grande dessas aventuras que tenho publicado por partes, com melhorias, aumentos e unificações num todo harmônico". Talvez essa explicação da junção pelo "todo harmônico" justifique o fato de cinco livros não terem sido inseridos nesse volume, entre eles *A caçada da onça*.

Segundo Leonardo Arroyo (1968, p.207), *A caçada da onça* teve uma tiragem de quatro mil exemplares, quando da primeira edição, pela Companhia Gráfico-Editora Monteiro Lobato – número alto para os padrões da

---

2   Carta datada de 16.6.1907.

época, como ocorria com as demais publicações do escritor. Conforme anúncio publicado em dezembro daquele ano, na *Revista do Brasil*, a obra foi vendida por 3$000. Contava com catorze ilustrações internas, de diferentes tamanhos, além de desenhos nas letras capitulares e capa ilustrada, tudo de autoria do artista K. Wiese. O livro integrava, juntamente com as publicações anteriores a 1924, a Série Narizinho, constituindo sua quarta parte e retomando, em seu início,[3] o desenlace de *O Marquês de Rabicó* (terceira parte).

Embora a obra estivesse entrelaçada a outra – *O Marquês de Rabicó* – que passou a integrar *As reinações de Narizinho*, Lobato teria tido, ao que parece, um plano distinto para *A caçada da onça,* em relação aos outros livros publicados no período e que foram incorporados no mesmo volume, em 1931.

Essa é uma hipótese razoável, já que *A caçada da onça* viria a tornar-se *Caçadas de Pedrinho*, em uma edição aumentada de episódios. O procedimento parece ser único, na produção lobatiana, pois os demais títulos omitidos em *As reinações* – *O Saci* (1921), *Fábulas* (1922), *Hans Staden* (1927) e *Peter Pan* (1930) – continuaram a ser editados de forma isolada. Ainda que o escritor tenha realizado alterações ao longo de novas edições, não há nessas obras mudanças como as realizadas nas "novas" caçadas de 1933 e, ainda, entre suas diferentes edições.

Caçadas de onças

A primeira edição de *Caçadas de Pedrinho*, que trazia em seu título o artigo definido "as" – "As caçadas de Pedrinho", também faz parte de uma "série", a Biblioteca Pedagógica Brasileira, de que constam livros escritos e traduzidos por Lobato. Integra a Série I – Literatura Infantil, volume IV.

---

[3] Ver quadro comparativo, no próximo tópico, dos fragmentos iniciais das obras *A caçada da onça* e *As caçadas de Pedrinho*.

Alguns estudos da produção infantil lobatiana apontam que haveria, na passagem de *A caçada da onça* para *Caçadas de Pedrinho,* exclusivamente o acréscimo da aventura da caça ao rinoceronte. No entanto, não é bem assim: o episódio da invasão das onças no sítio foi incorporado à narrativa posteriormente, juntamente com a história do rinoceronte. Além disso, com a inclusão de *O Marquês de Rabicó* em *As reinações de Narizinho*, a parte introdutória de *Caçadas de Pedrinho* teve de ser reformulada, pois não poderia mais se relacionar a uma obra que deixara de ser publicada, *O Marquês de Rabicó.*

Os fragmentos transcritos abaixo correspondem, respectivamente, aos primeiros parágrafos de cada um dos dois livros e ilustram como o escritor modificou completamente a abertura das histórias.

A caçada da onça (1924)	*As caçadas de Pedrinho* (1933)
Quando o Marquez de Rabicó reappareceu[1] no sitio de Dona Benta, a alegria foi grande. Narizinho andava com os olhos vermelhos de tanto chorar a morte desse companheirinho de travessuras, e até a Emilia, que era de panno e não tinha coração, sentia saudades do seu antigo noivo. Imaginem, pois, com que contentamento viram apparecer no terreiro, fungando, *ron, ron, ron,* o heróe de tantas aventuras! Nos primeiros dias todos só cuidaram de dar a Rabicó cousas gostosas, para engordal-o de novo. O coitado havia emmagrecido uns quatro kilos com o susto de acabar seus dias assado ao forno! Mas como Rabicó era um grande comilão, engordou logo e ficou mais redondinho do que antes. [1] Vejam o livrinho – *O MARQUEZ DE RABICÓ*	Dos moradores do sitio de Dona Benta o mais andejo era o marquês de Rabicó. Conhecia todas as florestas, inclusive o capoeirão dos taquarussús, mato muito cerrado onde Dona Benta não consentia que seus netos fossem passear. Certo dia em que Rabicó se aventurou nesse mato em procura dos cogumelos que crescem nos paus podres, parece que as coisas não lhe correram muito bem, pois voltou na volada.

No texto de 1924 (*A caçada da onça*), o narrador retoma os episódios de *O Marquês de Rabicó* e introduz informações sobre esse personagem, tendo como ponto de partida o fato de as demais personagens darem o porquinho como morto. Já no texto de 1933 (*Caçadas de Pedrinho*), o foco recai em Rabicó e em suas características: "andejo" e comilão. O narrador lhe atribui essas qualidades, a fim de valer-se delas para originar a história, modificando--se, assim, a maneira como o porco encontra a onça: na versão de 1924, ele se esconde para não ser assado, enquanto na de 1933 é a personalidade do Marquês, sempre à procura de comida, que vai motivar a aventura.

Altera-se também a dicção do narrador: na primeira versão, ele tende a ser mais objetivo e onisciente, pois não deixa muita margem para questionamentos do leitor, ainda que mantenha diálogo com ele. Na segunda versão, o narrador se mostra menos categórico, já que não antecipa fatos da história, chegando a abrir mão da onisciência, quando recorre ao verbo "parecer": "parece que as coisas não lhe correram muito bem, pois voltou na volada".

Estendendo-se as conclusões do cotejo desses fragmentos para as duas obras, pode-se observar que as atitudes das personagens alteram-se entre a primeira e a segunda versão da história. As características das personagens são mais bem delineadas na década de 1930 – o que teria acarretado mudanças em suas representações pictóricas. Tomemos como exemplo Pedrinho: na edição de 1924, ele é loiro e se veste como marinheiro, o que, aparentemente, aproximava-se do ideal de infância do período (cf. Bignotto, 1998, p.8). Em 1933, nas ilustrações de K. Wieser, o menino, antes um "europeuzinho", transforma-se em um "caipirinha", pois é representado descalço, vestindo camisa estampada e bermuda remendada, aparência que será mantida até a 5ª edição, em 1939. Em 1944, *Caçadas de Pedrinho*, em sua 6ª edição, tem outro ilustrador, J. U. Campos, que desenha Pedrinho como um menino urbano: suas roupas não são remendadas, nem estampadas; ele usa cinto e sapatos; seus cabelos agora são pretos. Muitas dessas características são mantidas em sua imagem até a atualidade.

Figura 1 – Ilustração de K. Wieser em *A caçada da onça*, 1924.

Figura 2 – Ilustração de Jean Villin em *Caçadas de Pedrinho*, 1933.

Figura 3 – Ilustração de J. U. Campos em *Caçadas de Pedrinho*, 1944.

O escritor adapta, portanto, *Caçadas de Pedrinho* (1933) ao conjunto de sua produção infantil, que, naquela época, já apresentava personagens com características mais definidas e linguagem mais fluente. Tornara-se um narrador amadurecido e experiente, que conhece o seu leitor, lida melhor com as personagens e encadeia os fatos da narrativa com mais cuidado, trazendo, também, mais dinamismo às cenas.

Caçadas de Pedrinho não é feita, no entanto, só de novidades.

No livro que lhe serviu de "gérmen" – *A caçada da onça,* de 1924 – já estão presentes características literárias de Lobato que acabam por se consolidar nos anos posteriores, como o humor, fortes doses de imaginação e muita aventura. Porém, se se pode destacar a manutenção de muitos elementos, é possível também observar o refinamento do trabalho literário desenvolvido pelo escritor; talvez, a busca por uma linguagem mais simples e "desliteraturizada" expresse da melhor maneira as conquistas do "caçador" Lobato.

Caçadas de Pedrinho

Já em sua versão definitiva, a obra *Caçadas de Pedrinho* apresenta doze capítulos e é, normalmente, dividida por estudiosos[4] em duas partes: a caçada à onça e a caçada ao rinoceronte.

A primeira parte trata da investida e do êxito das crianças na caça de uma onça no Capoeirão dos Taquaruçus, lugar onde Dona Benta "não deixava que os meninos fossem passear" (p.7),[5] proibição que não os impede de sair em busca do animal. A morte da onça assusta todos os habitantes da mata e eles decidem, por meio de uma assembleia, invadir o Sítio do Picapau Amarelo, clamando por vingança e justiça. Emília é avisada desse revide por dois besouros, seus espiões, e uma solução para enfrentá-lo é encontrada pela turma do Sítio do Picapau Amarelo, que nessa obra é acrescida de Cléu, uma leitora – filha do amigo e sócio de Monteiro Lobato, Octales Marcondes – transformada em personagem. A solução é o uso de pernas de pau e de granadas de cera, que continham vespas e maribondos, jogadas sobre os atacantes, para afugentá-los.

A segunda parte narra a fuga de um rinoceronte do circo, seu aparecimento no Sítio e as tentativas de sua captura pelo "Departamento Nacional de Caça ao Rinoceronte", cuja única finalidade era *"não encontrar o paquiderme"*. Emília, tornando-se amiga do bicho, decide ajudá-lo e, para tal, faz as armas dos detetives falharem e Quindim, o rinoceronte, atacá-los. Consegue, também, espantar o seu verdadeiro dono, que aparece no Sítio para recuperar o animal.

A narrativa é quase toda conduzida em linguagem coloquial, com traços do discurso oral, e a posição do narrador assemelha-se à de um contador de histórias que, em alguns momentos, dirige-se a um interlocutor: "A bala de

---

[4] André Luiz Vieira de Campos (1986), em *A República do Picapau Amarelo*, e Zinda Maria Carvalho de Vasconcellos (1982), em *O universo ideológico da obra infantil de Monteiro Lobato*.

[5] Todas as citações da obra referem-se à edição: LOBATO, M. *Caçadas de Pedrinho*. 60.ed. São Paulo: Brasiliense, 1994, 43 p.

pedra rolou a dois passos de distância, *imaginem*!" (grifo nosso, p.9). Esses apelos ao leitor produzem um maior envolvimento deste com a narrativa, criam certo tom de aventura e tornam a situação de leitura mais próxima do universo infantil. Pedrinho, Narizinho, Emília, Visconde de Sabugosa e Rabicó continuam sendo os heróis da aventura. Consideram a caçada uma atividade para pessoas corajosas, não necessariamente as mais velhas: "Vovó e tia Nastácia são gente grande e, no entanto, correm até de barata. O que vale não é ser gente grande, é ser gente de coragem" (p.7). Satirizam, portanto, o mundo adulto, relacionando-o ao medo, à aflição e à covardia.

Na composição das frases, estão presentes neologismos, como "pernejando pernilongalmente" (p.19), e onomatopeias: "Os besouros admiraram-se da esperteza da boneca e partiram – zunn! – a fim de cumprir as ordens recebidas" (p.18) e "Aproximou-se do telhado, tomou as granadas e – zás! – arremessou-as contra o bando de feras" (p.24). Tais recursos parecem conferir ao discurso maior ação e comunicabilidade, além de tornar as cenas mais dinâmicas.

O narrador simula partilhar o desconhecimento do leitor sobre o desencadear dos acontecimentos, ao fazer suposições a respeito da narrativa semelhantes às que um leitor faria. Por ignorar a sequência de ações, o leitor necessita presumir; e, acirrando esse procedimento, o narrador não revela tudo o que sabe, como no trecho a seguir: "Granadas de cera, do tamanho de laranjas-baianas! *Ou a boneca estava de miolo mole ... ou ...* Em todo o caso, como a Emília era uma danadinha capaz de tudo, os meninos e as velhas sossegaram um pouco mais" (p.20, grifo nosso).

Não se limitando a narrar, o narrador também participa da história. Ora emite julgamentos, como: "Rabicó tinha duas pernas mais que os outros, inutilíssimas pernas, porque se uma criatura pode viver muito bem com duas, ter quatro é ter pernas demais". (p.18), ora tece comentários a respeito das situações vividas pelas personagens: "A situação tornava séria" (p.10). Em consequência, aguça a curiosidade do leitor, como vem fazendo, aliás, desde o início da narrativa.

O clima de mistério e de suspense que envolve o narrador é reforçado ainda por Emília, quando ela não permite às demais personagens (e nem aos leitores!) conhecerem, antes do momento final, a composição das *"granadas de cera"*. A boneca provoca a curiosidade e estimula a imaginação de todos, ao destacar o fato de que aquela descoberta seria o clímax da aventura, aludindo metalinguisticamente à situação de leitura, ao inserir na narrativa a palavra "capítulo": "A primeira coisa que lá de cima viram foram as granadas de cera da Emília, arranjadinhas sobre o telhado. Pedrinho quis examiná-las. Não pôde. A boneca espantou-o com um grito. – Não se aproxime! Não bula, *não me estrague o capítulo*!..." (p.22, grifo nosso).

Procedimento narrativo contrário a esse – mas com efeitos igualmente envolventes – ocorre quando, ao invés de o narrador esconder, ele antecipa ações subsequentes, intrometendo-se na narrativa: "Mas isso de preferir que as onças nos comam vivos é conversa. Na hora em que onça aparece, até em pau-de-sebo um aleijado é capaz de subir. A pobre da tia Nastácia ia ficar sabendo disso no dia seguinte..." (p.20).

O suspense, fator tão valorizado nas histórias de aventura, é mantido, portanto, por esse jogo do narrador de revelar e esconder.

O narrador vale-se da metalinguagem e da metaficção, ao usar o vocábulo "capítulo", recurso bastante ousado, tendo em vista o público a quem se destina o texto, para lembrar o leitor de seu papel na história – o de mero expectador das aventuras. Esse procedimento poderia, talvez, configurar quebra do suspense, pois o leitor é alertado de que se trata de um *episódio de uma história*. Porém, a protelação do segredo que envolve a solução encontrada por Emília para se safarem das onças parece garantir a permanência do mistério e do tom de aventura.

Para se defenderem do ataque das onças, as crianças adotam como estratégia o uso de pernas de pau ensebadas. O aumento de *altura* pode ser lido como uma alusão ao crescimento e, consequentemente, ao universo adulto, contrariando assim uma interpretação que leia literalmente a afirmação das crianças enquanto agentes solucionadores dos problemas. De qualquer forma, porém, a alternativa encontrada envolve a fantasia do universo infantil: entram em cena a imaginação, um brinquedo e a capacidade dos pequenos de encontrarem uma solução inventiva, improvável de ocorrer aos adultos.

A transposição de elementos do mundo real para a ficção é maior na segunda parte do livro *As caçadas de Pedrinho*. Na caçada ao rinoceronte, iniciada no capítulo "VIII – Os negócios da Emília", a fantasia mescla-se às severas críticas à burocracia brasileira. Enquanto, na primeira parte de *Caçadas de Pedrinho*, predomina a ação das crianças, cujas falas também ocupam grande espaço da obra, nessa segunda parte o discurso do narrador é que sobressai: narram-se, sobretudo, os atos dos adultos na caça ao rinoceronte. A fala do narrador ocupa mais espaço, expressando sua opinião por meio do humor e da ironia. Faz, dessa maneira, a denúncia da ineficiência estatal de modo sutil, mais por sugestão do que por ataque direto:

> Esse fato causou o maior rebuliço no Brasil inteiro. Os jornais não tratavam de outra coisa. Até uma revolução, que estava marcada para aquela semana, foi adiada, porque os conspiradores acharam mais interessante acompanhar o caso do rinoceronte do que dar tiros nos adversários.
>
> "**UM RINOCERONTE INTERNA-SE NAS MATAS BRASILEIRAS**", era o título da notícia que vinha em letras graúdas em todos os jornais. Durante um mês ninguém cuidou de mais nada. Grande número de bombeiros e soldados da polícia foram mobilizados. Os melhores detetives do Rio aplicavam toda a sua esperteza em formar planos para a captura do misterioso animal. As forças do Norte que andavam caçando o Lampião deixaram em paz esse bandido para também se dedicarem à caça do monstro. Dizem até que o próprio Lampião e seus companheiros pararam de assaltar as cidades para se entregarem ao novo esporte – a caça ao rinoceronte. (p.25).

A narrativa, ao ser construída pela ironia, recurso literário bastante apurado na literatura infantil de Lobato, desfaz qualquer possível autoritarismo do narrador, posto que a denúncia não é expressa diretamente por um narrador que se vale de sua onisciência para inculcar seus conhecimentos nos leitores. Prevê, aliás, o contrário: leitores que percebam esses elementos irônicos e deem sentido ao texto, ressignificando-o. Quando a denúncia se alia ao humor, ela se torna mais implacável.

A presença ativa do leitor torna-se aqui fundamental, devendo ele questionar o que o narrador conta e suspeitar da sua intenção ao narrar, por diversas vezes, as atitudes dos funcionários estatais. As peripécias dos detetives que integram o "Departamento Nacional de Caça ao Rinoceronte" são ironicamente qualificadas como "grandiosas". Suas providências para caçar o paquiderme são questionáveis; baseiam-se em suposições aparentemente complexas, entretanto desprovidas de qualquer fundamento prático, como, por exemplo, a instalação de uma linha telefônica para ligar a casa de Dona Benta ao acampamento, com o propósito de discutir com a moradora os detalhes da caça. A falta de eficácia e de capacidade técnica dos burocratas, diante da impraticabilidade e da inutilidade dos meios por eles agenciados, são questões colocadas ao leitor, fazendo-o refletir.

Os habitantes do Sítio do Picapau Amarelo não se calam diante da maneira como a caçada é conduzida e contestam a autoridade do governo. Cabe a eles também emitir pareceres sobre o assunto, e o fazem de forma direta: "– Mas por que não discutiu isso durante a semana em que o rinoceronte andou sumido e a passagem pela porteira esteve completamente franca? Acho que Vossa Rinocerôncia perdeu um tempo precioso" (p.37) e "Considerava uma súcia de idiotas, um verdadeiro bando de exploradores" (p.37).

O governo, assim, é apresentado como entidade misteriosa, que se pauta por razões obscuras e que não pode ser contrariado. Emília, por exemplo, pede ao rinoceronte que ele volte a deitar-se em frente à porteira, sem o que não pode ser inaugurada a linha telefônica, cuja construção precisava ser justificada. Como o governo também não pode ser desrespeitado, Cléu transmite um recado de Dona Benta aos burocratas "com outras palavras para não ofender o governo" (p.37). Por não estabelecer os critérios pelos quais toma decisões, o governo acaba sendo mitificado: "Diz Cléu que são "coisas do governo", um puro mistério. O rinoceronte ficou pensativo. Devia ser uma bem estranha criatura esse tal governo, que fazia coisas acima do entendimento até de Emília!" (p.38).

A razão da inclusão de uma fera africana em um cenário tipicamente rural e brasileiro, que contribui para a originalidade deste livro, é relatada por Monteiro Lobato em entrevista concedida a Silveira Peixoto, da *Gazeta Magazine* (Lobato, 1951a, p.197):

> – ... Por que pôs um rinoceronte no sitio da Dona Benta? Um animal que não é brasileiro...
> – Exatamente por isso. Para fazer uma coisa diferente. Resolvi arranjar um bicho contrário ao cachorrinho ou ao coelhinho clássicos. Mas na realidade eu não introduzi deliberadamente um rinoceronte em minhas histórias. Aquele rinoceronte fugiu certa vez de um circo no Rio de Janeiro, afundou no mato e foi parar no sitio de Dona Benta. De lá entrou muito naturalmente nos livros. Coisa muito mais do rinoceronte do que minha.

Mas a imagem do rinoceronte como animal feroz, tal como este fora mostrado no início da narrativa, é superada pela aparência de um bicho de gestos pachorrentos, deitado atravessado à porteira. Essa imagem poderia, talvez, representar o governo e suas medidas que, também, não demonstram agilidade nem iniciativa.

Assim, por meio dos recursos do humor e da ironia, aliados à fantasia e ao senso lúdico, o leitor apreende o sentido de denúncia, presente na narrativa, e a crítica a obras públicas desnecessárias, luxuosas e demoradas. Monteiro Lobato possibilita aos seus leitores não só uma grande aventura, mas também uma intensa reflexão sobre a realidade brasileira.

Caçadas de Lobato

Como todo "caçador", Monteiro Lobato estuda o alvo antes do ataque. Assim, antes mesmo de sua primeira publicação para crianças, ele já pensava sobre a especificidade desses livros. Posteriormente, quando já obtivera reconhecimento do público, ele continua, em seus textos, a promover a "caça" do que não considerava bom.

É, pois, a partir de uma concepção de literatura infantil como investimento – porque "trabalhando" a criança é que se conseguiria uma "boa safra de adultos" (Nunes, 1994)[6] – que Monteiro Lobato suscita em seus textos a discussão de várias instâncias da realidade, a partir de diferentes perspectivas das personagens, sem comprometer a presença da fantasia.

Caçadas de Pedrinho, então, pode ser obra representativa não só da preocupação do escritor em formar e informar os seus leitores, como também do empenho de Lobato pelo aprimoramento de seus textos. O processo de reescritura pelo qual passou o livro parece apontar para uma nova visão do escritor sobre a literatura infantil, à qual competiria informar o leitor sobre determinados aspectos do país e formar, por meio de reflexões, cidadãos críticos e capazes de agir. Desse modo, mesmo que essa preocupação seja mais evidente na segunda parte da narrativa, ela já se faz presente em "Os habitantes da mata se assustam", primeiro capítulo "novo" de *Caçadas de Pedrinho* (1933) em relação à *A caçada da onça* (1924).

O episódio que dá início à parte nova em *Caçadas de Pedrinho* é a assembleia dos bichos. Por meio de uma "fábula", Lobato discute o sistema democrático, pois os animais decidem pelo voto o que fazer face ao ataque das crianças às onças. O tema da democracia pode ter sido caro à época em que o livro foi publicado, quando o país era governado por Getúlio Vargas, que ocupara o cargo de presidente da República por meio de um golpe político, em 1930.

A inserção de elementos que dialogam, de alguma forma, com fatos políticos do período contemporâneo àquele em que o texto foi escrito parece intensificar-se na literatura infantil de Monteiro Lobato a partir de *Caçadas de Pedrinho*, que teria sido o primeiro de seus livros para crianças a abordar essa questão. O escritor transforma uma narrativa de aventura infantil em

---

6 Carta datada de 12.1.1936, endereçada a Vicente Guimarães.

uma crítica sutil ao governo nacional, quando a apresenta por meio de ironia e situações absurdas envolvendo uma caçada, ao unir o tema das caçadas ao de denúncia da burocracia brasileira,

São duas as caçadas de Pedrinho e sua turma, nessa obra, porém são muitas as histórias que o texto sugere, porque, aparentemente, trata de bem mais do que as aventuras das personagens do Sítio do Picapau Amarelo caçando feras. Sua leitura permite conhecer o método de composição de livros infantis do escritor, quando são contrapostas diferentes edições de *A caçada da onça*. Além de seus muitos anos de publicação, as edições revelam aspectos do país da década de 1930 e da atual, visto que expõem situações ainda vigentes em nossa realidade: as críticas ao governo, à maneira de burocratas conduzirem os seus negócios, à ineficácia estatal são questões discutidas ainda hoje. Finalmente, o livro pode levar o leitor a conhecer um antigo sonho do escritor: caçar onças!

Se, na vida do "caçador" Lobato, não aparece registrada efetivamente caçada a animais ferozes, inscrevem-se as marcas de sua incansável perseguição por uma literatura cada vez mais "desliteraturizada", o que incluía a ruptura estética e ideológica em relação à tradição dos livros infantis *pré-lobatianos*. Assim, se suas personagens infantis concretizam uma das "ambições" juvenis de Lobato, a frase de Pedrinho, epígrafe deste trabalho, estende-se também à ousadia do escritor: *"O que vale não é ser gente grande, é ser gente de coragem"*.

verso:
Emília no país da gramática. 1.ed. São Paulo: Companhia Editora Nacional, 1934
Biblioteca Infantil Monteiro Lobato/SP
Fotografia: Gregório Ceccantini

15
A gramática da Emília: a língua do país de Lobato
Thaís de Mattos Albieri[1]

> *A língua é um meio de expressão*. Modifica-se sempre no sentido de
> *aumentar o poder da expressão*
> (Monteiro Lobato, "O dicionário brasileiro", In *A onda verde*)

As edições de *Emília no país da gramática* em números, ilustradores e coleções

A primeira edição de *Emília no país da gramática* data de 1934 e sua trigésima nona, de 1994; o livro em circulação é a 48ª reimpressão dessa 39ª edição, ou seja, trata-se de 87 edições (e não se sabe quantas reimpressões!) em setenta anos, o que representa um grande sucesso de público.

Ao longo desse tempo, o livro sofreu alterações na capa, nas ilustrações, nos ilustradores e no texto. Este último, até a edição das *Obras completas*, de 1947, fora modificado por Lobato. Em edições póstumas, notam-se algumas alterações, porém não se sabe quem as fez.

No período que se estendeu de 1934 a 1943 (1ª a 5ª edições, publicadas respectivamente nos anos de 1934, 1935, 1937, 1940 e 1943,

---

[1] Thaís de Mattos Albieri é mestre em Teoria e História Literária pela Unicamp, e atualmente doutoranda na mesma universidade. Desenvolveu, durante o mestrado, trabalho sobre a literatura infantil lobatiana e, na pesquisa de doutorado, ainda em curso, estuda as relações entre Monteiro Lobato e intelectuais argentinos.

sempre pela Companhia Editora Nacional), a aventura de Emília e da turma do sítio no país da gramática foi ilustrada por Belmonte, tinha 172 páginas, e era o volume 14 da 1ª série de literatura infantil da coleção Biblioteca Pedagógica Brasileira, cuja direção era do ex-chefe da Instrução Pública do Rio de Janeiro, Fernando de Azevedo.

Após compilar a 1ª Série – Literatura Geral – de suas *Obras completas*, e publicá-las em 1946, a partir de um contrato com a Editora Brasiliense, Monteiro Lobato lança, em 1947, através do mesmo contrato, a 2ª Série – Literatura Infantil –, na qual *Emília no país da gramática* integra o volume 6, possui 156 páginas e, junto com *Aritmética da Emília*, o livro contém um total de 302 ilustrações feitas por André le Blanc.

O quadro abaixo acrescenta a essas informações algumas outras, relativamente a questões editoriais e materiais da obra.

Ano	Ilustrador	Editora	Tiragem	Preço	Páginas	Coleção
1934	Belmonte	Cia. Editora Nacional	20000	7$000	172	Biblioteca Pedagógica Brasileira, v.14
1935	Belmonte	Cia. Editora Nacional	10000	7$000	172	Biblioteca Pedagógica Brasileira, v.14
1937	Belmonte	Cia. Editora Nacional	10000	7$000	172	Biblioteca Pedagógica Brasileira, v.14
1940	Belmonte	Cia. Editora Nacional	10000	7$000	172	Biblioteca Pedagógica Brasileira, v.14
1943	Belmonte	Cia. Editora Nacional	10000	7$000	174	Biblioteca Pedagógica Brasileira, v.14
1947	Le Blanc	Brasiliense	–	–	302	Obras Completas, v.6

Estas considerações acerca das diferentes edições de *Emília no país da gramática* apontam para sua recepção, parte integrante e fundamental da história editorial do livro.

A recepção de *Emília no país da gramática*

Configurando o que se considera hoje um livro paradidático,[2] a obra foi adotada no ano de seu lançamento em instituições de ensino público no Rio de Janeiro e recebeu parecer elogioso da seção carioca da Associação Brasileira de Educação:

DEPARTAMENTO DO RIO DE JANEIRO
DA
ASSOCIAÇÃO BRASILEIRA DE EDUCAÇÃO

Caixa Postal 1471
Av. Rio Branco, 91 - 10.º and.
Tel. 3-3997

Rio de Janeiro, 7 de Julho de 1934.
        Exm.º Snr.
Dr. Monteiro Lobato.
Comp. Editora Nacional.
Rua dos Gusmões 24/30.
SÃO PAULO

    Tenho a honra de transmitir-lhe o voto de louvor, aprovado a 2 do corrente, pelo livro recentemente publicado "Emília no país da Gramática" – livro que vem prestar à educação um concurso dos mais valiosos.
    Aproveito a oportunidade para juntar às congratulações da Associação Brasileira de Educação, minhas cordiais saudações
    Marina Ribeiro Corimbaba
    Secretária Geral[3]

---

2   No plano da obra, existente no *site* <http://lobato.globo.com/edglobo_planodeobra.asp>, a Editora Globo, atual detentora dos direitos de publicação da obra de Monteiro Lobato, incluiu *Emília no país da gramática* entre os livros de caráter paradidático.
3   Parecer da Secretaria de Educação do Rio de Janeiro. 07.07.1934. Fundo Monteiro Lobato. Cedae-IEL-Unicamp.

Em carta a Oliveira Viana, de 15 de agosto de 1934, Lobato comenta a repercussão da obra em escolas cariocas:

> A minha Emília está realmente um sucesso entre as crianças e os professores. Basta dizer que tirei uma edição de 20.000. (...) Só aí no Rio, 4.000 vendidas num mês.[4]

No ano seguinte ao lançamento do livro, Jorge Amado, num artigo em que inventaria a produção recente de livros infantis, observa:

> ... De Lobato há um *Emília no país da Gramática*, que é uma obra-prima, um livro delicioso. Um livro que escrito em outra língua que não a portuguesa daria celebridade e fortuna ao autor. ... Lobato tem outra grande virtude para os pequenos leitores: a linguagem. Ele sabe a palavra que deve usar no livro infantil e isto é difícil. (Amado, 1935)

Já em São Paulo, onde se tentava a adoção da obra por escolas públicas, no ano de 1939, o livro sofreu restrições ao passar pelo Departamento de Educação do Estado. O argumento foi, curiosamente, *a linguagem do livro*, tão elogiada por Jorge Amado, e que, no entanto, não agradou às autoridades educacionais:

---

[4] Carta de Monteiro Lobato a Oliveira Viana. In: NUNES, Cassiano. *Monteiro Lobato vivo*. Rio de Janeiro: MPM Propaganda/Record, 1986, p.95.

SECRETARIA DOS NEGÓCIOS DA EDUCAÇÃO E SAÚDE PÚBLICA
DEPARTAMENTO DE EDUCAÇÃO
CHEFIA DO SERVIÇO DAS INSTITUIÇÕES AUXILIARES DA ESCOLA
Rua D.Veridiana, 220 – Tel 5-4116 – S. Paulo

Ofício n.o:1143
Assunto: Emília no país
da Gramática   São Paulo, 13 de novembro de 1939.

Ilmos. Snrs. Diretores da Companhia Editora Nacional
            Rua dos Gusmões

CAPITAL

Em execução ao programa que esta Chefia de Serviço se impôs, de cooperar com os editores no sentido de facilitar a difusão dos livros de literatura infantil, junto remeto cópia do parecer apresentado à mesma pela comissão que estudou o livro "Emília no país da Gramática", da autoria do notável escritor patrício Monteiro Lobato.

Esta Chefia, que subscreve os termos do referido parecer, não poderá opinar favoravelmente à autorização para que o livro em apreço possa constar de bibliotecas escolares, enquanto nas edições persistirem os trechos ou palavras apontados pela comissão.

Reitero a V.S. os protestos de elevada consideração
Máximo de Moura Santos
(Chefe do Serviço das Inst. Aux. da Escola)[5]

Mas, se Jorge Amado e as autoridades educacionais apresentam olhares exteriores para o livro, vejamos como o próprio Lobato concebeu *Emília no país da gramática*. Cartas e trechos do livro nos abrem a oficina do escritor, para que possamos compreender o processo de produção de uma obra que estabelece a relação língua-literatura.

---

5   Parecer do Departamento de Educação de S. Paulo. 13.11.1939. Fundo Monteiro Lobato. Cedae-IEL-Unicamp.

Aspectos linguísticos e literários

Em novembro de 1933, Lobato escreve a Anísio Teixeira:

> ... Estou escrevendo *Emília no país da Gramática*. Está saindo estupendo. Inda agora fiz a entrevista de Emília, na qualidade de repórter do *Grito do Pica-Pau Amarelo*, um jornal que ela vai fundar no sítio, com o Venerabilíssimo verbo SER, que ela trata respeitosamente de Vossa Serência! Está tão pernóstica, Anísio, que você não imagina.
> Estamos pensando no J. Campos para ilustrar este livro. Aqui não vejo nenhum desenhista capaz. Ou, se a Emília soubesse desenhar...(Nunes, 1986, p.95)[6]

No ano seguinte, em carta a Godofredo Rangel, Lobato registra seu dia a dia de homem de letras integralmente profissionalizado:

> Tenho empregado as manhãs a traduzir, e num galope. Imagine a batelada de janeiro até hoje: Grimm, Andersen, Perrault, *Contos* de Conan Doyle, *O homem invisível* de Wells e *Pollyana Moça*, *O livro da Jungle*. E ainda fiz *Emília no país da Gramática*. (Lobato, 1967, p.327)[7]

Embora a visita ao Verbo Ser não constitua o início de *Emília no país da gramática*, a história apresenta um trecho bastante semelhante ao anunciado por Lobato, na carta a Anísio Teixeira:

> Emília teve uma grande ideia: visitar o Verbo Ser, que era o mais velho e graduado de todos os Verbos. Para isso imaginou um estratagema: apresentar-se no palácio em que ele vivia, na qualidade de um jornal imaginário – *O Grito do Picapau Amarelo*.
> – Meu caro senhor – disse ela ao porteiro do palácio – eu sou redatora do *Grito do Picapau Amarelo*, o mais importante jornal do sítio de Dona Benta, e vim cá especialmente para obter uma entrevista do grande e ilustre Verbo Ser. Será possível?
> ... Emília foi levada à presença dele e entrou muito tesa, com um bloquinho de papel debaixo do braço e um lápis sem ponta atrás da orelha ...
> – Salve, Serência! exclamou Emília, curvando-se diante dele, os braços espichados, à moda do Oriente. – O que me traz à vossa augusta presença é o desejo de bem servir

---

[6] Carta de 21.11.1933.
[7] Carta de 16.6.1934.

aos milhares de leitores do *Grito do Picapau Amarelo*, o jornal de maior tiragem do sítio de Dona Benta ... (Lobato, 1968, p.65)

Emília no país da gramática (edição de 1968) é o volume mais ilustrado das *Obras completas*, com 38 ilustrações de J. U. Campos e André le Blanc, enquanto *Aritmética da Emília*, da mesma coleção, tem 35, e *Reinações de Narizinho*, 27. As preocupações do autor com as ilustrações já se manifestavam em uma carta a um de seus correspondentes infantis, Gilson Maurity Santos:[8]

> ... a Emília andava a me amolar com o seu passeio ao país da gramática. Afinal a diabinha fez o tal livro, com quase cem desenhos do Belmonte,[9] e agora estou a rever as provas tipográficas para que saia sem nenhum erro. Emília não quer saber de erros nos livros que ela aparece. (Debus, 2004, p.258)

A obra apresenta um narrador em terceira pessoa, cujas intervenções, no entanto, são mínimas em função da predominância de diálogos. O narrador emoldura a história, isto é, explica a "razão" da viagem, contextualizando-a no cotidiano do Sítio:

> D. Benta, com aquela paciência de santa, estava ensinando gramática a Pedrinho. No começo Pedrinho resingou. (p.11)

Após essa informação, o livro abre espaço para um diálogo entre o menino e a avó, no qual se manifesta de forma clara a ideia de Pedrinho (e junto com ele, por hipótese, dos leitores) sobre gramática: estudar as regras gramaticais não passava de uma "caceteação", e trocar os brinquedos pelo estudo de uma disciplina tão desagradável era "maçada". Ao tempo da primeira edição do livro, "caceteação" e "maçada" eram formas de classificar algo como muito chato, desinteressante:

---

[8] Lobato manteve correspondência com diversas crianças, que lhe escreviam a respeito das obras infantis. Raquel Afonso da Silva, em sua tese de doutorado ainda em curso, discute as relações entre o escritor e o público infantil.

[9] A 1ª edição tem, efetivamente, 96 ilustrações de Belmonte.

> – Maçada, vovó. Basta que eu tenha de lidar com esta caceteação lá na escola. As férias que venho passar aqui são para brinquedo. Não, não e não...
> – Mas, meu filho, se você apenas recordar com sua avó o que anda aprendendo na escola, isso valerá muito para você mesmo, quando as aulas se reabrirem. Um bocadinho só, vamos! Meia hora por dia. Sobram ainda vinte e três horas e meia para os famosos brinquedos. (p.11)

A avó consegue convencer o menino e, com suas explicações, muito diferentes das que Pedrinho tinha na escola, a "tal gramática até virava brincadeira":

> – Ah, assim, sim! – dizia ele. Se meu professor ensinasse como a senhora a tal gramática até virava brincadeira. Mas o homem obriga a gente a decorar uma porção de definições que ninguém entende. Ditongos, fonemas, gerúndios. (p.11)

Todavia, ainda que a pedagogia de Dona Benta recebesse elogios, "um dia, depois de terminada a lição", uma nova maneira de lidar com o conhecimento é proposta pela irreverente Emília:

> – Pedrinho – por que, em vez de estarmos aqui a *ouvir falar* de gramática, não havemos de *ir passear* no País-da-Gramática? (p.12)

A ideia da boneca abre espaço para que se pense que a aprendizagem proposta por Lobato nesse livro tem por base os preceitos de Anísio Teixeira, educador baiano que o escritor conheceu, durante o período em que morou nos EUA, e a quem, como vimos, endereçou carta em 1933, anunciando a entrevista do Verbo Ser. A proposta pedagógica de Anísio Teixeira, conhecida como Escola Nova, concebia a escola como "um lugar onde os alunos fossem ativos" (Teixeira, 1932). Sendo assim, não bastava *ouvir falar* de gramática, mas era preciso também vivê-la, experimentá-la, propor questões sobre ela, investigá-la – enfim, conhecê-la, atrelando ao projeto pedagógico a noção de passeio, ou seja: não se trata de obter o conhecimento por obrigação, mas de forma ativa e por prazer.

Num primeiro momento, Pedrinho questiona a existência de um "País da Gramática", dizendo que "Gramática é um livro"; a boneca, no entanto, reafirma que o país existe, argumentando que quem o conhece é Quindim, "que é um sabidão".

Finalmente, "no dia marcado partiram muito cedo, montados no rinoceronte, o qual trotava um trote mais duro que sua casca" (p.4). Ao chegarem, as crianças logo na entrada perceberam que o ar "chiava de modo estranho", fato que as intrigou:

> – Que zumbido será este? Indagou a menina. Parece que andam voando por aqui milhões de vespas invisíveis.
> – É que já entramos em terras do País-da-Gramática – explicou o rinoceronte. Estes zumbidos são os **Sons Orais**, que voam soltos no espaço.
> – Não comece a falar difícil que nós ficamos na mesma – observou Emília. Sons Orais, que pedantismo é esse?
> – Som Oral quer dizer som produzido pela boca. A, E, I, O ,U são Sons Orais, como dizem os senhores gramáticos.
> – Pois diga logo que são letras! – gritou Emília.
> – Mas não são letras – protestou o rinoceronte. Quando você diz A ou O, você está *produzindo* um som, não está *escrevendo* uma letra. Letras são sinaizinhos que os homens usam para *representar* esses sons. Primeiro há os Sons Orais; depois é que aparecem as letras, para marcar esses Sons Orais. Entendeu? (p.13-4)

Uma possível explicação para a ausência de Dona Benta da aventura ao país da gramática talvez seja a necessidade da "experimentação" por parte das crianças, ou seja, para que estas aprendam, elas próprias têm de estar em contato direto com o conhecimento. A postura de Quindim é diferente da de Dona Benta, pois ele não *ensina*, nem incentiva, como ela, a busca do conhecimento; ele *ajuda* a construir este conhecimento, que é, inclusive, "gerenciado" pelas crianças, uma vez que são elas que escolhem o que querem aprender, elegendo seus próprios itinerários pelo país da gramática:

> – Mas chega de sons invisíveis – gritou a menina. Toca para adiante. Quero entrar logo no país da gramática. (p.14)

– Chega de Adjetivos – gritou a menina [Narizinho]. Eu, não sei porque, tenho grande simpatia pelos pronomes. (p.52)

Estava finda a vista do Verbo Ter. O rinoceronte perguntou aos meninos se queriam assistir a outras.

– Não – respondeu Narizinho. Quem vê um verbo vê todos. Só quero saber que história é essa de Verbos **Regulares** e **Irregulares**. (p.74)

– Chega de Advérbios – berrou Emília. Vamos ver as Senhoras Preposições. (p.62)

Ao lado dos diálogos, que facilitam a compreensão do leitor, já que este sempre pode identificar-se com um dos interlocutores, destacam-se também as ilustrações, que personificam algumas palavras, de modo que a sua grafia representa seu corpo, o que talvez facilite a compreensão do leitor, pois parece estabelecer uma radical relação texto-imagem, já que as palavras graficamente representadas contam também sua história em forma de texto. Diante disso, pode-se pensar na tentativa de dar concretude ao conteúdo gramatical veiculado pelo livro, aliando ao texto a ilustração. Diferentes ilustradores mantiveram o procedimento:

... Narizinho parou diante de uma palavra muito velha, bem coroca, que estava catando pulgas históricas à porta dum casebre. Era a palavra BOFÉ.

– Então, como vai a senhora? – perguntou a menina, mirando-a de alto a baixo.

– Mal, muito mal – respondeu a velha. No tempo de dantes fui moça das mais faceiras e fiz o papel de ADVÉRBIO. Os homens gostavam de empregar-me sempre que iam dizer EM VERDADE, FRANCAMENTE. Mas começaram a aparecer uns ADVÉRBIOS novos, que caíram no goto[10] das gentes e tomaram meu lugar. Fui sendo esquecida. Por fim, tocaram-me lá do centro. "Já que está muito velha e inútil, que fica fazendo aqui?" – disseram-me. "Mude-se para o subúrbio dos Arcaísmos", e eu tive de mudar-me para cá. (p.19-20)

---

10 A palavra "goto", que pelo contexto parece gosto, foi mantida porque está grafada dessa forma na 1ª edição do livro.

Figura 1 – Ilustração de Belmonte para a 1ª edição de *Emília no país da gramática*.
Figura 2 – Ilustração de André le Blanc para as *Obras completas*, 1968.

> ... Enquanto Emília conversava com aquele Nome sem serviço, Pedrinho ia atentando na soberbia dos Nomes indicativos de países e continentes. O nome EUROPA era o mais empavesado de todos; louro, e dum orgulho infinito.
> Passou rente ao nome AMÉRICA e torceu o nariz. (p.32)

A concretude manifestada nas falas das personagens e nas representações gráficas que o livro oferece não se dá somente no nível das personagens; também o país da gramática é representado como um espaço urbano no qual se manifestam características das sociedades contemporâneas de Lobato, coexistindo bairros ricos e pobres, tal como provavelmente ocorria nas cidades onde moravam os leitores do livro:

> Era uma cidade como todas as outras. A gente importante morava no centro e a gente de baixa condição, ou decrépita, morava nos subúrbios. Os meninos entraram por um dêsses bairros pobres, chamado Bairro do Refugo, e viram grande número de palavras muito velhas, bem corocas, que ficavam tomando sol á porta de seus casebres. Umas permaneciam imóveis, de cócoras, como os índios das fitas americanas; outras coçavam-se.
> ... – Onde é "lá em cima"? [fala de Narizinho]
> – Nós chamamos "lá em cima" à parte boa da cidade; êste lixo por aqui é chamado "cá embaixo". (p.19)

Como nas cidades reais, onde, além de ricos e pobres, há também imigrantes, estes também constituem um segmento dos habitantes do país da gramática. Em "Lusobrasilópolis", algumas palavras estrangeiras mudam de seus países de origem e, analogamente ao que acontece com pessoas reais que imigram, os vocábulos *migrantes* estão sujeitos a certas regras de conduta. Na passagem em que tais regras são apresentadas aos visitantes (e aos leitores), Narizinho acha "odioso" que as palavras de outra língua tenham de usar "passaporte" (as aspas), quando solicitadas por outro idioma; a menina talvez expressasse a crença – de Lobato e de outros escritores modernistas – de que os estrangeirismos poderiam ser incorporados ao léxico da língua:

> ... – Olhem! – gritou Emília. Aquela palavrinha acolá acaba de tirar do bolso um par de aspas, com as quais está se enfeitando, como se fossem asinhas...

— É que recebeu chamado para figurar nalguma frase lá do centro e está vestindo o passaporte. Trata-se da palavra francesa SOIRÉE.

— Judiação! — comentou Narizinho. Acho odioso isso. Assim como num país entram livremente homens de todas as raças — italianos, franceses, ingleses, russos, polacos, assim também deveria ser com as palavras. Eu, se fosse ditadora, abria as portas da nossa língua a todas as palavras que quisessem entrar — e não exigia que as coitadinhas de fora andassem marcadas com os tais grifos e as tais aspas.

— Mesmo assim — explicou o rinoceronte —, muitas palavras estrangeiras vão entrando e com o decorrer do tempo acabam "naturalizando-se". Para isso, basta que mudem a roupa com que vieram de fora e sigam os figurinos dessa cidade. BOUQUET, por exemplo, se trocar essa sua roupinha francesa e vestir um terno feito aqui, pode andar livremente pela cidade. Basta que vire BUQUÊ. (p.27)

Outra forma de ler esse livro é dizer que ele representa uma dramatização da gramática.

Nessa dramatização, manifesta-se o que se poderia chamar de "solidariedade lobatiana com a infância", ou mais especificamente, com todos os que "sofrem" com exigências gramaticais. O escritor — embora efetivamente aborde vários conteúdos do ensino de língua portuguesa da escola de seu tempo — compensa a seriedade do ensino formal com uma boa dose de fantasia e de crítica à caturrice gramatical:

... — Os gramáticos chamam **Pronome Proclítico** ao que vem *antes* do Verbo, como em: O MENINO SE QUEIMOU. Chamam **Pronome Enclítico**, ao que vem *depois* do Verbo, como em: O MENINO QUEIMOU-SE. E chamam **Pronome Mesoclítico** ao que vem *no meio* do Verbo, como em: O MENINO QUEIMAR-SE-Á. [fala de D. Sintaxe]

— Quanta complicação para dar dor de cabeça nas crianças! — comentou Narizinho. Eu, se apanhasse um gramático por aqui, atiçava Quindim em cima dele...

Nisto Emília deu uma vastíssima gargalhada.

— Que é isso, bonequinha? — perguntou a SINTAXE. Viu o passarinho verde?

— Estou me lembrando dos pimentões Mesoclíticos que tia Nastácia faz sem saber... — respondeu a diabinha. (p.128)

... — Mas que é Advérbio? — indagou Emília.

> – Advérbio é uma palavra que nos modifica a nós Verbos e que modifica os Adjetivos; e que às vezes modifica também os próprios advérbios.
> – Que danadinhos, hein? – exclamou Emília. Mas de que jeito modificam?
> – De muitos jeitos. Modificam de LUGAR, tirando daqui e pondo ali. Modificam de TEMPO, fazendo que seja agora ou depois. Modificam de MODO ou QUALIDADE, fazendo que seja deste jeito ou daquele, ou que seja assim ou assado. Modificam de QUANTIDADE, fazendo que seja mais ou menos. Modificam de ORDEM, fazendo que seja em primeiro lugar ou não. Pelos rótulos das prateleiras você poderá ver de que jeito elas modificam a gente.
> – A gente verbática – frisou Emília, porque eu também sou gente e nada me modifica. Só Tia Nastácia, às vezes...
> – Quem é essa senhora?
> – Uma Advérbia preta como carvão, que mora no sítio de D. Benta. Isto é, Advérbia só para mim, porque só a mim que ela modifica. Para os outros é uma Substantiva que faz bolinhos muito gostosos. (p.71)
>
> – Que graça! – exclamou Emília. – Chamarem Travessão a umas travessinhas de mosquito deste tamaninho! Os gramáticos não possuem o senso da medida. (p.146)

Em artigo já citado, Jorge Amado opina que os livros de Lobato "por muitos anos serão o encanto da meninada" e também dos adultos, a quem as obras lobatianas são capazes de causar "imenso prazer". No entanto, o autor baiano aponta como negativo o fato de o escritor paulista, em tantas de suas obras, recorrer a artifícios como o pó de pirlimpimpim para passar da realidade à fantasia, pois

> ... a criança pode estar no plano da realidade e passar para o da imaginação naturalmente, de olhos bem abertos, bem acordados, sem qualquer auxílio que o da sua própria imaginação. (ibidem)

A crítica feita por Jorge Amado parece não se aplicar a *Emília no país da gramática*, já que a passagem do Sítio ao país da gramática ocorre sem os recursos do sonho ou do pó de pirlimpimpim, utilizados nos outros livros, o que nos remete – de novo – à noção de concretude com que o autor trata essa disciplina escolar.

Ao chegarem ao país da gramática – sem a ajuda do pó de pirlimpimpim –, as crianças visitam o bairro das palavras importantes e, depois, o das palavras pobres, deparando-se com termos da gramática – que no livro são antropomorfizados –, o que nos remete à duplicidade dessa obra: ao plano ficcional (personificação dos termos gramaticais) contrapõe-se o plano didático (a nomenclatura gramatical).

No capítulo "Na casa dos Pronomes", por exemplo, num diálogo entre Emília e o Quindim orquestrado pelo narrador em terceira pessoa, Lobato inventa uma visita das crianças à casa dos pronomes como se estes vivessem em uma sociedade hierarquizada, que tem como mestre de cerimônias o pronome EU:

> Eles [os pronomes] moram naquelas casinhas ali defronte. A primeira, e menor, é a dos Pronomes Pessoais. ["voz" de Quindim]
> – Naquela? Tão pequena...– admirou-se Emília
> – Eles são só um punhadinho e vivem lá como em república de estudantes. ["voz" de Quindim]
> E todos se dirigiram para a república dos Pronomes, palavras que também não possuem pernas e só se movimentam amarradas aos verbos.
> Emília bateu na porta – *toque, toque, toque*. [narrador em 3ª pessoa]
> Veio abrir o Pronome EU. [narrador]
> ...
> – Nessa república vivemos a nossa vidinha, que é bem importante. Sem nós, os homens não conseguiriam entender-se na terra.
> À mesa do refeitório achavam-se os pronomes *Tu, Ele, Nós, Vós, Eles, Ela, Elas*. Esses figurões eram servidos pelos Pronomes Oblíquos, que tinham o pescoço torto e lembravam corcundinhas. Os meninos viram lá o Me, o Mim, o Migo, o Nos, o Nosco, o Te, o Ti, o Tigo, o Vos, o Vosco, o O, o A, o Lhe, o Se, o Si, e o Sigo – dezesseis Pronomes Oblíquos.[Descrição do narrador em 3ª pessoa]
> – Sim, senhor! Que luxo de criadagem – admirou-se Emília. – Cada Pronome tem a seu serviço vários criadinhos oblíquos ... (p.52-3)

A apresentação dos verbos se dá de maneira semelhante à que ocorre com os pronomes. Ao serem representados de forma antropomorfizada – o que nos permitiu falar de "dramatização" – os verbos ganham condição de personagem "humana". Dialogam com Emília e vivem, assim como os pronomes, em uma sociedade hierarquizada, liderada pelo Verbo Ser. O Verbo Ser é o mais importante, pois é o verbo pelo qual se atribui existência aos seres (observe--se, aliás, que esta última palavra é uma forma substantivada do verbo "ser"). Essa ideia do Verbo Ser como um ancião e líder de uma sociedade (no livro ele é o "rei" dos verbos) dialoga com uma tradição filosófica dos estudos da linguagem que remonta ao século XVI :

> O venerando ancião estava sentado num trono tendo em redor de si seus sessenta e quatro filhos – ou Pessoas dos seus Modos e Tempos. Parecia um velho de mil anos, com aquela cabeleira branca de Papai Noel.
> O Verbo Ser tossiu o pigarro dos séculos e começou:
> – Eu sou o Verbo dos Verbos, porque sou o que faz tudo quanto existe ser. Se você existe, bonequinha, é por minha causa. Se eu não existisse, como poderia você existir ou ser?
> – Está claro – disse Emília escrevendo uns garranchos. Vá falando.
> Ser tossiu outro pigarro e continuou:
> – Muitos gramáticos me chamam de **Verbo Substantivo**, como quem diz que eu sou a substância de todos os demais Verbos. E isso é verdade. Sou a Substância! Sou o Pai dos Verbos! Sou o Pai de Tudo! Sou o Pai do Mundo! Como poderia o mundo *existir*, ou *ser*, se não fosse eu? Responda! (p.56-67)

Assim como vários termos gramaticais, a Etimologia também é caracterizada como uma pessoa:

> A boneca entrou e deu com uma velha de nariz de papagaio e ar rabugentíssimo que tomava rapé em companhia de um bando de velhotes mais rabugentos ainda, chamados OS CARRANÇAS. (p.158)

Ao apresentar os termos gramaticais de maneira antropomorfizada, isto é, como personagens humanizados, dotados de fala e ações, Lobato redimensiona a noção de língua, tornando-a menos abstrata e mais viva, indo, pois, em sentido oposto ao das definições das gramáticas escolares. A dimensão viva, lúdica e instável da língua, ausente dos manuais escolares, ressurge, dramatizada e antropomorfizada, em *Emília no país da gramática*.

Torna-se, assim, bastante sugestiva a relação que *Emília no país da gramática* estabelece com gramáticas escolares de seu tempo, como a *Gramática expositiva* e a *Gramática histórica*, de Eduardo Carlos Pereira, editadas pela Monteiro Lobato & Cia, respectivamente em 1922 e 1924. Todas são complementares, todas têm por função, em ambiente escolar (gramáticas escolares) ou fora dele (o livro de Lobato), educar os leitores nos usos cultos da língua e na reflexão sobre ela.

A vantagem do livro de Lobato é que ele se vale de ficção e de recreação para instrução, elementos que se complementam, segundo os preceitos da Escola Nova. E que deram certo, a julgar, tanto pelas altas tiragens do livro, quanto pelas cartas que o escritor recebe de seus leitores infantis – sobretudo aqueles em idade escolar – que ressaltam o "muito que aprenderam" com a gramática da Emília:

> 26 de Junho de 1934
>
> Amigo Monteiro Lobato
> Você fez bem em escrever este livro porque eu estou aprendendo gramática que é a coisa mais cacete do mundo. A professora me mandou decorar uns verbos e quando li o seu livro aprendi tudo. O pedaço que eu mais gostei foi na hóra que eles foram visitar os vicios de pronuncia. Muito obrigado pelo lindo presente. Quando é que vem ao Rio?
> ... receba um abraço do seu velho amigo Alariquinho.[11]

Com essa carta, podemos retomar a epígrafe deste capítulo, na qual Monteiro Lobato traz para o centro do debate a função "expressiva" da língua. A carta de Alariquinho passa recibo no sucesso do projeto de Lobato: ao documentar a repercussão da obra, usa a língua como "meio de expressão" e sugere que o livro de Lobato parece "aumentar o poder da expressão" de seus leitores.

---

[11] Carta depositada no IEB/USP. Fundo Raul de Andrada e Silva, Dossiê Monteiro Lobato, Série Correspondência Passiva, Cartas Infantis, Cx.1, P2, 2. A mesma carta já fora publicada em Azevedo et al., 1998.

Serie I | BIBLIOTECA PEDAGOGICA BRASILEIRA
LITERATURA INFANTIL | Vol. XXI

MONTEIRO LOBATO

ARIMETICA
DA
EMILIA

ILUSTRAÇÕES DE
BELMONTE

1935
COMPANHIA EDITORA NACIONAL
RUA GUSMÕES 118, S. PAULO

verso:
Arimética da Emília. 1.ed. São Paulo: Companhia Editora Nacional, 1935.
Biblioteca Monteiro Lobato/SP
Fotografia: Gregório Ceccantini

16
Aritmética da Emília (1935): matemática para (não) matemáticos?
Fernando Teixeira Luiz[1]

> *Dizem que a Aritmética é um dos gomos duma grande laranja azeda de nome Matemática.*
>
> (Monteiro Lobato)

A atuação de Monteiro Lobato como editor teve papel preponderante no processo de consolidação e amadurecimento do sistema literário brasileiro. Segundo Alencar (2004), sua atividade editorial começou com o lançamento de seus dois primeiros livros: *O Sacy-Pererê: resultado de um inquérito* e *Urupês,* ambos de 1918. Lobato tornou-se editor, portanto, depois da experiência de autor publicado, o que certamente contribuiu tanto para os seus negócios quanto para o trato com os escritores.

Com o tempo, de acordo com Koshiyama (1982), Monteiro Lobato decidiu editar prioritariamente *obras didáticas,* justificando tal ação como necessária à sobrevivência de sua empresa. Articula-se também à mesma preocupação a produção de mercadorias de consumo imediato, minimizando possíveis encalhes. Seu empenho nessa área foi, inclusive,

---

[1] Doutorando em Letras e mestre em Educação pela Unesp, professor universitário nas áreas de Semiótica e Literatura Infantojuvenil e membro do grupo de pesquisa "Formação de Professores e Práticas Educativas em Leitura, Literatura e Avaliação do Texto Literário".

manifestado em carta de 3.1.1924 ao amigo Godofredo Rangel, na qual o criador de Jeca Tatu deixava claro que seus esforços seriam, a partir de então, dedicados à impressão e comercialização de cartilhas, gramáticas e *aritméticas* – gêneros de aceitação garantida nas escolas.

É em tal contexto que se propõe aqui uma leitura de *Aritmética da Emília*, cuja primeira edição é de 1935. Como informa Merz (1996), a Companhia Editora Nacional responsabilizou-se não apenas pela primeira, mas também pelas edições posteriores da obra (1939, 1942 e 1945). Ao longo das décadas, a obra sofreu contínuas alterações, com acréscimos, supressões e revisões que caminhavam em direção a uma forma definitiva, culminando com a organização de duas coleções: "a primeira, reunindo a literatura para adultos, lançada em 1946, e a outra com a literatura para crianças, publicada em 1947" (Merz, 1996, p.40).

Aritmética da Emília foi publicada um ano depois de *Emília no país da gramática* (1934), aventura em que a turma do Sítio viaja pelo universo fantástico da *língua*. Visconde propõe às crianças conhecer o país da matemática. Impedido pelo reumatismo e sem condições de se deslocar, ele resolve trazer a Aritmética até o Sítio, para o que conta com o Circo Sarrazani,[2] espaço onde desfilam os algarismos e as principais categorias conceituais da área.

Monteiro Lobato e o ideário da Escola Nova

Diversos pesquisadores problematizam o papel da leitura no projeto literário lobatiano, dentre eles, Alvarez (1982), Koshiyama (1982), Sandroni (1987), Vieira (1999), Debus (2001), Alencar (2004) e Prado (2006), muitos dos quais se baseiam nas biografias assinadas por Cavalheiro (1955) e Azevedo et al. (1997).

---

2 Denominação que remete ao nome de um dos grandes circos de inegável impacto no século XX.

Para melhor compreender a ênfase que Monteiro Lobato atribuía à leitura, é preciso retomar seu pensamento e inseri-lo no conjunto de ideias do movimento escolanovista, na terceira década do século XX.

Conforme Monarcha (1989), há na produção teórica dos intelectuais filiados à Escola Nova grande fascínio pela visão de uma sociedade administrada sob o signo da ciência. Nesse prisma positivista, propõe-se a regeneração do homem e da pátria brasileira por meio da revolução cultural. O *livro* seria, então, instrumento eficaz na consumação da mencionada revolução.

Nesse sentido, a crença no poder da educação enquanto meio de equalização social (cf. Saviani, 1989) é devidamente disseminada por Lobato, sustentada em suas obras de maior apelo didático, como *Emília no país da gramática* (1934) e *Aritmética da Emília* (1935). As questões de educação deixam de ser analisadas como *unicamente pedagógicas*, ganhando uma dimensão sociopolítica que culminaria com o ideário de reconstrução nacional. Nesse contexto de transição de um mundo arcaico e rural para o urbano e industrial, sobressai o que Monarcha designa como *discurso da modernidade*: um pensamento que pretendia arrancar a República do âmbito das indeterminações históricas, instituindo um programa de largo alcance educativo. Dessa forma, a sociedade poderia marchar para um "estágio superior, pleno de racionalidade" (p.62).

No bojo dessas reflexões, Lobato, de acordo com Alencar (2004), lança mão de *personagens leitores* para as quais o livro não era apenas objeto de estudo, mas, prioritariamente, de prazer. Reforçando o que postula a pesquisadora, tais personagens, servindo de referência ao público, exibem a experiência com o texto estético como um momento singular. Na mesma dimensão do que discute Costa Lima (1979), em seus estudos dedicados à estética da recepção, a leitura se caracteriza como uma atividade de interação: "O sujeito do prazer conhece-se no outro, traz a alteridade do outro para dentro de si, ao mesmo tempo em que se projeta nessa alteridade" (p.19).

Alencar ainda acentua que o projeto lobatiano de uma literatura para crianças contemplava tópicos como *a clareza da linguagem, a beleza do texto e a adequação da escritura à idade do destinatário*. Além disso, Lobato também compartilhava da ideia de que a arte literária conjuga as funções de instruir e deleitar. Solidário, assim, a essa corrente humanista, Lobato, em *A Barca de Gleyre* (1959), chegou a recomendar a leitura da obra de Horácio ao amigo Rangel.

Em torno disso, a aula é caracterizada tanto pelo narrador quanto pelos personagens como *brincadeira* ou *espetáculo* (p.89), em perfeita sintonia com os princípios difundidos por Horácio, no que diz respeito à função da obra de instruir e, ao mesmo tempo, deleitar o leitor. Coelho (2000) também considera que os grandes textos que se impuseram como literatura infanto-juvenil congregam simultaneamente o *estético* e o *educativo*. Segundo essa vertente, a pesquisadora salienta que, como objeto que provoca emoções e modifica a consciência do mundo de seu destinatário, a literatura para crianças é arte. Sob outro ângulo, como instrumento manipulado a serviço de uma causa, ela se inscreve no campo da pedagogia.

Em sintonia com esse viés, a proposta de Lobato, como já apontara Faria (1998), é "trocar em miúdos" as complexas categorias conceituais, rompendo com a postura hermética dos manuais escolares e inserindo em suas obras os comentários jocosos de Emília.

A ficção de Lobato endereçada ao público infantil está *profundamente* embebida nesse duplo objetivo de deleitar e instruir, tendo em vista que parte expressiva de sua obra se apoia em sólidos alicerces didáticos. Segundo Lajolo e Zilberman (1988), foi a partir de 1933 que se organizou o projeto pedagógico de Lobato: é nesse ano que a versão lobatiana de *História do mundo para as crianças* chega ao mercado. Após tal publicação, o escritor transforma o sítio em espaço para uma educação renovadora.

Resultam dessa empreitada textos lúdicos que correspondiam a disciplinas escolares e que, no âmbito metodológico, reproduziam certo ranço de sua formação positivista. Nessa linha, encontram-se *Emília no país da gramática* (1934) e *Aritmética da Emília* (1935).

Aritmética da Emília surgia, assim, inspirada pela mesma proposta pedagógica que já subsidiara outras publicações lobatianas. Pretendia redimensionar o ensino de matemática, que naquela época era baseado unicamente na operacionalização de símbolos, sem discutir com os alunos os seus significados. A matemática, entendida pelo autor como *linguagem*, é apresentada na obra por meio de situações cultural e socialmente significativas. Essa prática propiciaria aos estudantes a aquisição de um grau de competências comunicativas que lhes permitiria compreender e usar a aritmética adequadamente, distanciando-se da postura livresca dos professores da época.

ABC de *Aritmética da Emília*: uma proposta de leitura

Segundo Eco (1985), o *título* de um livro já constitui chave interpretativa para sua leitura. Consciente da importância editorial do título dos livros, Lobato constrói o título dessa obra tanto pela menção a um campo do conhecimento escolar (a aritmética), quanto pela referência a uma de suas principais personagens, símbolo de insubordinação, arrojo e criatividade. Tal aspecto confere à aritmética em questão – a *Arimética*[3] – um traço inédito, singular, sugerindo ao leitor que o livro trataria de uma *temida disciplina escolar* a partir de uma perspectiva *nada trivial*.

Aritmética da Emília faz-se, então, espaço para o ensino alternativo de matemática, em que se exalta o ideário pedagógico que rege o pensamento do ficcionista. O projeto de Monteiro Lobato contrasta com as práticas educativas do período, que se pautavam, no que dizia respeito à matemática, por uma abordagem tradicional calcada na simples manipulação de sinais, regras e fórmulas – sem contemplar o significado dos símbolos empregados, o valor das normas aplicadas e o que existe além da estrutura visual das equações.

---

3   Na sequência final da narrativa, Emília se dirigiu ao escritório do sítio e encontrou os originais do livro intitulado *Aritmética do Visconde*. A boneca então cortou o "t" da "aritmética" e substituiu o nome do mencionado personagem pelo seu. Surgia assim a "Arimética da Emília".

Nesse sentido, o conteúdo do livro de Lobato – as "lições" – é apresentado em situações significativas para o leitor, e determinados conceitos são explorados em distintos contextos, constituindo o lúdico a principal estratégia para a apresentação do cognitivo. O livro propõe, assim, articulação entre os cálculos desenvolvidos no âmbito da abstração e sua aplicabilidade na vida cotidiana da criança, em oposição a uma metodologia centrada unicamente em aulas expositivas e abstratas, em conhecimentos livrescos e em exercícios de repetição, aplicação e recapitulação.

O criador de Emília, dessa forma, empenha-se em não apenas cobrir o programa que integrava o currículo[4] oficial de matemática na época do lançamento do livro, mas em instaurar, simultaneamente, um novo norte para o ensino da referida disciplina. Não destoando dos demais adeptos do movimento da Escola Nova – como Anísio Teixeira, Fernando de Azevedo e Lourenço Filho –, Lobato atribuía ampla relevância ao método, à técnica, à estratégia, bem como à participação ativa do aluno. Nisso consistia o diferencial de sua proposta para o trabalho com aritmética, materializando-se na prazerosa experiência de Pedrinho e Narizinho, bem como na atuação da notável boneca de pano frente ao conhecimento sistematizado.

Abre-se espaço, nesse universo, para a *representação de professores*. De acordo com Carvalho (1998), Dona Benta atua nas histórias do Sítio do Picapau Amarelo na condição de personagem adulta detentora de um vasto saber, empenhando-se em apresentar aos netos parte do universo cultural com o qual está familiarizada. Por meio de suas intervenções pedagógicas, sempre abertas ao diálogo, a avó não apenas amplia o horizonte cultural de seus interlocutores, mas, principalmente, transforma os assuntos escolares em instigantes discussões.

Em *Emília no país da gramática* é Quindim quem exerce a função de docente, orientando as crianças e a boneca na incursão pelos extensos territórios da língua portuguesa. Em *Aritmética da Emília*, quem assume o papel de educador é o

---

4   O conceito de "algarismo", os algarismos arábicos, os algarismos romanos, as definições de "unidade", "quantidade", "números pares", "números ímpares", bem como as frações e as quatro operações com números naturais.

Visconde de Sabugosa, personagem responsável pela ideia de trazer os habitantes do país da matemática para o Sítio de Dona Benta.

Na aventura em questão, é frequente o antagonismo entre Visconde e Emília, uma vez que o sabugo de milho empenha-se exaustivamente em discorrer sobre o conteúdo, ao passo que a boneca se ocupa em sabotar as aulas ou deleitar o leitor com seus comentários, críticas ou "reinações". Talvez se possa pensar nesta oposição a partir do trabalho de Moura (2000), segundo o qual é constante na literatura lobatiana o confronto de duas linhas teóricas que se contrapõem de maneira drástica: de um lado, a influência do pensamento científico positivista de Augusto Comte, em conjunto com as ideias sistemáticas de Herbert Spencer, e, de outro, a adesão à filosofia de Friedrich Nietzsche. Para Moura, Lobato traduz a tensão de seu pensamento na construção do erudito sabugo, em harmonia com o cientificismo típico do positivismo comtiano, e em Emília, em conexão com os escritos de Nietzsche no que concerne à contestação dos valores aceitos pela coletividade.

Na mesma linha, Moura ainda considera que a atuação das citadas personagens é reveladora de elementos da cultura grega entranhados nos meandros da narrativa, identificados nas relações entre a dupla de personagens evocadas e as figuras de Apolo e Dionísio. Apolo é o deus da ordem e da medida, da norma estabelecida, da tradição, da concórdia. Dionísio é o mensageiro de novos ciclos, aquele que prega o direito individual e permite a realização de todas as fantasias secretas. Com efeito, predominam características apolíneas no comportamento de Visconde. Já Emília, dada a sua impulsividade, aproximar-se-ia de uma essência dionisíaca, embora tanto a boneca quanto o sabugo não se fixem, de modo conclusivo, estático e definitivo nessas categorias.

A postura apolínea de Visconde perpassa seu desempenho como educador. Comedido, austero e racionalista, pretende informar o leitor a respeito de tópicos relevantes de sua disciplina, mas as crianças acabam se dispersando na sequência final e desviando a atenção para o cachorrinho Japi. Dona Benta equilibra as forças que se confrontam: recomenda cautela ao educador, isto é, ao Visconde, argumentando que a matéria deveria ser exposta em sessões não tão extensas, a fim de não torná-la enfadonha e, consequentemente, desinteressante para o público.

> Como já fosse tarde, o Visconde, por ordem de Dona Benta, suspendeu o espetáculo daquele dia.
> – Chega por hoje! – disse ela. Quem quer aprender demais, acaba não aprendendo nada. Estudo é como comida: tem de ser a conta certa, nem mais, nem menos. Quem come demais tem indigestão. Amanhã o Senhor Visconde continuará o espetáculo (p.88).

Emília, deixando transparecer sua conduta dionisíaca e mostrando coerência com os princípios escolanovistas compartilhados por Lobato, recorre a dinâmicas recreativas para tornar a aprendizagem mais significativa. Diante da necessidade de memorização das tabuadas, resolve fixá-las nas laranjeiras do pomar. As frutas poderiam ser colhidas apenas se o sujeito reproduzisse oralmente o que decorou. Na verdade, Emília parte da tese de que o arranjo, o planejamento e a manipulação de mecanismos de reforços externos assegurariam a aquisição do conhecimento desejado e garantiriam o desempenho esperado dos estudantes.

O procedimento é endossado por várias personagens, dentre as quais Tia Nastácia. Vem, pois, da cozinheira negra o apoio às formas renovadas de ensino, em detrimento das propostas mais conservadoras que recorriam à punição física como único meio de garantir a aprendizagem.

> – Parece incrível – dizia ela – que laranja dê "mió" resultado que palmatória – e dá. Com a palmatória, no tempo antigo, as crianças padeciam e custavam a aprender. Agora, com as laranjas, esses diabinhos aprendem as matemáticas brincando e até engordam. O mundo está perdido. Credo... (p.89)

O texto também lança mão de personagens *clownescos* relacionados a conceitos específicos de aritmética. Assim, os algarismos exibem-se na narrativa como graciosos artistas circenses, cujas travessuras, ou "reinações", correspondiam às operações corriqueiras de adição, subtração, multiplicação e divisão. Inclusive, a definição de "quantia", associada constantemente a questões financeiras, é personificada em uma senhora rude, altiva e soberba, como o próprio sabugo a caracteriza em sua fala: "... vou apresentar ao respeitável público a senhora

Quantia, que é a dama mais orgulhosa da cidade da Aritmética, pelo fato de só lidar com dinheiro" (p.270).

Se a narrativa for analisada à luz de recentes contribuições teóricas aos fundamentos metodológicos da matemática, ela entremostra, no entanto, seu lado conservador. Insiste na memorização de um expressivo grupo de tabuadas, o que é perfeitamente compreensível para a época mas se afasta das orientações contemporâneas, como, por exemplo, as dos *Parâmetros curriculares de matemática* (1998). Acredita-se hoje que a aquisição de habilidades para o cálculo depende de um repertório básico cuja incorporação não se dá pela simples retenção de dados, mas pela realização de um trabalho que envolve construção, organização e assimilação compreensiva de informações.

Tendo em vista essas características do texto, resta apenas salientar que esse livro de Lobato, em função de seu peso conteudístico, tornou-se alvo, com o tempo, de severas avaliações. Tais críticas, no entanto, são contestadas por Pereira e Pereira (2007), para quem o caráter didático de histórias desse tipo revela um novo modo de levar a literatura para a escola e de lidar com os componentes curriculares de forma bastante diferente dos padrões aceitos, disseminados e incorporados na época.

Análogo ao *país das maravilhas* de Lewis Carroll, espaço do *nonsense*, no país da matemática concebido por Lobato o inusitado igualmente ganha relevo, mesmo com as amarras denunciadoras de seu interesse didático. No primeiro, a jovem Alice percorre um mundo saturado de enigmas de envergadura filosófica, ao passo que, no segundo, são os habitantes do País da matemática que visitam as crianças, não suscitando questões filosóficas, como no texto inglês, mas solucionando questões escolares relativas à aritmética.

Aritmética da Emília constitui, ainda, um texto pródigo em *autorreferencialidade*, embora não de forma tão sistemática como se passa em outras narrativas. Dona Benta e seus netos sabem quem é Lobato, leem seus textos e possuem total consciência de que são personagens, habitando livros que seduziam multidões por todo o país. É o que pode ser percebido no seguinte fragmento, no qual Narizinho comenta o sucesso de sua boneca Emília.

— Louca nada, vovó! — respondeu a menina. Emília está assim por causa da ganja que lhe dão. No Brasil inteiro as meninas que leem estas histórias só querem saber dela — e Emília não ignora isso. É ganja demais. (p.86)

Segundo Lajolo (apud Prado, 2006), quando os personagens discutem seu estatuto de ficção, o espaço ficcional pode ganhar foros de realidade, e o leitor é convidado a pisar cuidadosamente nos estreitos limites entre a fantasia e a realidade, o narrador e o autor, a ficção e a história, o personagem e a pessoa.

Considerações finais

Aritmética da Emília reflete o anseio do escritor em preservar a adesão de uma clientela já conquistada com *Reinações de Narizinho*, como discute Koshiyama (1982). Lobato conhecia a receptividade das crianças a suas obras, encontrando na produção didática, de ampla circulação nas escolas, meio de atingir um público específico a quem também parece agradar o diálogo que mantém com o repertório cultural que lhe é anterior ou sincrônico, bem como a metalinguagem relativa a seu estatuto enquanto ficção. Não obstante tal cuidado, seu elo com o pedagógico, em alguns momentos, acaba se sobrepondo ao texto, com o risco de torná-lo pouco atrativo. No entanto, a linguagem escolar de algumas personagens e a terminologia específica da disciplina justificam-se em face dos objetivos do livro: *oferecer à criança, de maneira lúdica, o programa escolar de matemática*. Para tanto, o enredo é pretexto para a inserção de "lições", introduzindo informações mais simples e encaminhando-as a dimensões mais complexas do conhecimento matemático. Simultaneamente, enfatizam-se estratégias metodológicas particulares, que investem em atividades recreativas e em recompensas significativas para a correta execução de tarefas.

Finalizando, vale sublinhar que, se hoje *Aritmética da Emília* pode talvez ser avaliada como apenas *árida, árdua* ou *morosa*, ela se revelou intensamente inovadora diante dos modelos didáticos da época em que foi lançada. Na verdade, o livro constituiu a concretização de projetos educacionais sustentados no limiar do século e calcados nos valores do liberalismo republicano: *laicidade, igualdade, democracia* e, sobretudo, *progresso*.

verso:
Geografia de Dona Benta. 1.ed. São Paulo: Companhia Editora Nacional, 1935
Instituto de Estudos Brasileiros – SP
Fotografia: Gregório Ceccantini

17
Geografia de Dona Benta: o mundo pelos olhos da imaginação
Rosimeiri Darc Cardoso[1]

> *Tudo morre, tudo passa, tudo desaparece levado pelo rio do Tempo –*
> *menos a obra de arte.*
> (Monteiro Lobato, 2000, p.88)

Monteiro Lobato é um escritor revolucionário, razão pela qual se tornou conhecido como pai da literatura infantil brasileira. Por seu temperamento extremamente prático, o escritor e editor, acompanhando as mudanças da sociedade da época, buscou por meio da literatura lançar as bases para um novo país, o que só poderia ser alcançado pela reflexão e pelo questionamento, elementos fundamentais para combater o estilo conservador que predominava no ensino e nas produções literárias para crianças.

---

[1] Mestre em Linguística Aplicada pela Universidade Estadual de Maringá (UEM), tendo defendido o trabalho *A literatura de 5ª a 8ª série*: da produção à recepção (2002). Doutora em Letras pela UNESP, *campus* de Assis, com a tese *Monteiro Lobato:* entre o pedagógico e o estético (2007). Professora da Faculdade de Apucarana, onde desenvolve projetos ligados à literatura infantil. Começou a ler Lobato na 4ª série do ensino fundamental e, a cada nova leitura, descobre um mundo diferente.

Como se sabe, a década de 1930 foi rica em acontecimentos marcantes para a sociedade brasileira: mudanças governamentais, educacionais, culturais e sociais que se mostram de modos diversos na obra lobatiana. Homem comprometido com a sociedade de seu tempo, Lobato não se omitiu e proporcionou às crianças novas maneiras de conhecer o mundo em que viviam.

A proposta de Lobato e as críticas

A partir de *História do mundo para as crianças* (1933b), temas escolares como Português, Matemática, Geografia, Física e Astronomia ganharam espaço no trabalho lobatiano, ao lado de traduções, adaptações e outros projetos. *Geografia de Dona Benta*, publicada em 1935, é uma de suas obras que teve por alvo o público escolar. Foi editada pela Companhia Editora Nacional com a significativa tiragem de quinze mil exemplares, em sua primeira edição, e seis mil, na segunda, em 1939.

Experiências anteriores convenceram Lobato de que era possível apresentar os conteúdos escolares de forma agradável e mais próxima das condições do leitor. Para o escritor, a inteligência das crianças funcionava eficazmente, quando dirigida pela imaginação, e era necessário ter o objeto estudado à vista e ao alcance das mãos.

Essa posição do escritor era exatamente o oposto da pedagogia escolar da época, marcada pela falta de diálogo, pelo puro ato de decorar, pelas imposições do professor e pelas cópias mecânicas de conteúdos rígidos e lineares (Cardoso, 2007). Na contramão da escola, Lobato idealizava um projeto educacional democrático, autônomo, capaz de formar leitores críticos, preparando-os para a vida. Nessa perspectiva, apresentar à criança um mundo perfeito, sem problemas, corresponderia a aliená-la, criando uma ilusão, um mundo afastado da realidade em que ela vivia.

Em *Geografia de Dona Benta,* assim como em outros livros, o escritor não esconde das crianças as guerras, bem como suas causas, a necessidade de poder e dominação, características tão marcantes do ser humano. Incompreendido por muitos, Lobato recebeu críticas que lhe renderam sérias acusações e acarretaram a proibição de seus livros em muitas escolas.

Por causa de *Geografia de Dona Benta*, Lobato foi acusado de separatista e de desabonar a imagem do Brasil. Essa crítica foi veiculada no artigo "O Brasil insultado por brasileiros" (*Diário da Noite,* 13 de março de 1936). A crítica fundamenta-se no episódio em que Dona Benta expõe às crianças uma visão panorâmica de São Paulo e atribui os problemas existentes nas redes ferroviárias a seu mau gerenciamento pelo governo. Entretanto, Lobato respondeu à crítica:

> Não há nenhum insulto ao Brasil no fato de uma vovó contar aos netos o que é e todos os adultos sabem. Insulto ao Brasil é a Central e todos os outros serviços públicos federais serem o que são. Não será mentindo às crianças que consertaremos as nossas coisas tortas. Sim, consertando as coisas tortas. Insulto ao Brasil é o governo conservar a nossa maior estrada como perpétua detentora do recorde da desastralidade.
>
> ...
>
> Esse livro de D. Benta vem sendo criticado justamente pelo que a meu ver constitui o seu único mérito: dizer às crianças, que serão os homens de amanhã, a verdade inteira. Habituamo-nos de tal modo ao regime da mentira convencional que a verdade nos dói e causa indignação ao "patriota". Patriota é o sujeito que mente, que falsifica os fatos, o que esconde as mazelas, o que transmite às crianças a sórdida porcaria que recebeu de trás. É o que diz que os nossos governos são bons, que a Central presta, que somos o mais rico país do mundo, o mais inteligente, etc. (Lobato, 1950, p.249-57)

Mas as restrições mais veementes aos livros de Lobato partiram das autoridades eclesiásticas e governamentais, que consideravam o escritor perigoso e a leitura de seus livros nociva à formação da criança católica. Nas décadas de 1930 e 1940, a leitura dos católicos era objeto de uma liberdade vigiada, sendo muitos livros sumariamente proibidos. Assim, a Associação dos Professores Católicos de Diamantina, por meio de um pedido ao arcebispo d. Serafim Gomes Jardim, solicitou a proibição dos livros, o que foi prontamente atendido pelo arcebispo, o qual se baseou no Código de Direito

Canônico, interferindo diretamente na ação dos professores de outras partes do país. Após a resposta, as obras de Lobato foram queimadas na cidade mineira (Cavalheiro, 1955, p.594).

Ainda que algumas de suas obras tenham sido banidas das escolas, Lobato não desistiu de seu projeto, insistindo em publicar outros livros com conteúdos escolares. Sua obra inclui aspectos didáticos, mas seu didatismo dilui-se na criatividade e na adequação de seu conteúdo ao espaço onde é discutido. A aula de Gramática é divertimento, quando vista sob o prisma da ficção; da mesma forma, a Geografia, a História e as Ciências são tratadas como processo cuja compreensão se dá através do entendimento da vida como uma grande aventura. O resultado é sofisticado, tornando-se evidente a tensão resultante do tratamento estético conferido a um conteúdo pedagógico, por meio da visão iluminista de que a arte deveria fundir o útil ao agradável, ser *dulce* e *utile*.

Apesar de acusado de envenenar as almas ingênuas das crianças, o contato do escritor com seus leitores – documentado por cartas ou por relatos de suas visitas a escolas – ilustra uma relação de grande afinidade entre eles, o que sugere sintonia entre o que o escritor fez e as expectativas de seus leitores.

Segundo Nunes, em uma das cartas endereçadas a Viana, datada de 15 de agosto de 1934, Lobato menciona o sucesso de Emília, a incompreensão por parte da crítica e suas conversas com os leitores:

> A minha Emília está realmente um sucesso entre as crianças e os professores. Basta dizer que tirei uma edição inicial de 20.000 e o Octales está com medo que não agüente o resto do ano. Só aí no Rio, 4.000 vendidos num mês. Mas a crítica de fato não percebeu a significação da obra. Vale como significação de que há caminhos novos para o ensino das matérias abstratas. Numa escola que visitei a criançada me rodeou com grandes festas e me pediram: "Faça a Emília do país da aritmética". Esse pedido espontâneo, esse grito d'alma da criança não está me indicando um caminho? O livro como o temos tortura as pobres crianças – e no entanto poderia diverti-las, como a gramática da Emília o está fazendo. Todos os livros podiam tornar-se uma pândega, uma farra infantil. A química, a física, a biologia, a geografia prestam-se imensamente

porque lidam com coisas concretas. O mais difícil era a gramática e a aritmética. Fiz a primeira e vou tentar a segunda. O resto fica canja. (Lobato, 1986, p.96)

Debus (2001) discute a correspondência do escritor com as crianças das escolas visitadas, deixando claro que elas faziam leituras atentas, percebendo, inclusive, alguns equívocos, que eram discutidos diretamente com o escritor, como faz Severino de Moura Carneiro Junior, de nove anos, aluno do 4º ano primário:

> Eu encontrei uma coisa que me deixou impressionado: a capital do Domínio Canadá como sendo Montreal. Ora todas as geografias dizem que a capital é Otawa. O que é que você me diz, meu mestre?[2]

Como se vê, o escritor era confrontado por seus leitores que interferiam, questionavam, sugeriam, o que demonstra leitura atenta e crítica das obras. Lobato procurava ouvir as crianças, atendendo às suas solicitações sempre que possível, de modo que suas obras sempre passaram por revisões, valendo-se do *feedback* precioso de seus leitores. Na edição estudada, Dona Benta refere-se à capital do Canadá como Ottawa, mas afirma que Montreal é a cidade mais populosa, seguida por Quebec e Toronto. Em alguns casos, a solução encontrada pelo escritor para apresentar as necessárias correções passa pela própria ficção:

> – Mas como é que na primeira edição deste livro a senhora disse que era um "sossego sem fim", um "deserto de gente" etc.? – interpelou Narizinho.
> – Disse porque tinha na cabeça a Belo Horizonte dos começos. Errei. Não levei em conta os progressos feitos nos últimos vinte anos. Mas depois disso estive lá e abri a boca. Que encanto achei naquilo! (Lobato, 2000, p.33)

Assim, pode-se observar que, ao longo das edições – e não apenas de *Geografia de Dona Benta* – vão sendo feitas atualizações, demonstrando a

---

2   Carta de 19 de fevereiro de 1945; apud Debus, 2001.

preocupação de Monteiro Lobato com a correção das informações constantes de seus livros, conforme comentam Azevedo et al (1997).

Ainda com relação à correção das informações, Carvalho (1998, p.8) destaca que, para os padrões de hoje, as obras de Lobato trazem muitas vezes dados que necessitam de atualização: o contexto histórico em que as obras foram escritas, com linguagem e valores distanciados do momento atual, poderia afastar leitores contemporâneos. Nesse sentido, a autora argumenta que eventuais dificuldades podem ser contornadas através de uma metodologia de leitura adequada à apreensão da historicidade de sua temática e forma de expressão.

Assim, Carvalho não nega a necessidade de que alguns desses elementos sejam atualizados, em especial "os valores da época, tanto morais e sociais, quanto econômicos, políticos e educacionais", mas atribui aos professores essa tarefa, considerando que a leitura de obras "antigas" – como essa – é importante para que o leitor de hoje possa conhecer o Brasil das décadas de 1920, 1930 e 1940.

Para a autora, embora alguns elementos necessitem de modificação, para atender ao leitor contemporâneo, outros ainda hoje continuam inovadores, como a posição das personagens infantis diante dos fatos que lhes são narrados, ressaltando a atualidade da concepção lobatiana de *escola, ensino* e *metodologia*:

> Defensor dos princípios da Escola Nova dos anos 20, ele pôs em prática através de sua ficção infantil uma dinâmica do ensino-aprendizagem muito semelhante ao que hoje se denomina "construtivismo-interacionista", fazendo das personagens infantis do Sítio crianças questionadoras e de Dona Benta a professora que, ao permitir o diálogo, transforma assuntos escolares em instigantes discussões entre seus ouvintes infantis. (ibidem)

Dessa maneira, Lobato criou livros com conteúdos escolares que podiam (e podem) ser lidos como se lê um romance, um livro de aventuras. Com tal objetivo, suas personagens eram próximas das crianças, e os conteúdos eram tratados com clareza, adequando-se à capacidade de compreensão dos garotos. Quer pelo narrador que se duplica, segundo o esquema de Zilberman e Magalhães (1984), quer pelas personagens que se aproximam dos leitores, quer ainda pela linguagem próxima da oralidade, do coloquial, que facilita o entendimento, a estrutura dessas obras confirma que é possível unir o útil ao agradável.

E vamos ao serão...

A narrativa tem início com a solicitação das crianças para que Dona Benta prossiga com os serões. Pedrinho pede que a avó conte a história da Geografia, porque sonhava com viagens a outros países. Satisfazendo o pedido, o livro principia.

Dona Benta aborda o universo, versando sobre o espaço, as estrelas, os planetas e satélites. Ao tratar da Terra, propõe o uso do telescópio, apresentando o planeta visto da Lua. Quando avistam os continentes, surgem as indagações e a necessidade de viajar para conhecê-los todos. A história, a partir de então, transcorre no *Terror dos mares*, navio faz de conta inventado por Emília, que leva todos a uma viagem pelos continentes, sob o comando de Dona Benta.

A viagem começa pela costa brasileira e percorre a América Central, os Estados Unidos, o Canadá, a Groenlândia, a Ásia, o Japão, a China, a Oceania, a Índia, a África e a Europa. A extensa viagem pelo mundo possibilita conhecer não só o território, mas também a história de personagens especiais e curiosidades de várias partes do globo. A viagem se encerra com a notícia de que Rabicó – que havia ficado no sítio – estava doente.

Em nenhum momento da narrativa, Lobato faz menção a qualquer livro que possa ter servido de inspiração para sua Geografia. Contudo, seu débito para com Hendrik van Loon vem registrado em *História das invenções,* obra do mesmo ano, na qual Dona Benta cita Loon como autor do texto que ela havia utilizado para contar a Geografia.

Lobato cria no leitor a ilusão de que o narrador não interfere na narrativa, deixando que ela se desenvolva livremente. Isso acontece porque o narrador passa a voz para uma das personagens, a qual será a encarregada de "contar" a história, ficando para ele a função de introduzir os comentários, marcar cenas e descrever situações. Em *Geografia de Dona Benta*, um narrador situado fora da história contextualiza a narração, apresenta impressões, esclarece dúvidas, resgata assuntos já estudados e cede a voz a Dona Benta, como detentora do saber, para conduzir a narrativa, apesar das intromissões de Emília.

Para Zilberman e Magalhães (1984), essa forma de narrativa reproduz as condições de transmissão da literatura oral, com base em uma duplicação das funções narrativa e receptiva, o que acaba por relativizar a presença do narrador, resultando em fortalecimento do leitor, que se identifica com as personagens. Além disso, com o narrador se ausentando da narração, fica mais fácil apresentar as expectativas e reações dos ouvintes.

Duas considerações de Benjamin (1983, p.57-74) podem contribuir para a compreensão do narrador de Lobato. A primeira diz respeito à classificação do narrador em dois grupos, a partir da experiência da oralidade, considerada a fonte de todos os narradores. Segundo o autor, acerca do primeiro grupo, "quando alguém faz uma viagem, então tem alguma coisa para contar, diz a voz do povo e imagina o narrador como alguém que vem de longe". Quanto ao segundo grupo, "não é com menos prazer que se ouve aquele que, vivendo honestamente do seu trabalho, ficou em casa e conhece as histórias e tradições de sua terra" (ibidem, p.58).

De acordo com o autor, esses dois grupos se cruzam de maneiras diversas e a percepção dos dois possibilita a plena materialidade do narrador. Assim, a adoção do diálogo como forma de desenvolver a narrativa coopera para que haja uma aproximação entre os narradores (conforme apontam Zilberman e Magalhães, 1984) e os receptores. Dona Benta encarna esse narrador que tem uma grande experiência de vida e pode transmiti-la por meio das histórias que conta. As leituras feitas permitem que ela tenha o que contar, mesmo sem sair de casa, apenas pelo conhecimento adquirido com os livros, objetos para ela imprescindíveis e de grande valor.

A segunda consideração a ser feita, na esteira do texto de Benjamin, está na orientação para o interesse prático como característica de muitos narradores. O narrador encarna alguém que dá conselhos ao ouvinte; logo, de forma clara ou oculta, acaba explicitando a sua utilidade, seja numa lição de moral, numa indicação prática, num ditado ou numa norma de vida. Para o autor, a arte consiste em entretecer essa utilidade na matéria vivida, visto que o modo como se narra passa a fazer toda a diferença entre um texto informativo e um texto literário. Essa característica é marcante na obra de Lobato: o autor busca focalizar temas escolares de modo agradável, alegre, descontraído, dando destaque não só à informação, mas também à imaginação, ao lúdico, à fantasia.

Compreendendo que os temas escolares podem ser áridos, adotar a estratégia do diálogo representa uma maneira inovadora de abordar esses assuntos, de sorte a despertar o interesse dos ouvintes e, por conseguinte, dos leitores.

A narração se desenrola numa linguagem que se aproxima muito da usada pelos meninos: "A imaginação dos meninos começou a trabalhar, de modo que dali a pouco *a lufa-lufa* se tornara grande; o 'Terror dos Mares' ia partir às duas horas em ponto" (Lobato, 2000, p.19 – grifo nosso); "Continuamente era visto achegar-se à borda do brigue para '*destripar o mico*' – como dizia a boneca" (ibidem, p.29).

Ainda quanto à linguagem, a presença do diálogo instaura uma situação comunicativa da qual todos os interlocutores participam, para questionar, explicitar seu ponto de vista, chamar a atenção para qualquer outro aspecto que pareça importante. É essa liberdade que caracteriza a narrativa como uma forma de ensinar com prazer, visto que a representação da escola está configurada, tendo Dona Benta como professora e os demais moradores do Sítio como alunos. Todavia, essa representação rompe com a estrutura do ensino tradicional, uma vez que – na história lobatiana – ocorre participação efetiva das crianças na aquisição dos conhecimentos.

Como narradora, Dona Benta procura atender aos questionamentos de seus ouvintes, mesmo que nem sempre responda como eles esperam. É o que acontece, quando conversam acerca dos problemas causados pela seca enfrentada pelos nordestinos. Pedrinho indaga:

> – Mas por que não corrigem isso? Por que não fazem poços artesianos, ou não plantam árvores nessas caatingas, ou não constroem canalizações como aquela que a senhora nos mostrou nos Estados Unidos para irrigar as terras secas da Califórnia?
> Dona Benta mastigou antes de responder. Por fim disse: – Não sabemos resolver nossos problemas, Pedrinho, essa é que é a verdade. (Lobato, 2000, p.37)

Por vezes, a avó deixa entrever em suas respostas seu ponto de vista sobre o assunto, como ao comentar sobre Canudos: "Heroísmo maior que o demonstrado por essa gente não pode haver – infelizmente era o heroísmo de um fanático, que apenas crê, mas não raciocina" (ibidem, p.39), o que é reconhecido pelo próprio narrador: "Dona Benta que não perdia vasa, meteu o pau na guerra..." (p.101).

Tanto Dona Benta como o narrador manifestam traços das ideias de Lobato, de modo que se percebe a visão lobatiana acerca de questões culturais e econômicas referentes aos Estados Unidos e ao progresso tão sonhado pelo escritor:

> Dona Benta fez ver aos meninos que até então tudo havia corrido muito fácil porque estavam em casa e podiam avir-se perfeitamente com a língua que falavam. Dali por diante, porém, já de nada valia o brasileiro. Tinham de aprender um pouco de inglês, que é a língua falada em todo o mundo. Iam aos Estados Unidos, ao Canadá, às Índias, ao Japão, etc. Em todos esses países quem fala um pouco de inglês se arruma, mas quem só fala português ou brasileiro está frito. (ibidem, p.44).
>
> – ... O território dos Estados Unidos é abençoado. Tem tudo. Produz tudo. Se o mundo desaparecesse inteirinho e só ficassem os Estados Unidos, eles continuariam a viver a mesma vida que vivem, sem precisar de nada. Só que deixariam de tomar café.
> Minerais possuem em tremendas quantidades, assim como petróleo. Basta dizer que sendo a produção total do mundo mais de um bilhão e meio de toneladas, só os Estados Unidos produzem quase a terça parte. (p.53)

Ao conduzir a narração da maneira como as crianças gostam e compreendem, Dona Benta consegue a atenção dos moradores do Sítio, assim como a de seus leitores, que podem ver os ouvintes de Dona Benta como aliados numa viagem em que a ficção esclarece a realidade.

Além de "contar" a Geografia, Dona Benta participa do faz de conta das crianças. Assiste aos embates que se travam entre elas e as outras personagens, intervindo, quando necessário, sempre de modo respeitoso, demonstrando que compreende que as faltas podem ser corrigidas sem serem castigadas. A correção de Dona Benta abrange tanto as ações como os conteúdos estudados.

– Sem bússola? Onde se viu um navio sem bússola? – Era um esquecimento imperdoável aquele, e se o Capitão não fosse avô do Imediato, certamente lhe castigaria o faltoso, apenas disse:
– Não faz mal, Pedrinho. O ar está limpo e vamos ter belo sol. Por ele nos orientaremos. (ibidem, p.23)
...
– Viva a senhora Dona Profiláxia! – gritou a menina.
– Profilaxia – corrigiu Dona Benta. O acento cai no final. Pronuncia-se *profilaccia*. (p.49)

Ouvintes/leitores e a participação na narrativa

As reações dos ouvintes diante dos fatos narrados são diversas, o que denota autonomia das personagens, aspecto amplamente valorizado pela Escola Nova. A atitude de Pedrinho diante dos conhecimentos expostos não é passiva, isto é, o menino não se comporta como mero receptor. Entretanto, busca trazer o que é abstrato para o concreto, por meio da experimentação ou da explicação dos fatos pela comparação. Além disso, não deixa de agir como criança: brinca, faz traquinagem e acaba se machucando, como no episódio do bumerangue (ibidem, p.94).

As crianças têm interesse na Geografia apresentada por Dona Benta, cada uma delas se entusiasma por um aspecto do que é visto e discutido durante a viagem: enquanto Pedrinho se preocupa com a parte prática do conhecimento, Narizinho demonstra sensibilidade, quando se aproximam de Nova York; irritação, quando se refere a qualquer tipo de violência; impaciência, com as asneiras de Emília.

Narizinho não aceita as intervenções de Emília e acaba discutindo com a boneca, que é capaz de sair das situações com muita criatividade e esperteza. As duas assumem posturas ora distintas, ora semelhantes, na narrativa: são capazes de contemplar juntas a beleza das paisagens; ou, enquanto Narizinho repudia a história da Inglaterra, Emília acumula relíquias para o seu museu. A intervenção de Emília é sempre marcada pelo humor, rompendo a seriedade da narrativa e estabelecendo ligação entre real e ficcional. Algumas vezes suas ideias são inusitadas; outras, representam o pensamento infantil que estabelece, por analogia, relação entre assuntos distintos:

> – Sei – disse Emília. – Essas árvores são as vacas vegetais do Amazonas. Os tais seringueiros tiram-lhes o leite e fazem coalhada; e depois da coalhada fazem requeijão – que é a tal borracha. (ibidem, p.41)
> ...
> Emília mais uma vez teve uma das suas grandes ideias.
> – O meio de nos salvarmos é um só – disse ela com os olhos pregados no Quindim.
> – Qual?
> – Com uma tinta branca, feita de gesso e água, pintamos em redor dos olhos dele duas rodelas enormes. E enfiamos-lhe um canudo no chifre, para que fique três tantos maior. Depois o colocamos bem na proa do brigue, escondido debaixo de um lençol. Quando os piratas chegarem, tiramos o lençol – e ele dá um urro tremendo. Os piratas botam-se... (p.81)

Fato novo nessa narrativa, em relação às obras precedentes, é a participação mais ativa de Tia Nastácia, que não aparece somente como "cozinheira" do *Terror dos mares*. Tia Nastácia encarna a sabedoria popular, que contrasta com o conhecimento adquirido nos bancos escolares. Tudo que não pode explicar pela tradição, atribui ao diabo. Contudo, sua sabedoria não é desprezada, de sorte que ela pôde antecipar as razões que levaram o Coronel Teodorico a chamar Dona Benta de volta ao sítio:

> – Sinhá, Sinhá! – disse tia Nastácia. – Isso não acaba bem. Duas velhas como nós, seguindo a cabecinha de pano duma boneca e as cabecinhas de vento dos outros dois, isto me está cheirando a loucura. Para mim, Sinhá, nós já estamos de miolo mole sem saber...
> Dona Benta suspirou.
> – Você não deixa de ter razão, Nastácia. Se não é loucura, pelo menos caduquice está com jeito de ser... (ibidem, p.60)
> ...
> – Eu bem desconfiei, Sinhá – disse tia Nastácia. – Bem desconfiei que era peta do Coronel Teodorico, só pra senhora voltar mais depressa. Ele ficou com saudade das prosas de toda noite ali na varanda – com o cafezinho que eu trazia e a peneira de pipocas, e inventou essa história da doença de Rabicó...
> E havia sido aquilo mesmo... (p.128)

Na voz das personagens do Sítio, há espaço para o conhecimento erudito e para o popular, para a ciência e a crendice, para o real e o irreal. Embora pareça contraditório, é a presença das diferenças que caracteriza tão bem a estrutura da obra infantil de Lobato, marcada por estratégias de comunicação que preveem a interação entre leitor e obra, bem como a identificação dos leitores com personagens e com comportamentos adotados por estas, nas obras. As crianças podem questionar, tomar decisões, apresentar conclusões, tendo sempre o aval do adulto, que abre espaço para o diálogo, a crítica, a fim de que todos possam alcançar a maturidade por meio do conhecimento adquirido.

Importante também é o fato de que a tensão entre pedagógico e estético se resolve pela condução da narrativa, que reproduz aspectos da oralidade e envolve os leitores em um diálogo amplo, travado entre personagens que ora narram, ora ouvem a narração alheia. Vale lembrar que a presença da tensão por si só já revela o estético, uma vez que, se não existisse tensão, não existiria literatura.

Além disso, nota-se uma preocupação com os leitores, sua formação, sua condição infantil, vivendo um tempo dominado por crises e complexidades. Entender o seu tempo e sua sociedade não fez Lobato recuar em seus propósitos, ainda que, por vezes, tenha se sentido sem esperanças. Embora, para muitos, os livros de Lobato, em especial os que abordam conteúdos escolares, sejam considerados de cunho didático e utilitário, também se pode crer que o escritor tinha consciência de que obras de arte não se perdem com o tempo, mesmo que contenham ensinamentos às vezes datados. É exatamente o seu caso: suas obras envolvem aspectos inovadores e enriquecedores, tendo se constituído em fonte de inspiração para muitos escritores.

Monteiro Lobato

BIBLIOTECA
PEDAGÓGICA
BRASILEIRA

SERIE I
LITERATURA
INFANTIL

VOLUME XXIII

HISTORIA DAS INVENÇÕES

COMPANHIA EDITORA NACIONAL — S. PAULO

verso:
História das invenções. 1.ed. São Paulo: Companhia Editora Nacional, 1935
Biblioteca Infantil Monteiro Lobato/SP
Fotografia: Gregório Ceccantini

18
História das invenções: "a saga de Peludo" ou "as queixas de um pioneiro"
Carlos Cortez Minchillo[1]

> *"do Instrumento e da Máquina é que sai*
> *este belo horror chamado Civilização".*
> (Monteiro Lobato, 1946, p.313)

Em 1935, Monteiro Lobato parecia encorajado a dar continuidade ao projeto de tornar o livro informativo uma farra para crianças. O autor de *História do mundo para as crianças* (1933) e *Emília no país da gramática* (1934) tinha lá suas razões:

> tirei uma edição [de *Emília no país da gramática*] de 20.000 e o Octales está com medo que não agüente o resto do ano. Só aí no Rio, 4.000 vendidas num mês. (apud Lajolo, 1993a, p.95)

O sucesso editorial abriu um filão que resultou, um ano depois da gramática da Emília, no lançamento de *Aritmética da Emília*, *Geografia de*

---

1 Mestre em Teoria e História Literária pelo IEL-Unicamp, com a dissertação *Literatura em rede: tradição e ruptura no ciberespaço*. Foi professor de língua e literatura no ensino médio por duas décadas e, desde 2003, é professor de Literatura no curso de jornalismo da Facamp, onde também coordena a equipe de professores de Português.

Dona Benta e *História das invenções*, e que ainda deu caldo para *Serões de Dona Benta* e *O poço do Visconde*, ambos de 1937.

Esse furor editorial de Lobato pode ser associado à premência de angariar fundos, depois de suas aventuras na campanha pelo petróleo e também à astuta percepção de que, no Brasil, é para a escola que se vendem livros. Mas as brechas escolares do mercado editorial tinham a medida certa para o ímpeto reformista de Lobato. Inspirado pela pujança econômica que viu em sua passagem pelos Estados Unidos, de onde voltara em 1931, Lobato apostou na divulgação de conhecimento entre as crianças como forma de alterar aquele velho quadro de atraso brasileiro que o inquietava desde suas primeiras obras:

> Quando vim da América, veio comigo, no coração, um grande sonho: dedicar minha vida à campanha da solução do problema do ferro e do petróleo, que só na América percebi que eram fundamentais para nossa economia. E passei dez anos no 'maior combate da história', quase sozinho, abrindo os olhos da nossa gente com artigos de jornais, livros para a gente grande, livros para crianças, conferências. A coisa virou mania, fanatismo.[2]

Não é de estranhar, assim, que esse mesmo homem que pontificou em voz e texto a favor da produção do ferro, comprou briga e gastou fundos pela nacionalização do petróleo, flertando sempre com os meios de lubrificar as engrenagens do gigante adormecido, se animasse com os livros do holandês naturalizado norte-americano, Hendrik Willem van Loon (1882-1944).

Professor de história na Cornell University e chefe do Departamento de Ciências Sociais do Antioch College, em Ohio, van Loon foi o tipo de intelectual que, como Lobato, se dedicou às mais diferentes questões, escrevendo sobre diversas áreas do conhecimento e obtendo grande sucesso, especialmente com *The Story of Mankind* (1921), ilustrado pelo próprio autor.[3]

---

2   Carta a Fernando Costa, in: Lobato (1959a, p.52).
3   Em ensaio de 2005, Walnice Nogueira Galvão assim apresenta van Loon: "o prolífico Hendrik Willem van Loon, que se especializaria em compêndios abarcando a história da humanidade, do mundo, das

Assim como fará depois em *Multiplex* e em *The Story of Inventions: Man, the Miracle Maker*, ambos de 1928, van Loon traça na *História da humanidade* um vasto painel da evolução social e científica, acompanhando, do surgimento do nosso mais longínquo ancestral até a eclosão da primeira grande guerra, a trajetória dessa espécie que "foi a última a aparecer, mas foi a primeira que usou o cérebro com o propósito de dominar as forças da natureza" (Van Loon, 1921, p.3). A *História da humanidade* de van Loon é até hoje editada e está disponível na *web*, tendo recebido seguidas atualizações, mesmo depois da morte do autor.[4]

Ciência ao gosto das crianças brasileiras

A afinidade entre os propósitos de Lobato e os do escritor-ilustrador van Loon não poderia ser maior: ambos parecem querer seduzir a meninada para o mundo da ciência, por meio de um texto instigante. Importa notar que *The Story of Mankind* foi o ganhador da primeira edição do prêmio "The Newbery Medal for Best Children's Book", em 1922, e traz como epígrafe a famosa pergunta da Alice de Lewis C. Carroll: "Que graça tem um livro sem conversas ou figuras?".

---

artes, da Bíblia, da América, da navegação, do Pacífico ..., da geografia. Também seria autor de biografias, entre elas as de Rembrandt, Bach, Gutenberg, Bolívar, Jefferson e Gustavo Vasa, o primeiro rei da Suécia. Traduzido por Monteiro Lobato e editado por sua casa, a Companhia Editora Nacional, inspiraria compêndios similares ao tradutor, que os endereçaria aos leitores infantojuvenis. Van Loon produziria uma espécie de enciclopédia do biografismo num só alentado volume, *Vidas ilustres*. Suas obras, além de serem publicadas até hoje nos Estados Unidos, foram bem acolhidas no Brasil, o que se reconhece pela quantidade de títulos e de reedições" (Galvão, 2005, p.363).

4   Em português, a última edição é de 2004, lançada pela Livraria Martins Fontes, em tradução de Marcelo Brandão Cipolla.

As traduções brasileiras das obras de van Loon surgiram na década de 1930 e se multiplicaram na década seguinte.[5] O próprio Lobato contribuiu, traduzindo para a Companhia Editora Nacional *A história da Bíblia,* em 1940.[6]

Quanto a *The Story of Inventions: Man, the Miracle Maker* (1928), serviu para cajadada em dois coelhos: o texto de van Loon foi publicado em 1946, pela Companhia Editora Nacional, sob o título de *História das invenções – o homem, o fazedor de milagres,* em tradução de Hemengarda Leme e com ilustrações do próprio autor. Antes disso, porém, tinha sido adaptado por Monteiro Lobato, transformando-se no *História das invenções,* naquele profícuo 1935, mesmo ano de lançamento da adaptação de *Van Loon's Geography: the Story of the World We Live in,* (1932), que recebeu o saboroso nome de *Geografia de Dona Benta.*

Nos dois casos, as obras de van Loon foram aclimatadas ao ambiente do sítio. Entre remessas de pipocas da Tia Nastácia, *The Story of Inventions: Man, the Miracle Maker* foi entoado pela voz sabida de Dona Benta, recebendo animada recepção de Pedrinho, Narizinho e Emília.

Não surpreende que *História das invenções* tenha obtido sucesso, dando continuidade, em linhas gerais, à fórmula que já havia sido testada – e bem aceita, ao que tudo indica – em *Emília no país da gramática.* Em carta datada de 4 de maio de 1935, uma estudante sugere a Lobato: "Deve escrever muitos livros no gênero de *História do mundo para as crianças* e *Emília no país da gramática,* porque além de recreativos são altamente instrutivos e têm muita saída" (apud Azevedo et al., 1997, p.320).

---

5   A Editora Livraria do Globo, de Porto Alegre, lançou *O mundo em que vivemos* (*Van Loon's Geography*), em tradução de Álvaro Franco (1934); *História da humanidade,* traduzido por Marina Guaspari (1934); *América,* com tradução de Lucia Miguel Pereira (1935); *As artes,* com tradução de Marina Guaspari (1939); *Navios, e de como eles singraram os sete mares,* com tradução de Erico Verissimo (1941); *Vidas ilustres,* com tradução de Marques Rabello (1945) e *História do oceano Pacífico,* com tradução de Lauro Freitag (1941). A Livraria José Olympio publicou *A vida e a época de Rembrandt,* com tradução de Tasso da Silveira (1941).

6   Diz Lobato, em carta a Artur Coelho, de 11.2.1940: "E estou também traduzindo a 'História da Bíblia', do van Loon. Minha esperança é que com a publicação deste livro uns dez mil leitores fiquem de miolos transtornados" (Lobato, 1959a, p.51).

Lobato parece ter ouvido o recado e foi buscar em van Loon a inspiração para outros livros divertidos, instrutivos e vendáveis. Acompanhando de perto a estrutura da obra de van Loon, a adaptação brasileira desenvolve a ideia de que todas as engenhocas já criadas são prolongamentos do corpo humano, movidas pela lei do menor esforço:

> todos os progressos humanos não passam da multiplicação do poder dos olhos, da boca, dos pés, das mãos e dos ouvidos – e da resistência da pele. (Lobato, 1944a, p.22-3)

Fiel a essa ideia, o livro de Lobato passa pelos vários órgãos que teriam sido "expandidos" por aparatos, dos mais remotos aos mais atuais. E, claro, pelas fontes de energia – o petróleo incluso – que põem a mover as engrenagens deste mundo. Os títulos dizem tudo: "Da pele ao arranha-céu", "A mão" (e "Mais mão", "Ainda a mão", "Últimas mãozadas"), "O pé humano", "O pé que roda: a roda", "O pé que voa: o avião", "A boca", "O nariz", "O ouvido" e "O olho".

Sendo obra de louvor ao poder da criação humana, *História das invenções* não poderia deixar de ser também um livro que fala, em diversos níveis, dos próprios livros. Quando estão a listar os benefícios das invenções e as maravilhas que existem, mesmo em "uma simples casa de sítio", as crianças se lembram de citar os livros, a que Dona Benta responde:

> – Sim, os livros onde os homens de imaginação e cultura fixaram suas ideias. Temos a Enciclopédia Britânica, onde toda a ciência humana está concentrada. (ibidem, p.91)

Esse é o primeiro recado, expressamente dado: livros são obra de gente especial e podem fixar tudo o que se conhece.

A segunda lição vem nas entrelinhas: livros geram novos livros. É graças à obra de van Loon que os leitores de Lobato têm em mãos um volume intitulado *História das invenções*:

> – Tenho aqui um livro de Hendrik Van Loon, disse ela [Dona Benta], um sábio americano, autor de coisas muito interessantes. Ele sai dos caminhos por onde todo mundo anda e fala das ciências dum modo que tudo vira romance, de tão atrativo. Já

li para vocês a geografia que ele escreveu e agora vou ler este último livro – *História das Invenções do Homem, o Fazedor de Milagres*.

Era um livro grosso, de capa preta, cheio de desenhos feitos pelo próprio autor. Desenhos não muito bons, mas que serviam para acentuar suas ideias. (ibidem, p.5)

Entre o original e a adaptação, interpõe-se a leitura de Dona Benta, de onde se depreende a terceira lição: um livro transforma-se pela leitura, reservando um espaço de *recriação*, por parte do leitor. E mais: as propriedades de um texto não se encontram apenas no plano do conteúdo, mas no da linguagem:

– Este livro não é para crianças – disse ela [Dona Benta] – mas se eu ler do meu modo, vocês entenderão tudo. Não tenham receio de me interromperem com perguntas, sempre que houver qualquer coisa obscura. (ibidem, p.6)

O que salta à vista é que há certa contradição entre os dois trechos citados: por um lado, o livro de van Loon "fala das ciências dum modo que tudo vira romance, de tão atrativo"; por outro, "não é para crianças". Lobato parece, assim, ter sentido necessidade de radicalizar a proposta de van Loon, como sugere Tasso da Silveira:

Mesmo em suas adaptações, Monteiro Lobato se revela um verdadeiro descobridor do espírito da criança. Os livros de Van Loon, de que extraiu a "Geografia" e a "História das invenções" são, de certo ponto em diante, massudos, e por vezes impertinentes, não obstante o jeito novo que Van Loon encontrou para ensinar coisas difíceis.

Lobato corta-lhes todas as asperezas, adivinhando o ritmo da alma infantil, e, com ajuda de seus bonecos [sic], transfigura Van Loon áspero e longo num menino sábio completamente afeito à psicologia dos seus ouvintes-mirins.[7]

A fórmula que transforma as asperezas de van Loon em um suave caminho vai além dos cortes que Lobato efetua na obra que deu origem ao *História das invenções*. O segredo da poção parece estar, em parte, na intensificação da narratividade do texto, procedimento que claramente coopera para dissolver

---

[7] "Monteiro Lobato e as crianças". Documento n.571, inserido, sem indicação de fonte ou data, na p.222 do álbum de d. Purezinha.

a secura do texto de divulgação científica. Se já em van Loon os progressos humanos são relatados numa fiada narrativa em que uma "descoberta" leva a outra, em Lobato o ser humano primitivo individualiza-se em personagem, diversas vezes mencionada: trata-se do "peludo" que, em função da necessidade, da inteligência, da lei do menor esforço e da capacidade de acumular conhecimentos, vai pondo adiante a civilização. Ao lado dessa linha narrativa protagonizada por "peludo" e entremeada com digressões e explicações, uma outra história se conta: a da recepção da obra, que abre espaço para as interrupções dos ouvintes sublinhadas por Dona Benta, ou seja, para os famosos diálogos que fazem as delícias dos serões da avó leitora e ledora. Repete-se aqui, portanto, uma pedagogia da leitura e do aprendizado que pressupõe, na esteira dos princípios da Escola Nova, papel participativo por parte do aprendiz/ouvinte/leitor.

Por fim, contribuem também para aproximar a história das invenções do jovem leitor de Lobato as menções ao contexto brasileiro, conectando em muitos momentos as informações científicas ao ambiente reconhecível do aqui e agora. Assim acontece, por exemplo, quando se fala do fósforo desenvolvido pelo sueco Lundstrom, o que dá a deixa para Dona Benta comentar: "Hoje temos por aqui muitas fábricas de fósforos, marca *Olho*, marca *Pinheiro*, etc." (Lobato, 1944a, p.41).

Percurso editorial da *História das invenções*

O êxito de *História das invenções*, ainda que relativo se comparado a outras obras de Monteiro Lobato,[8] pode ser medido por suas frequentes

---

8 A título de exemplo, em carta a Monteiro Lobato de 27 de novembro de 1941, Octales Marcondes informa que *História das invenções* teve uma tiragem de quinze mil exemplares, em 1935, e de cinco mil, em 1940. Nesse mesmo período, as tiragens de *História do mundo* totalizariam 31 mil exemplares. Documento disponível em: <http://www.unicamp.br/iel/monteirolobato/corre_passiva/MLb-3.2.00407.htm>. Acesso em: 12 nov. 2007.

reedições.[9] Em sessenta anos, do primeiro lançamento a 1995, foram 29 edições em volume dedicado exclusivamente à obra. A partir daí, a Editora Brasiliense optou por seguidas reimpressões da 29ª edição, que se mantém até hoje em catálogo.

As quatro primeiras edições da obra, produzidas pela Companhia Editora Nacional, entre 1935 e 1944, foram ilustradas por Jurandir Ubirajara Campos. A obra fazia parte da Série 1ª da Biblioteca Pedagógica Brasileira, sob a direção de Fernando de Azevedo. Entre 1948 e 1968, foram nove edições, em que o ilustrador passou a ser André le Blanc. A 14ª e a 15ª edições, em brochura da Editora Brasiliense, saem com ilustrações de Marquerita Bornstein, respectivamente em 1969 e em 1972. A partir da 16ª edição (1974), Manoel Victor Filho assina as ilustrações do texto, editado em duas colunas. Esse é o formato adotado até a 29ª edição.

História das invenções deu também as mãos a outros textos de Lobato, participando de volumes em que se editaram pares de obras. A parceria mais longa, iniciada em 1947, foi com *Serões de Dona Benta*, publicados inicialmente no oitavo volume da 2ª série da Literatura Infantil de Monteiro Lobato, pela Brasiliense, com ilustrações de Andre le Blanc. De 1947 a 1966, existiam quatorze edições desse volume duplo. Entre 1970 e 1978, mais sete edições da Brasiliense, agora com ilustrações de Manoel Victor Filho, inseridas no sexto volume da série "b" das *Obras completas de Monteiro Lobato*. Em 1979, o Círculo do Livro estabelece uma nova composição: *História das invenções* é publicado com *D. Quixote das crianças*, sendo ilustrados por uma equipe coordenada por Jorge Kato.[10] O livro constitui o nono volume da

---

9 Na página final do exemplar da 4ª edição da *História das invenções*, disponível na Biblioteca Monteiro Lobato, de São Paulo, lê-se, em caligrafia de criança, a caneta e em grandes letras "Viva" e (em letras menores) "Monteiro Lobato, e seu livro, História das invenções".

10 A equipe de ilustradores é formada por Adilson Fernandes, Carlos Avalone Rocha, Eli Marcos Martins Leon, Luiz Padovin, Michio Yamashita, Miriam Regina da Costa Araújo, Paulo Edson, Roberto Massaru Higa, Roberto Souto Monteiro.

"Obra infanto-juvenil de Monteiro Lobato". Até 1990, o Círculo do Livro lançou onze edições do volume.[11]

Ao longo desse percurso editorial de *História das invenções*, ocorreram notáveis alterações no texto.

O primeiro conjunto de modificações relaciona-se à inserção das notas de rodapé. A 1ª edição, de 1935, não é acompanhada de nenhuma nota.[12] Da 3ª à 13ª edição, aparecem três notas, cuja adição, em face de outros momentos de razoável complexidade de entendimento, parece bastante fortuita.[13]

A partir da 14ª edição (1969), as notas engrossaram as edições da Brasiliense. Acompanhando a transformação do livro de capa dura em brochura e a substituição das ilustrações de Andre le Blanc pelas de Marquerita Bornstein, a obra ganhou explicações, passando a contar com 23 notas de rodapé. Mantiveram-se as três notas da 3ª edição e somaram-se outras vinte

---

11   A colagem de *D. Quixote das crianças*, na sequência de *História das invenções*, corresponde à orientação dada nas primeiras páginas da 4ª edição de *História das invenções*. Lá se lê que: "Os livros de Monteiro Lobato possuem uma continuidade episódica e devem ser lidos na seguinte ordem". Em seguida, vem uma lista de obras de Lobato, em que *História das invenções* é precedido de *Geografia de Dona Benta* e seguido de *D. Quixote das crianças*. O volume que reúne *Serões de Dona Benta* e *Histórias das invenções*, por sua vez, estabelece uma nova lógica de composição. Ambos os livros tratam de informações sobre ciência e tecnologia, o que deve explicar a junção. Caberia perguntar por que, ainda que tenha sido escrito antes, *História das invenções* tenha vindo de certa forma a reboque dos *Serões*, invertendo aquela "ordem de leitura" sugerida acima. Questão de tino comercial, baseado na detecção das preferências dos leitores?

12   Não tive acesso à 2ª edição da obra, lançada em 1940.

13   No trecho que se refere ao armamentismo crescente (capítulo 1, "O bicho inventor"), comenta-se no rodapé que "Isso foi escrito muito antes do rompimento da Segunda Guerra Mundial", não se sabe bem se para negar ou se para ratificar a informação de que esses países "acabarão vitimados pelo excesso de armamentos, do mesmo modo que os grandes sáurios de outrora". Mais adiante, no capítulo 2 ("Da pele ao arranha-céu"), explica-se, em nota, que o Brás é "bairro industrial de São Paulo". Por fim, no capítulo 10 ("O pé que voa: o avião"), a nota esclarece que "Alguns anos depois sobreveio o horrível desastre do Zeppelin 'Hindenburg' no momento de chegar aos Estados Unidos. A catástrofe horrorizou o mundo e ninguém quis saber dos dirigíveis". Essas mesmas três notas são as únicas a aparecer nas edições do Círculo do Livro, a partir do final da década de 1970.

que, além de buscar facilitar a leitura ("Para facilidade de compreensão, abrevia-se assim: 6-63, o que corresponde ao número de zeros"), prestam informações adicionais, de teor histórico e científico ("O homem apareceu no chamado período quartenário distante cerca de cinqüenta milhões de anos"). A maior parte, porém, atualiza as informações do corpo do texto, fornecendo dados mais recentes, como acontece no trecho da obra que trata do alcance dos armamentos bélicos. O texto menciona dez mil metros e a nota retifica: "O maior porta-aviões nuclear do mundo, de bandeira norte-americana – o *Enterprise* – tem uma potência de tiro de vinte mil metros".

Os dados dessas novas notas são todos referentes ao final da década de 1960 e, se tinham a função de recontextualizar as informações de olho no leitor daquela época, é irônico que se tenham congelado, sendo apresentados sem novas atualizações nas edições disponíveis hoje no mercado. Não se pode deixar de destacar também que nada trai mais a ideia de Lobato de encantar as crianças do que a linguagem enfadonha empregada nessas notas.[14]

Intrigante é a inclusão de uma nota que amplia a informação de que "os romanos usaram grandemente da forca". A nota acrescenta: "E também o *tripalium*, ou a cruz dos condenados com que crucificaram Cristo". A informação parece ter saído da cartola, já que evidentemente os romanos usaram inúmeros instrumentos de suplício além do *tripalium*, o único que lembraram de citar. A hipótese de que o intuito fosse o de vencer resistências

---

14 Tome-se como exemplo a extensa e enfadonha nota que trata do xisto: "As imensas reservas xistosas do Vale do Paraíba estão em fase inicial de exploração industrial, cujos estudos revelaram vantajosas possibilidades econômicas. Uma vez em funcionamento a usina, serão produzidos, diariamente, 2 milhões de metros cúbicos de gás de xisto, e mais 120 toneladas de fertilizantes; 220 toneladas de etano (hidrocarboneto parafinado) e etileno (hidrocarboneto olefínico); 150 toneladas de propano (gás incolor parafínico) e propileno; 8 toneladas de enxofre; 4 toneladas de inseticidas. E, ainda: álcool etílico, ácido nítrico, acetato de vinila, aldeído fórmico, ácido metacrílico, cloreto de polivinila, solventes, tetracloreto de carbono, uréias e ictiol. Os subprodutos do xisto industrializado servirão também para materiais de construção obtidos a partir dos resíduos, como cimentos, lajes para pavimentação, tijolos leves de excepcional resistência" (Lobato, 1972b, p.136-7).

de setores católicos e ampliar a aceitação da *História das invenções* não parece descabida, dadas as primeiras reações que a obra suscitou.

O coro dos contrários

Ao lado dos elogios à habilidade de Lobato de ensinar às crianças "de uma maneira suave cousas graves e às vezes até massudas",[15] duas parecem ter sido as queixas contra a adaptação da obra de van Loon: a de que pregava o "materialismo", desconsiderando propósitos de instrução espiritual e seguindo a cartilha do evolucionismo, e a de que negava a glória de Santos Dumont, crime, portanto, de lesa-patriotismo, justamente às vésperas da propaganda estadonovista.

A *União, Semanário Católico do Rio de Janeiro*, em 11 de outubro de 1936, dá voz às queixas da Associação de Professores Católicos de Diamantina, que temiam, "e parece que com razão, os grandes males que poderiam advir para a fé e educação cristã das crianças da leitura das últimas obras de Monteiro Lobato. Estas obras são 'Geografia de Dona Benta' e 'História do Mundo para Crianças' e a pior de todas, 'História das Invenções'". Transcreve, em seguida, carta da referida associação:

> Além dos defeitos de pedagogia, que assinalaram os entendidos e que não são propriamente da nossa competência, sobretudo a freqüência de palavras e expressões chulas (como: "o raio do governo",[16] etc.) tais livros são eivados, do começo ao fim, do materialismo mais crasso e o que é para mais se lastimar são destinados a criancinhas, incapazes ainda de defender a sua fé. Eis um exemplo: – 'Não poderá (o homem) ficar vencedor sempre? (Pergunta uma netinha a Dona Benta) – Impossível responder, minha filha. Assim como no animal surgiu essa inteligência que deu o domínio da

---

15 "Coisas da cidade", documento n.561, sem identificação de data, fonte ou autor, inserido na p.216 do álbum de recortes de d. Purezinha, disponível no acervo da Biblioteca Monteiro Lobato, em São Paulo.
16 A expressão encontra-se na 1ª edição de *História das invenções*, p.41.

terra, poderá surgir outra forma de inteligência, mais apurada, em outro qualquer ser, numa planta, num peixe, numa formiga, num micróbio. A cada momento se alude ao animal homem, que vem do macaco, que andava de quatro pelas florestas etc. (Lobato, 1944a, p.11-2, grifos no original)

Os mestres de Diamantina não foram os únicos a condenar as obras paradidáticas de Lobato. Tasso da Silveira, em "Monteiro Lobato e as crianças",[17] escreve:

> Há, no entanto, a observar [sobre *Geografia de D. Benta* e *História das invenções*], que nem sempre Monteiro Lobato ou os autores que adapta se mostra informado com exatidão das mais recentes aquisições da ciência.
> ...
> Assim, na 'História', Monteiro Lobato ensina sem pestanejar o mais ingênuo evolucionismo que já tenhamos visto esposado por alguém.
> ...
> Uma última restrição, esta mais grave, e a quem [sic] de fato, mais me importa: Monteiro Lobato, que se educou a si mesmo, e incontestavelmente venceu, tendo, portanto, feito a experiência do valor das diretrizes espirituais – em nenhum de seus volumes para crianças se preocupa com o problema. O seu intuito exclusivo é na série das 'Reinações', divertir, e na série propriamente didática, transmitir conhecimentos científicos.

Outro documento acusa a *História das invenções* – e seu autor – de propagandear em favor do petróleo:

> Na "História da invenções", depois de louvar os pioneiros da descoberta do petróleo, entre os quais se inclui, e de atacar o que chama de carneirada, o sr. Monteiro Lobato escreve: "Os carneiros gordos, isto é, os ricos, os que herdaram o dinheiro que o pai ganhou, os que se enriqueceram com a valorização das terras (de terras que se valorizaram com o trabalho dos pioneiros) ou com as 'grandes negociatas feitas com o governo' – esses riam-se dos petrolíferos com grande superioridade e negam-lhe qualquer apoio.

---

17   Documento citado em nota anterior.

Mas isto será matéria de ensino público ministrado à custa do governo, nas escolas primárias?"[18]

O texto contesta também o fato de Lobato ter dado primazia aos irmãos Wright como os primeiros homens a voar, em detrimento de Santos Dumont:

> É inacreditável que um brasileiro possa sustentar esse ponto de vista inteiramente errado, que só interessa à confusão que os norte-americanos procuram criar a respeito da grande descoberta.

E, mais adiante, conclui:

> A "História das invenções", além de ser como a "Geografia de Dona Benta", um livro inciso às crianças, contém erros e desmerece o maior feito de um brasileiro reconhecido por todo mundo.

A referência final do documento sugere que as reações à *História das invenções* parecem ter tomado carona na rejeição à *Geografia de Dona Benta*. Américo Palha, em artigo publicado em jornal,[19] acusa Lobato de, "procurando exaltar S. Paulo, suas realizações, seu progresso, transformar o seu livro [*Geografia de Dona Benta*] num documento de pura propaganda separatista", fazendo eco à notícia publicada no *Diário da Noite*, de 13 de março de 1936, intitulada "Insultos ao Brasil em obra aconselhada às nossas crianças!". Na linha fina da manchete, lê-se "Um livro do sr. Monteiro Lobato que merece a imediata atenção das autoridades".

Em outro artigo do álbum de dona Purezinha, aparece, ao final:[20]

> Mas não é só esse livro incrível [*A Geografia de Dona Benta*] que a Companhia Editora Nacional obteve do sr. Monteiro Lobato para entregar às crianças brasileiras.

---

18 Documento n.259, inserido, sem indicação de fonte, data ou autor, na p.257 do álbum de d. Purezinha.
19 Documento n.655, inserido, sem indicação de data, na p.255 do álbum de d. Purezinha.
20 Documento n.657, sem indicação de fonte, data ou autor, inserido na p.256 do álbum de d. Purezinha.

Na "História das invenções" não se encontram coisas menos alarmantes como arma de desagregação do Brasil, de desmoralização dos governos.

E promete: "Mas isto ficará para outra reportagem".

As transformações do texto

Separatismo, crime contra o orgulho nacional, defesa do materialismo e ataque às ideias cristãs. Essas críticas parecem engrossar o coro de certos segmentos sociais que questionavam, desde a década de 1920, a obra infantil de Lobato (ver Bignotto, 2007). A partir de meados da década de 1930, intensifica-se a perseguição aos livros infantis de Monteiro Lobato, que chegarão a ser proibidos em certas escolas públicas, como mostra Eliane Santana Dias Debus (2001).

A comparação do texto da 1ª edição do *História das invenções* (1935) com o da 3ª edição, de 1942 (e, portanto, já na vigência da ditadura Vargas), revela que – por livre escolha ou por injunção – a obra foi flagrantemente limada, não só para ajustes na compreensão de algumas frases, mas sobretudo para depurá-la de certas digressões talvez comprometedoras no campo político. Em dois trechos do texto original de 1935, menções à Rússia, talvez interpretadas como louvor ao regime comunista, desapareceram da 3ª edição (e das subsequentes):

> Na Rússia, que é hoje o país mais avançado de ideias, e na Alemanha, já o operariado, isto é, o pobre, começa a ser considerado como gente – e já possui casas de um conforto e intimidade. (Lobato, 1935 p.36)[21]

> A Rússia pode alimentar com seu trigo uma cidade de antípodas onde haja escassez de alimento. (ibidem, p.91)[22]

---

21   Este fragmento foi totalmente suprimido na 3ª edição.
22   Na 3ª edição, a frase se mantém, mas "A Rússia" foi substituída por "A Argentina".

O trabalho de limpeza do texto eliminou especialmente investidas que tinham endereço certo: o governo brasileiro. Em várias passagens da 1ª edição, Lobato, na voz da fazendeira Dona Benta, difunde as lamúrias do empreendedor que, fascinado com o progresso, tem de ajustar contas com o atraso nacional. Na p.41, por exemplo, a política da queima do café é o alvo:

> – Pois é isso, meus filhos. Nós cá no sítio ainda estamos atrasados em matéria de luz. Ainda usamos querosene. Mas deixe estar. **No dia em que tivermos um governo que não queime o café que eu colho, hei de comprar um dínamo.** (ibidem, p.41, grifos nossos)

A partir da 3ª edição, o trecho destacado na citação restringe-se a "No dia em que o café subir, eu compro um dínamo". Na mesma página, o trecho original que finalizava o capítulo III foi completamente suprimido. Depois de mencionar as vantagens que traria a eletricidade gerada por uma cachoeirinha do sítio, constava da 1ª edição mais uma conversinha amarga:

> – E por que a senhora não aproveita?
> – Porque não posso, já disse. Esse aproveitamento exigiria vários contos de réis – e como há de enxergar contos de réis uma fazendeira cujo café o Governo queima?
> Dona Benta não podia conformar-se com aquilo. O raio do Governo obrigava a matar a broca do café para ter o gosto de queimar só café perfeito, sem um buraquinho de broca...
> – Ah, meus filhos! Em matéria de pensar às avessas do bom senso, o nosso Governo é o campeão universal... dizia ela sempre.

O ressentimento com a política de queima do café aparece ainda nas p.90[23] e 121[24] da edição de 1935, em trechos posteriormente eliminados. Todavia, o cardápio de acusações de Lobato era mais variado: o tema da

---

23 "O nosso cérebro aqui, no Brasil, por exemplo, que produz café para queimar, é claro que já desceu da velocidade de 10 para 5..."
24 "Viagens dessas custam muito dinheiro e o meu dinheiro vinha do café. Mas o governo entendeu de proteger o café e vocês sabem o que aconteceu... Os meninos ficaram de nariz comprido, furiosos com o governo. ..."

exploração do petróleo também entra na ladainha contra o governo. Este longo trecho digressivo do capítulo VI, sobre as "negociatas com o governo", exatamente o mesmo mencionado em recorte de jornal já citado, foi cortado a partir da edição de 1942:

> Aqui no Brasil vemos hoje os pioneiros do petróleo, os homens de ideias avançadas que querem a todo o transe tirar o petróleo que se acha escondido no seio de nosso imenso território. Mas a carneirada, para a qual esse petróleo no dia em que sair vai ser de tremendo proveito, opõe-se. Cria embaraços. Caçoa. Chama os pioneiros de loucos, de exploradores, de visionários. E não só os insulta como lhes nega meios de trabalho. Os carneiros gordos, isto é, os ricos, os que herdaram o dinheiro que o pai ganhou, os que se enriqueceram com a valorização das terras (de terras que se valorizaram com o trabalho dos pioneiros), ou com as grandes negociatas feitas com o Governo – esses riem-se dos petrolíferos com grande superioridade e negam-lhes qualquer apoio. O Governo também embaraça os trabalhos de perfuração, porque a função do Governo entre nós é essa – embaraçar, criar obstáculos.
>
> Mas no dia em que o petróleo jorrar em conseqüência da teima dos pioneiros, esses ricos e esse Governo serão os primeiros a avançar na nova riqueza. Os ricos procurarão imediatamente tomar conta da indústria, e o Governo virá com os seus terríveis impostos. Assim tem sido e assim é no mundo inteiro. Mas voltemos ao carvão. (Lobato, 1935, p.78-80)

Mais adiante, outro trecho em que Dona Benta expunha a luta entre os "pioneiros" e a "carneirada" derrotista só aparece na 1ª edição:

> E os sábios oficiais, então? Sábios oficiais são homens tolos com cara de sabidos, que o governo coloca em certos cargos técnicos. Têm sido em todos os países os maiores adversários dos pioneiros. Dão para trás em todas as novidades propostas – e como os governos só agem baseados nas informações deles, o progresso é quem paga o pato.
>
> Aqui no Brasil, por exemplo, até agora não tivemos petróleo porque os sábios juravam sobre a Bíblia que não temos petróleo; e também não produzimos ferro porque esses mesmos sábios impedem a entrada de certos processos novíssimos de fazer ferro. No tempo de Stephenson os sábios oficiais riram-se da ideia da locomotiva com o mesmo riso com que os nossos se riem do petróleo e do ferro. E provaram com cálculos seguríssimos que aquilo era bobagem, uma exploração do público, etc.
>
> Mas Stenphenson insistiu. (ibidem, p.107-8)

Como também insistiu Monteiro Lobato, que encantou a criançada ao divulgar ciência com gosto de pipoca. Mas encontrou a resistência dos que leram em suas linhas reinações do empreendedor inconformado. Talvez tenha tido de ceder, abafando as queixas do texto da 1ª edição. Seja por razões literárias, para não enfadar a gurizada com rabugices de adulto, seja por sobrevivência política, para não melindrar os "carneiros gordos" e o governo Vargas, cada vez mais zelosos contra "doutrinas perigosas" que enxergavam igualmente na obra infantil de Lobato, mesmo naquela de divulgação científica. Ou talvez, especialmente nela.

Monteiro Lobato, como George Stephenson, James Watt, Robert Fulton, Michael Faraday e todos os que herdaram o pioneirismo do "peludo" sabiam que "o pioneiro é sempre combatido pela carneirada inerte, difamado, insultado, perseguido" (ibidem, p.78). Essa ideia já aparecia em *The Story of Inventions*, de van Loon, e Lobato soube, em nome de seus sonhos de progresso, adaptá-la em *História das invenções* às suas próprias necessidades, transformando-a em arma de combate. No caso desse livro, em arma de denúncia da situação brasileira, que, para Lobato, parecia estancada um passo atrás nesse "belo horror chamado Civilização".

MONTEIRO LOBATO
D. QUIXOTE
das crianças

COMPANHIA EDITORA NACIONAL - S. PAULO

verso:
D. Quixote das crianças. 1.ed. São Paulo: Companhia Editora Nacional, 1936
Coleção Ricardo Ferreira
Fotografia: Gregório Ceccantini

19
Dom Quixote das crianças e de Lobato
No qual Dona Benta narra as divertidas aventuras do cavaleiro manchego e também se contam os sucessos ocorridos durante os serões.
Amaya O. M. de Almeida Prado[1]

> *A tradução tem que ser um transplante. O tradutor necessita compreender a fundo a obra e o autor, e reescrevê-la em português como quem ouve uma história e depois a conta com palavras suas. ... Os tradutores são os maiores beneméritos que existem, quando bons; e os maiores infames, quando maus. Os bons servem à cultura humana, dilatando o raio de alcance das grandes obras.*
> (Monteiro Lobato, 1946a, p.127-8)

Em algum lugar do Brasil, num sítio cujo nome todos conhecem, vivia uma turma que adorava ler. Mas *ouvir* as histórias que Dona Benta contava tinha um sabor especial. Uma dessas histórias foi a de Dom Quixote. Tudo começou quando Emília derrubou da estante mais alta da biblioteca os dois enormes volumes do clássico de Miguel de Cervantes, só porque queria ver as ilustrações.

Dom Quixote das crianças, de Monteiro Lobato, conta a história de como Dona Benta apresentou aos seus ouvintes as aventuras do mais famoso cavaleiro andante de todos os tempos. As peripécias mais divertidas

---

[1] Graduada em Letras pela UNESP, Assis, mestre pela UFMS/CPTL, onde é professora substituta. Desenvolveu a pesquisa intitulada "Adaptação, uma leitura possível: um estudo de *Dom Quixote das crianças*, de Monteiro Lobato". Desde que se *enfrascou* na leitura das aventuras do Sítio, sempre busca *encher-se-lhe a fantasia de tudo o que acha nos livros, com muita afeição e gosto*.

da célebre dupla são por ela contadas de forma resumida e acessível, com a linguagem bem simplificada para os padrões de livros infantis da época, na intenção de atender às exigências dessa plateia.

Dona Benta segue de perto os passos de Dom Quixote e seu escudeiro Sancho Pança, sem perdê-los de vista, embora descarte várias passagens da obra de Cervantes. Todas as histórias, novelas, representações e digressões que talvez "alongassem" o texto original, na perspectiva do público infantil, são eliminadas na adaptação. O texto adaptado traz "somente o que diverte a imaginação infantil" (Lobato, 1952a, p.169), que são os episódios mais difundidos ao longo do tempo, de modo a ressaltar os aspectos cômicos originados a partir da loucura do herói. São exemplos a aventura dos moinhos de vento, a queima dos livros de Dom Quixote, os embates e as surras que a dupla sofre, os episódios do elmo de Mambrino, dos pilões e dos odres de vinho, de Sancho no governo da ilha Barataria, dos duelos do herói com "cavaleiros" oponentes. Mesmo bastante resumida, a adaptação mantém-se fiel ao original.

Paralelamente à narração de Dona Benta, desenvolve-se a história de sua recepção por parte dos ouvintes. Abre-se, então, um espaço para aventuras vividas pela turma do Sítio. Emília enlouquece como Dom Quixote e é presa em uma gaiola de passarinho. Visconde, achatado no começo da história, é recuperado por Tia Nastácia e por Emília, quando ganha novo corpo e tem sua consciência recomposta com o "caldinho de ciência" que a boneca salvou do corpo antigo. Alguma semelhança com o bálsamo de Ferrabrás não terá sido mera coincidência.

Além de viver essas aventuras, as personagens lobatianas questionam e discutem a necessidade, a validade e a viabilidade não só da leitura em geral, como também dos recursos de adaptação utilizados quando se deseja apresentar ao público infantil e juvenil uma história que originalmente não foi composta para ele.

Dom Quixote das crianças foi publicado em 1936, em São Paulo, pela Companhia Editora Nacional. A primeira edição contou com uma tiragem de

10.625 exemplares e a segunda (de 1940), de 5.025.² A 3ª edição, pela mesma editora, é de 1944. Depois dessa data, as obras de Lobato foram publicadas pela Editora Brasiliense. Atualmente, o livro conta com vinte e sete edições. Em 1938, Benjamin de Garay publicou, na Argentina, pela editora Claridad, *Don Quijote de los niños*. Em 1945, ainda na Argentina, pela editora Americalee, apareceu a tradução de M. J. de Sosa, com o título *El Quijote de los niños*, publicado novamente em 1953, dessa vez pela editora Losada.

Do sonho à ação: o desejo de adaptar *Dom Quixote*

A primeira referência a respeito da adaptação de *Dom Quixote* encontra--se em carta de Lobato a Godofredo Rangel, datada de 1º de junho de 1921. Portanto, a vontade de adaptar *Dom Quixote* pode ser tão antiga em Lobato quanto sua produção de livros para a infância, que se inaugurara em 1920 com *A menina do narizinho arrebitado*. Nessa carta, o autor pede ao amigo que vá traduzindo "contos shakespearianos" e já indica o método que tem em mente: uso de linguagem bem simples e ordem direta; liberdade total de adaptação, com atenção ao fundo e não à forma. Ao final da missiva escreve: "Quanto ao *D. Quixote*, vou ver se acho a edição do Jansen" (Lobato, 1944b, p.418). A frase sugere que Lobato enviaria ao amigo a edição da adaptação de Jansen, de 1901 (Lajolo & Zilberman, 1988, p.29), para que, a partir dela, pudesse executar um novo trabalho de adaptação nos moldes propostos, por ele mesmo, para a modernização do método.

Em 11 de janeiro de 1925, numa outra carta, Lobato (1944b, p.453) pede que Rangel traduza mais. Envia-lhe alguns "contos extraídos das peças de Shakespeare" (dentre os quais Rangel escolheria três) e revela a intenção de "fazer de cada conto um livrinho para meninos". Junto a esses textos

---

2 Dados do Acervo Histórico Ibep – Companhia Editora Nacional, obtidos a partir de correspondência eletrônica em 5.10.2006 (in Prado, 2007, p.132).

vai um "resumo italiano" do *D. Quixote*, provavelmente já uma adaptação, a respeito da qual o autor pede a opinião do amigo: "é para veres se vale a pena traduzir". Se tivesse sido executado, tal trabalho seria – curiosamente – uma tradução brasileira de uma adaptação italiana do clássico espanhol.

O que transparece nessa carta é uma maior preocupação com o estilo, visto que Lobato recomenda, novamente, "linguagem bem singela", "estilo água do pote", "liberdade de melhorar o original". Nesse caso, os originais seriam as adaptações e não os textos de Shakespeare ou de Cervantes. "Refazer tudo" e "abrasileirar a linguagem" são as metas para essas produções, sempre com vistas à especificidade do público.

A viabilidade e a urgência em prover o público de adaptações de clássicos ficam reforçadas pela insistência dos pedidos a Rangel. Em outra carta, de 8 de março, ainda de 1925, Lobato reitera o convite:

> Andas com tempo disponível? Estou precisando de um *D. Quixote* para crianças, mais correntio e mais em língua da terra que as edições do Garnier e dos portugueses. Preciso do *D. Quixote*, do *Gulliver*, do *Robinson*, do diabo! Posso mandar serviço? É uma distração e ganhas uns cobres. Quanta coisa tenho vontade de fazer e não posso! Meu tempo é curto demais. (Lobato, 1944b, p.454)

O projeto de adaptação de Lobato, "original" e "sem cerimônia", é levado às últimas consequências, particularmente no caso de *Dom Quixote*, e chega ao limite da apropriação, que talvez se possa considerar antropofágica, a começar pelo título. *Dom Quixote* passa a ser *das* crianças e não mais de Cervantes, ou de Lobato. Nem mesmo "de la Mancha", já que virá a terras brasileiras, por ocasião da mudança das personagens do mundo da fantasia para o Sítio, na obra *O Picapau Amarelo*, de 1939.

A recepção crítica

Os estudos sobre *Dom Quixote das crianças* apontam-no como uma recriação de qualidade estética, dessas que – como sugere a epígrafe deste capítulo – dilatam o raio de alcance das grandes obras. Sem dúvida, o texto apresentou a muitos brasileiros o universo cervantino, quando esses leitores não tinham ainda maturidade para apreciar integralmente o texto clássico.

Marisa Lajolo, no artigo "Lobato, um Dom Quixote no caminho da leitura", chama a atenção para o fato de que *Dom Quixote das crianças* constitui um "projeto de leitura, de tradução e de adaptação". Seu texto, publicado em 1994, tem sido o ponto de referência de todos os estudos posteriores. Segundo a autora, nessa obra,

> o leitor encontra material bastante rico para reflexão sobre questões de leitura, de leitura dos clássicos, da adequabilidade de certas linguagens a certos públicos, do papel a ser representado pelo adulto responsável pela iniciação dos jovens na leitura e mais miudezas. (Lajolo, 2005a, p.103)

Maria Augusta da Costa Vieira (1994) destaca importantes aspectos na adaptação lobatiana, tais como as reflexões sobre a recepção de livros por crianças e a formação de leitores. A autora salienta que a interpretação de Lobato tem uma motivação nitidamente romântica, no sentido de que evidencia o tom trágico da trajetória do cavaleiro, um louco sonhador que incorpora elementos de leitura na vida e idealiza um mundo melhor. Entretanto, a adaptação não se traduz pela tragicidade, porque Lobato desloca o riso das loucuras do herói e centra a comicidade de sua obra no procedimento paródico de Emília.

Vieira também enfatiza a quase eliminação da figura feminina e da relação amorosa entre Dom Quixote e Dulcineia, a atenuação da ironia corrosiva do texto original e a preferência por apresentar episódios que se encerram em si mesmos, estratégias que confirmam a intenção de difundir a obra e despertar o gosto pela leitura.

Socorro Acioli (2004), ao analisar a formação, o desenvolvimento e a atuação de Emília, focaliza o projeto de leitura subjacente ao texto de Lobato. A pesquisadora demora-se um pouco mais na adaptação do

Quixote, que considera uma aula de leitura. Sua conclusão é de que a boneca exemplifica um caso de *leitura-ação*, em que o leitor vivencia todas as experiências de leitura, desde o contato com a materialidade do livro, passando pela experiência estética, modificando-se à medida que o texto altera seu horizonte de expectativas para, por fim, culminar na reescritura do texto.

Dom Quixote das crianças volta a ser estudado por Marisa Lajolo, por ocasião das comemorações dos quatrocentos anos da primeira edição do clássico. Em relação ao artigo de 1994, o alcance do estudo é ampliado. O artigo começa por revelar a assiduidade de Dom Quixote na obra infantil de Lobato, com destaque para a circunstância de que as personagens lobatianas, a exemplo das cervantinas, discutem sobre literatura e sobre seu estatuto de ficção.

Em seguida, a autora reproduz trechos de cartas dos pequenos leitores a Lobato, revelando importantes dados a respeito da recepção da adaptação. Nesse artigo se reafirma a "pedagogia da leitura" proposta por Lobato. O ato de ler aproxima-se do de ouvir, identificar-se e divertir-se. Isso é possível graças à mediação de Dona Benta.

Lajolo denomina *metaleitura* a reescritura lobatiana, visto que, assim como a obra original, a adaptação atualiza a discussão sobre leitores, livros, leitura e literatura, além de enfrentar questões de autoria e de circulação de obras literárias. A autora identifica um sentido de *transculturação* na composição de uma "paródia da paródia", pela ação da Emília:

> Este Quixote parodiado é, por assim dizer, tropicalizado: se no original de Cervantes Quixote já representa uma paródia dos heróis da cavalaria, em sua versão brasileira ele é duplamente parodiado: Emília rebaixa ainda mais a imagem que dele se constrói, como se vê, por exemplo, quando ela aproxima as dificuldades de D. Quixote alimentar-se na estalagem (episódio efetivamente presente no original e fielmente recontado por Lobato) de soluções caseiras para alimentar um pinto doente. (Lajolo, 2006a, p.11).

No sítio de Dona Benta

Lobato elaborou suas adaptações de modo que ficassem fortemente vinculadas, amalgamadas, à produção de obras originais. Para tanto, lançou mão de dois importantes artifícios. Em primeiro lugar, há a configuração de um universo narrativo facilitador da inserção de outras histórias e da construção de uma instância narrativa propícia à apresentação de outros textos. É a criação do Sítio do Picapau Amarelo como o local por onde transitam livremente as mais diversas personagens. Em segundo lugar, há a participação de Dona Benta como leitora que se torna narradora-adaptadora, mediando as leituras de seus netos e, por extensão, dos leitores em geral.

O ambiente é inovador porque, como argumenta Sandroni (1987, p.58), se, por um lado, reflete o contexto histórico e social de seu tempo e do universo rural tão destacado na literatura da época, por outro representa também um mundo mágico, em que reina a fantasia e o faz de conta. Desse modo se estabelece a relação real/mágico, numa ótica perfeitamente adequada à psicologia infantil, que abriga simultaneamente o mundo tradicional e o mundo contemporâneo, o folclore e a mais moderna tecnologia, bem como os últimos produtos de culturas estrangeiras. No mesmo lugar em que vivem sacis, é possível encontrar o moderno Gato Félix, o clássico Dom Quixote, ou trabalhadores que constroem poços de extração de petróleo.

Os serões de Dona Benta são portas de acesso para esses elementos. Neles se contam diversas histórias e se configura a base ficcional para a adaptação de qualquer obra literária, seja ela destinada originalmente a crianças ou a adultos, como indica Gabriela Böhm (2004, p.63).

É durante o ritual de reunião na sala, à noite, quando Tia Nastácia acende o lampião e abre a sessão com seu conhecido "– É hora, gente!" (Lobato, 1982b, p.76), que se estabelece o "novo método de adaptação". Em *O irmão de Pinóquio* (1929) se apresenta a "moda" da avó de contar as histórias para os netos: ler "diferente" dos livros, "traduzindo aquele português de defuntos em língua do Brasil de hoje", atualizando a linguagem, privilegiando a oralidade, de modo a ficar "o dobro mais interessante" (Lobato, 1982b, p.102).

Narradora experiente, Dona Benta domina a arte de contar histórias. Sabe transmitir as emoções de sorte que desperta a atenção e envolver seu público no clima da narrativa. A preocupação com a recepção também faz com que explique e comente o que narra, sempre que necessário. Ela conscientemente "reorganiza as seqüências narrativas e promove interrupções e cortes de modo a prender a atenção de seus ouvintes" (Martha, 2004, p.26).

Água do pote

O ponto de partida para a adequação dos textos a serem apresentados para as crianças é o trabalho com a linguagem. O registro, predominantemente coloquial, procura aproximar-se da fala, em conformidade com as inovações modernistas da época. Uma série de simplificações e de neologismos recupera o prazer de contar e de ouvir histórias, sem que haja distinção de grau e qualidade entre ler e ouvir (Zilberman, 1990, p.110).

São frequentes as discussões e reflexões a respeito da linguagem, entre as próprias personagens. Uma das mais conhecidas é aquela que se desenvolve no início do serão: diante da dificuldade de compreensão, por parte de seus ouvintes, daquela "perfeição de língua", Dona Benta não tem outra saída a não ser adaptar o estilo:

> Mas como vocês ainda não têm a necessária cultura para compreender as belezas da forma literária, em vez de ler vou contar a história com palavras minhas.
> – Isso! Berrou Emília. – Com palavras suas e de tia Nastácia e minhas também – e de Narizinho – e de Pedrinho – e de Rabicó. Os viscondes que falem arrevesado lá entre eles. Nós, que não somos viscondes nem viscondessas, queremos estilo clara de ovo, bem transparentinho, que não dê trabalho para ser compreendido. Comece. (Lobato, 1952a, p.12)

Outro momento de reflexão sobre a língua aparece no início do capítulo XXVIII. O recurso à adaptação do estilo fica evidente, quando se compara o texto original com o de Lobato:

> tamanha foi a revolta, que os guardas, já para terem mãos nos galeotes, que se estavam soltando, já para se avirem com D. Quixote que os acometia a eles, não puderam fazer coisa que proveitosa lhes fosse. (Lobato, 1952a, p.213).

Este exemplo foi classificado de "embrulho", "picadinho de orações", "salada", "charada". É difícil de engolir e provoca dor de cabeça. Emília declara abertamente sua preferência: "eu gosto dos períodos simples, que a gente engole sem o menor esforço". Dona Benta, para ser aprovada por seus ouvintes, "traduz" a passagem "em língua moderna e simplificada":

> Tamanha foi a revolta dos galeotes, que os guardas nada puderam fazer diante daquele duplo embaraço: os prisioneiros a se soltarem das algemas e D. Quixote a atacá-los com a espada. (Lobato, 1952a, p.213)

Livros por toda parte

A cena de Emília na biblioteca do Sítio, cercada de livros e absorta na leitura do clássico, mais precisamente das ilustrações de Gustave Doré, remete imediatamente a uma das primeiras imagens que se tem de Dom Quixote: "este fidalgo, nos intervalos que tinha de ócio (que eram os mais do ano), se dava a ler livros de cavalarias, com tanta afeição e gosto" (Cervantes, 1978, Parte I, cap. I, p.29).

O livro, visto como objeto, é alvo de interesse tanto no clássico como na adaptação lobatiana. Em ambas as obras, as personagens figuram cercadas de livros. O aspecto material do clássico já é um motivo para a adaptação: os dois volumes atraem a atenção de Emília, porque estão fora de seu alcance, o que não constitui necessariamente um obstáculo, nem diminui a curiosidade: o episódio transforma-se numa *aventura que desencadeia a leitura*.[3] Além do mais, os livrões são muito pesados, esmagam o Visconde e exigem que Pedrinho construa um suporte para que a avó possa manuseá-los, durante sua leitura. Essas cenas e outros diálogos ao longo da adaptação bem podem representar a dificuldade de acesso, por parte das crianças, a determinadas obras. Exatamente por isso, justificam e defendem os recursos adaptativos utilizados por Lobato. Importante ressaltar que o próprio texto propõe a superação dessas dificuldades de acesso.

Uma vez que *Dom Quixote das crianças* se converte no espaço de discussão da necessidade de adequação, seja linguística, seja material, seja de conteúdo ou de forma, pode-se dizer que tal obra é uma meta-adaptação, isto é, uma adaptação que discute a si mesma.

O serão é um ritual do Sítio que permite a entrada de outra narrativa, recurso semelhante ao empregado por Cervantes, que suspende a narrativa das aventuras de Dom Quixote e Sancho, para introduzir outras novelas ou encenações, como é o caso dos episódios de "O curioso impertinente" e "O capitão cativo". A cena de Dona Benta lendo para seus netos pode ser comparada à da leitura desses episódios do clássico. Na obra de Cervantes, estando todos reunidos na estalagem de Juan Palomeque, o cura resolve examinar os livros que o vendeiro tem. Entre eles havia um manuscrito de oito cadernos, que despertou o interesse do examinador. Convidado a ler em voz alta, para que todos pudessem conhecer seu conteúdo, ele consente:

– Pois então – disse o cura – quero lê-la, sequer por curiosidade; talvez nos saia alguma coisa aprazível.

Acudiu Mestre Nicolau a pedir o mesmo, e Sancho também. À vista daquilo tudo, o cura, entendendo que a todos recrearia, e a si também, disse:

---

3 A expressão é de Socorro Acioli (2004).

– Sendo assim, peço atenção: a novela começa desta maneira: ...
(Cervantes, 1978, Parte I, Cap. XXXII, p.190).

Essa aproximação evidencia a utilização de dois níveis narrativos, na adaptação de Lobato. Vistos com mais atenção (com base no trabalho de Maria Augusta da Costa Vieira, 1998, p.97), tais níveis narrativos se ampliam. Uma das abordagens da autora fornece importantes subsídios para a compreensão do processo adaptativo de *Dom Quixote*. É a distinção de quatro níveis narrativos, no clássico. O primeiro nível é nuclear e coordena os demais, visto que é a história das andanças de Dom Quixote e de Sancho, o que o faz central, respeitador da linearidade temporal. O segundo nível diz respeito às inúmeras histórias que vão sendo interpostas às aventuras da dupla, porém sem relação direta com o eixo central. Um terceiro nível introduz as representações teatrais; o quarto nível, que Vieira denomina autorreferencialidade, é responsável por provocar reflexões, por meio da metalinguagem, sobre a própria narrativa, além de criticar outras criações literárias, como romances, poesia, teatro ou o *Quixote* apócrifo de Avellaneda.

Ora, em Lobato é possível identificar claramente essa estruturação em níveis, se pensarmos que o primeiro deles, na adaptação, contextualiza as peripécias dos pica-paus durante a leitura do clássico, no universo do Sítio. O segundo nível se dá pela entrada da história do cavaleiro e seu escudeiro, tendo como cenário a Espanha. O mais surpreendente é que, mesclado à narrativa, verifica-se o uso do quarto nível, cuja função predominante é a metalinguística. É quando se contextualiza a prática da leitura e se propicia a reflexão sobre os caminhos do próprio texto. Desse modo, torna-se possível questionar a necessidade de adaptação dos assuntos e da linguagem e também refletir sobre *autores, leitores, livros, literatura, definição de clássico* e, como salientou Lajolo (2005a, p.103)*, o papel dos adultos na mediação de leituras e na formação dos leitores.*

Sempre que pode, Dona Benta ressalta a importância da leitura integral do clássico, no futuro: "quando vocês crescerem e tiverem a inteligência mais aberta pela cultura, havemos de ler a obra inteira nesta tradução dos dois viscondes, que é ótima" (Lobato, 1952a, p.188). Ela também recomenda a leitura de *Orlando furioso*, de Ariosto,[4] e de outras novelas de cavalaria.

As personagens lobatianas, como as cervantinas, jogam com seu estatuto ficcional, quando parecem ter consciência da possibilidade de ter suas aventuras contadas em um livro. Além de guiar-se pelo ideal de restituição da ordem da cavalaria, elemento do mundo lido, Dom Quixote sonha tornar-se, por meio do vivido, personagem de um livro:

> Quem duvida que lá para o futuro, quando sair à luz a verdadeira história dos meus famosos feitos, o sábio que os escrever há de pôr, quando chegar à narração desta minha primeira aventura tão de madrugada, as seguintes frases: ... (Cervantes, 1978, I, II, p.32)

Este também é o desejo de Emília e se converte num dos pontos de sua identificação com o cavaleiro:

> – Podia de repente aparecer um Cervantes que contasse a história num livrão como este, e me deixasse célebre no mundo inteiro, como ficou a Dulcinéia. ... (Lobato, 1952a, p.60)

Tanto no clássico como na adaptação sobram críticas até para os autores. No clássico, o narrador revela algumas queixas do autor: "dizia que escrever sempre num só assunto e falar pela boca de poucas pessoas era um trabalho insuportável, que não redundava em proveito do autor; ..." (Cervantes, 1978, Parte II, Cap. XLIV, p.482). Já na adaptação, o autor é criticado pelas personagens: "Tudo que ela faz, aquele sujeito [Lobato] conta nos livros. ..." (Lobato, 1952a, p.152). Pedrinho e Narizinho se sentem preteridos e reclamam com Emília: "Parece que [Lobato] gosta mais de você do que de nós" (p.57).

---

4   O Centro de Documentação Alexandre Eulálio, do Cedae, guarda um exemplar de *Orlando furioso*, cujas páginas iniciais, anotadas por Lobato, sugerem que a adaptação da obra de Ariosto chegou a ser iniciada. O livro foi incluído na Série Produção Intelectual de Monteiro Lobato, sub-série textual, com o seguinte título: "Adaptação de 'Orlando Furioso' de Ludovico Ariosto. (Atribuído)".

Quanto ao efeito da leitura, pode ser sentido pelas personagens, em duas passagens bem divertidas. Na primeira, Emília enlouquece, como seu herói favorito: "As histórias de D. Quixote estão virando a cabeça dela. Você vai ver, Pedrinho: o fim da Emília é no hospício..." (Lobato, 1952, p.136). Na segunda, quem tem seu momento de desvario é Pedrinho. A certa altura, ele confessa que, ao ler a história de *Carlos Magno e os doze pares de França*, também sucumbiu: "Comecei a ler e fui me esquentando, me esquentando, me esquentando até que não pude mais. Minha cabeça virou – ficou assim como a de D. Quixote" (Lobato, 1952a, p.92).

Há espaço, em *Dom Quixote das crianças*, para se pensar sobre literatura:

> ... E tais e tantas foram suas aventuras, que os poetas começaram a contá-las em seus poemas, como este de Ariosto; e os prosadores também; de modo que a literatura daquele tempo era só de cavalaria andante, como hoje é só de bandidos e policiais.
> ...
> Mas como Cervantes fosse um homem de gênio, sua obra saiu um maravilhoso estudo da natureza humana, ficando por isso imortal. Não existe no mundo inteiro nenhuma criação literária mais famosa que a sua. (p.16)

Se a permanência da obra se deve, segundo o Lobato da citação acima, à sua condição de *maravilhoso estudo da natureza humana*, parece que o fato de ser considerado um clássico está relacionado ao estilo:

> – O Visconde de Castilho foi um dos melhores escritores da língua portuguesa. É considerado um dos melhores clássicos, isto é, um dos que escreveram em estilo mais perfeito. (p.14)
> ...
> – Meus filhos – disse Dona Benta – esta obra está escrita em alto estilo, rico de todas as perfeições e sutilezas de forma, razão pela qual se tornou clássica. (p.15)
> ...
> Os escritores portugueses, que chamamos de clássicos, usavam uma forma menos singela, mais cheia de termos próprios, mais interpolada... (p.188).

Considerações finais

Como se vê, não são poucas as reflexões a que se dispõe o texto de Lobato. A "magia parcial do Quixote", definida por Borges (1974, p.667-9) como a "assombrosa" união do real com o poético, do objetivo com o subjetivo, do mundo do leitor com o mundo do livro repete-se nessa adaptação, assim como na produção lobatiana para o público infantojuvenil.

A adaptação de *Dom Quixote* evoluiu de projeto editorial a projeto literário. Da primeira ideia de simples atualização ou abrasileiramento da linguagem do texto de Jansen, passando pela hipótese de tradução de um resumo italiano do clássico, o projeto inicial é aperfeiçoado a ponto de se tornar um texto híbrido, parte adaptação, parte invenção.

A assiduidade de Dom Quixote no Sítio deixa claro que, para além do riso e da simples apresentação da história do imortal cavaleiro, Lobato assimila, como leitor apaixonado e profissional que foi, as marcas fundamentais do texto clássico, recriando-o habilmente nesse volume de sua vasta obra.

Esse fato é confirmado, quando se observam os momentos em que o cavaleiro aparece no Sítio, vivendo aventuras que não foram criadas pelo engenho de Cervantes. Ou quando os textos de Lobato, recorrendo à autorreferencialidade, a exemplo do clássico, se tornam ambiente propício à reflexão sobre adaptação e leitura e se constituem como meta-adaptação e metaleitura. Ou ainda quando leitores que se correspondiam com Lobato e até personagens de outras histórias e culturas tornam-se personagens *de* Lobato, em histórias que promovem a fusão do mundo lido com o mundo vivido.

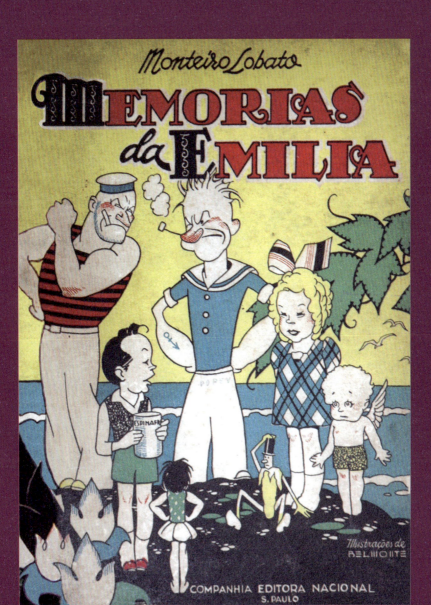

verso:
Memórias da Emília. 1.ed. São Paulo: Companhia Editora Nacional, 1936
Biblioteca Infantil Monteiro Lobato/SP
Fotografia: Gregório Ceccantini

20
Memórias da Emília
Emilia Mendes[1]

> *Quando escrevo um desses livros, ela me entra nos dois dedos que batem as teclas e diz o que quer, não o que eu quero. Cada vez mais, Emília é o que quer ser, e não o que eu quero que ela seja.*
> (Monteiro Lobato, A Barca de Gleyre)

Monteiro Lobato, nos livros que contam a saga dos personagens do Sítio do Picapau Amarelo, deu especial importância à boneca Emília, personagem que surgiu como uma simples boneca de pano, feita de uma saia velha de Tia Nastácia, mas, que, aos poucos, foi ganhando espaço e se tornou a irreverente e atrevida Marquesa de Rabicó.

Emília palpita, interfere nas aventuras, cria seu próprio vocabulário, manda e desmanda. Tamanho destaque conferiu à boneca um livro que era, supostamente, de sua própria lavra, as *Memórias da Emília,* regalia não obtida por nenhum outro personagem.

---

[1] Mineira apaixonada por literatura, teatro e serenata. Professora de escolas estaduais de ensino fundamental e médio, formada em Letras pela UNESP de Assis. Mestranda em Teoria e História Literária pela Unicamp, com a dissertação "Os narradores híbridos de *Memórias da Emília*". Publicou o artigo "*Memórias da Emília* de Monteiro Lobato: um estudo introdutório" na *Revista de Pesquisa e Pós-graduação* da Universidade Federal de Ouro Preto, em 2005.

Essa narrativa apresenta algumas características cuja análise pode esclarecer aspectos de natureza tanto estética quanto ideológica da obra de Monteiro Lobato.

Alguns aspectos editoriais

Experiente no mercado editorial, o autor taubateano cria expectativa quanto ao lançamento de *Memórias da Emília*, citando-o em livros anteriores à sua efetiva publicação, como é o caso do trecho de *História das invenções* (1935):

– ... Com essa cabecinha sua você vai pensando com uma liberdade que espanta a gente. Por isso andam todos curiosos por ler as tais "Memórias da Emília", que não saem nunca. Como vão elas?
Emília, toda ganjenta com o elogio, respondeu, rebolando-se:
– Vão indo bem obrigada. Mas devagar. Meu secretário (o Visconde) briga muito comigo e faz greves. Eu ordeno: "Escreva isto". Ele, que é um "sabugo ensinado", escandaliza-se. "Oh, isso não! É impróprio". E vem o "fecha" e o livro vai se atrasando...
– E que diz você nesse livro?
– Digo o que me vem à cabeça. Vou dizendo o que quero, sem dar satisfação a ninguém, porque não sou "boneca ensinada..." (p.44)[2]

Aparentemente, o livro demorou a sair: em entrevista à segunda edição do jornal *A Voz da Infância*,[3] Lobato comenta sobre *Memórias da Emília:*

– E as "Memórias da Emília", que já foram anunciadas?

---

2 Este trecho é da edição de 1982. Comparando-o com o da primeira edição, 1935, podemos perceber que ele permanece inalterado.

3 A entrevista para o jornal *A Voz da Infância,* idealizado por Mário de Andrade, foi o primeiro contato de Monteiro Lobato com a Biblioteca Infantil, depois Biblioteca Monteiro Lobato.

– As "Memórias da Emília" são com a Emília. Mas a diabinha anda com uma preguiça danada. Escreveu o primeiro capítulo e parou. Temos que esperar que a venta lhe venha. Ela é a criaturinha mais veneteira deste mundo.[4]

A primeira edição de *Memórias* é de 1936 e teve uma tiragem de 10.571 exemplares. Abaixo, um quadro com dados das quatro primeiras edições:[5]

Edição	Data de publicação	Tiragem	Tipografia
1ª	31.10.1936	10.571	S. Paulo Editora
2ª	11.09.1939	6.144	S. Paulo Editora
3ª	24.10.1942	7.134	S. Paulo Editora
4ª	13.06.1945	10.050	S. Paulo Editora

Em 1946, é lançada a primeira série das *Obras completas* de Monteiro Lobato, com livros considerados de literatura geral, contando com treze volumes. Em 1947, a segunda série, os livros de Literatura Infantil, com dezessete volumes, um dos quais reúne *Memórias da Emília* e *Peter Pan*.

Aspectos narrativos

Memórias da Emília conta as peripécias de Emília e Visconde, para escreverem *Memórias da Marquesa de Rabicó,* título proposto por Emília, no primeiro capítulo. A narração é dividida por três narradores. Um narrador central, em terceira pessoa, conta as discussões de Emília e Visconde, e o que acontecia no Sítio no momento em que as supostas *Memórias* eram escritas.

---

[4] Esta entrevista foi republicada, recentemente, em *A Voz da Infância*. Edição especial de aniversário. Abril, 2006.
[5] Esses dados foram obtidos pela pesquisadora Adriana Silene Vieira, que conseguiu o arquivo com a data, tipografia e tiragem de alguns livros publicados por Monteiro Lobato.

O Visconde é o encarregado da maior parte da narração, desenrolada também em terceira pessoa: é, na realidade, um tipo de *ghost-writer*, mas não totalmente, já que não dá os créditos do que escreve à Emília, mas assina sua narração. A protagonista assume a narração, em primeira pessoa, apenas após brigar com seu secretário. Há capítulos narrados apenas por um narrador, outros em que dois se justapõem e outros até em que os três estão juntos.

A metalinguagem é uma das principais características da obra. A escrita das *Memórias* dá lugar a longas discussões sobre o objeto livro, nas quais a preocupação com a materialidade é evidente. Emília quer escolher tudo, o tipo de papel, de tinta, a diagramação do título e todos os recursos gráficos. O título bem sugestivo do capítulo é *"Emília resolve escrever suas Memórias. As dificuldades do começo"*. Sem inspiração para iniciar o trabalho efetivo de escrita, ela começa com exigências, e se mostra muito indecisa sobre que rumo seguir:

> – É que o começo é difícil, Visconde. Há tantos caminhos que não sei qual escolher. Posso começar de mil modos. Sua ideia qual é? (Lobato, 1936, p.16)

Confessado o impasse, ela decide seguir a sugestão de Visconde de principiar o texto da maneira convencional, iniciando a narração pelo nascimento. Mas, sendo ela filósofa, como diz ser, suas *Memórias* deveriam começar com sua filosofia de vida:

> ...A vida, senhor visconde, é um pisca-pisca. A gente nasce, isto é, começa a piscar. Quem pára de piscar, chegou ao fim, morreu. Piscar é abrir e fechar os olhos – e viver é isso. É um dorme-e-acorda, dorme-e-acorda, dorme-e-acorda, até que dorme e não acorda mais. É o dia e a noite. É portanto um pisca-pisca... (ibidem, p.19)

Como já se frisou, a boneca delega a função de escrever suas *Memórias* ao Visconde, o qual relata a história do anjinho Florzinha das Alturas, trazido por Emília como *souvenir* da aventura deles no espaço sideral, na obra *Viagem ao céu* (1932). O sabugo descreve o anjo segundo um figurino europeu, com olhos azuis, cabelos louros e pele clara. Lobato não inova na caracterização desse personagem, sendo dado a ele até mesmo um par de asas brancas. Tal imagem de anjo, até hoje bastante difundida, torna-se irreverente, no entanto, quando se menciona a semelhança entre suas asas e as asas das galinhas de Tia Nastácia.

Na trama do livro, espalha-se a fama do anjinho (Florzinha das Alturas) e crianças inglesas visitam o Sítio para conhecê-lo. Entre os visitantes, Lobato inclui personagens da literatura inglesa, como Peter Pan e Capitão Gancho, de James Barrie, e Alice no País das Maravilhas e no País do Espelho, de Lewis Carroll. Figura também, entre os visitantes, o personagem cinematográfico norte-americano Popeye, cuja presença intensifica as tensões do livro.

A coexistência de personagens de diferentes matrizes culturais, ao lado de um ser "celeste", confere a esse livro de Lobato um forte lastro de intertextualidade, ao mesmo tempo que carnavaliza personagens de extração elevada como, por hipótese, é o anjo, saído de livros de religião. Tal mescla reforça a ideia de modernidade presente em Lobato, escritor dinâmico e inovador.

Emília inventa uma suposta viagem a Hollywood e, para decidir seu final, é ocasião de novas brigas, pois tenta rebaixar Visconde e ele não aceita. A discussão se prolonga e a história fica sem término. Para encerrar o livro, a boneca dá a desculpa de que ele já estava muito longo e que outras aventuras seriam contadas em um próximo volume de suas *Memórias*.

Aspectos pedagógicos

Na história, ao trazer o anjinho para a terra, Emília encarrega-se de ensinar--lhe as coisas terrenas, assumindo o papel de professora. As diversas possibilidades de significado abertas pela língua confundem o anjinho e a professora se aproveita da situação para uma longa discussão. O trecho do livro que aborda esse diálogo sofreu mudanças significativas de uma edição a outra:

1ª edição

— Todo mal vem da língua, afirmava a boneca. E para piorar a situação existem mil línguas diferentes, cada povo achando que a sua é a certa, a boa, a bonita. De modo que a mesma coisa se chama aqui dum jeito, lá na Inglaterra de outro, lá na Alemanha de outro, lá na França de outro. Uma trapalhada infernal, anjinho.

— Estou vendo, disse ele.

— O mais engraçado, continuou Emilia, é o emprego que das palavras os homens fazem nos discursos.

— Que é discurso?

— É uma falação em voz alta, de pé numa tribuna, diante duma porção de ouvintes. Existe uma casa chamada Congresso, onde uns fabricantes de discursos, chamados deputados e senadores, são pagos para falar. Lá dentro tudo é nobre. Só se ouve: "O nobre deputado... o nobre senador..." Mas quando brigam, a nobreza fica das mais engraçadas porque só se ouvem coisas assim: "O nobre deputado é um ladrão!" ou o "O nobre senador é um canalha!"

— Chegam até esse ponto? exclamou o anjinho assustado.

— Se chegam! Não há ponto onde o homem não chegue. Eu leio sempre os jornais e me regalo com que se passa no mundo. Que bagunça, anjinho!

— Quem dirige os homens na terra?

— Eles mesmos. Os mais fortes, ou mais expertos governam os mais fracos, ou mais bobos. Os expertos estão sempre de cima; e os bobos, sempre debaixo. Mas como os expertos abusam demais, muitas vezes os bobos, que são em maior numero, desesperam e fazem revoluções, botando abaixo os expertos.

— Que é revolução?

— É isso. É uma grande multidão dos bobos botando abaixo os expertos. Uma espécie de mudança de moscas. Você já viu como em redor de certas coisas se juntam moscas? Pois é assim. Quando as moscas que estão de fora – as bobas – ficam muitas magras, elas se juntam e fazem uma revolução, isto é, espantam as gordas e lhes tomam o lugar. Mas imediatamente entre as bobas surgem as expertas, que vão fazendo o parigato e botando fora as bobas, para ficarem sozinhas no gostoso. Passado um certo tempo, a manobra se repete: vem outra revolução. E é assim a vida dos homens na terra: um parigato sem fim, em que os bobos acabam sempre espirrando.

O anjinho suspirou de saudades da sua estrela. (p.27- 9)

42ª edição

— Todo mal vem da língua — afirmava a boneca. — E para piorar a situação existem mil línguas diferentes, cada povo achando que a sua é a certa, a boa, a bonita. De modo que a mesma coisa se chama aqui dum jeito, lá na Inglaterra de outro, lá na Alemanha de outro, lá na França de outro. Uma trapalhada infernal, anjinho.

Quem ficava atrapalhado era o anjinho. Emília tinha um modo desnorteante de pensar. Assim, por exemplo, as suas célebres "asneirinhas". Muitas vezes não eram asneiras — eram modos diferentes de encarar as coisas, como quando explicou ao anjinho o caso das frutas do pomar.

— Frutas são bolas que as árvores penduram nos ramos, para regalo dos passarinhos e das gentes. Dentro há caldos ou massas de todos os gostos. As maçãs usam massas. As laranjas usam caldo. E as pimentas usam um ardor que queima a língua da gente.

— Então, têm fogo dentro? Fogo é que queima.

Emília ria-se.

— Ah, anjinho! Você vai custar a compreender os segredos da língua humana. Este 'queima' é outro caso. Queimar é uma arte que só o fogo faz, mas quando uma coisa arde na língua nós dizemos que queima.

— Mas queima mesmo?

— Não queima, mas nós dizemos assim. Um ácido que pingamos na pele nós também dizemos que queima. Uma loja que esta em liquidação nós dizemos que esta 'queimando' as suas mercadorias. No brinquedo do esconde-esconde, quando o que está de olhos vendados chega perto do escondido, nós dizemos que está "queimando".

— Então...então...então — dizia o anjinho — a trapalhada deve ser medonha.

Emília ria-se, ria-se.

— Eu já estive no País da Gramática, onde todos os habitantes são palavras. E um dia hei de contar por miúdo como a Gramática lida com elas e consegue dar ordem ao pensamento.

— Dar ordem não é mandar uma pessoa fazer uma coisa?

— É e não é. Às vezes é, outras vezes não é. Dar ordem pode ser mandar fazer uma coisa e também pode ser botar cada coisa no seu lugar.

— E como a gente sabe quando é dum jeito ou de outro?

— Pelo sentido.

— E que é sentido?

Emília desanimou. Não há nada mais difícil do que ensinar anjinhos.

— Escute cá, Flor. Quem entende bem disto de línguas e gramáticas é o Quindim. Tome umas aulas com ele.

— Que é aula?

Emília saiu correndo, senão ficava louca... (p.20-2)

Nas primeiras edições, Emília aproveita o tema do poder da língua para satirizar práticas oratórias de senadores e deputados. Depois de comentar de forma extremamente crítica (e atual) práticas políticas brasileiras, a boneca passa a discutir o poder. Numa perspectiva maniqueísta, divide o mundo entre fortes e fracos, espertos e bobos, sendo que os fortes e os espertos dominam os fracos e os bobos. Numa sociologia rasteira, porém eloquente, a boneca fornece uma visão completamente desencantada da sociedade humana, comparada a uma nuvem de moscas. Mais adiante, a dinâmica social das revoluções tem uma explanação igualmente pedestre: "Quando as moscas que estão de fora – as bobas – ficam muitas magras, elas se juntam e fazem uma revolução, isto é, espantam as gordas e lhes tomam o lugar".

O desencanto advém de sua crença de que sempre haverá alguém no comando, sobressaindo-se e desprezando os demais. A ideia de que os fortes são os que vencem perpassa todo o livro. Na realidade, a obra ilustra esse predomínio dos fortes, no domínio que Emília tem sobre o Visconde, a quem obriga a escrever as *Memórias*. Aliás, toda relação de ambos é baseada na força que ela exerce sobre ele, dominando-o.

No entanto, edições posteriores do livro omitem inteiramente a reflexão sobre o poder e, consequentemente, desaparece a reflexão pessimista sobre a frase "O anjinho suspirou de saudades da sua estrela". Na versão mais moderna, o texto se torna mais leve e o humor fica por conta apenas da pluralidade de significados das palavras.

Aspectos ideológicos

Dona Benta questiona Emília sobre o interesse de um livro de *Memórias*, escrito por alguém como ela, uma boneca "jovem". A conversa é recheada de definições filosóficas, como conceitos de verdade e de mentira, de vida e de morte. A boneca, como lhe é de praxe, não teme apresentar seu ponto de vista sobre vários assuntos.

Sendo o centro da atenção de tantas crianças e pivô de tantas confusões, o anjinho se cansa e resolve voltar para o céu. Emília culpa Tia Nastácia por não ter cortado as asas do anjinho, permitindo que ele fugisse, numa cena em que o preconceito inspira à boneca palavras duríssimas:

> Perdemos o anjinho por sua culpa só. Burrona! Negra beiçuda! Deus que te marcou, alguma coisa em ti achou. Quando ele preteja uma criatura é por castigo.
> ...
> – Esta burrona teve medo de cortar a ponta da asa do anjinho. Eu bem que avisei. Vivia insistindo. Hoje mesmo insisti. E ela, com esse beição todo: 'Não tenho coragem... É sacrilégio...' Sacrilégio é esse nariz chato. (Lobato, 1936, p.103-4)

Isso dá margem a uma ampla discussão. Emília insulta a cozinheira de maneira extremamente preconceituosa. Sua fala, nessa parte do livro, é alvo de críticas ferozes, as quais condena(va)m Lobato, considerando-o extremamente racista, a exemplo do que faz Fanny Abramovich, ao se referir a esse caso como exemplo de preconceito assustador relativamente ao negro,

> Visão esta que não se prende a análises – do maior rigor científico! – sobre cor de pele e traços faciais, mas que se estende em considerações sobre capacidade de aprendizagem e verdadeira função social... Um verdadeiro hino de admiração!!! (Abramovich, 1983, p.20)

No final do livro, a boneca parece matizar seu julgamento a respeito de Tia Nastácia, diminuindo a agressividade, mas mantendo o jeito emiliano:

> Tia Nastácia, essa é a ignorância em pessoa. Isto é... ignorante, propriamente, não. Ciência e mais coisas dos livros, isso ela ignora completamente. Mas nas coisas práticas da vida, é uma verdadeira sábia. Para um tempero de lombo, um frango assado, um bolinho, para curar uma cortadura, para remendar meu pé quando a macela está fugindo, para lavar e passar roupa – para as mil coisas de todos os dias, é uma danada!
> Eu vivo brigando com ela e tenho-lhe dito muitos desaforos – mas não é de coração. Lá por dentro gosto ainda mais dela do que dos seus afamados bolinhos. Só não compreendo por que Deus faz uma criatura tão boa e prestimosa nascer preta como o carvão. É verdade que as jabuticabas, as amoras, os maracujás também são pretos. Isso me leva a crer que a tal de cor preta é uma coisa que só desmerece as pessoas aqui

neste mundo. Lá em cima não há essas diferenças de cor. Se houvesse, como havia de ser preta a jabuticaba, que para mim é a rainha das frutas? (Lobato, 1994a, p.137-8)

Após contar a história do anjinho, Visconde, cansado dos mandos e desmandos de Emília, expõe sua visão da boneca. A passagem é antológica, e talvez dela se sirva Monteiro Lobato para expressar suas ideias sobre sua personagem. O depoimento do Visconde acerca de Emília não omite comportamentos e atitudes comprometedores, mas, ao mesmo tempo, proclama-a a figura mais esperta do Sítio. É nesse contexto que o livro registra a autodefinição lapidar de Emília:

> Um dia, em que muito me impressionei com qualquer coisa que ela disse, propus-lhe esta pergunta:
> – "Mas, afinal de contas, Emília, que é que você é?"
> Emília levantou para o ar aquele implicante narizinho de retrós e respondeu:
> – "Sou a Independência, senhor visconde de Sabugueira."
> Fiquei pensativo. Na realidade, o que Emília é, é isso: uma independenciazinha de pano – independente até no tratar as pessoas pelo nome que queira e não pelo nome que as pessoas têm.
> Aqui no sítio quem manda é ela. Por mais que os meninos façam, no fim quem consegue o que quer é a Emília com os seus famosos jeitinhos. (Lobato, 1936, p.112-3)

Na parte final do livro, boa parte das risadas dos leitores deve-se às cenas em torno da descoberta – pela Emília – do verdadeiro conteúdo do texto do Visconde. Quando percebe o rumo que Visconde está dando às suas *Memórias*, tornando-as menos heroicas do que ela esperava, a boneca assume a narração e inventa a suposta viagem a Hollywood (já citada anteriormente), em que se encontraria com Shirley Temple e ensaiariam uma filmagem de Dom Quixote, personagem que aparece também em *O Picapau Amarelo,* e que dá ensejo à protagonista de explicitar alguns de seus valores:

> Quando vejo certas mães baterem nos filhinhos, meu coração dói. Quando vejo trancarem na cadeia um homem inocente, meu coração dói. Quando ouvi Dona Benta contar a história de D.Quixote, meu coração doeu várias vezes, porque aquele homem ficou louco apenas por excesso de bondade. O que ele queria era fazer o bem para os

homens, castigar os maus, defender os inocentes. Resultado: pau, pau e mais pau no lombo dele. Ninguém levou tanta pancadaria como o pobre cavaleiro andante – e estou vendo que é isso que acontece a todos os bons. Ninguém os compreende. (ibidem, p.134)

No último capítulo, a boneca, irreverente, expõe o que pensa sobre cada um dos moradores do Sítio, excluindo o seu "fiel escudeiro" Visconde de suas impressões.

Nesse fecho do livro, Emília mostra que é, como havia dito o Visconde, quem manda no Sítio. Dispensa os serviços de escrita do Visconde e termina por si só suas *Memórias*. Ao encerrar o texto, assinando-o, a boneca chama para si todos os créditos do trabalho, expropriando, assim, o Visconde de sua função de narrador. Emília torna-se, então, a única personagem do Sítio que, supostamente, escreveu um livro sobre si mesma. Liberta-se dos outros narradores, inclusive do narrador Lobato, o que, de certa forma, pode ser lido como confirmação do que o escritor disse de sua personagem e que tomamos como epígrafe deste capítulo: "Cada vez mais, Emília é o que quer ser, e não o que eu quero que ela seja".

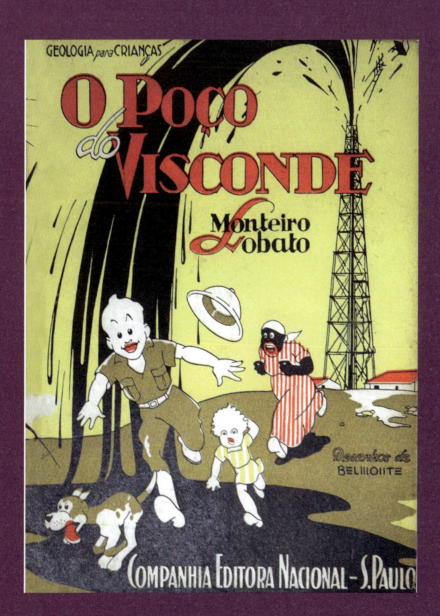

verso:
O poço do Visconde. 2.ed. São Paulo: Companhia Editora Nacional, 1944
Biblioteca Infantil Monteiro Lobato/SP
Fotografia: Gregório Ceccantini

21
O poço do Visconde: o faz de conta quase de verdade
Kátia Chiaradia[1]

> *Se não fosse a nossa mania geológica, não teríamos descoberto o anticlinal dos Caraminguás e não estaríamos hoje nadando em dinheiro e fazendo a felicidade desse povo, que até aqui viveu descalço, analfabeto e na maior penúria. ... É no solo que se acumulam as maiores riquezas dum país.*
> (Monteiro Lobato, s.d.e, p.188)

O poço do Visconde (1937) é o volume número dez da série infantil lobatiana e conta algumas aventuras fantasiosas da criançada do Sítio do Pica-Pau Amarelo: Pedrinho e Narizinho, os netos de Dona Benta, Emília, "a boneca gentinha" e o Visconde de Sabugosa. Já na apresentação desta personagem, a temática do petróleo entra no livro, uma vez que, para caracterizar "o sabugo sábio", ele é apresentado como mais sábio que "ministros [que] não pensam em petróleo" (Lobato, s.d.e, p.55) e que "apesar de simples sabugo raciocinava melhor que os milhões de rabanetes bípedes que andam por aí negando o petróleo" (p.53).

A aventura da vez[2] é a descoberta de petróleo nas terras de Dona Benta, vencendo, para isso, a sabotagem planejada pelos "trusts norte-

---

[1] Kátia Chiaradia é mestre em Letras pela Unicamp. Nunca lera *O poço* porque diziam que era livro de criança. Depois entendeu, com seus alunos de 12 anos, que a infância é o início do engajamento.

[2] Antes disso, a criançada já se aventurara n'O Reino das Águas Claras, na Lua, no país da gramática e no país da aritmética. Mas ainda conheceriam a Casa das Chaves.

-americanos". O livro narra a perfuração do "Caraminguá nº 1", o fantasioso primeiro poço brasileiro, conquista da "Companhia Donabentense de Petróleo", na qual se envolvem todas as personagens infantis lobatianas, com as quais os leitores já estão familiarizados e às quais se agregam dois experientes técnicos estrangeiros, Mr. Kalamazoo e Mr. Champignon.

Fazendo de conta

A história se inicia numa manhã em que Pedrinho, lendo jornal, se irrita com as inúmeras notícias sobre petróleo no Brasil, sem que o petróleo de fato aparecesse. Pedrinho toma uma decisão: perfurar o sítio: *"Estou vendo que se nós aqui no sítio não resolvermos o problema, o Brasil ficará toda a vida sem petróleo"* (p.8). O Visconde de Sabugosa, que, a essas alturas, havia substituído seu interesse pela filologia por interesse pela geologia (*"A filologia não aumenta a riqueza dum país ... . Mas a geologia aumenta."*), foi escalado para dar um curso de geologia, passo inicial para a busca e prospecção de petróleo:

> Sem que todos saibam alguma coisa da história da terra, não podemos pensar em poço. Como já li essa geologia inteira, proponho-me a ser o professor. (Lobato, s.d.e, p.10)

Ao longo de cinco serões (ocupando cada um deles um capítulo do livro), os moradores do sítio – e com eles, os leitores do livro – aprendem um bocado de teoria. O Visconde vai reproduzindo o livro que leu, até que o impaciente Pedrinho decrete o final das aulas e decida começar os trabalhos de campo.

No primeiro serão, discute-se a formação do planeta e o surgimento da vida. No segundo, a distinção entre matéria orgânica e inorgânica, a partir do que aprendem como se forma o petróleo, segundo Emília, um "azeite de defunto": "Estou vendo que o tal petróleo não passa de azeite de defunto. Cadáveres de foraminíferos, peixe podre, cemitérios de caramujo…" (p.28).

Neste segundo serão, ao ser mencionada uma determinada formação geológica – os aterros –, estabelece-se uma comparação entre as terras mexicanas, riquíssimas em petróleo, e o Pantanal mato-grossense:

> Reúnem-se ali todos os requisitos para a formação do petróleo, além de que, em muitos pontos há sinais evidentes de petróleo. Bem possível até que o Pantanal seja a maior região petrolífera no mundo. (ibidem, p.29)

No terceiro serão, a formação do petróleo ainda está em pauta, bem como seu comportamento na terra, mas, dessa vez, a perspectiva se amplia, recorrendo a outras ciências: a geoquímica e a geofísica, desdobramentos da geologia. Graças a isso, compreendem – levando junto os leitores – que o petróleo nunca está no topo do anticlinal, mas nas encostas.

O quarto serão tem por tema os indícios de petróleo, xistos e arenitos betuminosos, e sua presença em alguns pontos do território nacional:

> No Vale do Paraíba, aqui em São Paulo, no Riacho Doce, em Alagoas, em São Gabriel, no Rio Grande do Sul e em muitos outros pontos existem grandes quantidades de xistos betuminosos. Esse betume é sinal de petróleo do fundo que subiu até em cima. (ibidem, p.42)

Segue-se a apresentação das maneiras de se atingir o petróleo, no fundo da terra, sem deixar de mencionar o que hoje se consideram aspectos antiecológicos da pesquisa petrolífera ("O homem antecipa-se à erosão, mas para alcançar e soltar o petróleo faz o mesmo que ela: vai erodindo a terra." (p.46)). O Visconde detém-se em dificuldades muito comuns dessa etapa do trabalho:

> Se são rochas moles, como arenitos e xistos, tudo corre a galope. Mas se os perfuradores encontram uma peste chamada diábase, rocha de extraordinária dureza, babau! No poço do Araquá, furado aqui em São Paulo no município de São Pedro, os perfuradores deram numa camada de diábase duríssima. Tão dura que a perfuração que estava caminhando com a marcha de 7 metros por dia, passou a caminhar centímetros por dia – 5 centímetros, 10, 15, para 24 horas de trabalho ininterrupto. Um horror! (ibidem, p.46)

É nesse momento que se torna mais evidente o projeto político-pedagógico de Monteiro Lobato que, pela voz do Visconde, respondendo a uma pergunta de sua plateia, compara o Brasil com outros países americanos: os Estados Unidos, com 900.000 poços perfurados desde o seu primeiro, em 1859; a Argentina, com extração de dezesseis milhões de barris de petróleo por ano; a Venezuela, com 140 milhões; e outros tantos milhões no Equador, Peru, Bolívia e Colômbia.

> – E nós no Brasil, quantos poços abrimos?
> – Que desse petróleo, nenhum. Até hoje foram abertos no território brasileiro apenas setenta e poucos poços, na maioria, rasos demais para atingirem alguma camada petrolífera.
> ...
> – Então por que não se perfura no Brasil?
> – Porque as companhias estrangeiras que nos vendem petróleo não têm interesse nisso. E como não têm interesse nisso foram convencendo o brasileiro de que aqui, neste enorme território, não havia petróleo. E os brasileiros, bobamente, se deixaram convencer. ... Quando um povo embirra em não arregalar os olhos não há quem o faça ver. As tais companhias pregaram as pálpebras dos brasileiros com alfinetes.
> – Mil trezentos e tantos contos por dia! ... Que doença cara é a cegueira... (ibidem, p.47-8)

A estratégia da comparação prossegue no quinto e último serão, quando o Visconde comenta que o Brasil "tem o mesmo tamanho dos Estados Unidos", mas "ainda está dormindo, tem de acordar", acrescentando um comentário sobre o esgotamento dos poços estadunidenses:

> O Brasil poderá suceder aos Estados Unidos na produção de petróleo. ... O Brasil, pois, deve ir se preparando para fornecer petróleo para os Estados Unidos, depois de abastecer-se a si próprio. (ibidem, p.53-4)

Manifesta-se nessa fala do Visconde a preocupação com o esgotamento do petróleo, expressando o temor de que a humanidade tivesse de voltar ao carvão de pedra, já que os americanos tiravam petróleo numa velocidade muito maior que a natureza levara para fabricá-lo: "gastam-no demais" (p.57). Numa atitude de incrível atualidade, mais de sessenta anos depois de sua formulação, o Visconde crê que o mundo havia ficado pequeno "depois que o Petróleo veio mover as máquinas que o homem constrói com o ferro" (p.59).

Cinco serões de teoria foi o máximo que Pedrinho aguentou permanecer na sala de aula improvisada no sítio, ouvindo o Visconde. A partir do capítulo XX, a narração vai recobrir do estudo do solo até todas as fases da aventura dos picapauzinhos em busca do petróleo, talvez mimetizando o que Lobato queria para o Brasil.

Assim é que, na manhã seguinte, com Pedrinho "cansado de esperar petróleo", tiveram início os trabalhos de campo, "lições ao ar livre", "ciência aplicada".[3] Com o objetivo de "descobrir petróleo" no sítio, observaram rochas e encostas e, para os primeiros problemas burocráticos que surgiam, aplicavam o faz de conta, e tudo se resolvia. *Fizeram de conta* que já sabiam toda a geologia, incluindo os estudos feitos "por uns sábios da Alemanha", para praticá-la rapidamente. Também pelo faz de conta, mandaram vir sonda e perfuradores dos Estados Unidos, construíram o acampamento com funcionários e dez carros de boi para o transporte, o bangalô do técnico americano, mr. Kalamazoo,[4] e o escritório de Pedrinho. Emília finalizou essa etapa mandando chover 105.742 dólares sobre a firma McGowen & Tuttle,[5] de Nova York, como pagamento pelo maquinário.

Quindim, o rinoceronte, foi escolhido para ser o intérprete de mr. Kalamazoo. Como viera de Uganda, colônia inglesa, conhecia bem a língua do técnico norte-americano e dos operários especialistas que vieram com ele.

---

[3] As referências ao espaço escolar, não só no livro em questão, mas em toda a obra infantil lobatiana, apresentam-no com valor negativo. É interessante perceber como o tradicional espaço de carteiras alinhadas, lousa e quadro-negro cede espaço, rapidamente, às "lições ao ar livre". Além disso, Dona Benta, Visconde e o narrador se alternam em digressões e explicações de diversos conceitos. Há vez para todas as disciplinas, e as matérias dialogam, o que confere à obra infantil, como um todo, e a *O poço do Visconde*, em particular, um caráter interdisciplinar, muito buscado atualmente pela pedagogia.

[4] Cidade norte-americana (em Michigan), polo tecnológico.

[5] Trata-se de uma sociedade de venda de maquinários, ativa até hoje, em Oklahoma.

Como também conhecia o problema da sabotagem dos trustes,[6] Quindim exercia ainda a necessária vigilância contra ela:

> Pode ser um agente dos tais trustes que não querem que o Brasil tenha petróleo. Pode ser um perfurador subornado, que venha sabotar o nosso poço. (ibidem, p.92)

Os trabalhos começaram muito animados, sofrendo apenas os atrasos comuns em qualquer projeto de grande porte: quebra da haste do trépano, dificuldade para pescá-la e a existência de uma dura camada de diábase, cujo rompimento só se daria com uma coroa de diamantes e após o qual as perfurações alcançariam a água salgada, uma das últimas camadas do subsolo antes do petróleo.

Outro técnico, o geoquímico mr. Champignon, previa petróleo a mais ou menos 700 metros, enquanto o Visconde, a 800. Deu-se que, aos 798 metros, o Caraminguá nº 1 (nome do poço),[7] já quase jorrando petróleo e, consequentemente, sob forte pressão interna, precisava de uma peça especial, um *blowout preventer*, espécie de registro para a boca do poço.

Importada a peça, ao abrir a caixa, Pedrinho encontra apenas dois rádios: "Juro como foi sabotagem daqueles trustes malvados. E agora, Visconde?" (p.120). Quando todos achavam que o trabalho estava arruinado, veio a solução: Quindim senta-se sobre a boca do poço, controlando a pressão, enquanto Emília manda vir pelo seu avião "Faz-de-conta nº 4" um "verdadeiro" *blowout preventer*, que chegou em menos de quinze minutos.

Substituíram Quindim pelo registro e choveu petróleo sobre o sítio.

Todavia, junto com o petróleo e a modernidade, viriam mudanças que afetariam a vida dos moradores do Picapau Amarelo e das redondezas: fama, riqueza, ganância e até violência. Os vizinhos de Dona Benta não sabiam lidar com o súbito interesse por suas terras, e os trustes acabaram comprando

---

6   Lobato dedica várias páginas d'*O escândalo do petróleo* ao assunto.

7   De *carame*, redondo; *guá*, a caixa, o cesto", segundo Silveira Bueno (1899), inicialmente era o nome duma espécie de canastra, onde o índio guardava seus pertences. Com o tempo, conforme Houaiss, passou a significar "dinheiro", "riqueza".

a maioria das propriedades vizinhas ao sítio, por um valor bem abaixo do merecido, mas bem maior que o esperado pelos humildes caboclos, que se mudaram para as cidades grandes, onde sofreram toda sorte de infortúnios. Apenas Dona Benta se manteve intocada pela ambição e pela ganância do petróleo: "Minha casinha, compadre, é o palácio da felicidade. Não troco nem pelo Buckingham Palace, do Rei Jorge VI…" (p.174).

Com a fortuna conseguida com o petróleo, vendido sem abusos no preço, a turminha do sítio promoveu muitas melhorias na região:

> A transformação operada no Tucano amarelo foi maravilhosa. Aquela vilinha de duzentos anos de idade e que jamais passara de mil habitantes, cada qual mais feio, pobre e bronco, virou uma esplêndida cidade de 100.000 habitantes, com ruas pavimentadas com o asfalto produzido ali mesmo, dez cinemas, cinco hotéis de luxo, escolas magníficas e a Casa de Saúde Dona Benta, que apesar de ser absolutamente gratuita punha num chinelo as casas de saúde da capital, que cobram 50 cruzeiros por dia, fora os extraordinários. … A Escola Técnica Narizinho tornou-se um padrão copiado pelo país inteiro. … As estradas do município, feitas por Dona Benta, atraíam turistas de longe. (ibidem, p.170).

Numa grande festa para comemorar o sucesso da descoberta do petróleo, todos (à exceção de Tia Nastácia, que não tinha estudos) discursaram sobre o significado da descoberta, e mr. Kalamazoo e mr. Champignon confessaram que haviam sido contratados para sabotar o poço, mas não tiveram coragem de prejudicar "uma senhora de tão altos espíritos" ou um menino "tão empreendedor":

> A bondade humana tem isso consigo: seduz, arrasta, converte, catequiza. Eu fui um homem como os outros, com as qualidades e defeitos do comum. Mas mudei – o sítio de Dona Benta me mudou. Meu coração está limpo de maldade. O ambiente são aqui do sítio decantou minha alma… (ibidem, p.184)

Emília sugeriu para coroamento da festa um cortejo no estilo "triunfo romano", com todos em cima de Quindim, desfilando até o poço, onde se inauguraria uma placa com os dizeres:

SALVE! SALVE! SALVE!
DESTE ABENÇOADO POÇO - CARAMINGUÁ N.º1,
a 9 de agosto de 1938
saiu, num jato de petróleo,
A INDEPENDÊNCIA ECONÔMICA DO BRASIL.[8]

Fazendo de verdade

Em 1927, Monteiro Lobato segue viagem aos Estados Unidos, onde trabalharia, até 1931, como adido comercial, nomeado pelo então presidente da República, Washington Luís. Em sua chegada, Lobato é recebido pelo agente geral da Ford que, a pedido de mr. Ford – de quem Monteiro Lobato traduzira um livro[9] e sobre quem escrevera vários artigos, posteriormente vertidos para o inglês[10] –, tem a incumbência de auxiliá-lo no que fosse necessário.

Em menos de um ano, Lobato conheceu a Ford e a General Motors e se impressionou muitíssimo com o aço Smith, produzido em fornos de baixa caloria. Passa a ser um entusiasta da modernidade – que, para ele, também inclui o domínio de novas tecnologias – e escreve a alguns amigos, como Arthur Neiva e Francisco de Assis Iglesias, falando sobre as vantagens da adoção, pelo Brasil, do novo método de transformar ferro em aço. No final de 1928, em seu balancete sobre o comércio Brasil-Estados Unidos, Lobato chama a atenção do governo para combustíveis alternativos, como o babaçu, no que hoje pode ser lido como uma precoce visão da importância dos *biocombustíveis*.

Em dezembro de 1930, na esteira do golpe de Getúlio Vargas, o Governo Provisório brasileiro dispensou vários funcionários do Itamaraty,

---

8   Curiosamente, em 1939, apenas dois anos após a 1ª edição de *O poço do Visconde*, brotou petróleo do primeiro poço brasileiro, em Lobato, um vilarejo nas proximidades de Salvador, em terras que pertenceram ao fazendeiro Vasco Rodrigues Lobato.
9   *Minha vida minha obra*. São Paulo: Cia. Graphico-Editora Monteiro Lobato, 1925.
10 *How Henry Ford is Regarded in Brazil*. Rio de Janeiro: São Paulo Editora, 1926.

dentre eles Lobato, que, em março de 1931, retornou ao país. Tão logo tinha regressado, Lobato enviou a Getúlio Vargas um "Memorial sobre o problema siderúrgico brasileiro", em que mais uma vez destacava a importância do ferro, a necessidade e as vantagens de o processo siderúrgico Smith ser implantado no Brasil. Nessa ocasião, em clima de desinteresse e desestímulo por parte do governo, Monteiro Lobato fundou, com Fortunato Bulcão, empresário brasileiro que conhecera em Detroit, o Sindicato Nacional de Indústria e Comércio.

Meses mais tarde, inicia-se seu envolvimento com a questão do petróleo.

Em abril de 1932, legaliza-se, em Riacho Doce, Alagoas, o funcionamento de uma Companhia Petróleo Nacional (CPN), nova empresa, voltada para a pesquisa petrolífera, parceria de Lobato com Edson de Carvalho. Em agosto do mesmo ano, foi autorizada a funcionar outra sociedade, a Companhia Petróleos do Brasil (CPB), cujas prospecções se deram no poço Araquá, no atual município de Águas de São Pedro, em São Paulo.

Desse momento em diante, Monteiro Lobato dedicou boa parte de suas energias à causa petrolífera. Fechou contratos, buscou alianças, firmou parcerias políticas e econômicas, no Brasil e no exterior – sobretudo na Alemanha –, e acusou órgãos governamentais de descaso pela questão. Levou tudo isso à literatura, sua principal arma, escrevendo uma importantíssima trilogia sobre o petróleo.

Primeiramente, ao lado de Charles Werner Franckie, técnico suíço emigrado para o Brasil, com quem trocaria mais de cem cartas nos anos seguintes, traduz *A luta pelo petróleo*, de Essad Bey, editado em 1935 pela Companhia Editora Nacional. No ano seguinte, assinou sua própria obra sobre a questão petrolífera no Brasil, *O escândalo do petróleo*, com 20.000 exemplares vendidos em menos de um ano. E sua terceira investida literária sobre o assunto ocorreu em 1937, na literatura infantil, com *O poço do Visconde*.

Fazendo de conta, fez-se de verdade

A participação de Monteiro Lobato em companhias petrolíferas exigiu dele uma vivência totalmente diferente da que a literatura lhe impunha, mesmo se levando em conta sua experiência editorial. Em seus livros sobre o petróleo é possível percebermos traços bastante próximos entre a ficção e as experiências da vida real, de modo que se pode dizer que realidade e ficção se entrelaçam nessa trilogia.

O prefácio da primeira edição de *A luta pelo petróleo* não só trazia graves denúncias a órgãos do governo – o Departamento Nacional de Produção Mineral (DNPM), então sob direção de Fleury da Rocha – como também comparava o subsolo brasileiro ao dos demais países americanos produtores de petróleo e conclamava a nação de leitores à luta pela "independência econômica do Brasil".

Essa mesma ideia ganhou corpo n'*O escândalo do petróleo*, em que Lobato, além de alertar os leitores sobre o Código de Minas de 1934, que ele considerava o "Sézamo, fecha-te" das nossas riquezas minerais (p.48), também acusava abertamente o DNPM de proteger interesses dos trustes estrangeiros, representados pela parceria entre Fleury da Rocha e Victor Oppenheim, técnico da rockefelleriana *standard oil*, que viera prestar serviços geológicos ao governo brasileiro.

Boa parte dos bastidores da causa petrolífera de Monteiro Lobato está documentada em suas cartas, em especial, na correspondência trocada quase diariamente, ao longo de três anos (1934-1937), com Charles Franckie,[11] engenheiro de perfurações, parceiro de Lobato nos negócios de petróleo.

Franckie e seu superior imediato, J. Winter, representavam, no Brasil, a ElBoF, escritório dedicado a prospecções, incorporado à firma alemã *piepmeyer*

---

11 Trata-se do Fundo Charles Franckie, depositado em 2004 por d. Lais Stolf, filha de Franckie, no Cedae, Centro de Documentação Alexandre Eulálio, da Unicamp.

& co, com sede em Kassel, concorrente direta da *standard oil* e com a qual Lobato pretendia estabelecer fortes laços, como ele mesmo declara a Franckie:

> Ora, estando você trabalhando com uma companhia estrangeira, inimiga dos americanos, segue-se que poderemos seguir juntos, já que o inimigo é o mesmo.[12]

Durante boa parte da década de 1930, Charles Franckie orientou os trabalhos de campo da CPB e da CPN de Lobato. Há notáveis semelhanças entre algumas cartas trocadas entre ambos, a respeito do cotidiano das perfurações de Riacho Doce (Alagoas) e Araquá (São Paulo) e algumas situações vividas por Pedrinho, Visconde e toda a turminha do sítio, em *O poço do Visconde*, até que tenham sucesso com o Caramingá nº 1.

Na história infantil, para se iniciarem os trabalhos de campo, por exemplo, não bastava a vontade de Pedrinho; foi necessário, também, que se chamassem dois experientes técnicos estrangeiros, mr. Kalamazoo e mr. Champignon. Estes podem ser lidos, talvez, como *duplos ficcionais* de Winter e Franckie, que respondiam pelas perfurações na CPB e na CPN. Na ficção, contudo, os técnicos não eram alemães, e sim norte-americanos, o que levantou fortíssimas suspeitas de Quindim que, tal qual Lobato, jamais confiara nos estudos de Victor Oppenheim, desenvolvidos sob encomenda do governo brasileiro.

Os alemães, parceiros de Lobato fora da ficção, são apresentados nos serões do livro como pioneiros tecnológicos, e é deles a iniciativa da perfuração em galerias, que permite o aproveitamento da quase totalidade do petróleo de cada poço, evitando o desperdício, medida de precaução contra o esgotamento desse recurso natural:

> No começo ninguém cuidava disso. Abriam novos campos petrolíferos, depois de abandonar os velhos. Mas a Alemanha teve a ideia de furar galerias ... Durante a Guerra Mundial, a escassez do petróleo fez com que os alemães recorressem a esse processo na Alsácia. (Lobato, s.d.e, p.52)

---

12   Carta de Lobato a Franckie, de 5.12.1934, depositada no Cedae (ChF1.2.00042).

Quando, em *O poço do Visconde*, principam-se os trabalhos de campo no Caraminguá nº 1, começam igualmente problemas técnicos inerentes às perfurações: a escolha do melhor anticlinal, a dureza da diábase, a haste de trépano que se quebra, um operário desatento que causa problemas, suspeitas de sabotagem etc.

Alguns desses episódios parecem – de novo – duplos de episódios efetivamente ocorridos nos trabalhos desenvolvidos pelas companhias de que Monteiro Lobato participava e às quais Franckie prestava serviços. Ao longo dos trabalhos em Araquá, bem como em Riacho Doce, Lobato e seus parceiros enfrentaram situações muito semelhantes, algumas, inclusive, descritas também n'*O escândalo do petróleo*.

Abaixo, uma tabela comparativa de alguns trechos de *O poço do Visconde* (1937) e algumas cartas do Fundo Charles Franckie, trocadas entre Lobato e Franckie, entre 1934 e 1937:

Fundo Charles Franckie[13]	*O poço do Visconde*[14]
A impregnação [de petróleo] é facilmente perceptível pelo olfato. Mas o poço Balloni, governado pelo S.G. [Serviço Geológico ou Interesses Ocultos (estrangeiros), segundo Lobato] já está sabotado. (ChF1.2.00042)	– Juro como foi sabotagem daqueles trustes malvados. E agora, Visconde? (p.120)

---

13 ChF1.1.referem-se a cartas escritas *por* Franckie *para* Lobato; já ChF1.2. referem-se a cartas *de* Monteiro Lobato *para* Charles Frankie.
14 Lobato, s.d.e.

Fundo Charles Franckie	*O poço do Visconde*
O trabalho de que falei, de perfurações sistemáticas e decentes [em Riacho Doce], está claro que só se faria em zonas estudadas geofisicamente, pois hoje, com esses métodos, ninguém mais fura ao acaso. (ChF1.2.00043)	A geofísica é uma ciência de tal modo preciosa para os petroleiros que sem ela eles não dão um passo. Antes de começar um poço, mandam fazer o estudo geológico do terreno; depois mandam fazer o estudo geofísico; só então furam. ... O número de poços que os petroleiros perdem reduziu-se enormemente. Os primeiros estudos geofísicos sérios que tivemos no Brasil foram feitos em Riacho Doce, em Alagoas. (p.73)
Muita satisfação tive em ver o interesse que Mr. Winter tomou pelo nossa perfuração. Se o novo aço que ele vai embutir na coroa der resultado e nos habilitar a vencer a diábase, ele fica desde já sendo um dos beneméritos da Cia. (ChF1.2.00047)	Se são rochas moles, como as argilas e os xistos, tudo corre a galope. Mas se os perfuradores encontram uma peste chamada diábase, rocha de extraordinária dureza, babau! ... No poço do Araquá ... os perfuradores deram numa camada de diábase duríssima. (p.46)
Recebi sua carta dando conta das disposições de Mr. Winter para com a nossa Cia em vista da atitude do nosso perfurador, e tenho a dizer que não vejo absolutamente motivo de ruptura das nossas negociações. Ai do petróleo dum país se ele ficasse na dependência da má vontade, grosseria ou neurastenia dum operário técnico. (ChF1.2.00051) Resta agora a encrenca que aquele imbecil nos armou com a estúpida atitude para com Dr. Winter. (ChF1.2.00054)	Só uma vez Mister Kalamazoo perdeu as estribeiras e berrou desaforos que os meninos não entenderam por serem em inglês. Isso porque a bomba de injetar água no poço, ao ser experimentada, engasgou e ele atribuiu o defeito à imperícia do mecânico que a havia montado. (p.96)

Fundo Charles Franckie	O *poço do Visconde*
Mr. Winter esteve comigo, mas a dificuldade de língua impediu-me que nos entendêssemos como era preciso. Escrevo por isso a V. para que V. lhe transmita minhas ideias e meu pedido de desculpa. (ChF1.2.00050)	– E como [Mister Kalamazoo] se entenderá com vocês? – Com intérprete. Quindim será o intérprete [...] sabe inglês na ponta da língua. (p.88)
O pobre Edson está a fazer prodígios, porque trabalha com grande falta de aparelhamento. Mas é um herói. Vai indo. Ah, se pudéssemos analisar aquele gás! 200.000 litros em 3 horas já é alguma coisa, não? (ChF1.2.00108)	Há lá [Riacho Doce] um petroleiro chamado Edson e um governador de Estado, de nome Osman, que até merecem estátuas de ouro! (p.73)
[...] Quanto à sondagem, vamos iniciar amanhã os reparos da caldeira. Logo que chegaram as hastes novas trato de içar as ferramentas e com o guincho renovado arrancarei os *casings* de 6" e 10" deixando somente os de 12" com um bom tampão. (ChF1.1.00014)	Para realizar a pescaria, o americano desceu um aparelho chamado "pescador", com garras dispostas de modo a prender solidamente a ponta da haste quebrada logo que tocasse nela. (p.112)
Os clássicos estudos [de José Bach] receberam bela confirmação com as pesquisas geofísicas ora empenhadas. A esperança do malogrado cientista de encontrar Petróleo na região do Riacho Doce, será realizada no tempo mais breve possível para o desenvolvimento econômico do Estado de Alagoas e como passo inicial para a independência econômica do Brasil. (ChF1.1.00011)	[A geologia] é uma ciência que conduz a resultados práticos, positivos, de grandes reflexos econômicos. ... Saber que em tal ou tal terreno existem condições para o acúmulo de petróleo, isso sim, enriquece. Se não fosse a nossa mania geológica, não teríamos descoberto o anticlinal dos Caraminguás e não estaríamos hoje nadando em dinheiro e fazendo a felicidade desse povo, que até aqui viveu descalço, analfabeto e na maior penúria. ... É no solo que se acumulam as maiores riquezas dum país. (p.188)

Feito, enfim

É bastante comum o emprego da expressão "à frente de seu tempo", para tentar definir Monteiro Lobato e sua literatura, sobretudo a infantil. Certamente, tal expressão está impregnada de extrema admiração e carinho pela figura do escritor brasileiro, criador do Sítio do Picapau Amarelo, o qual vem encantando tantas gerações de crianças. Entretanto, cabe afirmar que – deixando de lado a curiosidade da expressão de considerar *alguém à frente de seu próprio tempo* – Monteiro Lobato foi um escritor que jamais infantilizou a infância, ou banalizou a literatura infantil.

Não houve o que não fosse tema de seus livros para crianças: de mitologia a história, de ciência a petróleo, de fantasia a política. E trazer política para o universo cotidiano de formação de uma criança, em um país sem qualquer tradição de engajamento, pode, de fato, parecer "à frente", mas não o é. Trata-se, apenas, de leitura, em seu mais amplo aspecto cultural: o ensino.

Ensinar a ler todas as situações em volta. Como deve ser.

verso:
Histórias de Tia Anastácia. 3.ed. São Paulo: Companhia Editora Nacional,1941
Cedae – Centro de Documentação Cultural "Alexandre Eulálio" / Unicamp
Fotografia; Raquel Afonso da Silva

22
Histórias de Tia Nastácia: serões sobre o folclore brasileiro
Raquel Afonso da Silva[1]

> *Tia Nastácia é o povo. Tudo que o povo sabe e vai contando de um para outro, ela deve saber. Estou com o plano de espremer tia Nastácia para tirar o leite do folclore que há nela.*
>
> (Monteiro Lobato, 1994c, p.7)[2]

Tia Nastácia, contadora de histórias...

O livro *Histórias de Tia Nastácia* (1937) traz aspectos *sui generis*, se comparado aos demais livros que compõem a obra infantil de Monteiro Lobato, a principiar pela própria temática.

Embora as narrativas do sítio tragam sempre algum elemento do folclore nacional, somente *O Saci* (publicado, pela 1ª vez, em 1921, e reformulado e reeditado em 1932) e *Histórias de Tia Nastácia* têm por tema central a cultura popular brasileira. Outro aspecto diferencial

---
1   Raquel Afonso da Silva é doutoranda em Teoria e História Literária pela Unicamp. Participou do grupo de pesquisa do projeto temático "Monteiro Lobato (1882-1948) e outros modernismos brasileiros", desenvolvido na Unicamp, sob a orientação da profa. dra. Marisa Lajolo, com o apoio financeiro da Fapesp, pesquisando a correspondência dos leitores infantis de Monteiro Lobato. Continua, no doutorado, trabalhando com cartas de leitores.
2   As demais citações da obra são retiradas desta mesma edição.

desta última obra é a identidade de seu narrador, já apresentado no título: Tia Nastácia.

À semelhança de muitos outros livros de Lobato (*Hans Staden*, 1927, *Dom Quixote das crianças*, 1936, *Peter Pan*, 1936, dentre outros), este também é uma "narrativa no interior da narrativa", mas, aqui, o papel de "contador de histórias" é, inusitadamente – à luz dos demais volumes da obra –, atribuído a Tia Nastácia, que, a pedido de Pedrinho, que se interessara pelo assunto, irá narrar às crianças do sítio contos populares do folclore brasileiro:

> – As negras velhas – disse Pedrinho – são sempre muito sabidas. Mamãe conta de uma que era um verdadeiro dicionário de histórias folclóricas, uma de nome Esméria,[3] que foi escrava de meu avô. Todas as noites ela sentava-se na varanda e desfiava histórias e mais histórias. Quem sabe se tia Nastácia[4] não é uma segunda tia Esméria? (p.7)

Ao longo da saga do Picapau Amarelo, Tia Nastácia esteve, invariavelmente, restrita à cozinha – a personagem cristalizou-se, na obra e para os leitores, como a hábil quituteira do sítio de Dona Benta.[5] O livro de que trata este trabalho será o único em que a personagem irá ocupar um lugar diverso, sempre preenchido por Dona Benta – o de "contadora de histórias". Mesmo em outras narrativas – anteriores e posteriores à aqui abordada – nas

---

[3] O livro *O Sacy-Pererê*: resultado de um inquérito de 1918 é dedicado "À memória da saudosa tia Esméria, e de quanta preta velha nos pôs, em criança, de cabelos arrepiados com histórias de cucas, sacis e lobisomens ..." (Lobato, 1998).

[4] O Centro de Documentação Alexandre Eulálio (Cedae) do Instituto de Estudos da Linguagem (IEL) da Unicamp tem uma foto de 1913, com legenda manuscrita, que informa: 1913: Tia Nastácia e Guilherme, na fazenda. Monteiro Lobato teve um filho chamado Guilherme.

[5] Em cartas de leitores infantis a Monteiro Lobato, preservadas no Instituto de Estudos Brasileiros (IEB/USP), a personagem é frequentemente mencionada, sempre relacionada a seus "dotes culinários", em especial, seus "famosos bolinhos": "Como vai Tia Nastácia com seus bolinhos?" (IEB, C1P1C16); " Tia Nastácia, a dona de todos os 'credos' e 'fazedora' dos mais gostosos bolinhos..." (IEB, C1P2C9); "Você precisa vir aqui em Belo Horizonte. Estou ansiosíssima por conhecê-lo! Traga também a Tia Nastácia com todos os seus bolinhos. ... Quero uma festa bem bonita com um bolo feito por Tia Nastácia" (IEB, C1P2C49); "Eu nunca li um dos seus livros que não falasse em Tia Nastácia preparando café cuado na horinha, amendoim, bolinhos e pipocas" (IEB, C1P3C24).

quais a personagem transpõe o universo do *Picapau Amarelo*, seu papel é, constantemente, o de prendada cozinheira. Em *Viagem ao céu* (1932), quando levada, por meio de um logro,[6] para a Lua, fica todo o tempo confinada a fritar bolinhos para São Jorge. Em *O Minotauro* (1939), após ser raptada pelo monstro (no desfecho da narrativa *O Picapau Amarelo*, do mesmo ano) e levada para a Grécia, a quituteira permanece presa no labirinto, a fazer seus tão afamados bolinhos, para satisfazer à gulodice do Minotauro.

Deve-se frisar, porém, que, apesar de ser Tia Nastácia a narrar as histórias folclóricas, o posto de "detentora do conhecimento", ainda que de um conhecimento concernente à cultura popular oral, continua sendo de Dona Benta. É a avó quem esclarece aos netos as origens das histórias, as variações relativas à sua transmissão oral, bem como é também Dona Benta quem legitima os comentários dos ouvintes ou tenta matizar suas críticas preconceituosas. Já no início do livro, é a avó quem explica a Pedrinho o significado da palavra *folclore*, termo que o garoto havia lido no jornal e cujo significado encarrega Emília de perguntar a Dona Benta. A boneca retorna com a explicação na "ponta-da-língua":

– Dona Benta disse que *folk* quer dizer gente, povo; e *lore* quer dizer sabedoria, ciência. Folclore são as coisas que o povo sabe de boca, de um contar para o outro, de pais a filhos – os contos, as histórias, as anedotas, as superstições, as bobagens, a sabedoria popular, etc. e tal. (p.7).

Desse modo, embora Tia Nastácia assuma, nessa obra, o posto de "contadora de histórias", sempre ocupado por Dona Benta, permanece a assimetria, não havendo equiparação entre as personagens. Da forma como Lobato estruturou o livro, Tia Nastácia é a porta-voz do povo, transmite as histórias do jeito que as ouviu, com suas incongruências e absurdos, no

---

6   As crianças fazem Tia Nastácia cheirar o pó de pirlimpimpim, que os levaria ao espaço, dizendo tratar-se de rapé.

dizer de Narizinho e de Emília. A seus ouvintes é que cabe julgar e criticar os contos, bem como a cultura popular que lhes deu origem.

Como sempre acontece nas narrativas lobatianas que se estruturam como "histórias dentro de histórias", as crianças interferem frequentemente na narração, desenrolada ao longo de *serões*. Nessa obra em específico, Pedrinho, Narizinho e Emília desempenham habilmente o papel de verdadeiros "críticos literários" – ouvem atentamente as histórias que Nastácia conta e, ao final de cada narrativa, fazem seus comentários e avaliam a "qualidade" do que foi narrado. Em sua grande maioria, as observações das crianças têm um caráter depreciativo – elas criticam os "pontos fracos", as partes desconexas, o *nonsense* das narrativas; julgam os enredos pobres e sem criatividade; reclamam da recorrência de vários elementos nos contos; criticam, até mesmo, a pouca criatividade dos nomes das personagens:

> Emília ficou a olhar a cara de Narizinho.
> – Esta história – disse ela – ainda está mais boba que a outra. Tudo sem pé, nem cabeça. (p.15).
> – ... eu noto uma coisa: as histórias populares parecem que são uma só, contada de mil maneiras diferentes. Falam tanto da imaginação do povo e eu não vejo nada disso. Vejo apenas uma grande pobreza. (p.23)
> – Também acho bastante boba esta história – disse Narizinho – além de que há muita repetição de coisas de outras. Os tais três irmãos, o tal do mais novo sair pelo mundo, a eterna velha, o tal reino das Três Pombas, os tais três aleives – tudo três, três, três. Isso até cansa. E os nomes? Não há história em que não apareça um João. Agora variou um pouco e veio um José... (p.43)

É interessante observar que, diferentemente de Narizinho e Emília, que "sem cerimônia" repudiam as histórias de Nastácia (Emília, obviamente, de maneira mais agressiva que a menina!), Pedrinho tem a postura de um "sociólogo", que toma tais narrativas como objeto de estudo de uma manifestação cultural específica, a qual, por sua vez, constitui elemento de extrema relevância na formação da mentalidade do povo brasileiro:

— Pois eu gostei da história — disse Pedrinho — porque me dá ideia da mentalidade do nosso povo. A gente deve conhecer essas histórias como um estudo da mentalidade do povo. (p.12)

Com frequência, nomes de autores consagrados e obras modernas de literatura infantil são trazidos à baila — Lewis Carroll, Barrie, Andersen,[7] entre outros — e, na comparação com eles, rebaixa-se e desvaloriza-se a cultura oral popular. Falas menosprezando tal manifestação cultural abundam ao longo do livro, provenientes, principalmente, de Emília, embora até Dona Benta teça comentários desse gênero:

— É o que eu digo — ajuntou Emília — O povo, coitado, não tem delicadeza, não tem finuras, não tem arte. É grosseiro, tosco em tudo que faz. (p.30)
— Sim — disse Dona Benta — Nós não podemos exigir do povo o apuro artístico dos grandes escritores. O povo... Que é o povo? São essas pobres tias velhas, como Nastácia, sem cultura nenhuma, que nem ler sabem e que outra coisa não fazem senão ouvir as histórias de outras criaturas igualmente ignorantes, e passá-las para outros ouvidos, mais adulteradas ainda. (p.18)

Assim, da mesma forma como a negra cozinheira e a sábia avó não se igualam enquanto contadoras de história, também não se equiparam, na obra lobatiana, a cultura letrada erudita e a cultura oral popular. Se Lobato subverte, em suas histórias infantis, a hierarquia adulto/criança, o mesmo não sucede às hierarquias branco/negro, erudito/popular, letrado/oral.

---

[7] Lewis Carroll, pseudônimo de Charles Lutwidge Dodson (1832-1898), matemático e escritor inglês, autor de *Alice in Wonderland*, 1865 (*Alice no país das maravilhas*) e *Through the Looking Glass, and What Alice Found There*, 1872 (*Alice do outro lado do espelho*).
James Matthew Barrie (1860-1937), nascido na Escócia, jornalista, dramaturgo e escritor de literatura infantil, ficou conhecido por sua peça *Peter Pan*, 1904.
Hans Christian Andersen (1805-1875), escritor dinamarquês conhecido por seus contos infantis, escritos a partir de narrativas populares, como "O patinho feio", "O soldadinho de chumbo" e "A pequena sereia", dentre outros.

Um ponto interessante a se ressaltar é a intertextualidade do livro, através da menção a obras e autores já conhecidos pelos netos de Dona Benta e pelos leitores de Lobato. Na década de 1930, o autor já havia traduzido *Alice no país das maravilhas*, de Lewis Carroll – tradução de 1931 –, e adaptado *Peter Pan,* de Barrie (1930). Também constam, entre as traduções do autor, obras de Andersen (*Contos de Andersen,* publicado em 1932), de Grimm[8] (*Contos de Grimm,* publicado em 1932) e de Perrault[9] (*Contos de fadas,* publicado em 1934), autores citados pelas crianças e que tiveram, como matriz de suas histórias, a cultura popular oral europeia, de onde procedeu grande parte das narrativas orais que circulam pelo Brasil.

Também Rudyard Kipling[10] é mencionado por Dona Benta, quando da série de histórias protagonizadas por macacos, e a leitura de *Mowgli, o menino lobo,* é recomendada aos netos desta e a possíveis leitores de Lobato, que parecia admirar intensamente a obra de Kipling. Já em 1934, havia traduzido alguns livros do autor – *Mowgli, o menino lobo*; *Jacala, o Crocodilo* e *O livro da jangal*. E, em 1941, para esquivar-se ao ócio pernicioso da prisão, embrenha-se na tradução de *Kim*. O entusiasmo de Lobato pelo livro o faz recomendar a leitura a Rangel: "ontem acabei a revisão do meu Kim. Leia-o, Rangel. Depois do Livro da Jangal é a melhor coisa de Kipling" (*A Barca de Gleyre*, 1956, 2º tomo, p.334. Carta de 17.9.1941).

Assim, dentre as histórias narradas por Tia Nastácia, as crianças reconhecem algumas já lidas nessas obras, como a de "João e Maria", cuja autoria

---

8 Jacob e Wilhelm Grimm, escritores alemães conhecidos por registrar diversas fábulas infantis. Entre os contos mais famosos estão "Branca de Neve", "João e Maria", "Cinderela", "Rapunzel" e "Os músicos de Bremen".

9 Charles Perrault (1628-1703), escritor francês conhecido por seus contos infantis, dentre os quais "A Bela Adormecida", "Chapeuzinho Vermelho", "O gato de botas".

10 Joseph Rudyard Kipling (1865-1936), escritor britânico cujas obras retratam a Índia. Sua obra mais famosa é o *Livro da selva*, de 1894.

Emília atribui a Andersen. Dona Benta explica à ex-boneca que o autor não fez mais do que recolher tal conto dentre os que o povo contava e escrevê-lo a seu modo. Narizinho ainda reconhece, em "O doutor Botelho", resquícios de "O gato de botas", lido em *Contos de fadas*, de Perrault, e Dona Benta reforça o que já havia dito sobre as modificações das histórias, na tradição oral:

> – Serve para mostrar como o povo adultera as histórias – disse Dona Benta. – Neste caso do doutor Botelho vemos uma tradução popular do Gato de botas. (p.59)

A crítica às alterações sofridas pela transmissão oral das histórias fica explícita, não somente pelo termo pejorativo que Dona Benta utiliza para referi-las – *adulterar* – mas também pela fala de Emília que, como sempre, dispensa eufemismos:

> – Mas tradução bem malfeitinha – disse Emília. – ... Em todo caso serve. Que se há de esperar da nossa pobre gente roceira? (p.59)

A ordenação lobatiana das histórias

As histórias contadas por Tia Nastácia parecem, à primeira vista, desprovidas de qualquer ordem que não o fluxo das lembranças da narradora, por vezes influenciado pelos comentários e/ou pedidos dos ouvintes: "Vá, Nastácia, conte uma história inventada pelos negros" (p.47, fala de Narizinho). Não obstante, existe um elemento ordenador, ainda que pouco visível – as histórias são agrupadas conforme suas linhagens: europeia, negra e indígena.

O primeiro conjunto de histórias, que vai de "O bicho manjaléu" até "O cágado na festa do céu", tem origem europeia. Remonta ao período medieval, como explica Dona Benta a seus netos, fato que, por sua vez, justifica a marcante presença de reis, príncipes e princesas, elementos cuja recorrência tanto incomoda as crianças, que a imputam à falta de imaginação do povo. O que faziam os contadores era acrescentar "cor local" às histórias, que, dessa maneira, modificavam-se de contador para contador.

– Essas histórias, minha filha, vieram de Portugal, e são dum tempo em que em todos os países do mundo só havia reis. ... São histórias dos tempos dos reis. E para a imaginação do povo os reis, as rainhas e os príncipes eram a coisa mais maravilhosa que havia. ... O povo é muito conservador, de modo que as histórias que de pais a filhos a gente do povo conta são corocas, vêm do tempo da Idade Média, quando não existiam jornais nem livros. (p.18)

As próximas histórias, de "O rabo do macaco" até "O jabuti e os sapinhos", são de origem africana e indígena, o que justifica a presença constante de animais que, via de regra, possuem algum traço psicológico marcante para a cultura de que tais contos se originam. Os atentos ouvintes de Tia Nastácia observam esse aspecto, como no caso das histórias sobre o jabuti, representado sempre como muito esperto:

– E mesmo assim, mesmo em luta com o rei dos animais – observou Pedrinho – foi o cágado quem venceu. Isso mostra que os índios punham o jabuti até acima do homem, em matéria de esperteza. (p.68)

Os demais contos – "A raposa faminta", "O camponês ingênuo", "A história dos macacos", "O rato orgulhoso", "Peixes na floresta", "O alcatraz e o eider" – pertencem ao folclore de outros países (Cáucaso, Pérsia, Congo, do povo esquimó, Rússia, Islândia) e são narrados, por sua vez, por Dona Benta: após os ouvintes se fartarem de tantas histórias populares, Tia Nastácia retorna a sua função cotidiana– a de alimentar a gulodice das crianças – e deixa a cargo de Dona Benta encerrar o serão. Para isso, a avó seleciona contos populares de outros países, acima mencionados, que parecem postos no livro com o intuito de apresentar às crianças a cultura popular de outras nações.

A ordenação literária dessas histórias, realizada por Lobato, torna-se evidente quando se coteja o conteúdo de *Histórias de Tia Nastácia* com os contos recolhidos e organizados por Sílvio Romero (1851-1914), em sua antologia intitulada *Contos populares do Brasil*, publicada em 1885. Por duas vezes, Dona Benta menciona o trabalho realizado pelo intelectual sergipano, um dos pioneiros em estudos folclóricos no Brasil:

– Esta história – disse Dona Benta – foi recolhida pelo erudito Sílvio Romero, da boca do povo de Pernambuco. (p.21)
– Onde o tal Sílvio Romero pegaria essa história? – perguntou Emília.
– No Rio de Janeiro e no Sergipe – respondeu Dona Benta. – Ele fez um trabalho muito interessante, que publicou com o nome de Contos Populares do Brasil. Ouvia as histórias das negras velhas e copiava-as direitinho, com todos os erros de língua e os truncamentos. É assim que os folcloristas caçam a obra popular. (p.32)

Romero, enquanto sociólogo interessado na formação cultural do povo brasileiro (preocupação notória entre os intelectuais brasileiros, desde meados do século XIX), recolheu as histórias que circulavam oralmente em diversos estados (Sergipe, Pernambuco, Rio de Janeiro) e elaborou sua coletânea, no esforço de distinguir, através dos elementos marcantes das narrativas, as suas linhagens, de acordo com os três agentes formadores da identidade brasileira: o branco europeu, o negro e o indígena. A ordenação de sua coletânea é, pois, dividida em três seções: a primeira, dos contos de origem europeia; a segunda, dos contos de origem indígena e a terceira, dos contos de origem africana e mestiça.

Todos os contos de *Histórias de Tia Nastácia,* à exceção daqueles contados por Dona Benta, ao final do livro, os quais pertencem ao folclore de outros países, encontram-se na coletânea de Sílvio Romero. Lobato realizou uma seleção dentre tais histórias e contou-as a seu modo (como faziam os contadores de histórias populares!), modificando a linguagem em que foram escritas – para aproximá-las da linguagem a que seus leitores estavam acostumados, em sua obra – frisando a coloquialidade, substituindo vocábulos, emparelhando tais narrativas aos contos de fadas, com o uso, por exemplo, de uma estrutura característica destes últimos – "Era uma vez..." – e, por vezes, alterando o título das histórias, como é visível na tabela[11] a seguir:

---

11   Constam, na tabela, apenas os títulos que apresentam modificações.

Contos populares do Brasil	*Histórias de Tia Nastácia*
A princesa roubadeira	A princesa ladrona
João mais Maria	João e Maria
A proteção do diabo	O bom diabo
O matuto João	João esperto
O irmão caçula	O caçula
A cumbuca de ouro e os marimbondos	A cumbuca de ouro
O cágado e a festa no céu	O cágado na festa do céu
O macaco e o rabo	O rabo do macaco
A onça, o veado e o macaco	O macaco, a onça e o veado
A onça e o gato	O pulo do gato
O pinto pelado	O pinto sura
O cágado e a fruta	O jabuti e a fruta
O cágado e o teiú	O jabuti e o lagarto
O cágado e o jacaré	O jabuti e o jacaré
O cágado e a fonte	O jabuti e os sapinhos

Nas alterações de títulos, evidencia-se a intenção do autor de aproximar a linguagem de seus jovens leitores, substituindo vocábulos já arcaicos (*matuto* por *esperto*; *roubadeira* por *ladrona*), bem como adotando denominações mais populares de alguns animais (*teiú* por *lagarto*; *cágado* por *jabuti*). No caso da mudança de "A proteção do Diabo" para "O bom diabo", vê-se a tinta provocadora de Lobato, o que se torna ainda mais visível pelos comentários dos ouvintes, ao final do conto, os quais vale a pena transcrever:

– Pois gostei! – gritou Emília. – Está aí uma historinha que descansa a gente daquelas repetições das outras. E mais que tudo gostei da camaradagem entre o santo e o diabo.

– Sim – disse Dona Benta. – Como os dois vivessem na mesma capela, sozinhos, acabaram em muito bons termos, como se vê na história. O diabo é o símbolo da maldade, mas até a maldade amansa quando em companhia da bondade. De viverem juntos ali na capelinha, o santo e o diabo se transformaram em amigos, e os bons sentimentos de um passaram para o outro.

– Influência do meio! – gritou Pedrinho, que andava a ler Darwin.

Narizinho confessou que gostava muito das histórias com o diabo dentro, e disse que todas confirmavam o dito popular de que o diabo não é tão feio como o pintam.

– Credo! – exclamou Tia Nastácia fazendo três benzeduras. – Como é que uma menina de boa educação tem coragem de dizer isso do canhoto?

Narizinho arregalou os olhos.

– Como? É boa! Pois você mesma não acaba de contar a história dum diabo bom?

– Mas isso é história, menina. História é mentira. O "cão" é o "cão". Não muda de ruindade.

– Se o cão é cão, viva o diabo! – gritou Emília. – Não há animal melhor, nem mais nobre que o cão. Chamar o diabo de cão é fazer-lhe o maior elogio possível.

– Dona Benta – exclamou tia Nastácia horrorizada – tranque a boca dessas crianças. Estão ficando os maiores hereges deste mundo. Chegam até a defender o canhoto, credo!...

– Olhe, Nastácia, se você conta mais três histórias de diabo como essa, até eu sou capaz de dar um viva ao canhoto – respondeu Dona Benta.

Tia Nastácia botou as mãos e pôs-se a rezar. (p.34)

Como muitas outras obras de Lobato (*O poço do Visconde* – 1937, *Geografia de Dona Benta* – 1935, *História do mundo para as crianças* – 1933, dentre outras), *Histórias de Tia Nastácia* sofreu os crivos da censura – a Liga Universitária Católica Feminina apontou, em boletim (Cavalheiro, 1962, p.167-70), as "impropriedades" desse livro, considerando inadequados diversos aspectos. As leituras darwinistas de Pedrinho (presente em outros trechos, além do supracitado), as falas heréticas das crianças e da própria Dona Benta tornavam a obra, aos olhos dos censores, desaconselhada para a boa formação moral das crianças.

Histórias de Tia Nastácia encerra-se com as crianças declarando seu favoritismo pelas histórias "literárias", em detrimento das narrativas populares, e Dona Benta assumindo o compromisso de, doravante, somente narrar obras de "grandes escritores":

> – Também estou farta – disse Narizinho. – Histórias do povo não quero mais. De hoje em diante, só as assinadas pelos grandes escritores. Essas é que são as artísticas.
> – Bem – concluiu Dona Benta. – Da próxima vez contarei só histórias literárias, isto é, as escritas pelos tais grandes escritores. (p. 77)

Esses comentários, que arrematam a narrativa, vêm corroborar – na voz de uma personagem, talvez aqui, porta-voz do escritor – a superioridade da cultura letrada sobre a cultura popular oral. E, talvez, também traduzam a ideologia disseminada por Lobato, em sua obra infantil – as obras clássicas sempre foram leituras vivamente recomendadas por Dona Benta, e seus netos (quiçá, seus leitores) parecem ter aprendido a lição: "de hoje em diante", só as obras "assinadas pelos grandes escritores".

O surgimento das *Histórias*

Histórias de Tia Nastácia, lançado em 1937, segundo documentos da Cia. Editora Nacional, saiu da gráfica em 22 de novembro daquele ano, a tempo, portanto, de tornar-se um presente de Natal, como parece ter sido para o menino Flávio, que escreve ao autor comentando a obra:

> Bom dia sr. Monteiro Lobato
> Veja só, eu ganhei de Papae Noel um outro livro do sr. que é *Histórias de Tia Nastácia*. Já li tudo. ... as histórias que eu gostei foram as do jaboti e o caipora.
> Jaboti e a onça, jaboti e a fruta, jaboti e os sapos. (IEB/ USP, C1P2C32)

A tiragem inicial foi de 10.009 exemplares, relativos à 1ª e à 2ª edições. A história parece ter agradado, pois teve novas edições a intervalos regulares.

Em 14.8.1941, é lançada a 3ª edição, com tiragem de 5.040 exemplares. As 4ª e 5ª edições saem em 1945, com tiragem de 10.010 cópias.

Em 1947, o livro foi incluído como volume 11 das *Obras completas* da Série Infantil que Monteiro Lobato preparou para a Editora Brasiliense. Após a produção das obras completas, *Histórias de Tia Nastácia* teve ainda outras publicações pela Editora Brasiliense, com ilustrações de André le Blanc, tendo saído a 6ª edição em 1949 e a 8ª, em 1953.

O Centro de Documentação Alexandre Eulálio, da Unicamp, tem um exemplar da 3ª edição, incluído como vol. 29 da coleção Literatura infantil da Biblioteca Pedagógica Brasileira. Ilustrado por Rafael de Lamo, a capa do volume apresenta, em primeiro plano, perfil do rosto de Tia Nastácia, voltado para três rostos infantis. Na parte superior, alguns elementos, presumivelmente inspirados por algumas das histórias narradas.

Outro exemplar, também disponível no Cedae, pertenceu originalmente a Oswald Guisard, que inscreveu seu nome – ao lado da data 1971 – na abertura do livro. Trata-se agora da 13ª edição lançada pela Brasiliense e ilustrada por André le Blanc. Na edição, o rosto de Tia Nastácia desaparece da capa, onde domina a figura de um imenso dragão ao qual dá combate uma pequena figura masculina, em trajes aparentemente medievais, o que remonta, por sua vez, à origem de vários dos contos narrados na obra.

A obra parece não ter sofrido grandes alterações textuais, mas algumas são significativas. Até, possivelmente, a edição das *Obras completas*, a narrativa intitulada "O alcatraz e o eider" tinha por nome "O cormoran e o eider", e não havia no livro a história intitulada "O pinto sura".

Vale interrogar-se sobre a ausência da história "O pinto sura", nas primeiras edições do livro, pois esta já aparece em *Narizinho arrebitado*, de 1921, o qual inclui duas partes não constantes em *A menina do narizinho arrebitado*, publicado no ano anterior. A capa do livro de 1921 traz um desenho de Voltolino, que ilustra justamente a história do pinto sura, narrada por Dona Benta a Narizinho e Emília, em um capítulo da segunda parte do livro – "As histórias de D. Benta":

Todas as noites a vovó contava uma linda historia. A Gata Borralheira, o Pequeno Pollegar, o Jaboti e a Onça – quantas!...
Mas a historia de que Narizinho e Emília mais gostavam era a do pinto sura. E tanto que, volta e meia, lá pedia a menina:
– Conte, vovó, conte a historia do pinto sura !
Dona Benta sentava-se na rêde, punha Narizinho no collo e principiava:
– "Era uma vez um pinto sura, de pennas arrepiadas, differente de todos os mais pintos do gallinheiro. Que culpa tinha elle disso? Nenhuma. (Lobato, 1921b, p.103-4)

Já em *Narizinho arrebitado*, os ouvintes interferiam nos serões de histórias, de sorte que Narizinho interrompe, por duas vezes, a narração da avó, para fazer comentários:

O pinto, desesperado, resolveu queixar-se ao rei.
– Levo-lhe uma carta, pensou comsigo, e o rei ha de attender-me. Depois, quero ver!...
Procurou pelo chão uma carta.
Bobinho como era, qualquer papelzinho para elle era carta.
– A Emilia tambem é assim, vovó. Qualquer papelzinho para ella é carta... Esta boba !... (ibidem, p.105)
... O rei pegou no papelzinho, examinou-o de um lado e de outro; mas, vendo que era um papel sujo, apanhado no lixo, encheu-se de furor.
– Esse rei era bôbo, vovó ! commentou Narizinho. Si fosse eu até achava graça... (p.110)

Poucas alterações existem entre a história contada em 1921 e a que Tia Nastácia narra às crianças. A principal mudança é, de fato, a troca de narrador, de Dona Benta para Tia Nastácia; e os comentários das crianças, em *Histórias de Tia Nastácia,* resumem-se a uma fala de Emília – ao final da narrativa, e não em seu entremeio – demonstrando sua satisfação pela história narrada: "– Bobinho, bobinho... – comentou Emília. – Tal qual o pinto com que sonhei..." (p.62).

O conto do pinto sura encontra-se, pelo menos em sua matriz fundamental, entre as histórias recolhidas por Sílvio Romero em sua obra, a qual parece ter sido consultada por Lobato, na feitura de *Histórias de Tia Nastácia*; o título da narrativa em questão é "O pinto pelado", como se vê na tabela anterior. Pelo visto, o interesse de Lobato pela obra de Romero é anterior a 1937. Em 1921, quando insere a história do pinto sura em *Narizinho arrebitado,* já realiza inúmeras modificações na narrativa constante nos *Contos populares do Brasil.*

O autor estende-se em explicações de tudo quanto parecia gratuito, pouco elucidado, na narrativa popular: refere as agruras que o pobre pinto sura sofria, em seu galinheiro, motivo pelo qual resolve queixar-se ao rei, levando-lhe uma carta, fazendo questão de explicar, igualmente, por que a ave não mais foi ofendida, após retornar de sua pouco afortunada jornada – a viagem tinha durado muito tempo e o pinto havia se tornado um formoso galo. Esses aspectos estão ausentes no conto transcrito por Romero. Lobato, portanto, adorna o conto popular de detalhes que o tornam mais próximo das "histórias fantásticas" de sua própria lavra.

Ressalte-se que a história do pinto sura fora contada por Tia Nastácia a pedido de Emília, que havia sonhado com um pinto sura, na noite anterior: "– Eu quero agora uma historinha bem bonita em que haja um pinto!" (p.60). A história é dita a preferida de Narizinho e de Emília, em *Narizinho arrebitado,* porém, nessa obra, quem incentiva a narradora (no caso, Dona Benta) a contar a história é Narizinho. Em 1921, Emília era apenas a boneca da neta de Dona Benta e pouca participação tinha nas histórias, enquanto, em 1937, é já a grande protagonista do *Sítio do Picapau Amarelo,* sobrepujando as figuras de Pedrinho e Narizinho.

A história parece continuar agradando a seus ouvintes, que nenhuma crítica lhe fazem: "Todos gostaram, sobretudo do pedaço em que pegou um papelzinho do chão e disse que era carta" (p.62). Quem, de fato, parece agradar-se do conto popular é Lobato, que, novamente, o insere em uma de suas obras, desta vez atendendo ao pedido de sua personagem mais voluntariosa.

Arrematando (?) as *Histórias*

Histórias de Tia Nastácia é uma obra que parece, à primeira vista, ter um interesse puramente lúdico – entreter os leitores com um conjunto de histórias circulantes na tradição oral brasileira. No entanto, quando analisada do ponto de vista de sua ordenação literária, bem como dos comentários de Dona Benta, elucidando a origem das histórias e a forma de sua transmissão, salienta-se seu viés pedagógico.

Lobato parece ter querido instruir seus leitores sobre o folclore nacional, assim como lhes ensinara, em outras obras, Gramática, Geografia, História, Geologia... A forma mesma como se estrutura a narrativa aponta para seu teor instrutivo – assim como os folcloristas "caçam a obra popular", segundo os próprios dizeres de Dona Benta, ouvindo as "histórias das negras velhas", as personagens de Lobato e os seus leitores entram em contato com a cultura popular ouvindo a velha negra cozinheira do sítio contar as histórias conforme as ouviu de sua mãe Tiaga: "– *Foi assim que minha mãe Tiaga me contou o caso da princesa ladrona, que eu passo para diante do jeito que recebi*" (p.18).

E os ouvintes/leitores as ouvem/leem como forma de lazer, mas também, segundo os dizeres de Pedrinho, como uma forma de estudar a "mentalidade do povo brasileiro".

Série 2ª ★ LITERATURA INFANTIL ★ Vol. 28
BIBLIOTECA PEDAGOGICA BRASILEIRA

MONTEIRO LOBATO
Serões de Dona Benta

COMPANHIA EDITORA NACIONAL – S. PAULO

verso:
Serões de Dona Benta. 1.ed. São Paulo: Companhia Editora Nacional, 1937
Biblioteca Infantil Monteiro Lobato/SP
Fotografia: Gregório Ceccantini

23
Serões: verdades científicas ou comichões lobatianas?
Lia Cupertino Duarte[1]

> A Ciência não pára de estudar e de remendar o que chamamos Verdade Científica. ... como não vivemos no passado nem no futuro, e sim no presente, só nos interessa a verdadezinha de hoje cum grano salis, *como dizem os filósofos*
>
> ...
>
> – Quando a gente acredita numa coisa, mas não acredita "bem, bem, bem", como diz a Emília, é que estamos botando em nossa crença um grãozinho de sal ... da dúvida. ... Na sua idade, Pedrinho, somos só açúcar ... o gostoso açúcar da credulidade.
>
> (Monteiro Lobato, 1956g, p.64)

O projeto editorial e os bastidores dos *Serões*

Ao publicar o livro *Serões de Dona Benta*, em 1937, Monteiro Lobato procura atender a um triplo objetivo: levar às crianças o conhecimento sobre as conquistas da ciência, questionar as verdades feitas que o tempo cristalizou e que cabe ao presente redescobrir e renovar, além de propor um novo modelo de ambiente escolar. Essa obra, que contou com quatro edições revistas pelo autor, teve sua primeira e segunda edições publicadas pela Companhia Editora Nacional, totalizando 10.036 exemplares.[2]

---

[1] Doutora em Teoria Literária e Literatura Comparada pela UNESP, *campus* de Assis. Autora do livro *Lobato humorista*: a construção do humor nas obras infantis de Monteiro Lobato. São Paulo: UNESP, 2007. É diretora da Faculdade de Tecnologia de Ourinhos – SP (Fatec).

[2] Informação obtida junto ao Acervo Histórico Ibep Nacional.

A partir da 3ª edição (em 1944, pela Editora Brasiliense), o livro passa a ter um subtítulo bastante sugestivo: *Física e astronomia*.

Em 1947, um ano antes da morte de Lobato, na primeira edição das *Obras completas de Monteiro Lobato* (Editora Brasiliense), *Serões de Dona Benta: física e astronomia* figura como o oitavo volume da Coleção Literatura Infantil. De 1944 a 1955, foram lançados pela Editora Brasiliense 17.733 exemplares dessa obra, os quais, somados aos publicados pela Editora Companhia Nacional, totalizam 27.769 exemplares, num período de dezoito anos (Penteado, 1997, p.177).

Segundo dados levantados por José Roberto Whitaker Penteado (ibidem, p.175), a média do público leitor potencial de Monteiro Lobato, nas décadas de 1940 e 1950, era estimada em 480.750, em uma população total de 46.553.528 habitantes (IBGE, 1995). Isso significa que pouco mais de 1% da população residente no Brasil era leitora de Lobato.

Confrontando-se essa média com os 27.769 exemplares de *Serões de Dona Benta* publicados nessas duas décadas, chega-se ao percentual de 5,7% de leitores lobatianos atingidos por essa tiragem.

Se compararmos esses dados com os 187 milhões (PNAD, 2007) de brasileiros de hoje, e se 1% dessa população lesse Lobato, teríamos 1.870.000 leitores. Se a edição de uma obra atingisse 5% desse número, teríamos uma tiragem de 93.500 exemplares que, divididos em dezoito anos, daria uma média de cinco mil exemplares impressos anualmente, num país em que a tiragem média de um livro é de dois mil exemplares (Tourinho, 2005). Assim, os quase trinta mil exemplares, número espantoso até para os dias atuais, demonstram que essa obra de Lobato, quando lançada, estava amplamente disponível para um grande espectro de leitores.

Serões de Dona Benta chega ao público em 1937, ano marcado na vida do autor por acontecimentos que influenciaram sua trajetória de modo bastante significativo: suas viagens pelo interior do país, na luta pelo petróleo, e o golpe de 1937, deflagrado no dia 10 de novembro.

Talvez, em virtude desses acontecimentos, não encontramos nenhuma discussão epistolar que tenha por objeto a elaboração dessa obra. Há apenas uma vaga referência, em uma carta de 4.6.1936 à leitora Maria Luiza Pereira Lima:

> Quer ser minha colaboradora? Mande dizer que livro quer que eu escreva. Quem sabe se V. me dá uma boa ideia para este ano. Ainda não resolvi sobre o assunto dos 4 livros que a Cia Editora quer que eu dê para o fim do ano. (ibidem)

Em outra carta, datada de 21.6.1936 a essa mesma leitora, Lobato menciona a elaboração das *Memórias da Emília*:

> Emília, coitadinha, anda muito aborrecida, porque os livros já deram notícia que ela estava escrevendo as Memórias da Marquesa de Rabicó e essas memórias não saem nunca.[3]

Provavelmente os quatro livros aos quais Lobato se refere são: *Memórias da Emília* (1936), *O poço do Visconde* (1937), *Histórias de Tia Nastácia* (1937) e *Serões de Dona Benta* (1937).

Nos três últimos, a proposta é ensinar, divertindo. É, pois, essa preocupação que caracterizará *Serões de Dona Benta*.

A educação *cum grano salis*

Livro cujo destinatário pode ser tanto a criança como o adulto, *Serões de Dona Benta* narra a história dos saraus organizados por essa avó, durante treze dias, para suprir a curiosidade de seus netos, que ficaram "ansiosos por mais Ciência" (Lobato, 1956g, p.3), após terem aprendido Geologia com a abertura do poço de petróleo no Sítio do Picapau Amarelo, conforme narrado em *O poço do Visconde* (1956h).

---

[3] Carta de 21.6.1936, São Paulo [para] Maria Luiza Pereira Lima. Correspondência ativa. Disponível em: <www.unicamp.br/iel/monteirolobato>.

Embora a palavra "serões" designe o "tempo que decorre depois da refeição da noite até a hora de dormir" (Houaiss & Vilar, 2001, p.2553), observa-se que os serões de Dona Benta se distinguem dessa concepção, começando pela manhã e ocupando, em alguns casos, todo o dia: "... Tia Nastácia está tocando a campainha – sinal dum frango assado que vai ser uma delícia. Vamos *almoçar*" (Lobato, 1956g, p.39, grifo nosso) Ou: "*Na tarde* dêsse dia Dona Benta continuou a falar da água" (ibidem, p.40, grifo nosso).

Preocupada em transmitir conhecimento e assim deixar para os netos uma riqueza que possam guardar onde ninguém as furte (ibidem, p.203), Dona Benta utiliza esses períodos para desenvolver assuntos ligados à ciência, demonstrando o triunfo desta sobre a ignorância e combatendo o conservadorismo, representado pelo Coronel Teodorico.

Em virtude desse objetivo, presente em toda a narrativa, alguns estudiosos da obra lobatiana incluem esse título entre as obras de caráter pedagógico de Lobato. Tal procedimento fica evidente em comentários como este, de J. C. Silva:

> Dentre os vinte e três títulos da série infantil [de Monteiro Lobato] alguns foram escritos "com objetivos didáticos, atendendo às necessidades escolares e transmitindo ... conhecimentos diversos de Geologia, Geografia, Língua Portuguesa, Matemática, História, etc" [entre os quais está] *Serões de Dona Benta* – Ciências Físicas e Biológicas. (Silva, 1982, p.14)

Essa característica é apontada também por Lajolo & Zilberman:

> Após a publicação da *História do mundo para crianças*, Lobato amplia o currículo escolar de acordo com suas convicções, convertendo o sítio no local deste ensino renovador. A cada disciplina, corresponde uma obra: *Emília no país da gramática* (1934); *Aritmética da Emília* (1935); *Geografia de Dona Benta* (1935); **Serões de Dona Benta** (1937), com lições de Física e Astronomia ... (Lajolo & Zilberman, 1988, p.78, grifo nosso)

Alaor Barbosa reforça essa classificação da obra como representante do projeto pedagógico do autor:

> A literatura de Monteiro Lobato classificada como infantil se compõe de dezessete volumes ... Uma subclassificação essencial deve ser feita desse conjunto de livros. Numa categoria, colocam-se os livros em que predomina o caráter ficcional ...; numa outra categoria entram os livros em que prepondera o caráter didático da narrativa ...
> Na categoria dos livros mais didáticos do que ficcionais entram: *Hans Staden*, *História do mundo para as crianças*, *Emília no país da gramática*, *Aritmética da Emília*, *Geografia de Dona Benta*, **Serões de Dona Benta** ... (Barbosa, 1996, p.84-5, grifo nosso)

Seguindo o mesmo princípio, José Roberto Whitaker Penteado classifica *Serões de Dona Benta* como uma obra paradidática (Penteado, 1997, p.167-8) e acrescenta, fazendo um juízo de valor sobre ela:

> Nas opiniões coincidentes do menino e do pesquisador, já adulto, *Serões de Dona Benta* é o mais enfadonho dos livros infantis de Lobato. Por isso, talvez, encerra a série dos "didáticos", que não mais será retomada. Se é adaptação, Lobato não menciona a fonte. *Serões* retoma o modelo da narrativa de Dona Benta, dentro de casa, seguindo, de certa forma, o formato de livro-texto da matéria Ciências, como era ministrada nas escolas primárias e secundárias ao tempo da publicação do livro. (ibidem, p.198)

Mais recentemente, Maria Angélica Cardoso, analisando os conteúdos escolares presentes nas obras de Monteiro Lobato, afirma, sobre *Serões*:

> Nesta história os experimentos são feitos utilizando-se de um "laboratoriozinho" de Dona Benta ...
> Utilizando-se de vários meios para "explicar a matéria", as crianças aprendem de forma significativa e tiram suas próprias conclusões. (Cardoso, 2006, p.13)

Como se observa, são muitos os autores que, ao mencionarem *Serões de Dona Benta*, destacam o caráter pedagógico da obra. Embora esse pendor pedagógico possa causar certo estranhamento ao leitor do século XXI, vale ressaltar que uma obra literária expressa uma determinada cosmovisão. Sendo assim, é importante que sua leitura leve em consideração o horizonte cultural da época em que foi produzida. Nesse sentido, no que se refere a

Serões, é recomendável que, ao proceder à leitura dessa obra, o leitor atente para fatos que caracterizaram em termos de valores sociopolíticos o início do século XX, principalmente a década de 1930, no Brasil: a democratização do ensino e a valorização da escola como meio de ascensão social.

Vivendo nesse contexto, Lobato foi o primeiro escritor brasileiro a acreditar na inteligência da criança, na sua curiosidade intelectual e capacidade de compreensão, tendo como projeto definido prepará-la para que pudesse construir um Brasil melhor. Desse modo, ensino e literatura se interpenetram de diversos modos, nesse período, o que faz de Lobato um homem que, em uma sociedade marcada por um comprometimento incipiente com o conhecimento e o estudo da ciência e da tecnologia, quisesse dar sua contribuição para alterar esse *status quo*.

Sua concepção de educação, no entanto, não se limitava à difusão do saber acumulado, cientificamente organizado e estruturado de modo lógico pelo professor. Por meio da valorização do questionamento, da dúvida (do *grano salis*), Lobato faz com que o conteúdo a ser estudado seja definido a partir das necessidades colocadas pelas práticas sociais. Assim, não se trata apenas de transmitir conhecimentos, mas sobretudo de instrumentalizar, prática e teoricamente, as pessoas para darem conta de problemas igualmente práticos (Zanette, 2007).

Se, por um lado, a preocupação com a educação movia Lobato, por outro não se pode esquecer de seu papel enquanto escritor. Nesse sentido, um levantamento das características formais presentes em *Serões de Dona Benta* possibilita verificar quais foram os processos de construção utilizados pelo autor, nessa narrativa, para equilibrar o útil e o agradável, o pedagógico e o estético, permitindo que o discurso ficcional não se restringisse a uma concepção meramente utilitária, mas fosse, antes de tudo, texto literário.

Organizando os *Serões*

Confrontando a primeira edição da obra (1937) e a de 1947, surpreende-
-nos o número de alterações, ocorram elas nos textos ou nas ilustrações.

Ilustradas por Jurandir Ubirajara Campos, as três primeiras edições (1933, 1933, 1944) apresentam um total de 71 ilustrações, com o predomínio de imagens que retratam, com rigor de detalhes, fenômenos ou objetos de uso científico, tendo como objetivo auxiliar o leitor a visualizar a descrição feita, ao longo da narrativa.[4] Pouquíssimas são as ilustrações em que as personagens que participam da narrativa são representadas. Isso ocorre apenas catorze vezes, em onze das quais a imagem é a mesma: Dona Benta, rodeada pelas crianças, mostrando um mapa-múndi, para finalizar os capítulos 3, 4, 5, 6, 9, 11, 12, 14, 16, 19 e 21 dessas edições. As três imagens restantes, as únicas que retratam as personagens, são extremamente rudimentares e inexpressivas (Lobato, 1937a, p.26, 119, 171).

Em contrapartida, a edição de 1947, ilustrada por André le Blanc, apresenta apenas 50 ilustrações. Dessas, 27 são idênticas às que aparecem nas três primeiras edições, todas elas referentes a fenômenos ou objetos científicos. As outras 23 surpreendem por sua expressividade, se comparadas às das edições anteriores. Nessas 23 imagens, predomina a figura das personagens, que ganham expressão e movimento, demonstrando a utilização pelo ilustrador de uma técnica semelhante à que se observa hoje, nas modernas histórias em quadrinhos.

É curioso notar, por exemplo, nesse confronto, que, se nas três primeiras edições, para se ilustrar o uso de algum objeto descrito na narrativa, eram usadas imagens de pessoas quaisquer (ora um homem, ora uma mulher ou

---

[4] Muitas dessas ilustrações, segundo informações fornecidas pelo narrador, são elaboradas por Narizinho, a pedido de Dona Benta ou pela própria senhora (cf. Lobato, 1937a, p.25; 29; 53; 75; 86; 88; 98; 103; 118 e 120).

criança), na edição de 1947, a exemplificação se faz pelas personagens do universo lobatiano.

Assim como ocorre com as ilustrações que, embora apareçam em menor número, se tornam mais expressivas, as alterações textuais também representam ganho em expressividade.

Cotejada às três primeiras edições, a última versão revisada por Lobato prima pela clareza: o autor elimina inversões sintáticas, prioriza o uso de substantivos no lugar dos pronomes que os substituem, abusa dos travessões, que evidenciam as intervenções das personagens, e troca palavras por sinônimos de uso mais comum.

Chama a atenção também, nesse confronto, a preocupação do autor em minimizar, ou deixar menos explícita a presença da imagem norte-americana em seu pensamento, como se pode observar na comparação dos seguintes fragmentos, respectivamente de 1937 e 1947:

Edição de 1937	Edição de 1947
O correio trouxe os jornais da véspera. Vinha uma notícia horrível, o desabamento e incêndio de uma escola **dos Estados Unidos** ...	O correio trouxe os jornais da véspera. Vinha uma notícia horrível, o desabamento e incêndio **duma escola** ...
... Aquele incêndio **da América** não me sai da cabeça [disse Narizinho] ...	... Aquele incêndio **de ontem** não me sai da cabeça [disse Narizinho] ...
... Se a escola **da América** fosse no fundo do mar, eu queria ver o tal fogo fazer o que fez...(ibidem, p.84, grifos nossos)	... Se a escola **que incendiou** fosse no fundo do mar, eu queria ver o tal fogo fazer o que fez...(Lobato, 1947b, p.105, grifos nossos)

Em sintonia com essa intenção de não veicular, por meio do texto, valores ideológicos, e ainda garantir à obra um equilíbrio entre o pedagógico e o estético, são sugestivos os processos empregados por Lobato na construção da figura do narrador. A voz narradora, consciente da presença do leitor, mostra-se atenta a esse receptor-alvo, o que revela tanto o desejo de comunicação inerente a todo ato literário, quanto a consciência de que o alcance da mensagem implica estímulo à participação desse receptor. Como exemplo, observe-se o seguinte fragmento que relata a experiência de Dona Benta de extrair água do ar:

> Dona Benta mandou vir do seu laboratóriozinho um grande frasco de hidrogênio que ela mesma havia preparado; enfiou na rolha um tubo de vidro por onde o hidrogênio pudesse escapar – e acendeu. ... **Sabem o que aconteceu?** Imediatamente se formaram gotas d'água no vidro do copo! (Lobato, 1956g, p.35, grifo nosso)

Corroborando esse "diálogo", o narrador se posiciona ao lado do leitor, seja por meio de juízo de valor sobre a caracterização de algumas personagens (como quando chama o Coronel Teodorico de "camelão"[5]), seja por meio de comentários metalinguísticos a respeito da extensão da narrativa, conforme se pode verificar a seguir:

> Na tarde desse dia Dona Benta continuou a falar da água. *Que capítulo comprido o da água,* e como a boa senhora sabia coisas a respeito do tal óxido de hidrogênio! (ibidem, p.40, grifo nosso)

Destaca-se também a ausência do narrador na maior parte da narrativa, chamado apenas para introduzir situações ou falas. Essa omissão aciona a predominância dos diálogos, dando voz às personagens e facultando-lhes a intromissão e o questionamento. Trata-se, em suma, de um narrador que não bloqueia nem censura a ação das personagens, por meio da veiculação de conceitos e padrões comportamentais, mas dá-lhes voz e autonomia. Nesse sentido, a produção de Monteiro Lobato para o público infantil, segundo

---

[5] Isso ocorre, por exemplo, quando essa personagem (na página 202 da 2ª série das *Obras completas de Monteiro Lobato*. São Paulo: Brasiliense, 1956) questiona o fato de a Terra ser redonda, o que deixa Emília indignada.

Laura Sandroni, "educa no sentido etimológico da palavra (*ex-ducere*: conduzir para fora). Sua mensagem está sempre presente mas é aberta a discussões" (Sandroni, 1987, p.60). Sendo assim, a participação das personagens-criança é acatada por Dona Benta, que se limita, algumas vezes, a corrigi-las, fornecendo informações ou desenvolvendo "conteúdos escolares".

"Em vez de gramática, a língua"[6] que nos facilita a vida

Outro recurso adotado pelo autor para "dourar a pílula" do didatismo é sua linguagem. Embora *Serões de Dona Benta* seja reiteradamente classificada como uma obra de caráter pedagógico, o autor não prescinde da ficcionalidade, mas "sintetiza, por meios dos recursos da ficção, uma realidade, que tem amplos pontos de contato com o que o leitor vive cotidianamente" (Zilberman, 1998, p.22). Isso ocorre, por exemplo, quando Lobato personifica os fenômenos científicos ou os apresenta por meio de metáforas inusitadas.

Em inúmeros momentos na narrativa, o oxigênio é caracterizado como "danadinho" (p.20),[7] "intrometidíssimo" (p.34), "malvado" (p.106) e capaz de "regalar-se" (p.107). O hidrogênio é chamado de "avô da humanidade" (p.35). Dona Benta é "um poço artesiano de clareza" (p.50). A matéria, a quem o autor atribui o ato de "fazer corpo mole" (p.73), é descrita como "uma peteca nas mãos da energia" (p.73) que, por sua vez, é "irmã da matéria" (p.69). Assim como a ventania (p.126), o calor é descrito como "furioso e apressado" (p.113). E se os ventos "falam grosso" (p.136), o ser humano, por possuir energia, é um "fogão ambulante", um "fogão bípede" (p.121) ou um "átomo de perninhas" (p.151). O Sol é descrito como um "pai" que tem por "filhos" os planetas e por "netos" os satélites (p.152). A Lua, cuja

---

6 Lobato, 1959b, p.51.
7 Essas ocorrências tomam como referência a seguinte edição: Lobato, 1956g.

"filha" é a Terra, é chamada de "pasmada" (p.167). Mercúrio é "o caçulinha dos planetas" (p.156), enquanto os cometas são "judeus errantes" (p.165).

Outro recurso linguístico bastante presente na narrativa é a utilização de formas no diminutivo (*diamantezinho, camadinha, instrumentozinho, planetinha, coisinha, astrozinho, historinha, coraçãozinho, partezinha, aceitavelzinha, maquinazinha, pancadinha, mundinho, laboratoriozinho, ribeirõezinhos, fresquinha, limpinha, aumentozinho, verdadezinha, colunazinha, incêndiozinho, aparelhinhos, calorzinho*), que têm a função de arejar, amenizar o discurso científico que – sem tais expedientes – talvez se tornasse sufocante recurso.

O texto ainda se caracteriza pelo emprego das onomatopeias, conforme se observa a seguir:

> ... E há os terríveis martelos de ar comprimido, que fazem um barulho ensurdecedor, como o de certos picapaus – *prrrrrr*. (ibidem, p.35)
> ...
> Quando a força é maior que a resistência, esta cede...
> – ... e o peixe sai da água – completou Emília.
> – Mas se a força é menor que a resistência...
> – ... o pescador faz *tchibum*. (p.88)

Tais artifícios aliviam a seriedade de uma exposição que, por mais bem-intencionada que seja, chega a causar cansaço, conforme revelado sutilmente pelo próprio narrador, no seguinte fragmento: "Emília ficou tão cansadinha de ouvir estas histórias de calor que até dormiu..." (ibidem, p.122).

Mesma função desempenham as tiradas humorísticas da boneca, cujas intervenções arejam a narrativa, em momentos em que esta, pelo excesso de detalhes científicos, começa a cansar os ouvintes/leitores:

> ... – A melhor experiência que se pode fazer com uma laranja é comê-la pelo meu sistema – disse Emília: tirando a pelinha dos gomos. Não gosto do sistema de cuia que Narizinho usa...
> – Mas essa experiência, Emília, é gastronômica – e eu quero que Pedrinho faça uma experiência astronômica.

– Diferença só dum g – disse Emília. (ibidem, p.122)

Ressaltam igualmente os títulos dados pelo autor a alguns capítulos da obra, como *O ar* (capítulo 2), ***Ainda** o ar* (capítulo 3), ***Mais** ar **ainda*** (capítulo 4), *A água* (capítulo 5), ***Mais** água* (capítulo 6), ***Ainda** a água* (capítulo 7), *A matéria* (capítulo 8), ***Mais** matéria* (capítulo 9) e ***Mais** coisas do céu* (capítulo 13), nos quais a reiteração dos advérbios "ainda" e "mais" revela a consciência, por parte do autor, da extensão do assunto abordado e da consequente necessidade de subdividi-lo em vários capítulos contíguos, a fim de não sobrecarregar o leitor com excesso de informações.

Em virtude dessa necessidade de clareza, impressiona, no texto, por sua quantidade, o uso que se faz da expressão "isto é" e da conjunção explicativa "ou", segundo se comprova, a seguir:

... A química sintética, **isto é**, a que usa a síntese ... (ibidem, p.70, grifo nosso)

Na produção do trabalho há sempre uma coisa chamada *Fricção*, **ou** atrito. (p.81, grifo nosso)

Utilizadas sempre para esclarecer um conceito científico, tais expressões conferem clareza ao texto, assegurando, assim, ao lado dos demais recursos linguísticos usados pelo autor, a compreensão do leitor.

Literatura e escola: entre a formação e a informação

Procedimentos que revelam a intenção pedagógica do texto, as construções linguísticas anteriormente apontadas reafirmam também a representação do universo escolar, na narrativa. Esse propósito pode ser verificado, por exemplo, nas inúmeras ocorrências em que o narrador ou as personagens chamam Dona Benta de "professora" (ibidem, p.14 e 88), tratam os serões como sessões de "estudo" (p.10, 35, 106), consideram os relatos como "lições" (p.84, 123, 132, 158), introduzem resumos explicativos (p.124), propõem verificações de aprendizagem por meio de questionamentos que geram a recapitulação (p.181) do conteúdo visto e enfatizam a necessidade de "estudar e aprender" (p.106).

Como já salientado, ainda que essa intenção possa causar certo estranhamento ao leitor moderno, é interessante notar a grande receptividade desses textos de pendor didático, por parte dos leitores lobatianos, na época em que *Serões* foi publicado, como mostra Eliane Debus:

> A estreita relação de alguns títulos de livros infantis de Lobato com o currículo escolar fez com que estes fossem adotados por várias escolas, ao mesmo tempo em que a crítica desprestigiou o conjunto por seu direcionamento pedagógico. No entanto, os depoimentos dos leitores confluem num conjunto de respostas positivas em relação aos livros "didáticos" de Lobato.
> ... Os depoimentos de leitura dos livros considerados didáticos demonstram que o leitor não fazia distinção estética entre esses e os demais títulos. Eles facilitavam o contato com a matéria escolar sem, no entanto, tirar o prazer da leitura. (Debus, 2004, p.183-4)

Cecília Meireles (1984, p.99), ao discutir o gênero infantil, destaca três aspectos que frequentemente se interpenetram: o moral, o instrutivo e o recreativo. A partir desse ponto de vista, a receptividade da obra lobatiana apontada por Debus sugere que o autor, mesmo falando de conteúdos escolares, conduzia o leitor para outros horizontes, sem formalismo de aprendizagem, simplesmente pelo prazer do passeio.

Partidário dos pressupostos da Escola Nova, segundo os quais as instituições educacionais deviam deixar de ser meros locais de transmissão de conhecimentos e se tornar pequenas comunidades (Lourenço Filho, 1950, p.133), valorizando o diálogo, a observação, a vivência e a experimentação, Lobato se vale de elementos formais de uma literatura capaz de transcender o simplesmente pedagógico e a intenção didática. Nessa perspectiva, ao propor experiências que levarão à assimilação dos conceitos, o autor, ainda que em um livro considerado didático, conduz uma história que se desenvolve por meio da aventura, com as mesmas personagens já conhecidas pelo leitor.

Além disso, surpreende a valorização que o autor dá ao senso comum e à *aplicação* do conhecimento,[8] como subsídios para a concretização, para a prática daquilo que se sabe apenas teoricamente. Desse modo, se por um lado há nas situações criadas por Lobato predominância do aspecto pedagógico, uma vez que situações cotidianas se apresentam às personagens e estas devem compreendê-las, por outro lado, "se reafirma o discurso literário onde a *mimesis* não se deixa confundir com a mera reprodução do real, mas aponta para seu questionamento e a consideração crítica das situações, à altura da inteligência e sensibilidade infantis" (Yunes, 1982, p.36).

Tendo isso em vista, percebe-se que Lobato compreende que literatura e escola compartilham um aspecto comum: a natureza formativa, visto que tanto a obra de ficção como a instituição de ensino estão voltadas para a formação do indivíduo ao qual se dirigem.[9]

Nesse sentido, tendo Lobato já oferecido sua contribuição para a história da literatura infantil no Brasil, sendo respeitado como "o divisor de águas que separa o Brasil de ontem do Brasil de hoje" (Coelho, 1991, p.255), é chegada a hora de suas "comichões" o fazerem incursionar pela discussão do ambiente escolar brasileiro do início do século XX.

Transgredindo as características vigentes nesse cenário, Lobato cria, em sua ficção, um sistema educativo cujo ambiente não acentua a divisão entre o indivíduo e a sociedade, não retira o aluno do contato com sua família, para colocá-lo em uma sala de aula, em que tudo contraria as experiências por ele já vividas. Opondo-se ao sistema de estruturação claustral, o espaço privilegiado por Lobato é o sítio e seus arredores, local que, ao invés de uma hierarquia social na qual os ouvintes são igualados na impotência, as crianças têm direito à voz e ao questionamento do que é transmitido.

---

[8] Rubem Alves faz, bem ao estilo lobatiano, uma interessante discussão sobre as proximidades entre o senso comum e o conhecimento científico em *Filosofia da ciência*: introdução ao jogo e suas regras, no capítulo intitulado "O senso comum e a ciência".

[9] A respeito da função formadora da literatura, ver Candido, 1999, p.81-9.

Ao congregar pessoas de idades e procedências variadas[10] e adotar, em *Serões*, procedimentos semelhantes ao do método maiêutico, o autor possibilita um convívio social múltiplo, sem a obrigatoriedade de que todos fiquem uns de costas para os outros e de frente para um único alvo investido de autoridade: o professor.

Tudo isso é conseguido por meio do apelo a aspectos básicos de estruturação narrativa que revelam seu nível de criação artística, entre os quais se destacam a predominância da linguagem coloquial, a "ficcionalização" dos fenômenos científicos, as opções em relação ao foco narrativo, a valorização do diálogo e o humor.

Estabelecendo, assim, uma junção harmoniosa entre o pedagógico e o estético, Lobato, como sempre visionário, ainda não se furta a pincelar sua narrativa com ideias científicas renovadoras. *Avant la lettre*, apresenta, em *Serões de Dona Benta*, juntamente com sua concepção revolucionária de escola, ideias que somente muito tempo depois de sua morte seriam acessíveis – como a viagem pela estratosfera e a clonagem – ou que ainda hoje permanecem como possibilidade tecnológica – como a exploração da energia renovável, pela utilização da força das marés e a possibilidade de as máquinas dominarem o mundo. Essas são apenas algumas das muitas comichões lobatianas.

---

10 Lobato agrupa, em um mesmo universo, jovens, idosos, bonecos, animais, seres mitológicos etc.

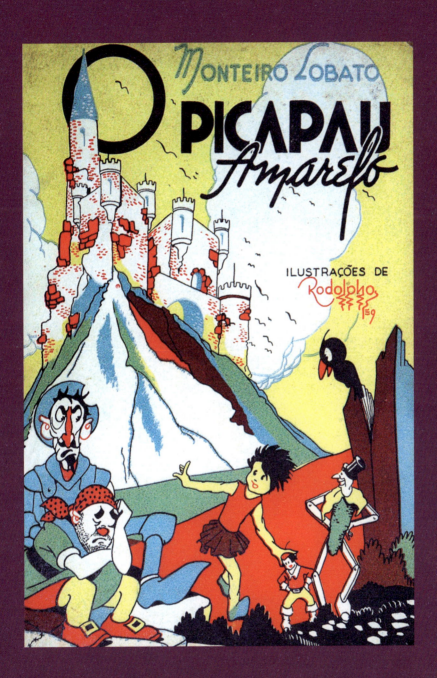

verso:
O Picapau Amarelo. 4.ed. s.n.t.
Biblioteca Infantil Monteiro Lobato/SP
Fotografia: Gregório Ceccantini

24
O Picapau Amarelo: o espaço ideal e a obra-prima
Mariana de Gênova[1]

> Mas o Mundo da Fábula não é realmente nenhum mundo de mentira,
> pois o que existe na imaginação de milhões e milhões de crianças é tão real
> quanto as páginas deste livro.
> (Monteiro Lobato, 1973a, p.11)

O Picapau Amarelo: "exceção" da década de 1930?

Monteiro Lobato produziu vasta obra, constituída por literatura destinada a adultos e literatura destinada a crianças, sendo esta última responsável pela consagração do escritor como "pai" da literatura infantil brasileira moderna. Mas, escrever livros infantis não foi a única atividade que promoveu seu reconhecimento nacional. Outra, tão importante quanto a produção literária, foi seu envolvimento em causas políticas que, segundo ele, seriam os possíveis motivos do atraso econômico do país.

---

[1] Mariana Baldo de Gênova é formada em Letras pela UNESP e mestre pela Unicamp. Em seu mestrado, trabalhou com a obra de Monteiro Lobato *O Picapau Amarelo* e produziu a dissertação intitulada *As terras novas do sítio*: uma nova leitura da obra *O Picapau Amarelo* (1939). Orientada pela profa. dra. Marisa Lajolo, foi bolsista da Fapesp, através do projeto temático "Monteiro Lobato (1882-1948) e outros modernismos brasileiros".

Talvez por esse engajamento de Lobato, estudiosos de sua obra não só lembram de sua atuação no campo político e no literário, como também consideram política e literatura como polos intimamente ligados, na obra e na vida do escritor.

Mesclando realidade e fantasia, Lobato tematiza, nas suas obras para crianças, seus pensamentos sobre diferentes questões políticas, seus ideais, suas causas, seu inconformismo. Enquanto o *militante* Lobato lutava por causas que objetivavam o desenvolvimento do Brasil, o *escritor* apostava nos textos infantis como meio para formar crianças críticas, independentes e conscientes de seu papel em sociedade.

O autor de *Urupês* abordou, nos seus livros infantis, assuntos como a burocracia estatal (*Caçadas de Pedrinho,* 1933), a ineficiência da instituição escolar (*Emília no país da gramática,* 1934), o conservadorismo dos padrões e das normas inculcados pela escola e pela religião católica (*A chave do tamanho,* 1942).

> Trata-se de uma obra confessadamente engajada. Foi escrita principalmente nos últimos anos de vida do escritor (mesmo os livros anteriores foram refundidos então), a partir de 1931 – exatamente o ano em que Lobato começou sua grande luta pelo petróleo. Os livros até 1933 – ano da publicação da *História do mundo para as crianças* – são geralmente reconhecidos como os mais lúdicos, menos didáticos ou engajados. De 1934 é *O Poço do Visconde,* verdadeiro panfleto literário pela causa do petróleo. (Vasconcellos, 1982, p.19)

Ainda na década de 1930, obras como *As caçadas de Pedrinho* (1933), *Geografia de Dona Benta* (1936) ou *O poço do Visconde* (1937) seriam as que melhor manifestariam o engajamento lobatiano.

Apesar dessa preocupação militante e engajada do escritor manifestar-se ostensivamente, em sua produção literária da década de 1930, *O Picapau Amarelo,* lançado em 1939, não parece dialogar, de forma direta, com o contexto social da época. O livro, assim, não explicitaria um espírito militante, pelo menos à primeira vista, como outras obras da mesma década. Daí alguns críticos apontarem o título como exceção, já que o recorte didático não foi abandonado nunca, muito embora entre os anos 30 ... ele tenha escrito obras-primas como *O Picapau Amarelo* e *Memórias da Emília*, isentas de didatismo e estruturadas sobre a mais vigorosa fantasia. (Lajolo, 1985, p.52)

Penteado classifica a obra infantil de Lobato em três momentos e inscreve *O Picapau Amarelo* na última fase do escritor, na qual Monteiro Lobato retorna para a fantasia e produz obras com maturidade: "a partir de 1936/37, contudo, Lobato concentra-se no que se denomina obra de fantasia, que não tem finalidades didáticas formais ou explícitas, nem se trata de obras recontadas de terceiros" (Penteado, 1997, p.179).

Se Penteado concebe *O Picapau Amarelo* como obra de fantasia, porém, não exclui a possibilidade de a narrativa apresentar interesse em ensinar, discutir ou criticar valores religiosos, sociais ou políticos. O fato de a obra não exibir crítica social de forma explícita talvez tenha incentivado olhares e leituras que privilegiem a fantasia e a estética do texto. Todavia, outros olhares e outras leituras podem ver em *O Picapau Amarelo* um Lobato que discute de forma aprofundada questões sobre a realidade da época, por meio de uma narrativa repleta de acontecimentos, atravessada por personagens diferentes dos do núcleo central do Sítio e, sobretudo, embebida em muita fantasia.

O real e o fantástico

O livro narra a história da vinda de personagens do mundo da fábula para o Sítio do Picapau Amarelo. Para acomodar os novos habitantes, Dona Benta compra duas fazendas vizinhas, de modo que a primeira nova construção feita no Sítio é uma cerca, dividindo as terras do Picapau Amarelo das novas terras adquiridas, chamadas de Terras Novas.

A mudança no Sítio se inicia: há a construção de castelos, jardins, casas, bosques e mesmo a acomodação de parte de um *mar dos piratas*. Assim, modifica-se a paisagem do Sítio, e a transformação também traz algumas tragédias. A primeira ocorre quando um morro desmorona e a água do mar dos piratas alcança o castelo de Branca de Neve; o príncipe, seu marido, morre afogado. Todavia, logo a tragédia se afasta do livro: diante da viuvez da princesa, Emília toma emprestados arco e flecha do Cupido e faz com que Branca de Neve e o príncipe Codadade se apaixonem.

O casamento entre os dois é preparado com muito cuidado; detalhes da comida e da decoração são descritos pelo narrador. Tudo pronto para um final feliz típico de contos de fada, não fosse a revolta dos monstros: por não serem convidados, eles invadem a festa e dão início a uma grande confusão, durante a qual desaparece Tia Nastácia. O desfecho da narrativa fica, assim, aberto, e seu desenlace é anunciado quando Pedrinho propõe organizar uma expedição de salvamento da querida cozinheira do Sítio. Esse é o início da obra *O Minotauro*, outro volume de Monteiro Lobato, que narra a continuação de *O Picapau Amarelo*.

No entanto, no bojo dessa história, aparentemente construída apenas com elementos de fantasia, Lobato insere crítica social, não de forma ostensiva, porém de maneira escondida/sombreada, efeito que o autor consegue através de um recurso frequente em sua obra (e também em sua correspondência com leitores infantis): a mescla de fantasia e realidade.

Segundo Nelly Novaes Coelho, a verdadeira fusão do real com o maravilhoso não ocorreu logo na primeira versão de *A menina do narizinho arrebitado* (1921), onde os dois planos, apesar de estarem presentes, constituíam mundos perfeitamente delimitados. Para ela, *Reinações de Narizinho*, de 1931, seria a obra em que se opera total fusão do real com o maravilhoso. Mas, comparando essa obra com títulos posteriores do autor, vemos que nela o mundo da imaginação e o mundo real ainda parecem estar separados, pois o trânsito pelo mundo da fantasia é privilégio das crianças, enquanto os adultos são confinados ao mundo histórico.

É em *O Picapau Amarelo*, publicado oito anos depois de *Reinações de Narizinho*, que o mundo da fantasia deixa de ser privilégio das crianças. Nesse livro, Dona Benta e Tia Nastácia aceitam os elementos e fatos "improváveis" no mundo real, de modo a conviverem com eles de forma natural. Como exemplo, há o uso de um elemento fantástico – o faz de conta – por Dona Benta.

A fantasia se faz presente ao longo de toda a narrativa de *O Picapau Amarelo*. A utilização do faz de conta por crianças e adultos reforça a ideia de que esse livro marca, efetivamente, um momento importante na literatura infantil lobatiana, ao investir solidamente no fabuloso e no mágico. A fantasia possibilita coisas que, sem ela, não seriam realizáveis, como, por exemplo, superar a dificuldade de Dona Benta para responder à carta do Pequeno Polegar, que chegara sem o endereço do remetente. O problema é facilmente resolvido por Emília, que se vale do "faz de conta" e lança a carta ao vento.

> Emília surgiu à janela e gritou:
> Ventos e brisas daquém e dalém
> Passarinhos e borboletas
> Esta resposta ao Polegar levade,
> Depressa, depressa, se não...
> E lançou a cartinha ao vento. (Lobato, 1947c, p.14)

Apesar de a fantasia ter papel estruturante nessa narrativa, ela se mistura a elementos reais. A importância e as nuances dessa mescla já se revelam no subtítulo da obra: *o sítio de Dona Benta, um mundo de verdade e de mentira*. Mantido em diferentes edições, esse subtítulo traz para o exterior da narrativa e caracteriza, no interior do livro, a sinalização da duplicidade "real"/"fantástico".

Para Vasconcellos, Lobato se vale do elemento fantástico para comunicar, de um modo divertido, assuntos da realidade humana.

> ... há em geral, na construção do maravilhoso, em Lobato, uma tendência analógica que, se por um lado cria um mundo ficcional próprio a partir da natureza e coisas diversas do mundo, por outro lado sempre relaciona essa esfera imaginária à "realidade", impedindo que o vôo da imaginação se faça sem bússola – traço natural num autor que, além de divertir as crianças com sua ficção, espera ensiná-las a pensar o mundo através dela. (Vasconcellos, 1982, p.97-8)

Assim, o uso da fantasia mesclada ao real, em *O Picapau Amarelo,* ao mesmo tempo que vai ao encontro do modo de pensar das crianças, é uma forma criativa de discutir problemas e questões sociais do Brasil dos anos 1930.

Mapa do mundo da fantasia

Reforçando ainda mais a mescla realidade/fantasia, a imagem presente nas guardas da edição de 1947 da série infantil de Lobato (1947c) reproduz um mapa – o mapa do mundo das maravilhas. Lá estão assinalados os castelos do Barão de Münchausen, da Bela Adormecida e da Branca de Neve; as ilhas de Robinson, as terras do Nunca e as das Mil e Uma Noites; os países da fábula e das maravilhas, onde fica a casa de Alice, e Lilliput; os mares das sereias e dos piratas, que se encontram com o Reino das Águas Claras. Finalmente, vê-se o Sítio de Dona Benta, a cuja representação não falta nem mesmo o chiqueiro de Rabicó.

No mapa, o Sítio aparece no mesmo território onde está situado o castelo da Bela Adormecida. Uma ponte o liga à Terra das Mil e Uma Noites, apagando-se com isso a antiga vizinhança com as fazendas do Taquaral e do Cupim Redondo, que Dona Benta acabou comprando para acomodar o pessoal do mundo da fábula. A figura de Dona Benta aparece no mapa como que *boiando* em diferentes oceanos, na posição de leitora e contadora de histórias.

A guarda do livro empresta a concretude da linguagem visual à dualidade "fantasia/realidade" que se manifesta ao longo de toda a obra lobatiana, e mesmo seu transbordamento para fora da narrativa (mas permanente no interior do livro). Se, em *O Picapau Amarelo,* o território do Sítio é aumentado para receber os personagens estrangeiros e, dessa maneira, a propriedade de Dona Benta passa a ter como vizinhos castelos, bosques, pontes e mares, o mapa pode corretamente sugerir uma leitura na qual ele seja interpretado tanto como representação do mundo da fantasia quanto representação do próprio Sítio, depois da aquisição de novas terras por Dona Benta.

Figura 1 – Mapa do mundo das maravilhas (Lobato, 1947c).

Nesse mapa, como ficcionalmente em *O Picapau Amarelo,* o Sítio de Dona Benta, fazendo parte da representação do mundo das maravilhas, convive com "lugares" consagrados na literatura e no imaginário infantil, ganhando, assim, "status" e certa importância no "mundo da fantasia".

O espaço do Picapau Amarelo

Toda obra infantil de Monteiro Lobato tem como espaço de referência o Sítio do Picapau Amarelo. Mesmo nas obras em que as aventuras acontecem no céu ou na Grécia, o Sítio é o local em que os personagens planejam, tramam e do qual partem para suas viagens, bem como o lugar a que retornam, finda a aventura. Esse espaço, juntamente com um conjunto de outros fatores, consagrou Monteiro Lobato como o criador da literatura infantil brasileira, por construir um mundo tipicamente brasileiro e inserir nele personagens que se aproximassem dos leitores infantis de seu país.

Torna-se, assim, significativo que Monteiro Lobato, depois de quase vinte anos de narrativas infantis, transforme o espaço que marcou o surgimento da literatura infantil brasileira moderna em *título* de uma de suas obras.

O espaço do Sítio do Picapau Amarelo é importante para a consolidação da obra infantil de Monteiro Lobato. Sua construção possibilitou às crianças o mergulho, por meio da imaginação, em um espaço propício não apenas para abrigar seus moradores, mas também para transmitir as ideias do escritor, o que faz com que o Sítio se metamorfoseie em escola, em local de resolução de problemas, de construção de experiências novas, de sonhos e de sua realização. É o lugar, por hipótese, do Brasil sonhado por Lobato.

Nessa perspectiva, não há dúvida de que o Sítio do Picapau Amarelo, enquanto espaço ficcional, tem importância fundamental para o projeto do escritor, no que tal projeto tem de estímulo à imaginação, à criatividade e à atitude reflexiva e crítica.

O Picapau Amarelo – Brasil

Ao longo da construção da obra de Monteiro Lobato, o Sítio do Picapau Amarelo deixou de ser o pequeno ambiente que muito se assemelhava aos sítios e fazendas paulistas e foi pouco a pouco tomando grandes proporções, não territoriais, mas simbólicas. Foi-se desenvolvendo, de sorte a talvez representar, em um pequeno espaço de terra, o Brasil todo, através dos personagens e de sua maneira de vida.

Em *O Picapau Amarelo,* podemos perceber que há certa sintonia entre o Sítio e o Brasil, refletindo-se no Sítio a transformação da sociedade brasileira. Considerando alguns aspectos sociais da cidade de São Paulo dos anos 1930, e retornando à obra de 1939, pode-se relacionar a mudança dos personagens provenientes de diferentes literaturas para o Sítio, com a chegada dos imigrantes ao Brasil. Talvez seja possível estabelecer um paralelo entre a onda imigratória e o fato de, em *O Picapau Amarelo*, os personagens fabulosos abandonarem as terras onde nasceram e permaneceram durante toda a vida para trocarem-nas pelo território do Picapau Amarelo, onde (acreditavam...) poderiam viver tranquilamente.

A forma de organização e construção dos lares, nas terras novas do Sítio, pode ser lida como semelhante à forma de fixação dos imigrantes, pois cada grupo, segundo a nacionalidade, fixa moradia em locais próximos, que lembram bairros, comunidades, colônias. Além disso, alguns problemas enfrentados pelos imigrantes se assemelham às situações vividas pelos novos habitantes do Sítio, no processo de ocupação territorial, como brigas por território, demarcação de propriedade e fixação de casas.

Assim como a chegada dos personagens estrangeiros nas terras novas e tudo que envolve seu processo de acomodação se aproxima da imagem do imigrante, as diferentes etnias e culturas que passam a compor o cenário do Sítio podem ser compreendidas igualmente a partir da mistura étnica que caracteriza o Brasil. Por conseguinte, é possível considerar a constituição das terras novas como metáfora da nova situação brasileira, constituída por uma sociedade pluriétnica, mestiça.

Em *O Picapau Amarelo*, a pluralidade se revela, por exemplo, no plano de casamento de Branca de Neve, heroína de origem europeia, com o príncipe Codadade, de origem árabe, da *Terra das Mil e Uma Noites*. A mera intenção do casamento já é indício de um horizonte que acena para a miscigenação.

Entretanto, o enlace entre Branca de Neve e o príncipe das *Mil e Uma Noites* não se realiza, pois a festa acaba quando os "monstros" invadem as *Terras Novas*. Será que a não realização do casamento entre dois personagens de origem e cultura diferentes propõe um olhar negativo sobre a miscigenação – característica do Brasil – então representada em *O Picapau Amarelo*?

Alguns aspectos da situação dos imigrantes no Brasil, durante a época em que Lobato era ainda estudante, são comentados em um dos seus primeiros artigos, "A doutorice".[2] Nele, aparece a revolta do escritor diante do quadro da bacharelice nacional e do afastamento que os jovens da elite brasileira manteriam das atividades econômicas do país, o que permitiria ao estrangeiro ocupar posição privilegiada no comércio e na indústria:

> Enquanto isso o estrangeiro toma todas as posições e assedia-nos economicamente.
>
> O português, que menoscabamos, é o dono do Rio de Janeiro; o italiano, que tratamos d'alto, monopoliza as indústrias e o comércio de São Paulo; ingleses e americanos, aos quais criticamos os sapatões de sola grossa, senhoream-nos o alto comércio.
>
> Fortunas enormes amontoam-se-lhes nas mãos, laboriosamente acumuladas umas, outras conquistadas de pronto por meio de inteligentes rasgos de audácia. (Lobato, 1946a, p.147)

Transformação do Sítio

Ao longo da narrativa de *O Picapau Amarelo*, algumas referências denotam a precaução de Dona Benta ao receber os novos moradores. A primeira é a ideia da construção de uma cerca que separasse as terras do Sítio das terras adquiridas para acomodar os novos habitantes: "E podemos fazer uma coisa, vovó: uma cerca de arame que separe o Sítio velho das Terras Novas. Ficamos nós aqui e eles nas Terras Novas" (Lobato, 1973a, p.13).

A cerca dá a ideia de "limite", maneira prudente de evitar a invasão de personagens fabulosos, símbolos da cultura estrangeira – o que pode, talvez, representar uma posição de Lobato diante de uma possível "invasão" estrangeira.

Mas essa medida, apesar de apontar o desejo de separação entre as terras, significa igualmente fator de tolerância, já que, no meio da cerca, existe uma

---

2   Não foi encontrada referência acerca da data e do local de publicação desse artigo. Entretanto, se levarmos em conta a nota presente no artigo: "Um dos primeiros artigos de M. L., quando ainda estudante. O quadro da bacharelice e do afastamento em que os moços se mantinham das atividades econômicas, assusta-o", pode-se dizer, talvez, que ele seja datado entre os anos de 1899 e 1904.

porteira de peroba. Com cadeado, mas é uma porteira. O fato de haver uma porteira – que pode ser aberta – sugere o possível contato entre os espaços e seus habitantes. Estaria cifrada nessa passagem a ideia de que influências estrangeiras seriam benéficas até o limite em que o influenciado (o Sítio, ou o Brasil) não perdesse sua identidade?

As mudanças de que o Sítio é palco representam um típico processo de territorialização: as terras do Picapau Amarelo, antes com pouco mais de cem alqueires, com as propriedades adquiridas são ampliadas e chegam a mil e duzentos alqueires; o Sítio se torna doze vezes maior.

A primeira "obra" do "novo" Picapau Amarelo é, pois, uma cerca, marca de delimitação. Posteriormente, processo semelhante de delimitação de territórios ocorre entre os habitantes das terras recém-adquiridas, visto que a presença de mares, morros e pontes, separando de certa forma os territórios respectivos dos bairros e dos grupos constituídos, reproduz a delimitação do espaço entre o Sítio e as *Terras Novas*.

As demais construções são feitas a partir da chegada dos novos habitantes, que vêm com armas e bagagens e pouco a pouco vão construindo casas e castelos. A descrição dos anões carregando as peças do castelo da Branca de Neve dá a ideia de montagem e construção, revelando detalhes do processo que envolve a transformação do Sítio. A paisagem se modifica totalmente: "Pedrinho estava maravilhado com a transformação das Terras Novas. Um puro milagre, aquilo! Tudo mudado" (ibidem, p.18).

Em outras obras infantis de Lobato, também surgem no Sítio personagens que não pertencem ao seu núcleo original. Em *Caçadas de Pedrinho* (1933), por exemplo, o Sítio é "invadido" por um grupo que vai averiguar a denúncia de que lá se encontraria o rinoceronte sumido de um circo. Comandadas pelo hilariante detetive XB2, as forças da lei se instalam na vila próxima ao Sítio, mas, todos os dias, marcam presença no Picapau Amarelo, com o objetivo de fazer investigações. No entanto, o Sítio logo recupera sua identidade: a permanência de todo esse pessoal externo acaba em torno de dois meses, pois o grupo foge com medo do rinoceronte Quindim. Já na narrativa de *O poço do Visconde* (1937), a instalação de "estranhos" no Sítio ocorre pela necessidade da vinda de engenheiros, químicos, geólogos e muitos outros trabalhadores, a fim de concretizar o projeto de retirar petróleo do subsolo do Picapau Amarelo. Apesar de todos se fixarem no próprio Sítio, a permanência também é temporária: dura apenas até jorrar o *ouro negro*, conforme Lobato chamava o petróleo.

Nessas duas obras, como em algumas outras, a presença de personagens externas é provisória, diferentemente do propósito dos personagens estrangeiros, que, em *O Picapau Amarelo*, se mudam para a propriedade de Dona Benta com a intenção de fixação definitiva.

Urbanização do Sítio: visão do progresso

A urbanização do Sítio que *O Picapau Amarelo* documenta pode ainda apontar para uma crise do sistema produtivo rural, haja vista a transformação das improdutivas fazendas do Taquaral e do Cupim Redondo em território urbano e modernizado, as *Terras Novas*.

Lobato acreditava que a modernização do Brasil só seria possível a partir da extração do petróleo e da produção de minério de ferro. Sua perspectiva positiva em relação à riqueza subterrânea do país originava-se, dentre diversas razões, pela conclusão de que a produção *sobre a terra*, ou seja, agrícola e pecuária, estava em franca decadência. Essa observação pode estar ligada à própria experiência do escritor que, herdeiro das terras do Buquira, vivenciou a crise agrária no país.

A situação da agricultura, no Brasil, parece decepcionar definitivamente o escritor quando, em meados dos anos 1930, a crise do café confirma opinião da época em que ainda era fazendeiro: a de que a superação do problema econômico deveria estar baseada não mais no *solo*, mas no *subsolo*. Seus ideais e projetos a favor do petróleo eram conhecidos através de campanhas, entrevistas, discursos, e ainda por meio de sua literatura, sobretudo em suas obras destinadas ao público infantil.

> Monteiro Lobato não pode concretizar seu projeto de industrialização do país através da campanha do petróleo: sua luta foi interrompida por uma condenação sentenciada pelo Tribunal de Segurança Nacional. Mas, na fantasia e no sonho, construiu um mundo onde todos os seus desejos pudessem ser realizados. (Campos, 1986, p.123)

Na narrativa de *O Picapau Amarelo,* o assunto da crise agrária aparece no discurso de dois fazendeiros, ao comentarem a situação de suas terras, as quais Dona Benta queria comprar.

As terras da velha senhora e as dos proprietários das fazendas do Taquaral e do Cupim Redondo apresentavam diferenças grandes, decorrentes de situações econômicas diversas. As propriedades vizinhas do Picapau Amarelo haviam sido atingidas pela crise agrária, e os donos não viam outra saída a não ser a venda das fazendas, visto que o valor da terra caía. Em contrapartida, Dona Benta era proprietária rural que, depois da descoberta de petróleo, não tinha nenhum problema financeiro.

Na obra *O poço do Visconde,* a extração do petróleo permite ao Sítio incorporar elementos da modernidade, tais como telefone, automóvel e fogão a gás. Esse progresso tem caráter positivo na narrativa, o que pode ser observado no episódio da festa que encerra o livro: um banquete no pasto, com danças e fogos de artifício, que visava a comemorar a vitória e a prosperidade do país.

Em *O Picapau Amarelo,* o petróleo é mencionado de um ponto de vista otimista, pois possibilitara a compra de mais terras. Entretanto, essa parece ser a única menção positiva à modernização presente na obra, pois a urbanização que ocorreria no Sítio – representante do progresso – é apresentada, ao longo da narrativa, por um viés negativo que por vezes a mostra como ameaça. Os habitantes do Sítio, mesmo as crianças, têm receio e dúvidas diante da nova realidade do lugar.

Algumas tragédias acabam ocorrendo durante a mudança e a permanência dos personagens estrangeiros: a já mencionada morte do marido de Branca de Neve, além das brigas por território, representadas pelo conflito – que chega às vias de fato – entre o Pequeno Polegar e o pássaro João de Barro. Tais passagens, bem como a ausência de *happy end* na história, podem ser lidas como elementos que relativizam a apologia do progresso, sublinhando algumas de suas consequências negativas. É como se, em *O Picapau Amarelo,* Lobato revisse o progresso e a modernização preconizados em obras como *O poço do Visconde.*

Além disso, o desfecho da narrativa é significativo para explicar o fracasso da tentativa de urbanização que experimenta o Sítio. Todos os personagens fabulosos voltam para suas casas e as terras compradas para fixação dos novos habitantes retornam à situação inicial de terras com saúva e sapé. Seria possível, a partir desse final, postular uma opção de Lobato pela recusa do progresso e suas consequências?

Em *A República do Picapau Amarelo,* Campos aponta a ambiguidade da ideia de progresso expressa por Lobato, em suas obras. Tomando por base os livros infantis, Campos comenta dois polos contrários do pensamento do escritor acerca do progresso: *O poço do Visconde* (1937) e *A chave do tamanho* (1942). O primeiro mostraria o entusiasmo e o engajamento de Lobato em prol do petróleo, além de uma visão positiva em relação ao progresso gerado pelo *ouro negro*; o segundo, por sua vez, apresentaria a negação do progresso, representada pela temporária destruição da civilização moderna.

Campos ainda faz referência à obra *O Minotauro* (1939), em que, segundo ele, manifestam-se dúvidas de Lobato acerca do progresso humano. Nessa linha interpretativa, *O Picapau Amarelo* (1939) poderia também ser incluída entre as narrativas consideradas por Campos como "negadoras do progresso". Talvez seja, inclusive, o caso de dizer-se que ela concretiza de forma mais intensa a dúvida acerca do progresso, pois este parece ser questionado ao longo de toda a história. Apesar de não explicitar de forma clara e direta a posição de Monteiro Lobato diante do progresso, como as outras obras, essa narrativa permite uma leitura que nela encontre certo desapontamento lobatiano diante da sociedade moderna.

O fato de *O Picapau Amarelo* ter sido escrito no início da Segunda Guerra Mundial pode fornecer uma hipótese para explicar o modo pelo qual vão se manifestando no livro, de forma sutilíssima, indícios de recusa ao progresso, simbolizado pela urbanização do Sítio. Além da guerra, desde meados de 1937 o país já convivia com a ditadura do Estado Novo, que mais tarde encarceraria Lobato. Talvez essa conjuntura também se relacione com a maneira indireta de representar a descrença no progresso, em *O Picapau Amarelo*.

Se, em *O poço do Visconde*, aparece a defesa incondicional da modernização do país, em *O Picapau Amarelo* surge a dúvida acerca desse progresso e, finalmente, em *A chave do tamanho,* revela-se a negação do progresso.

A obra-prima

A partir desta leitura, observa-se como Lobato consegue, em *O Picapau Amarelo*, a perfeita articulação entre conteúdo crítico e fantasia.

Essa conclusão se fortalece, ao analisarmos as diferentes edições da obra, pois não há mudanças significativas quando se observam suas diferentes edições.

Isso é muito interessante, se pensarmos que Lobato costumava, a cada edição de suas obras (adultas e infantis), alterá-las, fosse suprimindo, acrescentando ou modificando trechos. Esse dado pode nos levar a várias conclusões; a que mais agrada é pensar que Lobato, em *O Picapau Amarelo,* criou uma obra cuidadosamente elaborada que, ao longo de suas edições, não precisou ser alterada, mantendo-se, desde sua primeira versão, como obra-prima que é.

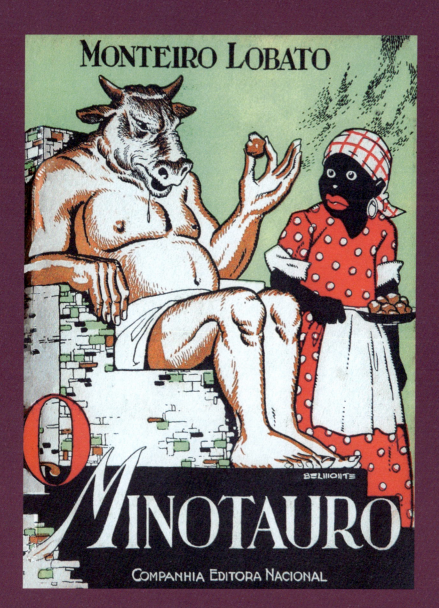

verso:
O Minotauro. 1.ed. São Paulo: Companhia Editora Nacional, 1939
Coleção Ricardo Ferreira
Fotografia: Gregório Ceccantini

25
No centro do labirinto: o papel do leitor na obra *O Minotauro*
Eliane Aparecida Galvão Ribeiro Ferreira[1]

> – Para mim, o Minotauro a devorou – disse Emília. – As cozinheiras devem ter o corpo bem temperado, de tanto que lidam com sal, alho, vinagre, cebolas. Eu, se fosse antropófaga, só comia cozinheiras.
> (Monteiro Lobato, 2003a, p.11).

A criação de uma mitologia autônoma

Monteiro Lobato inicia sua produção rompendo com o círculo da dependência dos padrões literários provindos da Europa, principalmente quanto ao aproveitamento da tradição folclórica. No cenário rural do Sítio do Picapau Amarelo, constrói uma realidade ficcional coincidente com a do jovem leitor de seu tempo e cria uma mitologia autônoma que se repete em quase todas as narrativas. O Sítio é um microcosmo a partir do qual se tem acesso aos outros espaços ficcionais, num crescente avanço rumo a espaços fantásticos. Um desses avanços resulta, em 1939, na obra *O Minotauro*, publicada pela Companhia Editora Nacional, com ilustrações de Belmonte e Rodolpho. O aspecto material das obras revela a dimensão

---

[1] Eliane Galvão é como a chamam os seus alunos do Instituto Municipal de Ensino Superior de Assis – Imesa/Fema. É mestra e doutoranda em Literaturas de Língua Portuguesa e há dez anos desenvolve pesquisa sobre a formação do leitor. Admiradora de Lobato, já publicou artigos sobre a produção do escritor, enfatizando a necessidade de resgate de suas obras, na formação do jovem leitor.

de estrategista editorial do autor, ciente da necessidade de apresentar um produto não só com tratamento literário, mas também com programação visual atraente, tipografia elegante, ilustrações internas, capas chamativas, coloridas, a fim de atrair e reter a atenção do leitor.

No final de 1945, Lobato começa a organizar suas *Obras completas* para a Editora Brasiliense, que lança a 1ª Série (Literatura geral), em 1946, e, no ano seguinte, a 2ª Série (Literatura infantil), em dezessete volumes, com ilustrações de André le Blanc. Nessa coleção, *O Minotauro* constitui o volume 13.

Adentrando o labirinto

O Minotauro configura-se como uma continuação da obra *O Picapau Amarelo*, também publicada pela Companhia Editora Nacional, em 1939. Desse modo, atende aos anseios de Lobato, declarados em carta a Rangel: "Vou fazer um verdadeiro Rocambole infantil, coisa que não acabe mais. Aventuras do meu pessoalzinho ... E a pobre Tia Nastacia metida no embrulho, levada sem que ela o perceba...." (Lobato, 1944b, p.495). No último capítulo de *O Picapau Amarelo*, há um ataque dos monstros das fábulas à festa de casamento do príncipe Codadade com a Branca de Neve, seguido pelo sequestro de Tia Nastácia. *O Minotauro* trata do resgate de Tia Nastácia; para tanto, Pedrinho, Narizinho, Emília e Visconde, acompanhados de Dona Benta e Rabicó, viajam até a Grécia a bordo do iate O Beija-flor das Ondas. Na Grécia moderna, decepcionam-se com o que veem. Assim, por meio do imaginário, retornam ao século de Péricles, em Atenas, onde a narrativa se divide em duas histórias que se desenvolvem paralelas, em tempo e espaço diversos, de forma intercalada.

Dona Benta e Narizinho, hospedadas na casa de Péricles, no século V a.C. protagonizam a primeira parte. Na segunda, Emília, Pedrinho e Visconde "regridem" ao século XV a.C., com o objetivo de encontrar os "monstros tremendos" das fábulas e descobrir qual deles sequestrou Tia Nastácia (Lobato, 2003a, p.8).

No centro da aventura labiríntica

Enquanto Dona Benta e Narizinho estão no século de Péricles, a avaliação crítica é permanente, pois elas discutem a organização político-social dos gregos, suas manifestações artísticas e culturais, seus valores, relacionando-os aos da época de Lobato, em um movimento comparativo e contrastivo. A obra faculta ao leitor, assim, o contato com o passado de forma reflexiva, fornecendo elementos para análise e compreensão de valores antigos, a fim de capacitá-lo à apreciação de seu momento presente.

O regresso de Pedrinho, Emília e Visconde aos "tempos heroicos" instiga outras leituras, devido ao encontro com personagens como heróis e monstros, referidos tanto em contos de fadas como em obras como a *Ilíada* e a *Odisseia*. É nesse espaço que os heróis precisam resgatar Tia Nastácia, objetivo coletivo que também recobre objetivos individuais que, inclusive, geram um conflito: Emília deseja conhecer o Olimpo e desvendar o segredo do néctar dos deuses e da ambrosia, enquanto Pedrinho deseja assistir à luta entre Hércules e a Hidra de Lerna. Nos campos da Tessália, os heróis recebem orientações de um jovem pastor acerca da localização do Olimpo, presenciam o nascer do dia, descrito por meio de imagens míticas, o que pode aguçar a curiosidade do leitor quanto à origem da expressão – corrente nos clássicos – "A divina Aurora de dedos cor-de-rosa" (p.50). Uma discussão entre Emília e o Visconde convida o leitor a refletir sobre a percepção poética e a científica da aurora, ampliando o distanciamento entre ambas pela comparação entre o raiar do dia e o cinema de Walt Disney.

A referência ao cinema norte-americano numa aventura que se passa na Grécia antiga é uma das estratégias para despertar a empatia do leitor de seu tempo. Além do cinema, Lobato também se vale de uma linguagem repleta de gírias e neologismos, que contribui para o sucesso de sua obra junto ao público.

As jornadas dos heróis

Uma vez visitado o Olimpo e desvendados seus segredos, utilizando-se do pó de pirlimpimpim, Pedrinho, Emília e o Visconde partem para a Argólida, a fim de assistir ao segundo trabalho de Hércules, o extermínio da hidra de Lerna. Ao término dessa luta, os protagonistas saem em busca de Tia Nastácia e, pelo caminho, Pedrinho narra para Emília (e para o leitor) os feitos de Hércules que serão objeto de outra obra de Monteiro Lobato. Da mesma forma que a constante menção a outras obras e personagens literárias, a autorreferência instiga o adensamento da leitura.

Pedindo informações acerca do paradeiro de Tia Nastácia, as crianças são aconselhadas a consultar a pítia do Oráculo de Delfos. No caminho, desvendam os enigmas que a Esfinge propõe aos viajantes, salvando com isso um companheiro de viagem. A narrativa talvez cresça em interesse para o leitor através do jogo de adivinhações, no qual ele também pode tomar parte. Interpretando a enigmática resposta da pítia, graças à inteligência de Emília, descobrem que Tia Nastácia está em poder do Minotauro, na ilha de Creta.

Lá chegados, Emília, que trouxera carretéis de linha, cumpre o papel que, no mito, Ariadne desempenhara: tem a solução para a saída do labirinto, em cujo centro o monstro se revela inofensivo, vencido pelos bolinhos de Tia Nastácia. Em nova viagem no tempo, os heróis retornam à época de Péricles, chegando a tempo de assistir à festa anual em homenagem à deusa Palas Atena e observar que Narizinho, apesar de estrangeira, conseguira, devido à sua esperteza, desfilar entre as jovens gregas. A festa, pela suntuosidade, é comparada por Emília à Broadway, em novo cruzamento cronológico que aproxima o *show business* da Grécia clássica.

Finda a aventura e efetuado o resgate, as personagens retornam ao Sítio.

Embora seja uma propriedade característica da economia agrícola, o Sítio não representa uma idealização do espaço rural. Gradativamente, o Sítio assume uma conotação metafórica, representando todo o Brasil, ou melhor, o mundo como Lobato gostaria que fosse, um espaço onde a liberdade é exercida: nele, todas as opiniões são levadas em consideração e as decisões são tomadas por meio do voto, o que pode ser exemplar.

O Sítio é o avesso da caverna do Minotauro: em lugar de conter em seu centro o monstro, acolhe diferentes personagens, realizando, a seu modo, a *antropofagia* oswaldiana, atuando como um portal fantástico que possibilita a passagem de um cenário de certo modo reconhecível para horizontes cada vez mais fantasiosos. Por isso, pode ampliar seu poder de atração sobre o leitor.

O domínio dos espaços

Em *O Minotauro*, tanto o espaço conhecido quanto o desconhecido são plenamente dominados pelos heróis. Percorrendo esses espaços por meio da leitura, o leitor depara com personagens desafiadores do inexorável, abertos às promessas do possível e, assim, capazes de inspirar coragem. Mesmo o espaço caracterizado como prisão – o do labirinto – é incapaz de reter os heróis, pois eles conseguem libertar-se.

Num universo que promove a integração de crianças e adultos em uma mesma aventura e que apresenta o constante estabelecimento de relações entre realidade e fantasia, o leitor encontra dois mundos em constante transformação: o mundo grego e o Sítio. Se, nos dois mundos, a transformação é possível, talvez no universo do leitor ela também o seja. A fantasia contribui, assim, para a formação do leitor hábil, não apenas para a compreensão de procedimentos textuais, mas também para a reflexão sobre o mundo do qual tais textos fazem parte.

A formação do leitor

As personagens infantis fazem deduções a partir do que observam na sociedade grega, em confronto com o que conhecem da sociedade brasileira, estabelecendo em seu relato uma concepção positiva de crianças que, pela postura crítica, podem instigar o leitor a agir como elas, ou seja, criticamente. Desse modo, Lobato encontra uma solução narrativa que permite o diálogo entre o leitor, a obra e o mundo em que se inserem. As informações transmitidas podem estimular a criação de uma consciência histórica e de um conceito global do mundo. As características das personagens – que mimetizam a figura do leitor – apontam a concepção lobatiana de criança e atuam como suporte do desejo do autor de modificação social.

O leitor, por meio da leitura de *O Minotauro*, talvez aprenda a pensar por si mesmo e a ver, em um mundo onde não há limites entre realidade e fantasia, que, tal como as personagens, pode ser agente de transformação.

Dois narradores, múltiplos leitores

O Minotauro apresenta uma narrativa cujo tema faz parte da linha heroico-aventuresca, que, no transcorrer dos tempos, tem encontrado grande ressonância entre leitores de diversa natureza. Lobato aguça a curiosidade do leitor, transportando-o imaginativamente da segurança do seu dia a dia para os terrores do labirinto. No universo paradoxal construído pelos pares antitéticos *vida/morte, perigo/segurança, obediência/desobediência* estão presentes vários componentes capazes de atrair o jovem leitor, como *o desconhecido, a liberdade de se aventurar* e *o impulso em quebrar a rotina e as regras estabelecidas*.

A obra pressupõe uma narrativa marcada pela intenção básica de contar uma história interessante. No transcorrer do relato, o discurso do narrador vai declinando, o que permite a Dona Benta realizar, por meio do diálogo, o comentário ideológico e o discurso didático. Entretanto, seu discurso não se desenrola de maneira impositiva, pois ela sofre constantemente o assédio e o interrogatório dos jovens protagonistas. Dona Benta, com paciência e erudição, fornece aos netos informações históricas sobre a Grécia, seus costumes e sua cultura. Essa competência permite-lhe adequar o seu linguajar ao do seu ouvinte, de maneira informal e divertida. O resultado é que a obra não se torna aborrecida nem moralista.

Como parte de seu papel didático, Dona Benta relata para os netos histórias dos deuses gregos, concentrando-se no cerne dos acontecimentos e evitando digressões. Seus comentários e explicações pautam-se pelas solicitações dos ouvintes e não pelo desejo de lhes incutir valores, mesmas qualidades que se encontram no discurso do narrador. No transcorrer da narrativa, o papel de Dona Benta oscila entre o de narradora distante dos eventos que relata para Péricles (como as mudanças sociais e políticas ocorridas ao longo do tempo) e o de narradora testemunhal dos eventos, ao narrar-lhe a sua própria história. Apesar dessa oscilação, seu discurso mantém-se sempre informal, objetivo e, sobretudo, crítico.

Se a duplicação do narrador o enfraquece, a multiplicação do recebedor (que se desdobra nas várias personagens-ouvintes) fortalece a posição do leitor implícito. Este pode encontrar aliados, com os quais se identificar e nos quais se projetar, assumindo o estatuto de um leitor que interfere, interrompe, interroga e julga o que ouve/lê, de acordo com suas necessidades e concepções. Assim, na obra, cada assunto é enfocado por várias consciências, de forma plural, permitindo ao leitor contato com modos diferentes de perceber a realidade. Dessa maneira, a obra opta por um narrador que, sem abrir mão do seu lugar no relato, relativiza o seu papel: ao apresentar em seu texto diferentes discursos de personagens diversas, Lobato evita o monopólio do narrador.

A obra incentiva o leitor a perceber que os valores não estão prefixados. A leitura lhe solicita, antes, a formulação de juízos, frutos de suas experiências pessoais e de leitura.

O entrecruzamento de caminhos

Na obra, embora as ações se desenvolvam em um único espaço, a Grécia antiga, e haja a manutenção de uma situação básica, o sequestro de Tia Nastácia, a narrativa se desdobra em duas histórias que, em um movimento contínuo de retrospecção e prospecção, como já vimos, se desenvolvem em espaços e tempos diversos. Se, para Campbell (2000), ida e volta no labirinto podem representar respectivamente a morte e a ressurreição, por meio de associações, a narrativa recupera uma estrutura constante em narrativas míticas e de aventura: o entrecruzamento de caminhos aparentemente sem saída. Esse entrecruzamento pode revelar o arquétipo que as sustenta: o desejo do ser humano de realizar uma expedição em direção a si mesmo. Posto em meio aos inúmeros rumos das emoções e ideias, o aventureiro tem a possibilidade de eliminar todo obstáculo que favorece a escuridão e voltar à luz, sem se deixar prender nos desvios das veredas.

Graças à aventura, os protagonistas podem rever seus conceitos e se descobrirem capazes de superar a morte e retornar à sociedade a que pertencem, comentando no Sítio os incidentes da aventura que lhes propiciou emoções diversas e conhecimento. Embora os heróis, no espaço da aventura, vivam experiências amedrontadoras, o medo que sentem pode ser prazeroso para o leitor, porque há a expectativa de um desenlace feliz. Por meio de suas experiências de leitura – dos livros e do mundo –, o leitor sabe que os "monstros" de *O Minotauro* pertencem ao imaginário, são objetos mentais que ele domina e com os quais pode interagir, quando desejar, por meio da leitura. Segundo Jacqueline Held (1980), o leitor tem necessidade de mitos, de símbolos, de situações imaginárias compensadoras para superar dificuldades transitórias e atingir um equilíbrio real-imaginário. Além disso, a aventura produz prazer, devido à percepção pelo leitor de que ela permitiu às personagens a obtenção de uma vitória que lhes facultou sabedoria, diversão e reconhecimento.

No regresso do labirinto: a devoração

O Minotauro revela-se extremamente rico, ao incorporar, em um movimento antropofágico, elementos do folclore brasileiro, do europeu, e das narrativas mitológicas da Grécia. Esses elementos diferem de outras formas de alusões intertextuais, porque, uma vez presentes no texto, remetem o leitor a uma espécie de memória de leituras anteriores que contribui para a construção de uma *biblioteca* vivida. Durante a leitura, o leitor pode descobrir que um texto literário propicia inúmeras interpretações e estabelece diálogo com outros. Ao realizar essas operações cognitivas, o leitor pode experimentar o prazer que só o olhar de descoberta pode ofertar, no reconhecimento da obra enquanto instrumento de libertação de preconceitos, capaz de ampliar seu conhecimento acerca dos problemas concretos do país e da humanidade, e de seu papel como sujeito histórico.

Em síntese, por meio da leitura de *O Minotauro*, o jovem pode libertar-se de labirintos obscuros que detêm, em seus centros, "monstros fabulosos", como concepções cristalizadas e verdades absolutas.

verso:
A reforma da natureza. 1.ed. São Paulo: Companhia Editora Nacional, 1941
Biblioteca Infantil Monteiro Lobato/SP
Fotografia: Gregório Ceccantini

26
Entre guerras, ciências e reformas:
Emília consertando a natureza
Tâmara C. S. Abreu[1]

> *Emília aprendeu a planejar a fundo qualquer mudança nas coisas, por menor que fosse. Viu que isso de reformar às tontas, como fazem certos governos, acaba sempre produzindo mais males do que bens.*
> (Monteiro Lobato, 1994b, p.26-7)

Reformar o quê?

Em tempos de Segunda Guerra Mundial e com o mundo "de pernas para o ar" – como o descreve Tia Nastácia –, a literatura para crianças se distribuía por dois vetores distintos: ou se voltava para a discussão do tema ou lhe dava as costas, criando uma realidade outra através da ficção.

A reforma da natureza não foge do assunto: sua 1ª edição é de 1941, dois anos após o início das hostilidades que duraram até 1945, uma guerra de consequências amplamente conhecidas pela história mundial. Esta é uma das mais curtas obras de Monteiro Lobato; talvez por isso mesmo seja uma das que mais sofreu alterações na forma de sua edição, a cada novo lançamento. As muitas transformações – dentro de uma trajetória

---

[1] Estudante de doutorado em Teoria e História Literária, no Instituto de Estudos da Linguagem, IEL-Unicamp.

editorial digna de estudo porque, no mínimo, curiosa – pelas quais passou serão discutidas mais adiante.

Apesar de alguns deslizes ou equívocos históricos na obra, Lobato começa o texto com uma espécie de "profecia aproximada" de um cenário que mais tarde aconteceria: a reunião de 1946, em meio aos escombros de uma Alemanha pós-guerra, conhecida como o Tribunal de Nuremberg.

Assim principia *A reforma* (Lobato, 1994b):

> Quando a guerra da Europa terminou, os ditadores, reis e presidentes cuidaram da discussão da paz. Reuniram-se num campo aberto, sob uma grande barraca de pano, porque já não havia cidades: todas haviam sido arrasadas pelos bombardeios aéreos. E puseram-se a discutir, mas por mais que discutissem não saía paz nenhuma. ...
> Foi então que o Rei Carol da Romênia se levantou e disse:
> – Meus senhores, a paz não sai porque somos todos aqui representantes de países e cada um de nós puxa a brasa para a sua sardinha. ... O meio de arrumarmos a situação é convidarmos para esta conferência alguns representantes da humanidade. Só essas criaturas poderão propor uma paz que, satisfazendo a toda a humanidade, também satisfaça aos povos, porque a humanidade é um todo do qual os povos são as partes. Ou melhor: a humanidade é uma laranja da qual os povos são os gomos. (p.7)

Na voz de um narrador que se distingue das personagens, anuncia-se uma reunião[2] entre líderes do mundo, ao final de uma guerra que estava em pleno curso, uma espécie de ficcionalização do futuro histórico real. Nas palavras do Rei Carol, assim como se repete em outras passagens do texto, vê-se a filosofia spenceriana organicista cara a Lobato, segundo a qual o mundo é um conjunto indissociável das suas partes constitutivas, como um organismo, um ser vivo que funciona através de uma rede complexa de relações inextricáveis. O líder romeno distingue representantes de **países** e representantes da **humanidade**, sugerindo, em seguida, Dona Benta e Tia

---

2   O autor provavelmente faz alusão à Conferência da Paz (Paris, 1919) que houve, ao final da Primeira Guerra (1914-1918), onde foi criada a Liga das Nações, que, em 1945, tornou-se a ONU.

Nastácia como as únicas criaturas em condições de representá-la, "... porque são as mais humanas do mundo e também são grandes estadistas" (p.7).

Dona Benta e Tia Nastácia ganham igualdade, desfrutando ambas do mesmo *status* de governantes do Sítio do Picapau Amarelo. É interessante notar que, em livros anteriores, o autor já dera papéis importantes a Tia Nastácia, mas jamais ela pôde dividir o governo do sítio com sua patroa, representando-o diplomaticamente: aos olhos da crítica que acusa Lobato de racista, talvez só nesse livro ele tenha feito "justiça social" a tal personagem. Dona Benta é a razão, a sabedoria que vem dos livros; Nastácia é a experiência, a sabedoria que vem da vida. Nas palavras do Duque de Windsor:

> A Duquesa me leu a história desse maravilhoso pequeno país, um verdadeiro paraíso na terra, e também estou convencido de que unicamente por meio da sabedoria de Dona Benta e do bom senso de Tia Nastácia o mundo poderá ser consertado. No dia em que o nosso planeta ficar inteirinho como é o sítio, não só teremos paz eterna como a mais perfeita felicidade. (ibidem)

Excetuando-se o fato de Lobato usar o nome do Duque de Windsor como representante dos ingleses, em vez de Winston Churchill – talvez porque soasse literariamente mais nobre, em se tratando de uma monarquia, a partir dos nomes que figuravam diariamente nos jornais e no rádio (o rei Carol, Mussolini, Stalin, Hitler, o marechal Pétain e o general De Gaulle), o elenco de figuras históricas que se transformam em personagens de ficção vai sendo composto de maneira a informar o pequeno leitor a respeito da guerra que então assolava o continente europeu. Este é um procedimento comum na obra do autor, que conseguia através da literatura infantil iluminar questões políticas, sociais e culturais do seu tempo.

Voltando à *Reforma* : os chefes de governo e militares aprovam a sugestão do Rei Carol e mandam buscar "Dona Benta, tia Nastácia e o Visconde de Sabugosa para irem representar a Humanidade e o Bom Senso na *Conferência da Paz de 1945*" (ibidem, p.8, grifo nosso).

Esse trecho chama a atenção pelo fato de a data da conferência ter sido alterada pelo autor da primeira para segunda edição, indicando, ao que parece, uma maior preocupação lobatiana com a coerência cronológica do que com a verossimilhança dos fatos narrados.

Na primeira, publicada em 1941, consta a *"Conferência da Paz de 1942"*; já na edição de 1944, temos a *"Conferência da Paz de 1945"*. Acontece que, apesar de ter havido diversos encontros e acordos de paz entre os países, durante os anos de conflito, as duas reuniões conhecidas como *Conferências da Paz* ocorreram em dois momentos, após o término das duas guerras mundiais, em 1919 e em 1945 – esta última é a que nos interessa neste ensaio. No entanto, n'*A reforma*, Lobato mencionou, tanto na primeira edição, de 1941, quanto na de 1944, um evento histórico que só viria a acontecer em 25 de abril de 1945, na cidade de San Francisco (Estados Unidos). O interesse não reside no fato de ele ter mudado datas, mas de tê-las alterado sem que a modificação tenha aparentemente qualquer compromisso com a realidade, ao que parece com a finalidade apenas de tornar o livro "atual" a cada edição.

Ainda no que se refere ao enredo, verifica-se que o convite de "arrumar" o velho continente foi aceito, mas Emília não quis participar da aventura diplomática alegando que, se fosse, iria dizer umas verdades aos ditadores, e que ela preferia ficar no sítio para evitar escândalo. O ardil da boneca, escondendo a sua intenção de ficar sozinha para pôr em prática o antigo plano de reformar a natureza, é um dos seus momentos de anti-heroína e certamente um dos mais cômicos da história. Narizinho não se deixa tapear, diz à avó que ela não deve deixar Emília ficar, mas Dona Benta resolve consultar Tia Nastácia:

– Nastácia – disse ela – Emília encrencou. Quer ficar. Diz que se for à Conferência sai "fecha" com os ditadores e haverá um grande escândalo internacional – e estou com medo disso. Tenho horror a escândalos.

– E sai "fecha" mesmo, Sinhá. Depois daquela história da **Chave do Tamanho** (grifo nosso), Emília ficou prepotente demais. Não atura nada. Dá escândalo mesmo, Sinhá, e é até capaz de estragar o *nosso* trabalho por lá. ... Minha opinião é que ela fique.

– Mas ficar sozinha aqui, Nastácia?

– Fica com o Conselheiro e o Quindim – que mais a senhora quer? Juízo eles têm pra dar e vender – e ainda sobra. Eu converso com o Conselheiro e explico tudo.

Dona Benta pensou, pensou e afinal se convenceu de que tia Nastácia tinha razão. Controlada pelo Conselheiro e defendida pelo Quindim, que mal havia em Emília ficar? E Emília ficou. (ibidem, p.9)

Esse trecho da consulta a Tia Nastácia não consta da primeira edição (1941), tendo sido adicionado à segunda (1944) d'*A reforma*. Outra novidade da edição de 1944 está na referência feita à *Chave do tamanho*, várias vezes retomada ao longo do texto, seja pelo narrador, seja pelas personagens, e mantendo, com isso, um outro procedimento comum na obra lobatiana – a referência-propaganda de outros títulos do autor.[3] Essa adição, dentre as muitas da versão de 1944, se explica pelo fato de *A chave* (1942) ser um livro posterior à primeira edição d'*A reforma* (1941). A insistência em mencionar *A chave* chama a atenção, apontando não apenas para a estratégia de *marketing* comercial, mas para a complementaridade dessas obras.

Em *A reforma* começa a trilogia[4] que coloca nas mãos de Emília, ajudada, primeiro pela Rã (*Reforma*) e depois pelo Visconde (em *A chave*), o destino da humanidade. As experiências feitas nos seres vivos conferem à boneca o poder de transformar todas as coisas, porém tais alterações são sempre questionadas do ponto de vista da relação que o homem tem com o poder. O homem não sabe lidar com o poder e é na qualidade de humana que Emília é designada para ensinar aos seus semelhantes como é que a coisa deve funcionar: nesse livro, a Marquesa de Rabicó é alçada ao *status* de gente, descrita como uma menina moreninha clara de cabelos castanhos:

> Algum sonho lindo devia andar reinando na cabeça da Emília, a avaliar pelo sorriso de enlevo que animava o seu rostinho moreno – moreno claro. "Nem isso as outras meninas sabem", pensou consigo a Rã, "que a Emília é moreninha cor de jambo. Nem sabem que tem cabelos castanhos – castanho escuro", e aproveitou-se da ocasião

---

[3] Somente nesta obra encontramos referência a cinco outras de Lobato: *Reinações de Narizinho*, *Dom Quixote das crianças*, *Viagem ao céu*, *O Picapau Amarelo* e, a mais citada, *A chave do tamanho*.

[4] *A reforma da natureza*, *O espanto das gentes* e *A chave do tamanho*.

para arrancar um daqueles fios, o que fez Emília trocar o sorriso do sonho por uma caretinha. (ibidem, p.20)

Daí vem o comentário que Emília faz, no livro posterior, *A chave do tamanho*, a respeito de quando ela evoluiu e virou gente. Lobato não dá uma explicação ao leitor sobre o momento exato dessa passagem ou mutação da boneca-gente, assim como não dá explicações sobre outras coisas igualmente "impossíveis" aos olhos da razão e tão presentes em sua obra. Coisas do Sítio do Picapau Amarelo – cuja razão não se sabe – são feitas de faz de conta.

A reforma também é do leitor

Fato dos mais oportunos para se ter ideia da importância da leitura para o seu reverso, a escritura, encontra-se nessa obra. Há, n'*A reforma da natureza*, uma mão que não é apenas a do escritor, nem a do revisor, tampouco do impressor: a do **leitor**. Sabe-se que Monteiro Lobato se correspondia frequentemente com o seu público, e que as cartas dessas crianças tinham tal força sobre a *vis creativa* do autor, que muitas vezes elas colaboraram na construção do enredo, dando ideias que eram incorporadas ao texto em andamento ou sugerindo alterações acatadas para o texto de uma reedição.

Uma dessas leitoras, uma menina de onze anos, que assinava suas cartas assíduas com o pseudônimo de "Rã"[5] (devido a sua magreza), identificava-se com Emília de tal maneira que Lobato não apenas a incluiu na história como lhe concedeu o coestrelato. Emília convida "a Rãzinha" para vir ao sítio ajudá-la a fazer a reforma da natureza, não como coadjuvante, mas como coprotagonista da façanha.

---

[5] Essas cartas encontram-se no Arquivo Raul Andrada e Silva, do Instituto de Estudos Brasileiros da USP, e constituem objeto de pesquisa de doutorado de Raquel Afonso da Silva – IEL-Unicamp.

Apesar de criticar muitas das ideias "de veneta" de uma menina da cidade grande, considerando-as estapafúrdias ou bobas, porque não tinham fundamento científico, Emília confia à Rã a reforma de Rabicó. Vejamos o trecho de uma carta, não datada, em que a leitora de carne-e-osso propõe diversas reformas, algumas das quais Lobato transpõe para o livro quase integralmente:

> Caro Lobato:
> Emília, a sapeca da Emília, gostou das minhas modificações? Ótimo! Já arranjei outra: podemos modificar também o descarado do Rabicó. No focinho êle levará um certo aparelho de minha invenção, um pouco parecido com uma ratoeira que lhe dará um "liscabão" daqueles, toda vez que êle fôr fossar minhocas ou roubar cocadas. As pernas serão trocadas por umas de tartaruga bem lesma, para impedi-lo de "desaparecer veloz pela fímbria do horizonte" quando merecer um bom ponta-pé pedriniano. O rabinho, para ficar mais chique, pode ser feito o de um cachorrinho lúlú, dos bem frisadinhos.[6]

E as reformas não param por aí. Reformam a vaca mocha, as formigas, os passarinhos, as borboletas, os livros. Estes passam a ser de material comestível, sob o pretexto de que, depois de lidos, eles viram entulho numa casa, de sorte que precisam ter uma utilidade a mais, que é a de matar a fome inclusive dos analfabetos – que, se não sabem ler, pelo menos comem: "O Livro-Pão, o Pão-Livro! Quem souber ler, lê o livro e depois o come; quem não souber ler, come-o só, sem ler" (p.22).

Mais uma vez, Lobato choca, não apenas dessacralizando o livro, mas tomando-o segundo o critério da utilidade mais elementar. Se, por um lado,

---

[6] IEB-USP, Arquivo Raul de Andrada e Silva, Dossiê Monteiro Lobato, Série Correspondência Passiva, Subsérie Cartas Infantis. Caixa 1, pasta 2, carta 30. Carta cedida pela pesquisadora Raquel Afonso da Silva.

o autor encara a dimensão material do livro e a real falta de espaço físico para guardá-los em uma casa, por outro lado, ele toma o livro como uma mercadoria destinada exclusivamente a um determinado grupo de consumidores: os leitores. Até aí, nenhuma inverdade, se considerarmos um livro como um produto editorial que traz em si um texto impresso, mas, na crueza das sentenças, os analfabetos ou iletrados parecem não ter importância, são praticamente ignorados no texto. Talvez a *Reforma* do título não represente, nem de longe, uma alusão aos vinte anos de reformas na educação brasileira assistidas pelo autor, entre as décadas de vinte e quarenta.

Nos bastidores da Conferência da Paz

O livro *A reforma da natureza* (1994b) divide-se em duas partes. Na primeira, conta-se o que aconteceu com quem ficou no sítio; e, na segunda, descobrimos o que se passou com quem foi à Europa. Ou seja, a primeira parte conta de Emília e das reformas que ela operou no sítio, junto com a Rã, enquanto Dona Benta estava fora; a segunda trata do que se passou com o Visconde. O estudioso sabugo, embora integrando a comitiva de Dona Benta e Tia Nastácia, não participou da Conferência, pois, enquanto as duas discutiam com os líderes internacionais uma maneira de acabar a guerra, ele estudava fisiologia com os cientistas europeus. Aprendeu tudo sobre as glândulas, sobretudo que são elas que tudo regulam, nos seres vivos.

Ao voltar para o sítio, o Visconde explicou suas descobertas a Emília e esta lhe propôs criar um laboratório para juntos fazerem estudos e experiências com as glândulas dos animais. Essas experiências foram em número de vinte e tantas, gerando monstros incompreensíveis e causando grande espanto em toda a população. Notícias em jornais, alvoroço na vizinhança e uma comissão de investigadores internacionais veio estudar o caso para desvendar o mistério dos monstros incompreensíveis que andavam à solta na região. O nome do chefe da comissão que comandou as operações é dr. Zamenhof, escolhido por Lobato provavelmente por admiração, por ter sido o criador do esperanto.

Terminada a reinação e tendo voltado ao normal a vida nos arredores do Picapau Amarelo, o dr. Zamenhof não entendia como é que o Visconde tinha conseguido tais prodígios num laboratório de recursos tão rudimentares, ao que Emília respondeu, terminando a história:

> – O nosso segredo é o Faz-de-Conta. Não há o que não se consiga quando o processo aplicado é o Faz-de-Conta. O nosso grande segredo é esse.
>
> O barbudo sábio ficou na mesma, com perfeita cara de asno, e mais uma vez murmurou:
>
> – Não entendo...
>
> – Pois faça de conta que entende, Doutor, e vamos tomar o café. Agora é com pipoca... – concluiu Emília, puxando-o pela aba do paletó. (ibidem)

Uma história editorial confusa

Ao contrário de outros livros, esta é uma obra não comentada na vasta correspondência de Monteiro Lobato – exceto em cartas trocadas com seus leitores. No entanto, *A reforma da natureza* parece encabeçar a tríade de um mesmo projeto editorial distribuído em duas coleções distintas: Coleção de Livros Infantis e Coleção Biblioteca Pedagógica Brasileira, ambas pela Companhia Editora Nacional. Seguida por *O espanto das gentes* e *A chave do tamanho*, publicados respectivamente em 1941 e 1942, *A reforma* inaugura esse trio de histórias que se entrelaçam tematicamente, falando sobre a guerra, a ciência e a necessidade de "reformar" o homem e o mundo, naquele início de década sombrio.

Esses livros foram escritos num período pessoalmente conturbado e amargo da vida do escritor – quando sentia a perda do filho Guilherme (falecido em 1938) e seu outro filho Edgar padecia de uma grave doença (vindo a falecer em fevereiro de 1943). Também nesse momento, Lobato amargava o fracasso de uma década de luta pelo petróleo, que lhe rendeu inimizade política e resultou na sua prisão, em março de 1941, exatamente entre as publicações d'*A reforma* (janeiro) e d'*O espanto* (junho). O desolamento pelos acontecimentos na vida pessoal e pelas notícias que lhe chegavam da Europa, em plena guerra, se fazem presentes em palavras carregadas de pesar, registradas nas entrevistas e na correspondência mantida pelo autor, nos anos iniciais da década de quarenta.

Impressos na Gráfica Rossetti e ilustrados por Belmonte (cf. BIML, I L781re Na .ed. e.1), os 10.105 exemplares d'*A reforma da natureza*, que documentos da editora registram como tiragem inicial, saída do prelo em 16 de janeiro de 1941, constituíam um volume magrinho e de formato pequeno (56 páginas). Cinco meses depois, impressos na mesma casa, com *design* gráfico e tiragem semelhante (10.000 exemplares), surge em 54 páginas *O espanto das gentes*, desta vez ilustrado por J. U. Campos. A alta tiragem parece indicar a aposta dos editores no sucesso dos dois títulos. Trata-se de duas obras complementares, aparentemente escritas ao mesmo tempo com a finalidade de constituir uma sequência editorial – mas que não chegaria a caracterizar uma *série* – cujos conteúdos serão aqui discutidos em seguida.

Em 1944 – já agora pela editora Brasiliense –, *A reforma* divide um mesmo volume com *O espanto das gentes*, no que se poderia chamar de *edição dois em um* com ambos os títulos justapostos: em conjunto, as duas narrativas ocupam 116 páginas e as ilustrações permanecem assinadas por Belmonte e J.U. Campos (BIML I L781re Be 1.ed. e.1). Em edições posteriores, nova alteração: *O espanto das gentes* perde o *status* de obra independente, transformando-se em II parte de *A reforma da natureza* que, assim, se torna uma obra mais volumosa.

Aglutinados por sua semelhança e complementaridade, já comentadas anteriormente, é curioso pensar que dois livros inicialmente concebidos para figurarem separadamente nos catálogos e nas prateleiras das livrarias, além de sofrerem diversas alterações textuais e materiais a cada reedição, passam a ocupar finalmente uma mesma encadernação, sob um mesmo título. Suprime-se uma obra dos catálogos (a morte do título) incluindo-a em outra, assegurando dessa forma a sua permanência e transformando-se o conjunto de ambas em uma terceira obra.

Em 1947, ano da publicação da Série infantil das *Obras completas* organizadas pelo próprio Monteiro Lobato, *A reforma da natureza* divide espaço com *O Picapau Amarelo*, no volume 12 da coleção, consagrando a prática de publicação *casada* que será recorrente nas futuras reedições da obra do autor.

Depois da morte de Lobato, em 1948, sempre sob a chancela da Editora Brasiliense, o título tem constantes reedições, das quais foi possível, até agora, identificar algumas, notando-se nelas a mesma oscilação entre publicações isoladas e publicações *casadas* com outros títulos, dentro das *Obras completas*.

Uma série de mudanças na sua trajetória editorial fazem d'*A reforma* uma sucessão de reformas: esse livro foi republicado isoladamente, sempre pela Editora Brasiliense, em 1954 (4.ed. 110 p [I L781re Be 4.ed]), em 1960 (6.ed. 121p. [I L781re Be 6.ed. e.1]), e em 1967 (8.ed., 121p. [I L781re Be 8.ed. e.1]), todos com ilustrações de André le Blanc. Em edição também isolada de 1971 (registrada como 10ª ed. e agora ilustrada por Paulo Ernesto Nesti), à grife da editora Brasiliense soma-se a chancela do Instituto Nacional do Livro, numa edição mais *magra*, de 92 páginas (I L781re Be 10.ed.); em 1976, há nova edição autônoma, ilustrada por Manoel Victor Filho (70 páginas, 13.ed., Editora Brasiliense, [L781re Be 13.ed.]). A diminuição no número de páginas é resultado de diminuição do tipo ou fonte, presidida por um novo projeto gráfico motivado provavelmente por razões econômicas quase sempre relacionadas ao custo do papel e da impressão.

Na linha da publicação *casada* com outros títulos – formatação editorial proposta por Lobato, na organização de sua *Obra completa* – as mudanças não são menores: *A reforma* divide um mesmo volume com *O Picapau Amarelo*, como ocorreu em 1952.[7] A dupla *A reforma da natureza*/*O Picapau Amarelo*

---

7   Il. André le Blanc, 3.ed., Brasiliense, 295p. – *Obras completas de ML*. Série 2 – Literatura Infantil; – v. 12 [I L781 3.ed.; v.12 1952. ACERVO DIDÁTICOS]; em 1961 (Il. J. U. Campos e André le Blanc, 11.ed., Brasiliense, 295p. – *Obras completas de ML*. Série 2 – Literatura Infantil; v.12, [L781pa Be

rompe-se em 1973, quando uma nova edição da obra a faz acompanhar-se de A *chave do tamanho*.[8]

Aspectos de natureza econômica e editorial são, como já foi salientado, provavelmente determinantes de publicações *casadas* de alguns títulos de Monteiro Lobato, por ocasião do lançamento de suas *Obras completas*: seja numa coleção, seja numa série, estima-se que os vários volumes que a compõem tenham um número aproximadamente semelhante de páginas e obedeçam a um padrão estético que as caracterize enquanto partes de um conjunto. Assim, as 56 páginas da primeira edição aumentam nas publicações encadernadas das *Obras completas*, chegando às 295 páginas da edição de 1952.

Nascida, no entanto, de decisões editoriais que têm por horizonte tanto a materialidade do livro quanto as suas implicações financeiras, a junção de diferentes títulos em um mesmo volume permite ao leitor produzir diferentes sentidos para cada uma das histórias nele enfeixadas. Essa hipótese parece fortalecer-se consideravelmente, se pensarmos, por exemplo, na edição de 1973, na qual *A reforma da natureza* (à qual já estava incorporado *O espanto das gentes*) e *A chave do tamanho*, ao dividirem um mesmo volume, talvez potencializem o sentido de *utopia* que cada uma das obras tem, já que ambas tematizam profundas alterações impostas por Emília (e, em seguida, pelo Visconde) ao modo de vida do homem na Terra.

Nesta leitura, parece ficar claro que o conflito mundial de 1939-1945 instigou, por assim dizer, ao menos alguns autores da literatura brasileira para crianças a se posicionarem à sua maneira, a citá-lo, a discuti-lo, como estava sendo feito em outras mídias e em outros países. Assim, o livro infantil transcende sua vocação estética e/ou pedagógica e ganha um papel social mais amplo, por trazer as questões que mobilizam a sociedade do seu tempo.

No início da década de 1940, portanto, vemos um Lobato que se dedica a escrever livros para crianças que abordam o tema do "desacerto" do mundo,

---

11.ed.]). E em 1962 (Il. J.U. Campos e André le Blanc. 10.ed., Brasiliense, 295p. – *Obras completas de ML*. Série 2 – Literatura Infantil; v.12, [L781pa Be 10.ed.]).

[8] Il. Manoel Victor Filho. 2.ed., Brasiliense, 1973. 124p. – *Obras completas de ML*. Série B, v.3.

da necessidade de mudá-lo para melhor, de aperfeiçoá-lo. Vemos um escritor que, mais do que aproveitar a ocasião de uma guerra mundial para vender livros sobre o assunto, põe os valores da humanidade em discussão.

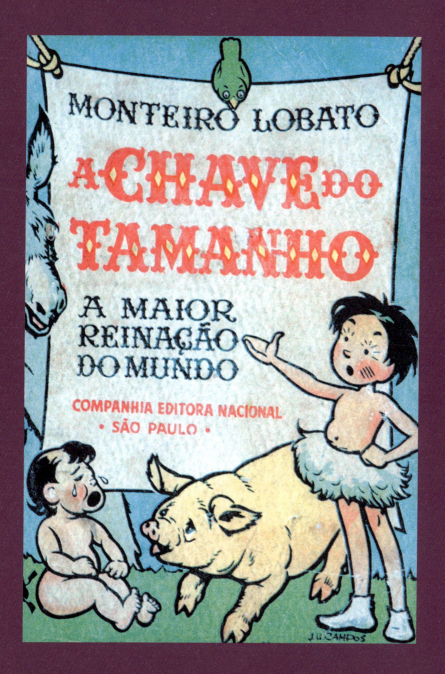

verso:
A chave do tamanho. 2.ed. São Paulo: Companhia Editora Nacional, 1945
Coleção Ricardo Ferreira
Fotografia: Gregório Ceccantini

27
A chave do mundo: o tamanho
Thiago Alves Valente[1]

> *Diz o Neves que você gostou d'A Chave do Tamanho. Isso me deu prazer. A Chave é filosofia que gente burra não entende. É demonstração pitoresca do princípio da relatividade das coisas.*
> (Monteiro Lobato, 1956a, t.2, p.340)

Às voltas com uma chave

Em 1942, no auge do conflito mundial, Lobato tinha sessenta anos, envolvido constantemente com grandes causas. Talvez, por isso, tenha sido um dos poucos escritores brasileiros em que se podem encontrar ecos da Segunda Guerra Mundial (Cytrynowicz, 2000). O escritor aborda o tema em uma de suas últimas obras, *A chave do tamanho*.

No mesmo ano de 1942, Lobato escreve a Purezinha, que se encontrava em Tremembé, interior de São Paulo, cuidando do filho Edgar, que viria a falecer em fevereiro:

> Hoje é dia importante: vai sair a "Chave do Tamanho", e mandarei um para aí. Estou com muitas esperanças nesse livro lá fora. Leia e me dê a impressão exata. (Lobato, 1970)

---

[1] Doutorando em Literatura e Vida Social pela UNESP, *campus* de Assis. Professor-assistente do Departamento de Letras da Universidade Estadual do Norte do Paraná – UENP, *campus* de Cornélio Procópio – PR, onde integra o grupo de pesquisa Crítica e Recepção Literária – Crelit. Tem orientado trabalhos de iniciação científica na área de Literatura Infantil e Juvenil.

A esperança do escritor residia, talvez, na possibilidade comercial de um tema "quente", como era a guerra, no início de 1942.

Certamente, o livro era um belo presente para as crianças que iniciavam a vida escolar e mesmo para aquelas que já conheciam as histórias da turma do Sítio do Picapau Amarelo. Na primeira edição, a capa traz um subtítulo – "A maior reinação do mundo" – reinação tão grande que mereceu, inclusive, uma "explicação necessária", na qual, após lembrar o leitor de que os personagens já estavam presentes em obras anteriores, o autor adverte:

> A vida no Picapau Amarelo é um interminável suceder de reinações maravilhosas, nenhuma das quais equivale em originalidade e imprevistas conseqüências para o mundo à descrita nesta obra. Emília excedeu-se, como disse o Visconde – e por um triz não determinou no gênero humano a mais radical das mudanças – como o leitor verá. (Lobato, 1942b)

A advertência poderia instigar o leitor a conhecer não só a "maior reinação" como as reinações anteriores. Uma jogada comercial de quem realmente parecia depositar esperanças em seu produto editorial.

Alterações significativas no texto só iriam ocorrer na edição para as *Obras completas*, publicadas em 1947, no momento em que são eliminados três capítulos, recurso para dar maior agilidade à narrativa, procurando, possivelmente, não cansar o pequeno leitor.

A chave da ideia

A ideia de contar uma história a partir de um ponto de vista distanciado das "convenções humanas" já se encontra em carta de Monteiro Lobato a Godofredo Rangel, de 19 de setembro de 1912:

> Ando, às furtadelas, escondido de mim mesmo, a reler Kipling, e meu próximo conto será feito sob sua égide. Um conto de animais, aves. Fiz um grande lago perto da casa e enchi-o de marrecos de Pekin, patos indígenas, gansos, mergulhões. E estou

estudando o palmípede para escrever a história do tanque. Contar a historia do fio d'agua que primitivamente alimentava um brejo e hoje me alimenta o tanque – um brejo todo capituvas, peris, taboas – todo um pedaço da miúda flora aquática. E com guarusinhos nos rasos, e traíras amigas do lodo, e batuíras e saracuras amigas das minhocas e vermes palúdicos. Fechei a saída da água e ela foi crescendo e afogando as capituvas, expelindo as batuíras – e por fim os meus marrecos tomaram conta da superfície. Tudo isso olhado do ponto de vista dum pequeno picapau de cabeça vermelha que mora num velho esteio fincado ali na água antigamente, não sei com que fim. Ele abriu na madeira, que é de lei, um buraco assim do tamanho duma jaboticaba das grandes e escuro como ela. Mora ali. Há de ter ninho lá dentro, e espia pela entrada do buraco redondo, com apenas a cabecinha vermelha de fora. Evidentemente se julga dono da minha lagoa e dos meus marrecos. É a sua janelinha, aquele buraco. A qualquer ruído estranho, uma grita de gansos, uma pedra que eu atire contra o esteio, lá aparece a cabecinha vermelha a ver o que é.

Em suma: a crônica do tanque, porque creio que não passo dum cronista. (Lobato, 1956a, t.1, p.332-3)

Um cronista do tempo presente, mas que busca uma visão original – o ponto de vista de um pequeno pica-pau de cabeça vermelha – do mundo em que vive. Emília teria se enganado, realmente, ao abaixar a chave do tamanho?

Para Vasconcellos, o "engano" de Emília, ao abaixar a chave, é simbólico, pois a ideia de "tamanho como atraso" já aparecera em obras anteriores do autor – *História das invenções* (1935) e *A reforma da natureza* (1941) – o que também pode ser interpretado como relacionado à valorização do universo infantil, por vezes tido como "menor" pela visão adultocêntrica, hegemônica em nosso mundo.

Aliás, *nosso mundo* quer dizer o mundo real, e o mundo real de 1942 parece não conseguir enxergar sua própria realidade. Inverter pontos de vista sobre esse mundo apresenta-se ao escritor como uma possibilidade de se distanciar e compreender aquilo em que está imerso.

Assim, à estética realista de Lobato, conforme ressalta Zilberman (1982), podemos atribuir a preocupação como elemento descritivo, com os problemas sociais, com as questões de seu tempo. Mas, se, em 1912, Lobato apresenta a ideia de uma história sob ponto de vista diferenciado, não humano, em outra carta a Rangel, de 9 de maio de 1913, indica um projeto cuja realização mais consistente se dá em *A chave do tamanho*:

> O meu grande sonho literário, jamais confessado a ninguém, é um livro que nunca foi escrito e talvez não o seja nunca – porque Rabelais o esqueceu. É uma visão da humanidade extra-humana ou sobre-humana. O homem visto pelos olhos dum ser extra-humano, um habitante de Marte, por exemplo, ou dum átomo, ou da Lua. Um quadro da humanidade feito com ideias de um não-homem (que maravilhoso absurdo!). Uma pintura objetiva apenas, nada de julgamento de juiz. Toda literatura, todo romance, todo poema, por mais impessoal que procure ser, não passa de um julgamento. A ideia moral, que domina mesmo o autor mais liberto de tudo, não permite a simples pintura objetiva. E essa pintura seria um susto e um assombro para o homem, que não consegue jamais conhecer-se a si mesmo porque ninguém o desnuda. Livro de um louco. Livro para o Marquês de Sade, se não fosse a sua obsessão sexual – ele tinha gênio para tanto. Sinto que se apenas esboçar esse livro, metem-me no Juqueri. Encostemos por enquanto o pesadelo. (Lobato, 1956a, t.1, p.341)

Embora não trate de seres de outros planetas, em *A chave do tamanho*, a redução do tamanho instaura uma "nova ordem", com o consequente desnudamento do ser humano. O processo desencadeado cumpre a função que Lobato manifestara na carta ao amigo, em 1913, e, no plano da narrativa, o "desnudamento" dos personagens que, após a redução, se encontram nus, pode corresponder ao "desnudamento" das atitudes humanas, de suas contradições, da relatividade das coisas.

Com efeito, a visão extra-humana pretendida por Lobato, numa descrição que nos faz lembrar do delírio no início de *Memórias póstumas de Brás Cubas* (1881), de Machado de Assis, toca o universo da fantasia, no qual a mudança de tamanho ou de forma é um dos elementos fundamentais, como nos contos de fadas e em *Viagens de Gulliver* (1726), de Jonathan Swift.

As viagens de Emília não serão por países estranhos, como a de Gulliver. Na verdade, ela realiza um trajeto oposto ao personagem de Swift: Gulliver sai do mundo real e adentra territórios fantásticos, enquanto Emília sai do Picapau Amarelo e vai para os países do mundo real.

O início de *A chave do tamanho* (1997) já se refere ao "mundo real" contemporâneo ao escritor: Emília, em pé na porteira, aparece na primeira cena formulando questões e implicando com os "modos de dizer" dos adultos. Enquanto Dona Benta se dispõe a responder aos questionamentos da boneca, chega o carteiro e entrega o jornal. As notícias da guerra deixam a avó amargurada, o que leva Emília a buscar uma solução para o problema: ela furta o superpó (substituto do pó de pirlimpimpim), vai até o fim do mundo, na Casa das Chaves, onde existem as chaves que controlam tudo que há no mundo, e, tentando abaixar a chave da guerra, mexe na chave do tamanho e reduz a humanidade a centímetros.

Inicia-se a aventura no mundo pequenino.

Como não tem força para fazer a chave voltar à sua antiga posição, Emília viaja com o superpó até o Sítio do Picapau Amarelo para pedir ajuda. Depois de muitas aventuras para chegar à casa, que vê de longe, Emília se encontra com a família do Major Apolinário, prefeito de Itaoca. Acompanha uma carnificina realizada pelo gato Manchinha, que come seus donos; salva duas crianças, agora órfãs, e dependentes dela. Lutando pela sobrevivência na "nova ordem", os três são encontrados, mais tarde, pelo Visconde que caminhava para a cidade a fim de verificar se o fenômeno do "apequenamento" alcançara mais gente. Emília conta a história, aloja-se com os órfãos na cartola do sabugo e retornam ao Picapau Amarelo, onde Dona Benta, Tia Nastácia, Pedrinho e Narizinho se encontram no quarto, sobre a cômoda.

Emília e Visconde decidem realizar uma viagem pelo mundo para comprovar o resultado do abaixamento da chave. A viagem mostra que a redução atingiu a todos, e a tragédia foi geral. Encontram os líderes mundiais ainda envolvidos com a Segunda Guerra Mundial. Emília discursa para cada um e, numa viagem aos Estados Unidos, visita *Pail City*, ou a "Cidade do Balde". Cada vez mais convencida de que o "apequenamento" foi benéfico para a humanidade, Emília retorna com o Visconde ao Picapau Amarelo. Na cômoda, fazem um plebiscito: manter a redução do tamanho ou restaurar o tamanho original das criaturas?

Emília: a chave da mudança

Como elemento desencadeador do conflito, a guerra – que é o que leva Emília a tomar a atitude drástica de mexer nas chaves reguladoras do mundo – vai se fazer presente por toda a narrativa; é o assunto central da obra, ponto do qual derivam outros temas igualmente complexos: a relatividade dos valores, o papel da ciência, as relações políticas do momento.

Se, em outras histórias, o Sítio serve de ponto de partida para as aventuras, quer se deem no mundo da gramática, quer se deem na lua, em *A chave do tamanho* (1997) vemos os limites físicos serem extrapolados em outra direção. O mundo que se apresenta é extremamente próximo, porém pouco conhecido, pois não é visível aos olhos dos seres "tamanhudos". Aliás, a oposição grande/pequeno, como muito bem analisou Faria (1992), é estabelecida desde o início: os habitantes do sítio contemplam o pôr do sol, a grandiosa beleza de um astro, a amplitude do universo, sendo que, momentos depois, estariam descortinando outros horizontes, não mais naquilo que poderíamos caracterizar como macro, mas como micro.

O espaço assume papel relevante na estrutura da obra, à medida que a relação dos homens com o meio é radicalmente alterada pela "reinação" de Emília. O espaço macro, ao qual associamos o Sítio do Picapau Amarelo, o jardim e a casa do Major Apolinário, a casa do Coronel Teodorico e, no final da narrativa, os países envolvidos no conflito, desdobra-se em inúmeros espaços micro, tais como os diferentes ambientes do jardim (a hortênsia, o violetal, o caminho de pedras), a mesa da sala de jantar, a cartola do Visconde. Esse desdobramento do espaço dá-se, porém, não só no âmbito das medidas (a perda do tamanho exige novos padrões), mas também na fuga do referencial, da realidade imediata e na entrada franca no mundo da fantasia:

> Quando Emília abriu os olhos e foi lentamente voltando da tonteira, deu consigo num lugar nebuloso, assim com ar de madrugada. Não enxergou árvores, nem montanhas, nem coisa nenhuma – só havia lá longe um misterioso casarão.
> – Isto deve ser o Fim do Mundo, e aquela casa só pode ser a Casa das Chaves. Que pó certeiro o do Visconde! (p.9)

Ao usar o superpó do Visconde, Emília transpõe os limites da veracidade e adentra o terreno em que somente a verossimilhança do universo ficcional pode possibilitar as aventuras. No "fim do mundo" está a Casa das Chaves, como a personagem imaginara, local em que ocorre a transformação da humanidade. O devaneio miniaturizante, como aponta Faria (1992), instaura-se e surgem arquétipos de aspectos essenciais da vida humana: a alimentação, o abrigo, a luta pela sobrevivência.

A viagem de Emília e Visconde aos Estados Unidos revela a esperança na humanidade. Todavia, não na humanidade "burra", que se mata nos campos de batalha, mas em uma nova civilização, dirigida pela ciência, pela inteligência.

A fartura comprovada pelas experiências do dr. Barnes, em *Pail City*, núcleo de uma nova civilização formada ao redor de um balde à beira de uma calçada, na Califórnia, tem seu contraponto na miséria e no sofrimento causados pela guerra. A relação que se estabelece entre *grande/pequeno, perto/longe* diz respeito tanto à tensão entre essas formas de ser, quanto à interdependência entre elas. Resistência, higiene, funcionalidade, aspectos de *Pail City*, uma cidade comandada pela ciência, não pela politicagem ignorante dos homens "tamanhudos", ou seja, um novo parâmetro de vida com mais qualidade que os homens poderão, agora, buscar entre os insetos, velhos conhecedores do mundo pequenino. É um parâmetro que nos remete à campanha sanitarista com a qual Lobato se envolvera e cujas ideias persistem no texto para o público infantil, contrapondo a qualidade de vida dos insetos ao mundo "infectado" pelos homens.

Como ocorre com os limites entre realidade e fantasia, os limites entre o local e o universal também são rompidos, e o espaço da narrativa se expande e alcança todos os recantos do planeta, desde o cupinzeiro no pasto de Dona Benta até o gabinete de Hitler e Stalin.

Esse enveredar pelo caminho errado, que tem em sua origem a perda da perspectiva da vida humana, é uma crítica à tresloucada corrida sem rumo, como bem observa o narrador, ao descrever a caminhada do Visconde em direção à cidade: "Felizmente o Visconde era um sábio, e os sábios não sabem andar na toada firme e contínua dos ignorantes" (p.42).

A alteração radical no ritmo de vida dos personagens também implica a modificação do tempo vivenciado por eles. Ao abaixar a chave do tamanho, Emília suspende o tempo histórico: afinal, todas as conquistas, descobertas e realizações humanas têm de ser reconsideradas num mundo miniaturizado.

No plano da forma, a suspensão desse tempo histórico marcado pela guerra faz-se pelo emprego de *cenas*, de modo que a representação de vida na história não se configura mais apenas no fazer – lembrando a ideia do *fazer/produzir* incessante e característico da sociedade industrial – mas também no *contemplar/vivenciar*. Torna-se interessante observar, ainda, que Emília se refere à Antiguidade Clássica com um simples "antigamente", ao explicar para Juquinha que, em algum momento da história do mundo, os cavalos voaram como Pégaso. Anulam-se, pois, os limites entre o tempo cronológico e o mítico, de forma que este se liga ao mundo biológico, cuja existência, no plano da narrativa, é intensificada pelo apequenamento dos homens.

O relativismo dos conceitos humanos, demonstrado desde o início com a discussão sobre uma poesia de Castro Alves – "Estou vendo que tudo que gente grande diz são modos de dizer, continuou a pestinha. Isto é, são *pequenas mentiras* – e depois vivem dizendo às crianças que não mintam! Ah, ah, ah…" (p.8) – junta-se ao pensamento lógico-dedutivo de Emília que, frente ao impasse de saber qual seria a chave da guerra, aplicara o "método experimental" usado pelo Visconde. Como professora, a protagonista dá lições de sobrevivência no mundo biológico, utilizando práticas "pedagógicas" que deveriam resultar num rápido aprendizado:

> – Pois é. Estava "mimetando" um galho seco. Mimetismo é isso. Não conhece aquelas borboletas carijós que se sentam nas árvores musguentas e ficam ali quietinhas? Musgo, não. Líquem. Líquem! O Visconde não quer que a gente confunda musgo com líquem. Decore. (p.35)

Lembrando a proximidade de Lobato com o movimento educacional conhecido como Escola Nova,[2] podemos ver Emília como uma aprendiz que, tomando lições práticas no contato com a natureza, torna-se professora dos inexperientes, como os filhos do Major Apolinário. Uma professora que só utiliza uma linguagem infantilizada, no sentido pejorativo do termo, ironicamente, quando quer "enganar" ouvintes desprevenidos: o jogo com a palavra "papo" se apresenta eficiente para manter Juquinha e Candoca numa situação estável – a linguagem infantilizada serve à personagem como meio eficaz de driblar o problema da falta dos pais. Como entendem pouca coisa do que Emília lhes fala, os órfãos acreditam que os adultos da casa estão descansando num país longínquo, o que nos leva mais uma vez a relacionar essa linguagem com a mentira, com a dissimulação dos adultos que manipulam as crianças por meio do discurso. Assim, quando Juquinha pergunta sobre seus pais, a boneca demora para dar uma resposta. Depois de filosofar a respeito da mentira, "isso de falar a verdade nem sempre dá certo" (p.26), ela responde:

> – Seus pais, Juquinha, foram obrigados a mudar-se para a Papolândia.
> – Onde é isso?

---

[2] No Brasil, o movimento foi representado principalmente por Lourenço Filho (1897-1970), Anísio Teixeira (1900-1971) e Fernando Azevedo (1894-1974). Influenciados pelas ideias de John Dewey (1859-1952), defendiam uma escola pública universal e uma prática pedagógica que envolvesse experimentação e reflexão, incentivando o pensamento científico.

— É uma terra em toda parte, onde só há *papapos*pos. É a terra dos *papapupudos*pos que voam, ou andam pelo chão miando como gato. E sabe o que é o papapopo? É uma espécie de colo. Antigamente as mães punham os filhinhos no colo; hoje os papapupudospos põem todo mundo no papapopo.

— E é bom lugar esse papapopo?

— Ótimo. Quentinho como cama. Quem adormece nesse colo, gosta tanto que não acorda.

A explicação deixou Juquinha na mesma, mas sossegou. Sentia muito que seus pais fossem dormir um sono tão comprido numa terra tão esquisita; mas se era no quente, então bem. A expressão "quentinho como cama" agradou ao menino, que estava nu e com frio. (p.27)

O coloquialismo de ambos, narrador e personagem, casa-se ainda com outro recurso, o emprego do discurso indireto livre. Manifestando suas opiniões, o narrador onisciente confunde sua voz com a de Emília: "Emília horrorizou-se. Pois então estavam com um gato ali perto e não se escondiam?" (p.25). O imbricar das vozes ressalta, pois, o foco narrativo na maioria das vezes próximo da boneca, permitindo que ela domine a história com seu discurso: "Juquinha achou que aquele automóvel podia ser o Ford de seu pai — mas como saber?", "— Pelo número. Que número tinha o carro de seu pai?" (p.34). Quem faz a pergunta? Juquinha ou o narrador? E a quem responde Emília? Quem é dono da voz?

Chave do fim ou do início?

Ser "dono" é algo que Emília sempre quer. A Emília que mente para acalmar os órfãos é também a Emília que, diante de Hitler, faz um discurso ameaçador. Uma personagem autoritária — uma ditadora discursando para ditadores? Ou seria um blefe de quem arrisca todas as cartas para convencer os líderes mundiais da necessidade de paz? De qualquer modo, mantém-se a relatividade dos valores: no primeiro caso, o uso do autoritarismo para acabar com o autoritarismo; no segundo, o uso da mentira, da ameaça, realizada num tom muito próximo ao das ameaças infantis, para enfrentar um mundo de mentiras e desilusões. Mais do que isso: basta nos lembrarmos de *Memórias da Emília* (1936) e compreenderemos que a personagem é a possibilidade de ser o que não foi; de fazer acontecer o que não aconteceu, como ela mesma realiza, em suas memórias, contando peripécias alteradas por sua imaginação. E, valendo-se da imaginação que beira o *nonsense* (a lógica do absurdo), a boneca de pano nascida no Picapau Amarelo fica frente a frente com os principais líderes da Segunda Guerra Mundial e discursa pela paz.

No início da narrativa, o discurso lobatiano põe em situação de relatividade o discurso adulto. O movimento de aproximação e distanciamento do foco narrativo que se realiza na constituição do relativismo das ações e experiências dos personagens também ocorre em relação ao discurso, uma forma de nos lembrar que o fato narrado pode esconder muita coisa, como fica evidente no episódio em que Emília fala com Juquinha sobre o "Dom Papão". Uma forma, entre outras, de nos alertar para o que está por trás das notícias dos jornais, dos comentários nas ruas, dos noticiários do Estado Novo...

Em Emília, instaura-se a relatividade de nosso tempo, a tensão vivida por uma sociedade onde qualquer alteração pode ser uma catástrofe e, ao mesmo tempo, a solução. O obscurecimento quase instantâneo de Emília, no final da história, pode representar isto – a tomada de consciência diante de uma realidade caótica em que qualquer possibilidade de ordenação passa inevitavelmente pela tragédia.

Como um dos poucos livros infantojuvenis nacionais que tratam da Segunda Guerra Mundial, talvez o único que não faz uma apologia aos Aliados ou à participação do Brasil, a obra é original tanto no assunto quanto na construção de uma narrativa para crianças. Na edição de 1947, Lobato reduz os discursos de Emília aos líderes mundiais, evitando o enaltecimento exagerado a representantes dos Aliados, como Winston Churchill, o que fizera em 1942.

Se, no conjunto da obra lobatiana, *A chave do tamanho* surge como um ponto de chegada da ficção de Lobato, como escreve Ruth Rocha (1981), podemos notar que nela são mencionados clássicos infantis, como *Alice no País das Maravilhas* (1865), e também livros que, embora não voltados especificamente para o público infantil, tiveram adaptações que lhes permitiram cair no gosto desse público, como *Viagens de Gulliver* (1726) e *Robinson Crusoé* (1719), além de *Dom Quixote* (1605), no qual a mudança de perspectiva sobre o mundo "real" é que permite o desenvolvimento da narrativa.

Em *A chave do tamanho* (1997), a ciência e a política são elementos da vida cotidiana da turma do Picapau Amarelo, de sorte que esses temas entram na construção de uma narrativa em que o mundo de fantasia assume o plano principal. A aventura vivenciada por Emília e por toda a turma do Sítio é certamente uma "loucura", como afirma Penteado (1997). A obra mais "louca" de Lobato é justamente aquela em que a realidade do momento se mostra mais pulsante, apontando-nos uma relatividade não explícita no texto, mas mesmo assim importante: a relação ficção-realidade.

Gulliver viaja por terras estranhas, de homens minúsculos, de gigantes, de cavalos civilizados. Robinson Crusoé conhece terras exóticas, convive com nativos numa ilha paradisíaca. Alice vê-se, de repente, num mundo fantástico, em que os animais falam e o seu tamanho se altera sem explicação. E Emília? Emília vai direto ao mundo da imaginação e, dali, volta ao seu próprio mundo, praticamente o mesmo, somente o encontrando sob outra perspectiva. Ela não vai a lugares exóticos, não encontra animais falantes, não enfrenta problemas para se comunicar. Sua linguagem é entendida por todos, na Alemanha, no Japão, na Rússia, nos Estados Unidos e na vila de Itaoca. Sua viagem, tão quixotesca que ela também tem um fiel escudeiro, o Visconde de Sabugosa, revela-nos a estranheza de nosso próprio mundo, motivo de orgulho e vergonha para os seres "tamanhudos".

Enfim, mais linguagem "pão, pão; queijo, queijo" e menos "literatice" para falar à imaginação das crianças. Mais que "elixir filosófico", é uma narrativa de fantasia; mais do que positivismo, naturalismo, darwinismo, é uma narrativa de aventuras. Uma história em que o relativismo é a chave não só para propiciar a experiência de um mundo sob outra perspectiva, mas também, e sobretudo, é a chave que permite o rompimento dos limites entre a realidade e a fantasia, garantindo ao leitor a franca entrada no "mundo da ficção" – ou no mundo da realidade, caso saibamos o que isso significa.

verso:
Os doze trabalhos de Hércules. 1.ed. São Paulo: Brasiliense, 1944
Coleção Ricardo Ferreira
Fotografia: Gregório Ceccantini

28
O 13º trabalho de Lobato
Emerson Tin[1]

> *"OS DOZE TRABALHOS DE HÉRCULES.*
> *São livros pequenos de 100 páginas – e que 13ª trabalho*
> *me foi escrever isso em 36 dias!... Estou derreado*
> *e precisado de uma quinzena de férias num clima."*
> (Carta a Cesídio Ambrogi, 10 de setembro de 1944)

1944. Lobato acabava de publicar o seu último livro pela Companhia Editora Nacional, *A Barca de Gleyre*, e rumava para uma nova casa, a Editora Brasiliense, pela qual publicaria, ainda nesse mesmo ano, *Os doze trabalhos de Hércules*, definidos em nota da 1ª edição como uma "coleção [que] se compõe de doze livros..., formando um conjunto harmônico e ligados entre si".

---

[1] Emerson Tin é doutor em Teoria e História Literária pelo IEL-Unicamp, com a tese intitulada *Em busca do "Lobato das cartas":* a construção da imagem de Monteiro Lobato diante de seus destinatários, orientada pela profa. dra. Marisa Lajolo. Atualmente, é professor de Língua Portuguesa nas Faculdades de Campinas – Facamp. Publicou, em 2005, pela Editora da Unicamp, *A arte de escrever cartas*. Descobriu a literatura de Lobato pelo caminho inverso: na faculdade, conheceu a obra adulta do escritor e, adulto, seguiu para a obra infantil. Não se arrependeu com nenhuma delas.

A obra surgia, portanto, num momento crucial na vida de Lobato: ele passava de uma casa editorial a outra, daquela que ajudara a fundar e pela qual tinha visto vir a público a maioria de suas obras àquela que viria a publicar suas *Obras completas*, nos anos de 1946 – a série adulta – e 1947 – a série infantil.

O livro, como o próprio título já anuncia, trata das façanhas do herói grego, executadas a mando do rei Euristeu, mas aqui narradas com intervenção não só dos deuses olímpicos – Hera contra o herói; Palas e, por vezes, Zeus, a favor dele – mas também de três criaturazinhas aparecidas como que por encantamento – Emília, Pedrinho e o Visconde de Sabugosa, as quais passariam a ser, respectivamente, a "dadeira de ideias" do herói, seu "oficial de gabinete" e seu "escudeiro" (Lobato, 1955c, p.29). A tal ponto chega a intervenção dos picapauzinhos, nas façanhas do filho de Zeus e Alcmena, que diz o narrador e, em seguida, conclui o herói:

> Hércules arreganhou um sorriso. Se era um javali, então se tratava de massa-bruta, e de massa-bruta ele jamais teve medo. Para Hércules o perigo estava em trabalhos como o da corça, contra a qual sua força era inútil, um trabalho que requeria muita inteligência. Se vencera com tamanha facilidade a corça de pés de bronze, isso fora em virtude da colaboração de Pedrinho e dos outros.
> – Sim, refletia consigo o herói. Eles representam a Inteligência e eu só disponho da Força. Em muitos casos a Força nada vale e a Inteligência é tudo – como no da corça. Mas um javali, ah, ah, ah... São ainda mais broncos do que eu...(ibidem, p.149)

O "13º trabalho"

Em 10 de setembro de 1944, Lobato escreveu ao poeta conterrâneo Cesídio Ambrogi:

> Diga à Eliana que este ano ela vai ganhar uma série de 12 volumes novos do Lobato, intitulada OS DOZE TRABALHOS DE HÉRCULES. São livros pequenos de

100 páginas – e que 13º trabalho me foi escrever isso em 36 dias!... Estou derreado e precisado de uma quinzena de férias num clima.[2]

Em 7 de dezembro, provavelmente do mesmo ano de 1944, Lobato escreve novamente a Ambrogi e, por meio dessa carta, ficamos sabendo que os livros, nessa data, já haviam sido publicados: "Os livros da série Hércules já saíram e não sei por que lá a editora não os mandou. Deixei lá a lista. Hei de ver qual a causa da demora".[3]

Assim nascia o 13º trabalho – não de Hércules, mas de Lobato: a escrita dos 12 livrinhos sobre os trabalhos de Hércules, que viria a se tornar o arremate da epopeia das personagens do Sítio do Picapau Amarelo.

Caçada das pulgas

Em 19 de agosto de 1947, Lobato escreve a uma sua leitora de Piracicaba, Josette Silveira Mello, que lhe teria dito algo sobre a leitura do *Hércules*. Lobato, então, aproveitaria a deixa para consultar a pequena leitora:

> Quero que depois de lidos os Hércules você me dê a sua opiniãozinha bem franca, bem sincera, dizendo que é que acha do gênero e do modo de tratá-lo. Eu gosto de escrever livros de acordo com as crianças, e por isso as consulto, e fico danado quando os pais (ou qualquer gente grande) se mete a "assoprá-las". Tem valor a opinião das crianças; mas não tem valor nenhum, nenhum, o de uma criança "assoprada" por um adulto.[4]

---

2   Cópia xerográfica de datiloscrito sem assinatura. Biblioteca Monteiro Lobato, São Paulo, pasta 33A, documento 3564. Publicada em Tin, 2007, p.382.
3   Cópia xerográfica de datiloscrito sem data e sem assinatura – anotado a lápis, no pé da folha: "provavelmente de 1944 ou 45". Pelo contexto, julgo que a carta seja de 1944, ano da publicação de *Os doze trabalhos de Hércules*. Biblioteca Monteiro Lobato, São Paulo, pasta 33A, documento 3575. Publicada em Tin, 2007, p.388.
4   Carta a Josette Silveira Mello. 19 ago. 1947. Acervo particular. Publicada em Tin, 2007, p.530.

Temos aqui uma bela pincelada da arte poética lobatiana: livros de acordo com as crianças. E para ser de acordo com as crianças, fora com a literatura. É o que se lê em carta de 19 de dezembro de 1945 a Godofredo Rangel:

> Para ser infantil tem o livro de ser escrito como o CAPINHA VERMELHA, de Perrault. Estilo ultra direto, sem nem um grânulo de "literatura". ... A coisa tem de ser narrativa a galope, sem nenhum enfeite literário. O enfeite literário agrada aos oficiais do mesmo ofício, aos que compreendem a *Beleza literária*. Mas o que é beleza literária para nós é maçada e incompreensibilidade para o cérebro ainda não envenenado das crianças. ... Não imagina a minha luta para extirpar a literatura dos meus livros infantis. A cada revisão nova nas novas edições, mato, como quem mata pulgas, todas as "literaturas" que ainda as estragam. Assim fiz no Hércules, e na segunda edição deixá-lo-ei ainda menos literário do que está. Depois da primeira edição é que faço a caçada das pulgas – e quantas encontro, meu Deus! (Lobato, 1964a, p.371-2)

Em que consistiria essa "caçada das pulgas" a que Lobato submetia seus livros – e, em especial, a que havia submetido a primeira edição de *Os doze trabalhos de Hércules*?

Como vimos, a edição de 1944 era formada por doze pequenos livros independentes, que formavam uma coleção. Nesse formato, apresentavam elementos que, por uma razão ou outra, deixaram de existir na edição definitiva, aquela que viria a ser estampada em todas as edições posteriores do *Hércules*.

Vejamos um exemplo de "pulga" caçada e esmagada por Lobato. Líamos, na 1ª edição de 1944, uma longa introdução sobre o conceito de "herói nacional", no capítulo de abertura do primeiro livro, *O leão da Neméia*, intitulado "Hércules":

> HÉRCULES
> Cada povo tem o seu grande herói nacional. Herói nacional quer dizer herói de uma certa nação. Se aparecer um herói de todas as nações, ele deixa de ser nacional, fica sendo um "herói universal". O herói nacional da antiga Espanha foi o Cid Campeador, nome que o povo deu a Don Rodrigo de Bivar. Cid queria dizer "chefe" e Campeador tinha o mesmo sentido que tem hoje a palavra Campeão.

— Campeador é também o que campeia, o campeiro de gado...
— Sim. O campeador daqueles tempos campeava brigas. Andava pelo mundo a cavalo, de lança e escudo como D. Quixote, procurando com quem brigar. O Cid devia ter sido o maior brigão do seu tempo, já que ficou tão afamado a ponto de tornar-se o herói nacional da Espanha. Em Portugal temos um herói nacional na pessoa do Condestável Nun'Alvares, e temos outro em Viriato.
— Que quer dizer condestável?
— Era um título militar antigo, do tempo dos reis da França e de Portugal. No começo, o condestável não passava duma espécie de mordomo do palácio, o tomador de conta dos serviços de mesa e casa. Depois virou o título do homem que acompanhava o rei, de espada nua em punho, e se colocava à direita quando Sua Majestade se sentava no trono. Depois passou a chefe supremo dos exércitos e conselheiro real em assuntos de guerra. Isso em França. Em Portugal os condestáveis já começaram chefes do exército – e o mais famoso de todos foi esse Nun'Alvares...
— E Viriato?
— Esse foi um grande chefe dos lusitanos, a gente que existiu nas terras de Portugal antes dos portugueses. Viriato combateu muito bem os romanos invasores e deu-lhes várias surras.
— E aqui na América?
— Heróis ao tipo dos heróis clássicos, a América não possui. Isso é coisa dos velhos países europeus e orientais, países de grande passado histórico nos quais houve muita luta pela independência, muita guerra de invasão ou contra invasores. Mas todos os heróis do mundo inteiro não valem Hércules, o grande herói nacional grego. E ser o maior de todos só da Grécia já seria muito, porque aquilo lá era um formigueiro de heróis como jamais houve outro. Havia os deuses no Olimpo e os semideuses que viviam com um pé na terra e outro no tal Olimpo, que era o céu dos gregos.
— Semideus quer dizer metade deus, metade homem?
— Exatamente. Os gregos gostavam de misturar as coisas. Tinham o centauro, metade homem, metade cavalo. Tinham o Minotauro, metade homem, metade touro, e tinham os semideuses. E logo abaixo dos semideuses vinham os Heróis.
— Que é herói?
— É um homem mais que os homens comuns, dos que fazem proezas em que os homens comuns nem pensam. A Grécia foi um verdadeiro ninho de deuses, semideuses e heróis, e entre estes está o mais famoso de todos, o nosso Hércules.
— Quem era ele?

– Ah, um herói tremendo, que botou num chinelo todos os outros. Suas façanhas foram tantas que até hoje, na conversa comum, nós as recordamos. Sempre que alguém faz qualquer coisa notável, dizemos que realizou um trabalho de Hércules. Trabalho é sinônimo de proeza.
A principal característica de Hércules estava ... (Lobato, 1944e, p.5-8)

Já na edição definitiva, após a "caçada de pulgas" de Lobato, toda essa arenga seria substituída por um discurso enxuto, objetivo, direto, "a galope":

HÉRCULES
– Na Grécia Antiga o grande herói nacional foi Heracles, ou Hércules, como se chamou depois. Era o maior de todos – e ser o maior de todos na Grécia daquele tempo equivale a ser o maior do mundo. Por isso até hoje vive Hércules em nossa imaginação. A cada momento, na conversa comum a ele nos referimos, à sua imensa força ou às suas façanhas lendárias. Dele nasceu uma palavra muito popular em todas as línguas, o adjetivo "hercúleo", com a significação de extraordinariamente forte.
A principal característica de Hércules estava ... (Lobato, 1955c, p.3)

Também a estrutura de narrativa sofreu profundos cortes. Na edição de 1944, Lobato havia entremeado às façanhas de Hércules episódios ocorridos no Sítio com as personagens que ali haviam permanecido: Dona Benta, Tia Nastácia e Narizinho (além de alusões a Quindim, ao Conselheiro e comentários, à maneira de disse que disse, sobre o Coronel Teodorico e o Elias Turco). A narrativa dos episódios tinha o seu motivo: na primeira edição, os aventureiros haviam levado consigo um rádio que permitia a comunicação com o Sítio, para sossegar o coração de Dona Benta. O trecho seguinte fazia parte do texto da primeira edição:

– Credo! exclamou a preta. Pedrinho já me contou a história desse "massa bruta" lá com uma cobra de não sei quantas cabeças. Só me admiro deles não terem medo de coisa nenhuma. Eu, coitada de mim, corro de cobra de uma só cabeça – eles andam atrás das de mil. Não sei por quem puxaram. Pela senhora não foi, sinhá...

Logo depois Pedrinho voltava do mato com uma boa vara de guatambu, que é madeira ótima para bodoque, das que vergam e não quebram, e fez um bodoque ótimo, com corda de fibra de tuncum bem torcida. Depois foi ao ribeirão em busca de pedregulho dos bem redondos. Encheu com eles uma sacola. Experimentou o bodoque novo. Ótimo. Lançava "balas" muito mais longe que o primeiro.

No dia seguinte já estava a canastrinha pronta e também o embornal que ele havia encomendado a Narizinho. Mas o Visconde atrasara-se na fabricação do pó. Preparara o necessário para encher dois canudos. Ainda faltava um. O Visconde era um verdadeiro sábio, não só em química como em física. Com a sua sabedoria em química preparou o pó mágico; e com a sua sabedoria em física aperfeiçoou aquele aparelhinho de rádio que permitia comunicação com qualquer ponto do Espaço e com qualquer instante do Tempo. Depois ensinou a menina a manejar o "radinho". Isso porque o plano era manter um "serviço de informações" lá do fundo da Grécia para o Sítio.

– Vovó fica assim mais sossegada, dissera ele.

Todos os dias, no fim dos trabalhos, o visconde lançaria um "comunicado" como os de guerra redigido por Pedrinho, e a menina o apanharia no aparelho receptor lá do laboratório do visconde. Desse modo não haveria razão para as pontadas de Dona Benta. "Se for acompanhando passo a passo as nossas aventuras, vovó sossega os suspiros..."

D. Benta estava explicando a Narizinho coisas de Hércules.

– Ah, minha filha, que maravilhoso herói foi esse massa bruta! (Lobato, 1944e, p.15-7)

Como na edição definitiva Lobato enxugaria os "comunicados" – que, na verdade, não passavam de sínteses das aventuras e em nada contribuíam para o desenrolar da trama –, todo o trecho citado acima seria vetado, passando a nova versão ao seguinte:

– Credo! – exclamou a preta, sem saber que "trabalhos" eram aqueles – e Narizinho veio pedir à vovó que falasse de Hércules.
Dona Benta falou.
– Ah, minha filha, que maravilhoso herói foi esse massa bruta! (Lobato, 1955c, p.8)

Dessa forma, o livro ficava mais enxuto: perdia a "literatura", no dizer de Lobato, mas conferia maior dinamismo à narrativa.

Os trabalhos de Lobato

Da leitura da primeira edição de *Hércules* cotejada com a edição definitiva, podemos também inferir a importância dessa empreitada lobatiana, dentro do plano geral de sua obra infantil.

Os doze trabalhos de Hércules aparecem, em 1944, como um importante contraponto de *A Barca de Gleyre*: se este livro teria servido para um balanço intelectual de Lobato, para uma revisão de toda sua existência como escritor, aqueles funcionariam como o grande corolário da obra infantil do autor. Não é à toa, nesse sentido, que em várias páginas do *Hércules*, na sua versão inicial, encontrávamos reminiscências das obras anteriores:

> Rabicó apareceu no terreiro, *ron, ron, ron*... Narizinho botou os olhos nele e ficou a recordar passagens antigas – a festa do casamento do marquês com a Emília, o caso da coroinha do príncipe que ele comeu, a aventura com o polvo no fundo do mar, o *tloc-pluf-nhoc* do tempo das jabuticabas... Que vida a deles ali no Picapau Amarelo! Não havia o que não houvesse.
> – Que é que está pensando, menina? perguntou a boa velha, ao vê-la de olhos parados.
> – Estou pensando em nossa vida aqui, vovó. Quanta coisa maravilhosa acontece! A nossa viagem ao céu... Aquela vez em que esteve aqui todo o pessoalzinho do Reino das Águas Claras... A nossa semana em Atenas, em casa de Péricles...
> Também no coração de Dona Benta brotaram saudades. Saudade da Grécia.
> – Está aí uma coisa, disse ela, que eu tinha vontade de repetir. Foram os maiores momentos da minha vida. Péricles, Aspásia, Sócrates, Fídias, Heródoto... A procissão da Panatenéia – eu vestida de grega, você vestidinha de meteca...
> – E D. Quixote, vovó? Lembra-se dele ali na sua redinha, cochilando dentro daquela armadura de lata? Quando chegou a hora de tomar café não pudemos abrir a mandíbula do seu capacete – estava enferrujada. E Emília veio com o ferro de abrir lata para que nós "abríssemos D. Quixote..." E que mistério, vovó, a evolução da Emília! De boneca de pano que nasceu, feia e muda, virou o que é hoje: uma gentinha perfeita. São coisas que parecem invenção dos livros, e no entanto aconteceram...
> – Eu nunca entendi bem esta nossa vida aqui, disse Dona Benta. Parece sonho e não é. Parece realidade e não é. Eu fiquei que hoje absolutamente não distingo mais o que é realidade do que não é. Misturo tudo.

– E aquela da Emília mexer na Chave do Tamanho e deixar toda a humanidade reduzida ao tamanhinho dos insetos? Nunca se deu coisa assim no mundo...

– É verdade! exclamou Dona Benta. Nem sei o que pensei quando me vi de tanga lá em cima da cômoda, do tamanho duma barata, diante do visconde tão enorme passeando pela sala... A Candoquinha, onde andará ela hoje? Com certeza crescida já, mocinha já... Ah, minha filha! Quando de noite perco o sono e começo a recordar passagens da nossa existência nesta casa, fico sem saber se tudo isto não passa dum sonho sem fim. (Lobato, 1944e, p.70-2)

O trecho acima transcrito fazia parte do capítulo final de *O leão da Neméia*, intitulado "No Sítio", capítulo que foi completamente excluído da edição definitiva do Hércules. E por quê? Por que seria apenas mais uma "pulga" literária a ser caçada e esmagada por Lobato?

Outro trecho expurgado merece citação. No capítulo final de *A hidra de Lerna*, intitulado "Comunicado nº 2", líamos o seguinte:

– Pedrinho, cochichou Emília, não acha que o visconde está se excedendo?

– Sim, acho que está muito mudado e que continua a mudar...

– Pois isso está me preocupando bastante, confessou Emília. Ele também é um heroizinho e todos os heróis passam por um período de loucura. Não viu D. Quixote?

– É verdade, sim, Emília. Foi o que mandei dizer a vovó. D. Quixote, o Rolando e até o nosso Hércules, quase todos os heróis enlouquecem. Sobre a loucura de Rolando até há aquele formidável poema de Ariosto: *Orlando Furioso*. Orlando é o mesmo que Rolando.

– Pois se o visconde fizer como eles, eu escrevo um poema como o de Ariosto. E que lindo vai ser! "O VISCONDE FURIOSO", pela Marquesa de Rabicó. Vai ser um suco...

Dali a pouco estavam na ciranda-cirandinha ... (Lobato, 1944f, p.74)

Já na edição definitiva do *Hércules*, esse antigo capítulo perderia a razão de existir, já que Lobato havia excluído os comunicados dos aventureiros ao Sítio, e seria fundido ao capítulo anterior, chamado "A pele do leão".

– Pedrinho – cochichou Emília – não acha que o visconde está se excedendo?

– Sim, acho que está muito mudado e que continua a mudar...

– Pois isso está me preocupando bastante, confessou Emília. Ele também é um heroizinho e todos os heróis passam por um período de loucura. Não viu D. Quixote?

– É verdade, sim, Emília. D. Quixote, Rolando e até o nosso amigo Hércules, quase todos os heróis enlouquecem. Sobre a loucura de Rolando até há aquele célebre poema de Ariosto que vovó tem lá numa edição de luxo, com desenhos de Gustavo Doré, "Orlando Furioso". Orlando é o nome de Rolando em italiano.

Dali a pouco estavam na ciranda-cirandinha ... (Lobato, 1955c, p.96-7)

O que motivaria a alteração de Lobato? Afinal, o texto perdeu muito do seu humor e passou a apresentar uma informação quase meramente bibliográfica: a da existência de uma edição de luxo do *Orlando furioso*, com desenhos de Gustave Doré.

Sabemos que Lobato tinha por projeto uma versão infantil do poema de Ariosto, nos moldes do seu *D. Quixote das crianças*. Aliás, não é demais lembrar que, nesse mesmo livro de 1936, Lobato apontava para o projeto de recontar as aventuras de Orlando: "Depois de lermos o D. QUIXOTE havemos de procurar o ORLANDO FURIOSO, do célebre poeta italiano Ariosto – e vocês verão que coisa tremenda eram os tais cavaleiros andantes"(1955a, p.13). O projeto não chegou a se realizar,[5] mas talvez, em 1944, ele ainda fosse, para Lobato, exequível. Daí a menção no *Hércules* de 1944, anunciando um eventual próximo lançamento, "O Visconde Furioso". Na revisão do livro com vistas a sua publicação, nas *Obras completas*, o projeto talvez já tivesse se tornado uma utopia, mas a menção a Orlando, um clássico que, na ótica lobatiana, precisava ser conhecido pelas crianças suas leitoras, subsistiria: se não mais a alusão a um novo projeto lobatiano, então que bastasse a mera menção do título do poema e da luxuosa edição ilustrada por Doré, para despertar o interesse dos pequenos leitores.

Nesse sentido, também o final do livro merece um olhar atento. O último dos trabalhos, *Hércules e Cérbero*, tinha originalmente como capítulo final o intitulado "No Sítio de Dona Benta", que narrava a volta dos aventureiros,

---

5 Há, no Fundo Monteiro Lobato do Centro de Documentação Cultural Alexandre Eulálio, no Instituto de Estudos da Linguagem da Universidade Estadual de Campinas (Cedae – IEL – Unicamp), um exemplar da tradução portuguesa em prosa de Xavier da Cunha do poema de Ariosto (MLb 4.1.00049). O exemplar, que pertenceu a Lobato, apresenta 42 páginas de intervenções a lápis no próprio texto impresso, que teriam como objetivo adaptar a tradução do *Orlando furioso* para o público infantil.

acompanhados de Cérbero, agora manso, e do centaurinho Meioameio. O capítulo se desenrolava com a morte do cão, que não havia resistido à viagem "a pó" e que receberia um epitáfio escrito a carvão por Emília – "Aqui jaz Cérbero, que muitos pronunciam Cerbéro, a primeira vítima do pó de pirlimpimpim. Paz às suas três cabeças" – e findava com a pergunta de Dona Benta à ex-boneca:

> – E de tudo quanto você trouxe da Grécia, Emília, que é que preza mais? perguntou Dona Benta.
> Emília correu os olhos por aqueles objetos espalhados pelo chão e depois de uma pausa disse, com os olhos muito brilhantes:
> – Ah, foram as lágrimas de Lelé quando libertou Prometeu...
> – E onde estão elas? Em que vidrinho?
> – Aqui no meu coração... (Lobato, 1944g, p.74)

Esse capítulo original, que dava arremate ao *Hércules*, parecia apontar para uma eventual sequência das aventuras dos picapauzinhos. Não era ponto-final, parecia mais uma vírgula, quando muito um ponto e vírgula. Na versão definitiva, porém, Lobato expurgaria esse último capítulo de *Hércules e Cérbero*, interrompendo melancolicamente a narrativa no capítulo intitulado "Despedidas":

> O herói ainda ficou ali por longo tempo, sentado a uma pedra, junto à fogueira do sacrifício a Palas. E como até Belerofonte houvesse desaparecido, não teve com quem desabafar. Depois levantou-se e lá seguiu de cabeça baixa para a cidade de Corinto. Ia em procura de Lúcio para conversar sobre os picapauzinhos. Era um meio de matar as saudades... (Lobato, 1955c, p.284)

As fortunas de Hércules

Os doze trabalhos de Hércules são uma obra instigante para pesquisa, tanto pelo cotejo entre a primeira edição e a edição definitiva, o que acabamos de rapidamente vislumbrar, quanto pela rica intertextualidade que o livro de Lobato revela. Como bem destaca Zinda Maria Carvalho de Vasconcellos:

> *O Minotauro* e *Trabalhos de Hércules* são livros em que Lobato dá livre vazão à sua grecofilia e em que procura passar para as crianças o máximo de conhecimentos sobre a Grécia Antiga. Os dois livros começam comentando a influência que a Grécia exerceria até hoje em nossa civilização – influência que se veria facilmente nas palavras e expressões que empregamos. ... No entanto os livros apresentam também outro interesse além dessa simples transmissão de lendas: permitem apresentar uma contraposição entre o mundo da Grécia Antiga e o mundo moderno. (Vasconcellos, 1982, p.81)

Na "Visão geral dos livros infantis de Monteiro Lobato", concebida pelo escritor João Carlos Marinho, *Hércules* aparece classificado entre os "livros onde há uma história livre ou uma história livre bem acasalada com propósitos didáticos" (Marinho, 1982, p.191), ao lado de *Reinações de Narizinho*, *O Saci*, *Caçadas de Pedrinho*, *Viagem ao céu*, *O Minotauro*, *A reforma da natureza*, *A chave do tamanho*, *Memórias da Emília* e *O Picapau Amarelo*. Segundo Marinho, nesses livros

> encontram-se todas as qualidades que imortalizaram Lobato. E não são poucos, são dez títulos, sendo que os *Doze Trabalhos de Hércules* é um livro longo, dando dois volumes grossos. Os escorregões para o instrui-diverte viscoso, mais frequentemente em uns e menos em outros, não comprometem estas obras fundamentais. (ibidem, p.192)

O *Hércules* de Lobato tem despertado, recentemente, o interesse de pesquisadores, seja em trabalhos sobre a obra isolada, seja em pesquisas que a enfocam em contextos mais amplos.

Especificamente sobre o *Hércules*, temos a dissertação intitulada *Os doze trabalhos de Hércules:* a estilização do mito na obra lobatiana, de Diva de Oliveira (2006), que procura, por meio de uma abordagem intertextual entre o *Héracles*, de Eurípides, *As metamorfoses*, de Ovídio, e *Os doze trabalhos de Hércules*, de Monteiro Lobato, analisar como o mito do herói grego Hércules teria sido estilizado pelo escritor taubateano.

Tratando do *Hércules* ao lado de outras obras lobatianas, temos as seguintes dissertações: com o título *Do mito à fábula:* releituras de Lobato, Cristina Aquati Perrone (2002) procura, por meio da análise de algumas obras lobatianas, entre as quais se encontram *Os doze trabalhos de Hércules*, verificar a validade das afirmações de Lobato sobre a educação como instrumento para a solução de diversos problemas do país; já em *O "Sítio do Picapau Amarelo na Antigüidade":* singularidades das Grécias Lobatianas, Juliana de Souza Topan (2007) esmiúça a maneira como Lobato apresenta a sua versão da mitologia grega, ao subverter a versão canônica, ao reinventar narrativas, adaptando-as aos leitores infantis, e ao idealizar a cultura grega antiga e arcaica.

Com objetivo mais amplo, a dissertação de Maria das Dores Soares Maziero (2007), intitulada *Mitos gregos na literatura infantil:* que Olimpo é esse?, procura investigar a presença dos mitos gregos na literatura infantil brasileira e analisar as estratégias que teriam sido utilizadas por editores, autores e adaptadores, para manter atualizado o interesse das crianças leitoras pelos heróis e deuses gregos.

Apologia da educação

Os doze trabalhos de Hércules se constituem numa apologia da educação. Como afirma Zinda Vasconcellos:

> *Os Trabalhos de Hércules* são ainda os livros em que Lobato representa a vitória da esperteza sobre a força – Emília, verdadeiro cérebro de Hércules – e em que ressalta o valor da educação, a grande conclusão que Hércules tirou do convívio com as crianças do Sítio. (Vasconcellos, 1982, p.84)

Afinal, "Hércules, com toda a sua burrice, 'teve uma ideia', talvez a primeira ideia de sua vida: que é a educação que faz as criaturas" (Lobato, 1955c, p.83). Ao longo da narrativa, Hércules passa por um longo processo de aprendizagem, de formação espiritual, que culmina com seu discurso, nas últimas páginas do livro – uma apologia iluminista da educação:

— Meus amigos: não sei falar. Não recebi a educação ... que é o que transforma as criaturas. Minha educação foi só física, como muito bem diz o meu escudeiro. Criaram-me ao ar livre, ensinaram-me a desenvolver unicamente os músculos e a agilidade. Quanto ao resto, fiquei como nasci: um terreno baldio, como diz Emília, onde o mato cresceu sem disciplina. Ela acha que uma criatura sem educação é como um terreno onde só há mato. A educação é que transforma esse terreno em canteiro de cultura das artes e ciências úteis e belas. Muito aprendi com vocês. Minhas conversas com Emília, com o Visconde e Pedrinho foram verdadeiras lições de que jamais me esquecerei. Sempre convivi entre brutos – reis cruéis, deuses vingativos, heróis do meu molde, gente "ineducada", como diz o Visconde. Fui encontrar "produtos da educação" em vocês. (ibidem, p.280-1)

Não seria justamente esse o objetivo de Lobato? Não estaria aí na fala de Hércules a voz de Lobato, arrematando sua longa epopeia do Sítio do Picapau Amarelo?

De uma epopeia a outra

Os doze trabalhos de Hércules é a obra de encerramento da epopeia do Sítio do Picapau Amarelo. Surge como o livro de arremate de toda a saga – e que tema para um livro de encerramento seria mais glorioso que os épicos trabalhos de Hércules? Mas não apenas por isso o livro é o corolário da obra infantil lobatiana. Isso ocorre também, porque a obra funciona como um longo exercício de reminiscências das aventuras anteriores dos picapauzinhos: se isso é verdade em relação à edição primeira, de 1944, não o deixa de ser também em relação à edição definitiva, embora em menor escala. Todavia, aqui encontramos ainda referências a aventuras anteriores, como *O Minotauro* e *Reinações de Narizinho*, por exemplo, que fazem com que o *Hércules* funcione como a grande chave de ouro da epopeia infantil lobatiana: é com a epopeia dos doze trabalhos de Hércules que Lobato fecha a epopeia do Sítio do Picapau Amarelo. E é com o aprendizado de Hércules que dá o arremate ao projeto pedagógico lobatiano: a educação é que faz as criaturas.

Referências bibliográficas

Obras de MONTEIRO LOBATO

LOBATO, M. *As reinações de Narizinho*. Ilustrações de J. G. Vilin. São Paulo: Companhia Editora Nacional, s.d.a. (Série Biblioteca Pedagógica Brasileira).
_____. *Reinações de Narizinho*. São Paulo: Círculo do Livro, s.d.b.
_____. *Viagem ao céu e O Saci*. São Paulo: Círculo do Livro, s.d.c.
_____. *Aritmética da Emília*. São Paulo: Círculo do Livro, s.d.d.
_____. *O poço do Visconde*. São Paulo: Círculo do Livro, s.d.e.
_____. *A chave do tamanho*. São Paulo: Círculo do Livro, s.d.f.
_____. *Emília no país da gramática*. São Paulo: Círculo do Livro, s.d.g.
_____. *Correspondência com Charles Frankie*. Unicamp: Cedae, s.d.h.
_____. *A menina do narizinho arrebitado*. Desenhos de Voltolino. São Paulo: Monteiro Lobato & Cia. Editores, 1920. [Edição fac-similar, São Paulo: Brasiliense, 1982.]
_____. *Fabulas de Narizinho*. Desenhos de Voltolino. São Paulo: Monteiro Lobato & Cia. Editores, 1921a.
_____. *Narizinho arrebitado:* segundo livro de leitura para uso das escolas primárias. Desenhos de Voltolino. 1.ed. São Paulo: Monteiro Lobato & Cia. Editores, 1921b.

_____. *O Saci*. São Paulo: Monteiro Lobato & Cia. Editores, 1921c.

_____. *O Marquez de Rabicó*. 1.ed. São Paulo: Cia. Gráfico-Editora Monteiro Lobato, 1922.

_____. *Jeca Tatuzinho*. São Paulo: Cia. Gráfico-Editora Monteiro Lobato, 1924a.

_____. *A caçada da onça*. 1.ed. São Paulo: Cia. Gráfico-Editora Monteiro Lobato, 1924b.

_____. *O garimpeiro do rio das Garças*. Ilustrações de Kurt Wiese. São Paulo: Cia. Gráfico-Editora Monteiro Lobato, 1925.

_____. *Aventuras de Hans Staden*. 1.ed. São Paulo: Companhia Editora Nacional, 1927a.

_____. *O irmão do Pinocchio*. São Paulo: Companhia Editora Nacional, 1927b.

_____. *O Saci*. 3.ed. São Paulo: Companhia Editora Nacional, 1928.

_____. *O circo de escavalinho*. Ilustrações de Belmonte. São Paulo: Companhia Editora Nacional, 1929.

_____. *A pena de papagaio*. São Paulo: Companhia Editora Nacional, 1930a.

_____. *O garimpeiro do rio das Garças*. Ilustrações de Kurt Wiese. 2.ed. São Paulo: Companhia Editora Nacional, 1930b.

_____. *As reinações de Narizinho*: contendo as travessuras de Narizinho, Pedrinho, Emilia, Rabicó, o Visconde de Sabugosa e o Burro Falante no sítio de Dona Benta e suas aventuras pelos mundos maravilhosos. Ilustrações de J. G. Villin. São Paulo: Companhia Editora Nacional, 1931. (Biblioteca Pedagógica Brasileira. Série I. Literatura infantil. v.1).

_____. *Novas reinações de Narizinho*: continuação de *Reinações de Narizinho*. Contendo as travessuras de Narizinho, Pedrinho, Emilia, Rabicó, o Visconde de Sabugosa e o Burro Falante no Sitio de Dona Benta e suas aventuras pelos mundos maravilhosos. Ilustrações de J. G. Villin. São Paulo: Companhia Editora Nacional, 1933a. (Biblioteca Pedagógica Brasileira. Série I. Literatura infantil. v.11).

_____. *História do mundo para as crianças*. 1.ed. São Paulo: Companhia Editora Nacional, 1933b.

_____. *Viagem ao céu*. Ilustrações de Jean G. Villin. 2.ed. São Paulo: Companhia Editora Nacional, 1934a.

_____. *História do mundo para as crianças*. 2.ed. São Paulo: Companhia Editora Nacional, 1934b.

_____. *História das invenções*. 1.ed. São Paulo: Companhia Editora Nacional, 1935.

_____. *Serões de Dona Benta*. São Paulo: Companhia Editora Nacional, 1937a.

_____. *O garimpeiro do rio das Garças*. Ilustrações de Kurt Wiese. 3.ed. São Paulo: Companhia Editora Nacional, 1937b.

_____. *O Saci*. 6.ed. São Paulo: Companhia Editora Nacional, 1938b.

_____. *História do mundo para as crianças*. 6.ed. São Paulo: Companhia Editora Nacional, 1938.

_____. *O garimpeiro do rio das Garças.* Ilustrações de Kurt Wiese. 4.ed. São Paulo: Companhia Editora Nacional, 1940.

_____. *Histórias de Tia Nastácia.* 3.ed. São Paulo: Companhia Editora Nacional, 1941. (Biblioteca Pedagógica Brasileira. Série I. Literatura infantil. v.29).

_____. *História das invenções.* 3.ed. São Paulo: Companhia Editora Nacional, 1942a.

_____. *A chave do tamanho.* Ilustrações de J. U. Campos. São Paulo: Companhia Editora Nacional, 1942b. (Biblioteca Pedagógica Brasileira, Série I. Literatura infantil. v.33).

_____. *História do mundo para as crianças.* 8.ed. São Paulo: Companhia Editora Nacional, 1942c.

_____. *O Saci.* 7.ed. São Paulo: Companhia Editora Nacional, 1942d.

_____. *Viagem ao céu.* Ilustrações de J. U. Campos. 4.ed. São Paulo: Companhia Editora Nacional, 1943a.

_____. *História do mundo para as crianças.* 9.ed. São Paulo: Brasiliense, 1943b.

_____. *História das invenções.* 4.ed. São Paulo, Rio de Janeiro, Recife, Bahia, Pará, Porto Alegre: Companhia Editora Nacional, 1944a.

_____. *A Barca de Gleyre.* São Paulo: Companhia Editora Nacional, 1944b.

_____. *Histórias de Tia Nastácia.* 32.ed. São Paulo: Brasiliense, 1944c.

_____. *Serões de Dona Benta.* 3.ed. São Paulo: Brasiliense, 1944d.

_____. *O leão da Neméia.* "Os doze trabalhos de Hércules", v.1. São Paulo: Brasiliense, 1944e.

_____. *A hidra de Lerna,* "Os doze trabalhos de Hércules", v.1. São Paulo: Brasiliense, 1944f.

_____. *Hércules e Cérbero,* "Os doze trabalhos de Hércules", v.12. São Paulo: Brasiliense, 1944g.

_____. Carta a Cesídio Ambrogi. 10 set. 1944h. Cópia xerográfica de datiloscrito sem assinatura. Biblioteca Monteiro Lobato, São Paulo, pasta 33A, documento 3564.

_____. *Mundo da lua e miscelânea.* São Paulo: Brasiliense, 1946a.

_____. *A Barca de Gleyre.* São Paulo: Brasiliense, 1946b. 2v.

_____. *América:* os Estados Unidos de 1929. São Paulo: Brasiliense, 1946c.

_____. *Reinações de Narizinho*: contendo todas as travessuras de Narizinho, Pedrinho, Emilia, Rabicó, o Visconde de Sabugosa e o Burro Falante no sítio de Dona Benta e as mais aventuras pelos mundos maravilhosos. Ilustrações de André Le Blanc. São Paulo: Editora Brasiliense Limitada, 1947a. (Obras completas de Monteiro Lobato, 2ª série, Literatura infantil, v.1).

_____. *Serões de Dona Benta*: física e astronomia. 4.ed. São Paulo: Brasiliense, 1947b.

_____. *O Picapau Amarelo e A reforma da natureza.* São Paulo: Brasiliense, 1947c.

_____. *História do mundo para as crianças*. 11.ed. São Paulo: Brasiliense, 1947d.

_____. *Mr. Slang e o Brasil* e *Problema Vital*. 2.ed. São Paulo: Brasiliense, 1948a. (Obras completas de Monteiro Lobato, 1ª série, literatura geral, v.8).

_____. *A Barca de Gleyre*. 2.ed. São Paulo: Brasiliense, 1948b. 2 t. (Obras completas de Monteiro Lobato, 1ª série, Literatura geral, v.11-2).

_____. *O poço do Visconde*. São Paulo: Brasiliense, 1949.

_____. *Prefácios e entrevistas*. São Paulo: Brasiliense, 1950.

_____. *A Barca de Gleyre*. 4.ed. São Paulo: Brasiliense, 1951a.

_____. *Prefácios e entrevistas*. 4.ed. São Paulo: Brasiliense, 1951b.

_____. *Cidades mortas*. 5.ed. São Paulo: Brasiliense, 1951c.

_____. *Dom Quixote das crianças*. 4.ed. São Paulo: Brasiliense, 1952a.

_____. *Reinações de Narizinho*. São Paulo, Brasiliense, 1952b.

_____. *Memórias da Emília e Peter Pan*. São Paulo: Brasiliense, 1952c.

_____. *Dom Quixote das crianças*. São Paulo: Brasiliense, 1955a.

_____. *Fábulas e histórias diversas*. Ilustrações de André Le Blanc. São Paulo: Brasiliense, 1955b. (Obras completas de Monteiro Lobato, 2ª série, Literatura infantil, v. 15).

_____. *Os doze trabalhos de Hércules*. São Paulo: Brasiliense, 1955c. 2t.

_____. *A Barca de Gleyre*. 7.ed. São Paulo: Brasiliense, 1956a. t.2.

_____. *O escândalo do petróleo e Ferro*. São Paulo: Brasiliense, 1956b.

_____. *Mr. Slang e o Brasil*. São Paulo: Brasiliense, 1956c.

_____. *Viagem ao céu*. São Paulo: Brasiliense, 1956d.

_____. *O Minotauro*. São Paulo: Brasiliense, 1956e.

_____. *Prefácios e entrevistas*. Obras completas. São Paulo: Brasiliense, 1956f.

_____. *Serões de Dona Benta e História das invenções*. 6.ed. São Paulo: Brasiliense, 1956g. (Obras completas de Monteiro Lobato, 2ª série, Literatura infantil, v.8).

_____. *Reinações de Narizinho*. 6.ed. São Paulo: Brasiliense, 1956h.

_____. *Mundo da lua e miscelânea*. São Paulo: Brasiliense, 1956i.

_____. *A Barca de Gleyre*: quarenta anos de correspondência literária entre Monteiro Lobato e Godofredo Rangel. 8.ed. São Paulo: Brasiliense, 1957a.

_____. *Urupês*. 9.ed. São Paulo: Brasiliense, 1957b.

_____. *Cartas escolhidas*. São Paulo: Brasiliense, 1959a. t.2.

_____. *A Barca de Gleyre*: quarenta anos de correspondência literária entre Monteiro Lobato e Godofredo Rangel. 9.ed. São Paulo: Brasiliense, 1959b. (Obras completas de Monteiro Lobato, 1ª série, Literatura geral, v.12).

_____. A criança é a humanidade de amanhã. In: _____. *Conferências, artigos e crônicas*. São Paulo: Brasiliense, 1959c.

_____. *Reinações de Narizinho*. 10.ed. São Paulo: Brasiliense, 1960.

_____. *A Barca de Gleyre*: quarenta anos de correspondência literária entre Monteiro Lobato e Godofredo Rangel. 11.ed. São Paulo: Brasiliense, 1964a. (Obras completas de Monteiro Lobato, 1ª série, Literatura geral, v.11-2).

_____. *Prefácios e entrevistas*. 11.ed. São Paulo: Brasiliense, 1964b.

_____. *Críticas e outras notas*. São Paulo: Brasiliense, 1965.

_____. *Prefácios e entrevistas*. 13.ed. São Paulo: Brasiliense, 1969a.

_____. *Urupês*. 15.ed. São Paulo: Brasiliense, 1969b. (Obras completas de Monteiro Lobato, 1ª série, Literatura geral, v.1).

_____. *Cartas escolhidas*. 5.ed. São Paulo: Brasiliense, 1969c.

_____. *Cartas escolhidas*. 6.ed. São Paulo: Brasiliense, 1970.

_____. *Histórias de Tia Nastácia*. 13.ed. São Paulo: Brasiliense, 1971.

_____. *Aritmética da Emília*. São Paulo: Brasiliense, 1972a.

_____. *História das invenções*. 15.ed. São Paulo: Brasiliense, 1972b.

_____. *A Barca de Gleyre*. 14.ed. São Paulo: Brasiliense, 1972c. v.8.

_____. *Robinson Crusoé*. 12.ed. São Paulo: Brasiliense, 1972d.

_____. *O Picapau Amarelo*. São Paulo: Brasiliense, 1972e.

_____. *O Picapau Amarelo*. São Paulo: Brasiliense, 1973a.

_____. *Fábulas*. 4.ed. São Paulo: Brasiliense, 1973b. v. 4.

_____. *A menina do narizinho arrebitado*. São Paulo: Indústrias Metal Leve S.A. (José Mindlin), 1982a.

_____. Reinações de Narizinho. In: _____. *Obra Infantil Completa*. Edição Centenária 1882-1982. São Paulo: Brasiliense, 1982b.

_____. *Memórias da Emília*. Ilustrações de Manoel Victor Filho. 42.ed. São Paulo: Brasiliense, 1994a.

_____. *A reforma da natureza*. 38.ed. São Paulo: Brasiliense, 1994b.

_____. *Caçadas de Pedrinho*. 60.ed. São Paulo: Brasiliense, 1994c.

_____. *Cartas de amor*. São Paulo: Brasiliense, 1994d.

_____. *A chave do tamanho* 42.ed. Ilustrações de Manoel Victor Filho. São Paulo: Brasiliense, 1997.

_____. *O Sacy-Pererê*: resultado de um inquérito. Edição fac-similar. Rio de Janeiro: JB, 1998.

_____. *Geografia de Dona Benta*. 24.ed. São Paulo: Brasiliense, 2000.

_____. *O Minotauro*. Ilustrações de Manoel Victor Filho. 8.reimpr. da 27.ed. São Paulo: Brasiliense, 2003a.

_____. *O garimpeiro do rio das Garças*. Ilustrações de Kurt Wiese. 3.reimp. da 4.ed. São Paulo: Brasiliense, 2003b.

_____.*Reinações de Narizinho.* Disponível em: <http://lobato.globo.com/biblioteca_Infantojuvenil.asp#reinacoes>. Acesso em:10 set. 2007.

Referências gerais

ABRAMOVICH, F. *O estranho mundo que se mostra às crianças.* São Paulo: Summus, 1983. (Novas Buscas em Educação).

ACIOLI, S. *De Emília a Dona Quixotinha, uma aula de leitura com Monteiro Lobato.* 240f. Fortaleza, 2004. Dissertação (Mestrado em Letras) – Programa de Pós-Graduação em Letras da Universidade Federal do Ceará.

ALMEIDA, J. L. de; VIEIRA, A. L. *Contos infantis*: em verso e prosa: adoptados para uso das escolas primarias do Brasil. 15.ed. Rio de Janeiro: Livraria Francisco Alves, 1923.

ALVAREZ, R. *Monteiro Lobato*: escritor e pedagogo. Rio de Janeiro: Antares, 1982.

ALVES, R. *Filosofia da ciência*: introdução ao jogo e suas regras. São Paulo: Brasiliense, 1981.

ANDERSEN, H. *O patinho feio.* Adaptação de Arnaldo de Oliveira Barreto. Ilustrações de Franta Richter. São Paulo: Weiszflog Irmãos, 1915. (Bibliotheca Infantil). [Edição fac-similar, Melhoramentos, 1990.]

ARROYO, L. *Literatura infantil brasileira*: ensaio de preliminares para a sua história e suas fontes. São Paulo: Melhoramentos, 1968.

_____. *Literatura infantil brasileira.*10.ed. São Paulo: Melhoramentos, 1990.

ASSIS, M. de. *Memórias póstumas de Brás Cubas.* Rio de Janeiro: Ministério da Educação e Cultura/ Instituto Nacional do Livro, 1960. (Obras de Machado de Assis, 6).

AZEVEDO, C. L. de et al. *Monteiro Lobato*: furacão na Botocúndia. São Paulo: Editora Senac, 1997.

_____. *Monteiro Lobato*: furacão na Botocúndia. 2.ed. São Paulo: Editora Senac, 1998.

BAGNO, M. *Fábulas fabulosas.* Disponível em: http://www.TVEBrasil.com.br/SALTO/boletins2002/vdt/vdttxt3.htm. s/d.

BARBOSA, A. *O ficcionista Monteiro Lobato.* São Paulo: Brasiliense, 1996.

BARRETO, P. Monteiro Lobato – As reinações de Narizinho. *O Estado de S.Paulo*, 19 dez. 1931. Livros Novos. (Documento do Centro de Documentação e Apoio à Pesquisa – UNESP – Assis).

BARRIE, J. *Peter Pan.* New York: Apple Classics, 1993.

BARTHES, R. *Le degré zéro de L'Écriture.* Paris: Éditions du Seuil, 1953.

BELLUZZO, A. M. de M. *Voltolino e as raízes do modernismo.* São Paulo, 1980. Dissertação (Mestrado) – Escola de Comunicações e Artes, Universidade de São Paulo.

BENJAMIN, W. O narrador. In: *Os pensadores*. Walter Benjamin, Max Horkheimer, Theodor W. Adorno, Jürgen Habermas. 2.ed. São Paulo: Abril Cultural, 1983.

BERGERAC, S. de C. de. *L'autre monde; ou Les états et empires de la lune et du soleil*. Paris: Garnier, 1932.

BERTOZZO, S. M. G. *Revendo Monteiro Lobato vida e obra de Edgar Cavalheiro*: uma leitura de Monteiro Lobato. Assis, 1996. Dissertação (Mestrado) – Universidade Estadual Paulista.

BEY, E. *A luta pelo petróleo*. Tradução de Monteiro Lobato e Charles Franckie. São Paulo: Companhia Editora Nacional, 1935.

BIGNOTTO, C. C. *Duas leituras da infância segundo Monteiro Lobato*. Campinas, 1998. Dissertação (Mestrado) – Instituto de Estudos da Linguagem (IEL), Universidade Estadual de Campinas.

_____. *Personagens infantis da obra para crianças e da obra para adultos de Monteiro Lobato*: convergências e divergências. Campinas, 1999. Dissertação (Mestrado) – Intituto de Estudos da Linguagem (IEL), Universidade Estadual de Campinas.

_____. *Monteiro Lobato em construção*. Disponível em: <http://www.unicamp.br/iel/monteirolobato/outros/cilza01Lobato.pdf>. Acesso em: 10 out. 2007.

_____. *Novas perspectivas sobre as práticas editoriais de Monteiro Lobato (1918-1925)*. Campinas, 2007. Tese (Doutorado em Teoria e História Literária) – Instituto de Estudos da Linguagem (IEL), Universidade Estadual de Campinas. Disponível em: <http://libdigi.unicamp.br> Acesso em: 30 set. 2007.

BITTENCOURT, C. M. F. *Pátria, civilização e trabalho*: o ensino de história nas escolas paulistas (1917-1939). São Paulo: Loyola, 1990.

BLONSKI, M. S. *A representação do saci na cultura popular e em Monteiro Lobato*. Belo Horizonte, 2003. Dissertação (Mestrado) – Faculdade de Letras, Universidade Federal de Minas Gerais.

BÖHM, G. Peter Pan para crianças brasileiras: a adaptação de Monteiro Lobato para a obra de James Barrie. In: CECCANTINI, J. L. C. T. (Org.). *Leitura e literatura infanto-juvenil*: memória de Gramado. São Paulo: Cultura Acadêmica; Assis, SP: Anep, 2004.

BORGES, J. L. Magias parciales del Quijote. In: _____. *Obras completas*. Buenos Aires: Emecé Editores, 1974.

BOSI, A. *História concisa*. São Paulo: Cultrix, 1970.

BOSI, A. Lobato e a criação literária. *Boletim Bibliográfico Biblioteca Mário de Andrade*, São Paulo, v.43, n.1-2, p.19-33, jan./jun. 1982.

BRANCO, S. M. *O Saci e a reciclagem do lixo*. São Paulo: Moderna, 1994.

BRASIL. Secretaria de Educação Fundamental. *Parâmetros Curriculares Nacionais*: Matemática. Brasília: MEC, 1998.

BRASIL. Ministério da Educação. Assessoria de Comunicação Social. *Biblioteca na Escola*: livros definidos. 3 out. 2007a. Disponível em: <http://portal.mec.gov.br/acs/index.php?option=com_content&task=view&id=9159&interna=6>. Acesso em: 7 out. 2007.

_____. Ministério da Educação. Fundo Nacional de Desenvolvimento da Educação. Secretaria de Educação Básica. *Edital de convocação para inscrição de obras de literatura no processo de avaliação e seleção para o Programa Nacional Biblioteca da Escola – PNBE 2008*. Brasília, 2007b. Disponível em: <ftp://ftp.fnde.gov.br/web/editais_licitacoes/edital_pnbe_2008.pdf>. Acesso em: 27 set. 2007.

BRASIL ESCOLA. Disponível em: <http://www.brasilescola.com.br>. Acesso em: 21 set. 2007.

CABRAL, I.; RAMOS, F. B. *Dom Quixote das crianças*: uma análise comparativa do clássico e da adaptação lobatiana. Disponível em: <www. ucm.es/info/especulo/numero25/quixocri.hyml>. Acesso em: 29 mar. 2005.

CAFARDO, R. MEC bate recorde de compra de livros. Agência Estado, 24 set. 2007. Disponível em: <http://www.abrelivros.org.br/abrelivros/texto.asp?id=2674>. Acesso em: 28 set. 2007.

CALVINO, I. *Seis propostas para o próximo milênio*: lições americanas. Tradução de Ivo Barroso. São Paulo: Companhia das Letras, 1991.

CAMPBELL, J. *O herói de mil faces*. Tradução de Adail U. Sobral. 6.ed. São Paulo: Cultrix, 2000.

CAMPOS, A. L. V. de. *A República do Picapau Amarelo*. São Paulo: Martins Fontes, 1986.

CANDIDO, A. *Remate de males*. Revista do Departamento de Teoria Literária, Unicamp, Campinas, 1999.

CANDIDO, A.; CASTELLO, J. A. *Presença da literatura brasileira* (História e antologia). São Paulo: Difusão Europeia do Livro, 1964.

CARDOSO, M. A. *Revista Virtual-Contestado e Educação*, v.15, 2006.

_____. *Conteúdos escolares nos escritos de Monteiro Lobato*: contra a aduana da cultura escolar. Documento *on line*. Disponível em: <http://www.cdr.unc.br/PG/layoutNovo/edicoes/numeroquinze/MonteiroLobatoArt2.pdf>. Acesso em: 20 set. 2007.

CARNEIRO, M. L. T. *Livros proibidos, idéias malditas*. São Paulo: Estação Liberdade, 1997.

CARROLL, L. *Alice no país das maravilhas*. Tradução e adaptação de Monteiro Lobato. 5.ed. São Paulo: Companhia Editora Nacional, 1941.

CARVALHO, B. V. *Literatura infantil*: visão histórica e crítica. São Paulo: Global, 1987.

CARVALHO, N. C. Fábula: um gênero antigo como o homem. *Proleitura*. Assis: UNESP, ano 1, n.2, dez. 1992.

_____. Professor: por que não fazer como Dona Benta? *Proleitura*. Assis: UNESP, 1998.

CAVALHEIRO, E. No sítio do Picapau Amarelo. *Gazeta Magazine*, São Paulo, 11 jan. 1942. (Documento do Dossiê Monteiro Lobato, Fundo Raul de Andrada e Silva – Instituto de Estudos Brasileiros – USP).

_____. *Monteiro Lobato*: vida e obra. São Paulo: Companhia Editora Nacional, 1955.

_____. *Monteiro Lobato*: vida e obra. São Paulo: Brasiliense, 1962.

CECCANTINI, J. L. C. T. A adaptação dos clássicos. *Proleitura*, n.13, abr. 1997a.

_____. (Ed.) Contar histórias. *Proleitura*, Assis, v.4, p.12, p.1-12, fev.1997b.

CERVANTES, Miguel de. *Dom Quixote*. Tradução dos Viscondes de Castilho e Azevedo. São Paulo: Abril Cultural, 1978.

CHARTIER, R. *A ordem dos livros*. Brasília: Editora da Universidade de Brasília, 1994.

CIVITA, V. (Org.) *Monteiro Lobato*. Grandes personagens de nossa história. v.4. São Paulo: Abril, 1969.

COELHO, N. N. *A literatura infantil*. História – Teoria – Análise. São Paulo: Quíron; Brasília: INL, 1981a.

_____. *Panorama da literatura infantil/juvenil* – Das origens indo-européias ao Brasil contemporâneo. São Paulo: Ática, 1981b.

_____. *Dicionário crítico da literatura infantil e juvenil brasileira* (1882/1982). São Paulo: Quíron, 1983.

_____. O retorno de "O patinho feio". In: ANDERSEN, H. *O patinho feio*. Adaptação de Arnaldo de Oliveira Barreto. Ilustrações de Franta Richter. São Paulo: Weiszflog Irmãos, 1915. (Bibliotheca Infantil). [Edição fac-similar, São Paulo, Melhoramentos, 1990.]

_____. *Panorama histórico da literatura infantil/juvenil*: das origens indo-européias ao Brasil contemporâneo. 4.ed. São Paulo: Ática, 1991.

_____. *Dicionário crítico da literatura infantil e juvenil brasileira*. 4.ed. rev. e ampl. São Paulo: Edusp, 1995.

_____. *Literatura infantil*: teoria, análise, didática. São Paulo: Moderna, 2000.

COSTA LIMA, L. *A literatura e o leitor*: textos de estética da recepção. São Paulo: Ática, 1979.

CYTRYNOWICZ, R. *Guerra sem guerra*: a mobilização e o cotidiano em São Paulo durante a Segunda Guerra Mundial. São Paulo: Geração Editorial/Edusp, 2000.

DANTAS, P. (Org.) *Vozes do tempo de Lobato*. São Paulo: Traço, 1982.

DATASUS. Disponível em: <http://tabnet.datasus.gov.br>. Acesso em: 21 set. 2007.

DEBUS, E. S. D. *O leitor, esse conhecido*: Monteiro Lobato e a formação de leitores. Porto Alegre, 2001. Tese (Doutorado) – Pontífica Universidade Católica do Rio Grande do

Sul (PUC/RS). Disponível em: <http://www.unicamp.br/iel/memoria/teses/tese18. doc>. Acesso em: 18 jan. 2003.

_____. *Monteiro Lobato e o leitor, esse conhecido*. Prefácio de Regina Zilberman. Itajaí: Univali; Florianópolis: UFSC, 2004.

DEZOTTI, M. C. C. (Org.) *A tradição da fábula*: de Esopo a La Fontaine. Brasília: Editora Universidade de Brasília; São Paulo: Imprensa Oficial do Estado de São Paulo, 2003.

DICK, S. J. *Life on Other Worlds*: The 20th Century Extraterrestrial Life Debate. New York: Cambridge University Press, 1998.

DUARTE, L. C. *Lobato humorista*: a construção do humor nas obras infantis de Monteiro Lobato. São Paulo: Editora UNESP, 2006.

ECO, U. *Pós-escrito a* O nome da rosa. Rio de Janeiro: Nova Fronteira, 1985.

EVANS, A. B. *Jules Verne Rediscovered*: Didacticism and the Scientific Novel. New York & London: Greenwood Press, 1988.

FARIA, M. A. O. O mundo em miniatura de *A chave do tamanho*. *Proleitura*, n.1, ago. 1992.

_____. Belmonte ilustra Lobato. *Proleitura*. Assis: UNESP, 1998.

FERREIRA, E. A. G. R. A leitura dialógica e a formação do leitor. 420p. Assis, 2003. Dissertação (Mestrado em Letras) – Faculdade de Ciências e Letras, Universidade Estadual Paulista.

FLAMMARION, N. C. *A pluralidade dos mundos habitados*: estudo em que se expõem as condições de habitabilidade das terras celestes discutidas sob o ponto de vista d'astronomia, da physiologia e da philosophia natural. 23.ed. Rio de Janeiro: B. L. Garnier, 1878.

_____. *La planète Mars et ses conditions d'habitabilité*: encyclopédie générale des observations martiennes. Paris: Gauthier-Villars, 1909.

_____. *Voyage dans le ciel*. Paris: Flammarion, 1917.

GALDINO, L. *Sacici, siriri, sici*. São Paulo: Editora do Brasil, 1985.

GALVÃO, W. N. A voga do biografismo nativo. *Revista Estudos Avançados*, v.19, n.55, São Paulo: Instituto de Estudos Avançados (IEA) – USP, 2005.

GLEISER, M. *A dança do universo*. São Paulo: Companhia das Letras, 2006.

_____. Como fazer galáxias. Caderno Mais, *Folha de S.Paulo*, 23 set. 2007.

HALLEWELL, L. *O livro no Brasil*: sua história. Tradução de Maria da Penha Villalobos e Lólio Lourenço de Oliveira. São Paulo: T. A Queiroz; Edusp, 1985.

_____. *O livro no Brasil*. São Paulo: Edusp, 2005.

HELD, J. *O imaginário no poder*: as crianças e a literatura fantástica. Tradução de Carlos Rizzi. São Paulo: Summus, 1980.

HILLYER, V. M. *A Child's History of the World.* 5th.ed. New York/London: The Century Co., 1924.

_____. *Pequena história do mundo para crianças.* 6.ed. São Paulo: Companhia Editora Nacional, 1967.

HOUAISS, A.; VILAR, M. S. *Dicionário Houaiss de língua portuguesa.* Rio de Janeiro: Objetiva, 2001.

IBGE, *Anuários Estatísticos do Brasil*, 1995.

INSTITUTO HENRIQUE KÖPKE. *Fabulas para uso das classes de lingua materna arranjadas pelo director.* 5.ed. Rio de Janeiro: Livraria Francisco Alves, 1911.

KOSHIYAMA, A. *Monteiro Lobato*: intelectual, empresário, editor. São Paulo: Edusp, 1982.

LAJOLO, M. (Org.) *Monteiro Lobato*: Biografia por Ruth Rocha; panorama da época por Ricardo Maranhão. São Paulo: Abril Educação, 1981. (Literatura comentada).

_____. A modernidade de Monteiro Lobato. In: ZILBERMAN, R. (Org.). *Atualidade de Monteiro Lobato, uma revisão crítica.* Porto Alegre, Mercado Aberto, 1983a.

_____. Jeca Tatu em três tempos. In: SCHWARZ, R. (Org.). *Os pobres na literatura brasileira.* São Paulo: Brasiliense, 1983b.

_____. *Monteiro Lobato*: a modernidade do contra. São Paulo, 1985.

_____. *Do mundo da leitura para a leitura do mundo.* São Paulo: Ática, 1993a.

_____. Lobato, um Dom Quixote no caminho da leitura. In: *Do mundo da leitura para a leitura do mundo.* São Paulo: Ática, 1993b.

_____. Negros e negras em Monteiro Lobato. In: LOPES, E. M. T. et al. (Org.). *Lendo e escrevendo Lobato.* 1.ed. Belo Horizonte: Autêntica, 1999a, v. 1.

_____. Lobato, um Dom Quixote no caminho da leitura. In: *Do mundo da leitura para a leitura do mundo.* São Paulo: Ática, 1999b.

_____. *Monteiro Lobato*: um brasileiro sob medida. São Paulo: Moderna, 2000.

_____. Monteiro Lobato e Dom Quixote: viajantes nos caminhos da leitura. In: _____. *Do mundo da leitura para a leitura do mundo.* São Paulo: Ática, 2002.

_____. Lobato, um Dom Quixote no caminho da leitura. In: *Do mundo da leitura para a leitura do mundo.* São Paulo: Ática, 2005a.

_____. Monteiro Lobato y Don Quixote: nuestros caminos de lectura em América. In: BARCO, F. L. M. (Org.). *En los colores de la voz*, literatura infanto-juvenil de Latinoamérica. Ciudad de Guatemala: Armar Editores, 2005b.

_____. *Monteiro Lobato e Dom Quixote*: viajantes nos caminhos da leitura. Disponível em: <www.unicamp.br/iel/site/graduação/quixote.rtf>. Acesso em: 23 mar. 2006a.

_____. A Brazilian writer (Monteiro Lobato). *New York. Brasil/Brazil: revista de literatura brasileira*, Porto Alegre, v.34, p.17-31, 2006b.

LAJOLO, M.; MARANHÃO, R., ROCHA; R. *Literatura comentada.* 2.ed. São Paulo: Nova Cultural, 1988.

LAJOLO, M.; ZILBERMAN, R. *Literatura infantil brasileira*: história e histórias. São Paulo: Ática, 1984.

_____. *Literatura infantil brasileira*: história e histórias. 4.ed. São Paulo: Ática, 1988.

_____. *Literatura infantil brasileira*: história e histórias. 5.ed. São Paulo: Ática, 1991.

LIMA, A. D. A forma da fábula: estudo de semântica discursiva. *Significação. Revista Brasileira de Semiótica*, Araraquara, n.4, p.60-9, 1984.

LIMA, N. T. *Um sertão chamado Brasil*: intelectuais e representação geográfica da identidade nacional. Rio de janeiro: Revan/ IUPERJ–Ucam, 1999.

LISPECTOR, C. *Como nasceram as estrelas*: doze lendas brasileiras. Rio de Janeiro: Nova Fronteira, 1997.

LOPES, G. *Fábulas (1921) de Monteiro Lobato*: um percurso fabuloso. 279 f. Assis, 2006. Dissertação (Mestrado em Letras) – Faculdade de Ciências e Letras, Universidade Estadual Paulista.

LOPES, E. M. T.; GOUVÊA, M. C. (Org.). *Lendo e escrevendo Lobato.* Belo Horizonte: Autêntica, 1999.

LOURENÇO FILHO. *Introdução ao estudo da Escola Nova.* São Paulo: Melhoramentos, 1950.

MAGNANI, M. R. M. *Leitura, literatura e escola*: sobre a formação do gosto. São Paulo: Martins Fontes, 1989.

MANSUR, G. Arte de dizer às crianças a verdade inteira. *O Estado de S.Paulo*, 18 abr. 1992.

MARINHO, J. C. Conversando de Lobato. In: DANTAS, Paulo (Org.). *Vozes do tempo de Lobato.* São Paulo: Traço, 1982.

MARTHA, A. A. P. Monteiro Lobato e as fábulas: adaptação à brasileira. *Cuatrogatos. Revista de Literatura Infantil.* Miami, v.7, 1984.

_____. Dona Benta, contadeira de histórias. In: PEREIRA, R. F.; BENITES, S. A. L. (Org.). *A roda da leitura*: língua e literatura no jornal PROLEITURA. São Paulo: Cultura Acadêmica; Assis: Anep, 2004.

MARTINS, M. R. *Quem conta um conto... aumenta, diminui, modifica.* O processo de escrita do conto lobatiano. Campinas, 1998. Dissertação (Mestrado) – Instituto de Estudos da Linguagem (IEL), Universidade Estadual de Campinas.

_____. *Lobato edita Lobato*: história das edições dos contos lobatianos. Campinas, 2003. Tese (Doutorado em Letras) – Instituto de Estudos da Linguagem (IEL), Universidade Estadual de Campinas. Disponível em: <http://www.unicamp.br/iel/memoria/Teses/Milena2/>. Acesso em: 30 set. 2007.

MARTINS, N. S. *A língua portuguesa na obra infantil de Monteiro Lobato*. São Paulo, 1972. Tese (Doutorado) – Faculdade de Filosofia, Letras e Ciências Humanas,Universidade de São Paulo.

MAZIERO, M. das D. S. *Mitos gregos na literatura infantil*: que Olimpo é esse? Campinas, 2006. Dissertação (Mestrado) – Faculdade de Educação, Universidade Estadual de Campinas. Disponível em: <http://libdigi.unicamp.br/document/?code=vtls000379626>. Acesso em: 30 set. 2007.

MEIRELES, C. *Problemas da literatura infantil*. 2.ed. São Paulo: Summus, 1979.

_____. *Problemas da literatura infantil*. 3.ed. Rio de Janeiro: Nova Fronteira, 1984.

_____. *Crônicas de educação*. Rio de Janeiro: Nova Fronteira, 2001. 5 v.

MERZ, H. J. V. et al. *Histórico e resenhas da obra infantil de Monteiro Lobato*. São Paulo: Brasiliense, 1996.

MONARCHA, C. *A reinvenção da cidade e da multidão*: dimensões da modernidade brasileira – a Escola Nova. São Paulo: Cortez, 1989.

MOURA, A. M. *Lobato, leitor de Nietzsche*. Rio de Janeiro, 2000. Dissertação (Mestrado) – Universidade Federal do Rio de Janeiro.

NEVES, M. S. *Por mares poucas vezes navegados*: Cecília Meireles e a literatura infantil. 2004. *Site* do Projeto Integrado de Pesquisa Modernos Descobrimentos do Brasil – Departamento de História da Pontífica Universidade Católica do Rio de Janeiro. Disponível em: <http://www.historiaecultura.pro.br/modernosdescobrimentos/desc/meireles/frame.htm> Acesso em: 5 out. 2007.

NOSSA HISTÓRIA: a descoberta de diamantes na região leste de Mato Grosso. *Site* da Prefeitura de Poxoréu (MT). Disponível em: <http://www.poxoreu.mt.gov.br/cidade/nossahistoria.html> Acesso em: 6 out. 2007.

NUNES, C. *Monteiro Lobato vivo*. 60.ed. São Paulo: Brasiliense, 1994.

_____. *Novos estudos sobre Monteiro Lobato*. Brasília: Unb, 1998.

OLIVEIRA, D. de. *Os doze trabalhos de Hércules*: a estilização do mito na obra lobatiana. São Paulo, 2006. Dissertação (Mestrado) – Universidade Presbiteriana Mackenzie.

ONG, W. *Orality and Literacy*: the Technologizing of the Word. London/ New York: Methuen, 1982.

PALLOTTA, M. G. P. *Criando através da atualização*: fábulas de Monteiro Lobato. 187 f. Bauru, 1996. Dissertação (Mestrado em Comunicação e Poéticas Visuais) – Faculdade de Arquitetura, Artes e Comunicação, Universidade Estadual Paulista.

PALOMAR OBSERVATORY. Disponível em: <http://www.astro.caltech.edu/palomar/>. Acesso em: 24 set. 2007.

PENTEADO, J. R. *Os filhos de Lobato*: o imaginário infantil na ideologia do adulto. Rio de Janeiro: Qualitymark/Dunya, 1997.

PEREIRA, M. O. F.; PEREIRA, R. F. Monteiro Lobato e o diálogo entre dois gêneros. In: TOLEDO, E. L. S.; SPERA, J. M. *Lingüística textual*: literatura, relações textuais, ensino. São Paulo: Arte e Ciência, 2007.

PERRONE, C. A. *Do mito à fábula*: releituras de Lobato. São Paulo, 2002. Dissertação (Mestrado) – Faculdade de Filosofia, Letras e Ciências Humanas, Universidade de São Paulo.

PERROTTI, E. *O texto sedutor na literatura infantil*. São Paulo: Ícone, 1986.

PICCHIO, L. S. *História da literatura brasileira*. Rio de Janeiro: Aguilar, 1997.

PLATÃO. *A república*. Tradução A. Pinheiro. 8.ed. São Paulo: Atena, [196?].

PNAD 2007. Disponível em: <http://www.ibge.gov.br>. Acesso em: 21 set. 2007.

POUND, E. Como ler. In: *A arte da poesia*: ensaios escolhidos. Tradução de Heloysa de Lima Dantas e José Paulo Paes. São Paulo: Cultrix/ Editora da Universidade de São Paulo, 1976.

PRADO, M. O. M. A. Leituras e leitores em Dom Quixote, de Cervantes e de Lobato. In: CONGRESSO INTERNACIONAL DE LEITURA E LITERATURA INFANTIL DO OESTE PAULISTA, 3, Presidente Prudente: UNESP, 2006.

PRADO, A. O. M. de A. *Adaptação, uma leitura possível*: um estudo de *Dom Quixote das crianças*, de Monteiro Lobato. 136 f. Três Lagoas, 2007. Dissertação (Mestrado em Letras) – Programa de Pós-graduação em Letras, Universidade Federal de Mato Grosso do Sul.

REIS, C.; LOPES, A. C. M. *Dicionário de teoria da narrativa*. São Paulo: Ática, 1988.

REVISTA DO BRASIL, n.1, jan. 1921.

REY, M. Matriarcado no Sítio do Pica-pau Amarelo. *Folhetim*, Cem anos de Monteiro Lobato, 18 abr. 1982.

RIBEIRO, M. A. H. W. et al. *Guia de leitura de* Reinações de Narizinho, 2003. Disponível em: <http://www.unesp.br/prograd/PDFNE2003/Guia de leitura de reinacoes de narizinho.pdf>. Acesso em: 21 set. 2007.

ROCHA, J. N. *De caçada às caçadas*: o processo de re-escritura lobatiano de *Caçadas de Pedrinho* a partir de *A caçada da onça*. Campinas, 2006. Dissertação (Mestrado) – Instituto de Estudos da Linguagem (IEL), Universidade Estadual de Campinas.

ROMERO, S. *Contos populares do Brasil*. São Paulo: Landy, 2000.

SANDRONI, L. *De Lobato a Bojunga*: as reinações renovadas. Rio de Janeiro: Agir, 1987.

SANTALÓ, L. Matemática para não-matemáticos. In: PARRA, C. et al. *Didática da matemática*. São Paulo: Artes Médicas, 1998.

SAVIANI, D. *Escola e democracia*. São Paulo: Cortez, 1989.

SCHWARCZ, L. M. *O espetáculo das raças*: cientistas, instituições e questão racial no Brasil 1870-1930. São Paulo: Companhia das Letras, 1993.

SILVA, J. C. *Cadernos da PUC/RJ*. Rio de Janeiro: Série Letras, 1982.

SILVA, J. C. M. *Conversando de Monteiro Lobato*. São Paulo: Obelisco, 1978.

SILVA, L. A. *Fábulas de Lobato*: a teoria e a prática de um gênero. 126 f. Araraquara, 2003. Dissertação (Mestrado em Estudos Literários) – Instituto de Letras, Ciências Sociais e Educação, Universidade Estadual Paulista.

SOUZA, L. N. O. de. *O processo estético de reescritura das fábulas por Monteiro Lobato*. 259 f. Assis, 2004. Dissertação (Mestrado em Letras) – Universidade Estadual Paulista.

STADEN, H. *Meu captiveiro entre os selvagens do Brasil*. Org. Monteiro Lobato. 1.ed. São Paulo: Companhia Editora Nacional, 1925.

_____. *Suas viagens e cativeiro entre os índios do Brasil*. Org. Monteiro Lobato. 4.ed. São Paulo: Companhia Editora Nacional, 1945.

TIN, E. *Em busca do "Lobato das cartas"*: a construção da imagem de Monteiro Lobato diante de seus destinatários. Campinas, 2007. Tese (Doutorado) – Instituto de Estudos da Linguagem, Universidade Estadual de Campinas.

TODOROV, T. *As estruturas narrativas*. São Paulo: Perspectiva, 1969.

TOPAN, J. de S. *O "Sítio do Picapau Amarelo na Antigüidade"*: singularidades das Grécias Lobatianas. Campinas, 2007. Dissertação (Mestrado) – Faculdade de Educação, Universidade Estadual de Campinas. Disponível em: <http://libdigi.unicamp.br/document/?code=vtls000412702>. Acesso em: 30 set. 2007.

TOURINHO, G. Considerados até baixos diante dos custos de produção e do panorama internacional, preços de livros são altos para o bolso do brasileiro. *Jornal de Brasília*, Brasília, 27 jul. 2005.

TRAVASSOS, N. *Minhas memórias dos Monteiros Lobatos*. São Paulo: Clube do Livro, 1974.

UNICAMP/IEL. Monteiro Lobato e outros modernismos brasileiros. Carta de 27 de fevereiro de 1941. Disponível em: <http://www.unicamp.br/iel/monteirolobato/corre_passiva/MLb-3.2.00407.htm>. Acesso em: 20 set. 2007.

VALENTE, T. A. *Uma chave para A chave do tamanho, de Monteiro Lobato*. Assis, 2004. Dissertação (Mestrado) – Faculdade de Ciências e Letras, Universidade Estadual Paulista.

VAN LOON, H. *The story of mankind*. New York: Boni & Liveright, 1921.

VARGAS, M. V. A. M. Reflexos da fábula indiana nos textos de Monteiro Lobato. *Magma*, São Paulo, n.2, p.74-87, 1995.

VASCONCELLOS, Z. M. C. de. *O universo ideológico da obra infantil de Monteiro Lobato*. São Paulo: Traço, 1982.

VERNE, J. *Da Terra à Lua*. São Paulo: Melhoramentos, 2005.

VIEIRA, A. S. O livro e a leitura nos textos de Monteiro Lobato. In: GOUVÊA, M. C.; LOPES, E. M. *Lendo e escrevendo Lobato*. Belo Horizonte: Autêntica, 1999.

VIEIRA, M. A. C. Dom Quixote no Sítio do Picapau Amarelo. In: CONGRESSO ABRALIC – LITERATURA E DIFERENÇA, 4, *Anais...* São Paulo – USP, 1994.

_____. *O dito pelo não-dito*: paradoxos de Dom Quixote. São Paulo: Edusp-Fapesp, 1998. (Ensaios de Cultura, 14).

YUNES, E. *Presença de Monteiro Lobato*. Rio de Janeiro: Divulgação e Pesquisa, 1982.

ZANETTE, R. *A educação transformadora*. Disponível em: <www.centrorefeducacional.pro.br>. Acesso em: 24 nov. 2007.

ZILBERMAN, R. Monteiro Lobato e a aventura do imaginário. *Letras de hoje*. Caxias do Sul (RS): PUC, n.49. set. 1982.

_____. Literatura infantil: livro, leitura, leitor. In: *A produção cultural para a criança*. 4.ed. Porto Alegre: Mercado Aberto, 1990.

_____. *A literatura infantil na escola*. 10.ed. São Paulo: Global, 1998.

_____. De La Fontaine a Monteiro Lobato: a fábula. In: DUARTE, L.P. (Org.). *Para sempre em mim*: homenagem à professora Ângela Vaz Leão. Belo Horizonte: Cespuc, 1999.

_____. *Como e por que ler a literatura infantil brasileira*. Rio de Janeiro: Objetiva, 2005.

ZILBERMAN, R.; LAJOLO, M. *Um Brasil para crianças*: para conhecer a literatura infantil brasileira: histórias, autores e textos. 2. ed. São Paulo: Global, 1986.

ZILBERMAN, R.; MAGALHÃES, L. C. (Org.) *Literatura infantil*: autoritarismo e emancipação. 2.ed. São Paulo: Ática, 1984.

Referências na web

<http://www.arquivoestado.sp.gov.br/acervo/vermais_deops.htm>
<www.ednacional-acervo.br>
<ww.lobato.com.br>
<www.lobato.globo.com./miscelanea>
<http://pt.wikipedia.org/wiki/James_Matthew_Barrie>
<www.unicamp.br/iel/memoria>
<www.uol.com/houaiss>
<www.unicamp.br/iel/monteirolobato>

Índice onomástico

Abelhas e os zangões, As 109
Alcatraz e o eider, O 380, 386
Alencar Araripe 152
Alice do outro lado do espelho 377
Alice in wonderland 377
Alice no país das maravilhas 33, 345, 377, 378, 466
Almeida, Júlia Lopes de 36
Alves, Francisco 72, 77
Alves, Rubem 404
Amado, Jorge 258, 259, 268
Amaral, Amadeu 195
Ambrogi, Cesídio 471-473
América 216
Andersen, Hans Christian 181, 260, 377, 378
Andrade, Mário de 342
Andrade, Oswald de 82
Animais e a peste, Os 116

Araújo, Miriam Regina da Costa 312
Ariosto, Ludovico 336, 337, 479, 480
Aritmética da Emília 256, 261, 275-280, 283, 284, 305, 394, 395
Arte de escrever cartas, A 471
Artes, As 308
Aspásia 478
Aventuras de Hans Staden 49, 151, 153--156, 161, 164-167, 228
Aventuras do príncipe 35, 188, 192
Azevedo, Fernando de 164, 221, 256, 280, 312
Bábrio 105
Bach, Johann Sebastian 307
Bach, José 368
Bambi 113
Barbosa Vianna 38
Barbosa, Rui 71, 75, 141
Barca de Gleyre, A 278, 471, 478

Barreto, Benedito de Barros 49, 53-58, 63, 256, 261, 265, 427, 448
Barreto, Plínio 188, 193
Barrie, James Matthew 24, 25, 171, 177, 178, 180, 182, 183, 345, 377, 378
Batista, Luís Garnier 75
Bela Adormecida, A 378, 414
Belmonte (pseudônimo), ver Barreto, Benedito de Barros
Benjamin, Walter 19, 296, 297
Bernardes, Artur 79
Bey, Essad 363
Biblioteca Pedagógica Brasileira 35, 164, 172, 188, 221, 239, 256, 312, 385, 447
Bicho manjaléu, O 379
Bocage, Manuel Maria de Barbosa du 112
Bolívar, Simon 223, 307
Bom diabo, O 382
Boog, C. M. 222
Bornstein, Marquerita 312, 313
Bosi, Alfredo 25
Branca de Neve 378, 412, 414, 417, 419, 422, 428
Branco, Samuel Murgel 94
Brasil insultado por brasileiros, O 291
Burrice 116
Burro juiz, O 116
Burro na pele de leão, O 116
Burro sábio, O 116
Burro, o cachorro e a onça, O 109
Cabra, o cabrito e o lobo, A 114
Cabra, o carneiro e o leitão, A 109
Caçada da onça, A 124, 126, 237-242, 244, 251
Caçadas de Pedrinho, As 99, 164, 213, 237, 239-245, 247, 248, 251, 410, 419, 482

Caçula, O 382
Cágado e a festa no céu, O 382
Cágado e a fonte, O 382
Cágado e a fruta, O 382
Cágado e o jacaré, O 382
Cágado e o teiú, O 382
Cágado na festa do céu, O 379, 382
Calvino, Italo 41
Camões, Luís Vaz de 160
Camponês ingênuo, O 380
Campos, André Luiz Vieira de 244
Campos, Jurandir Ubirajara 49, 222, 243, 244, 261, 312, 397, 448, 450
Candido, Antonio 82, 96-98, 404
Cândido Fontoura 142
Caneco de prata, O 97
Canto, Edith 110
Cão e o lobo, O 116
Cara de coruja, O 35, 182, 188, 192
Carneiro Junior, Severino de Moura 49, 293
Carol (rei) 440, 441
Carroll, Lewis (pseudônimo), ver Dodson, Charles Lutwidge
Carvalho, Antônio Cândido de 124
Carvalho, Edson de 363
Casamento de Narizinho, O 35, 188, 192
Castelo Branco, Camilo 20
Castro Alves, Antônio Frederico de 462
Castro, Angelo 49
Cavalheiro, Edgar(d) 15, 67, 68, 71, 72, 80, 82, 83, 97, 189, 190, 225, 276
Cavalo e o burro, O 116
Cervantes, Miguel de 24, 25, 159, 325, 326, 328, 330, 334, 336-338
Chapeuzinho Vermelho 378
Chave do tamanho, A 67, 163, 410, 422, 423, 442-444, 447, 450, 455-460, 462, 466, 479, 482

Chiarelli, Tadeu 77
Child's History of the World, A 222, 227
Churchill, Winston 441, 465
Cidades mortas 9, 238
Cigarra e as formigas, A 111-113, 116
Cinderela 378
Cipolla, Marcelo Brandão 307
Circo de escavalinho, O 33-35, 46, 182, 188, 192
Coelho, Artur 308
Collodi, Carlo 194
Colocador de pronomes, O 16
Comte, Auguste 281
Conan Doyle, Arthur 260
Contos de Andersen 378
Contos de fadas 378, 379
Contos de Grimm 378
Contos infantis 36
Contos populares do Brasil 380-382, 387
Conversa de bastidores: a correspondência entre Monteiro Lobato e seus leitores infantis 166
Corimbaba, Marina Ribeiro 258
Cormoran e o eider, O 386
Coruja e a águia, A 115
Corvo e o pavão, O 111, 116
Cumbuca de ouro e os marimbondos, A 382
Cunha, Euclides da 25
Cunha, Xavier da 480
Cyrano de Bergerac, Savinien de 205, 206
D'Arc, Joana 231
Da Terra à Lua 206, 210
Darwin, Charles 383
De Gaulle (general) 441
Defoe, Daniel 158, 159, 164
Demandistas, Os 109
Dewey, John 463
Di Cavalcanti 76

Dialeto caipira, O 195
Diário da Noite 291, 317
Diário de Notícias 127, 128
Dictionnaire illustré 211
Disney, Walt 429
Dodson, Charles Lutwidge 33, 283, 307, 377
Dois burrinhos, Os 116, 118
Dois ladrões, Os 116
Dois pombinhos, Os 116
Dois viajantes na macacolândia, Os 111, 116
Dom Quixote das crianças 112, 175, 179, 325, 326, 328-330, 334, 337, 374, 443
Don Quijote de los niños 327
Doré, Gustave 333, 480
Doutor Benignus, O 205
Doutor Botelho, O 379
Doze trabalhos de Hércules, Os 471-474, 478, 481-485
Duarte, Lia Cupertino 92, 391
Duas cachorras, As 116
E isto acima de tudo 113
Edson, Paulo 312
Educação 103
Egoísmo da onça, O 109
Einstein, Albert 212-214
Emília no país da gramática 49, 53-56, 255--261, 265, 268, 270, 271, 276-278, 280, 305, 308, 394, 395, 410
Enciclopédia Britânica 309
Escândalo do petróleo, O 360, 363, 364, 366
Esopo 104, 105, 111
Espanto das gentes, O 443, 447, 448, 450
Estadinho, O 69, 87
Estado de S. Paulo, O 68, 69, 70, 87, 95, 107, 139, 141, 188
Estudo antropológico sobre o saci 98
Eurípides 482
Fábulas de Narizinho 45, 88, 105-109

Fabulas para uso das classes de lingua materna arranjadas pelo director 105
Faraday, Michael 321
Fedro 105, 111
Fernandes, Adilson 12
Ferreira, Octales Marcondes 73, 79, 107, 245, 292, 305, 311
Ferreira, Waldemar 79
Fídias 478
Figueiredo Pimentel 90
Filho pródigo, O 35
Filosofia da ciência: introdução ao jogo e suas regras 404
First Men in the Moon, The 205
Flammarion, Nicolas Camille 204, 205, 211, 215
Fleury da Rocha 364
Fome não tem ouvidos, A 109, 118
Ford, Henry 362
Formiga boa, A 108, 112
Formiga má, A 108, 112
Fortunato Bulcão 363
Franckie, Charles Werner 363-368
Franco, Álvaro 308
Freitag, Lauro 308
Fulton, Robert 321
Galdino, Luiz 94
Galinha dos ovos de ouro, A 116
Galo que logrou a raposa, O 117
Garay, Benjamin de 327
Garimpeiro do rio das Garças, O 20, 123-127, 129, 134
Garnier, Batista Luís 72, 75, 328
Gata Borralheira, A 386
Gato de botas, O 378, 379
Gato e o sabiá, O 109
Gato Félix, O 35, 188, 192
Gazeta Magazine 189, 249

Geografia de Dona Benta 155, 166, 289, 290, 291, 293, 296, 308, 313, 315, 317, 318, 394, 395, 410
Gralha enfeitada com penas de pavão, A 116
Gramática expositiva 271
Gramática histórica 271
Grimm (Jacob e Wilhelm, irmãos) 181, 260, 378
Guaspari, Marina 308
Guisard, Oswald 386
Gutenberg, Johannes 307
Hale, George 209
Hall Caine, Thomas Henry 35
Hans Staden: suas viagens e cativeiro entre os índios do Brasil 152
Héracles 482
Heródoto 478
Higa, Roberto Massaru 312
Hillyer, Virgil Morres 222
Histoire Comique: contenant les états et empires de la lune
História da Bíblia, A 308
História da humanidade 307, 308
História das invenções – o homem, o fazedor de milagres 308, 309
História das invenções 295, 305, 306, 308--313, 315-318, 321, 342, 457
História do mundo para as crianças 89, 155, 166, 221, 222, 225-228, 230, 231, 233, 278, 305, 308, 315, 383, 394, 395, 410
História do oceano Pacífico 308
História dos macacos, A 380
Histórias de Dona Benta, As 48
Histórias de Tia Nastácia 25, 48, 49, 112, 373, 380-385, 387, 388, 393
Histórias diversas 107, 110
Hitler, Adolf 55, 223, 441, 462, 464

Homem e a cobra, O 116
Homem invisível, O 260
Horácio 278
Hubble, Edwin 203
Ideias de Jeca Tatu 87, 95
Iglesias, Francisco de Assis 362
Ilíada 429
Ilustração do livro infantil 33
Imitador dos animais, O 111, 116
Intrujão, O 116
Irmão caçula, O 82
Irmão de Pinóquio, O 188, 192, 194, 331
Jabuti e a fruta, O 382
Jabuti e o jacaré, O 382
Jabuti e o lagarto, O 382
Jabuti e os sapinhos, O 380, 382
Jacala, o crocodilo 378
Jakobson, Roman 98
Jansen, Carlos 158, 327, 338
Jardim, Serafim Gomes 291
Jeca Tatu: a ressurreição 142
Jeca Tatuzinho 124-126, 139, 142, 144-147
Jefferson 307
João e Maria 378, 382
João esperto 382
João mais Maria 382
Jornal da Infância 103
Julgamento da ovelha, O 111
Kato, Jorge 312
Kepler, Johannes 212, 213
Khel, Renato 141
Kim 378
Kipling, Joseph Rudyard 378, 457
Köpke, João 105
La Fontaine, Jean de 104-106, 111, 112
La planète Mars et ses conditions 205
Lamo, Rafael de 385
Lamparina, O 19, 135,

Lampião, ver Silva, Virgulino Ferreira da
Las nuevas travesuras de Naricita 191
Las travesuras de Naricita 191
Laurelli, Glauco Mirko 135
Le Blanc, André 45, 57, 63, 107, 157, 172, 191, 222, 256, 261, 265, 312, 313, 385, 386, 397, 428, 449, 450
Leitura 72, 81
Leme, Hemengarda 308
Leon, Eli Marcos Martins 312
Liga das Nações 109, 113
Lima Barreto, Afonso Henriques de 25, 75
Lima, Maria Luiza Pereira 22, 393
Lincoln, Abraham 231
Lispector, Clarice 94
Little White Bird, The 171
Livro da jangal, O 378
Livro da selva 378
Lobato humorista 92, 391
Lobo e o cordeiro, O 114, 116
Lobo velho, O 111
Löfgren, Alberto 152
Lourenço Filho 280, 404, 463
Lundstrom, 311
Lusíadas, Os 160
Luta pelo petróleo, A 363, 364
Macaco e o rabo, O 382
Macaco, a onça e o veado, O 382
Machado de Assis, Joaquim Maria 458
Maciel, Breno Augusto Ribeiro 166
Malot, Albert 226
Marabá 22
Marinho, João Carlos 97, 98, 227, 482
Marquês de Rabicó, O 35, 188, 192, 238-241
Marques Rabello 308
Matuto João, O 382
Mazzaropi 19, 135, 141
Meireles, Cecília 34, 127, 128, 403

Mello, Josette Silveira 473
Melo, Otaviano de 129
Memórias de Emília 21, 22, 24, 172, 342, 465
Memórias póstumas de Brás Cubas 40, 458
Mendonça Filho, Bráulio de 172
Menina do leite, A 116
Menina do narizinho arrebitado, A 36, 44, 47, 48, 77, 87, 108, 126, 129, 163, 189, 327, 386, 412
Menotti del Picchia, Paulo 82
Metamorfoses, As 482
Meu captiveiro entre os selvagens do Brasil 79, 152
Michelet, Jules 211
Mil e uma noites, As 178
Minotauro, O 375, 412, 422, 427, 428, 431, 432, 434, 435, 482, 484
Mix, Thomas Hezikiah 19, 39
Monteiro, José Francisco 47, 70
Monteiro, Roberto Souto 312
Monteiro Lobato – vida e obra 67, 190
Monteiro Lobato e as crianças 310, 316
Monteiro Lobato em construção 103
Monteiro Lobato vivo 258
Monteiro Lobato, José Bento, *passim*
Monteiro Lobato: furacão na Botocúndia 76
Morais, Clóvis Kruel de 172
Moreira, Pedro Paulo 190
Morte e o lenhador, A 116
Mosca e a formiguinha, A 114, 116
Mowgli, o menino lobo 378
Multiplex 307
Mundo em que vivemos, O 308
Músicos de Bremen, Os 378
Mussolini, Benito 55, 441

Narizinho arrebitado 35, 36, 42, 45, 48, 76, 77, 87, 88, 108, 158, 163, 188, 192, 238, 386-388
Nasino 191
Navios, e de como eles singraram os sete mares 308
Negrinha 9, 22
Neiva, Arthur 141, 362
Nero 231
Nesti, Paulo Ernesto 449
Neves, Arthur 190, 455
Newton, Isaac 212-214
Nietzsche, Friedrich 281
Noivado de Narizinho, O 192
Novas perspectivas sobre as práticas editoriais de Monteiro Lobato (1918-1925) 81
Novas reinações de Narizinho 35
Obra completa 88, 91, 449, 450
Obras completas, passim
Olho do dono, O 114, 116
Oliveira Viana 73, 258
Onça e o gato, A 382
Onça e os companheiros de caça, A 109
Onça, a anta e o macaco, A 109
Onça, o veado e o macaco, A 382
Oppenheim, Victor 364, 365
Orlando furioso 336, 479, 480
Outras edições infantis 35
Ovídio 482
Padovin, Luiz 312
Palha, Américo 317
Parâmetros Curriculares de Matemática 283
Parry, William 211
Pastor e o leão, O 116
Patinho feio, O 45, 377
Pedro II, dom 231
Peixes na floresta 380
Pele do urso, A 111

Pena de papagaio, A 35, 183, 188, 192
Pena, Belisário 141
Pequena História do mundo para crianças 222
Pequena sereia, A 377
Pequeno bandeirante, O 126
Pequeno Polegar 413, 422
Pequenos trechos 129
Pereira, Eduardo Carlos 271
Pereira, Lucia Miguel 97, 308
Péricles 428-430, 433, 478
Perrault, Charles 181, 260, 378, 379, 474
Peru medroso, O 111
Pétain, marechal 441
Peter Pan and Wendy 173
Peter Pan in Kensington Gardens 171
Peter Pan, história do menino que não queria crescer, contada por Dona Benta 24, 25, 171, 172, 173, 174, 180, 182, 183, 228, 239, 343, 374
Peter Pan, or the Boy who Wouldn't Grow 171, 378
Picapau Amarelo, O 183, 328, 350, 375, 409--418, 420-423, 428, 44, 449, 450, 482
Pinto pelado, O 382, 387
Pinto sura, O 382, 386, 387
Platão 106
Pluralidade dos mundos habitados, A 205
Pó de pirlimpimpim, O 35, 183, 188, 192
Poço do Visconde, O 140, 146, 306, 355, 359, 362, 363, 365-368, 383, 393, 394, 410, 420-423
Pollyana moça 260
Populações meridionais do Brasil 73
Pound, Ezra 41
Prado, J. 76
Presidente negro, O 10, 22, 205
Princesa ladrona, A 382, 388

Princesa roubadeira, A 382
Problema vital 139, 141, 143, 145, 146
Problemas da literatura infantil 34
Proteção do Diabo, A 382
Pulo do gato, O 382
Queiroz, Renato da Silva 98
Quijote de los niños, El 327
Rã e o boi, A 116
Rã sábia, A 116
Rabelais, François 458
Rabo do macaco, O 380, 382
Rackam, Arthur 171
Rangel, Godofredo, *passim*
Raposa faminta, A 380
Rapunzel 378
Rato orgulhoso, O 380
Razões do porco, As 109
Reclus, Elisée 211
Reforma da natureza, A 439, 443-450, 457, 482
Reformador do mundo, O 116
Reinações de Narizinho, As, passim
Rembrandt 307
República do Picapau Amarelo, A 244, 422
República, A 106
Resto de onça, O 238
Revista do Brasil 16, 38, 70, 72, 73, 74, 78, 95, 129, 239
Revista do Instituto Histórico e Geográfico Brasileiro (IHGB) 152
Richter, Franta, Francisco ou Franz 45
Robinson Crusoe 158, 159, 164, 466
Rocha, Carlos Avalone 312
Rodolpho 49, 427
Rodrigues, J. Wasth 76
Romero, Sílvio 380, 381, 387, 388
Sabiá e o urubu, O 116
Sabiá na gaiola, O 116

Saci e a reciclagem do lixo, O 94
Saci siriri sici 94
Saci, O 87-89, 92-99, 126, 139, 239, 373, 482
Sacy-Perêrê: resultado de um inquérito, O 69, 74, 87, 88, 275, 374
Sade, marquês de 458
Sangue fresco 97
Santos Dumont, Alberto 315, 317
Santos, Gilson Maurity 261
Santos, Máximo de Moura 259
Segredo de mulher 116
Serões de Dona Benta 306, 312, 331, 391- -396, 400, 405
Silva, Raquel Afonso da 166, 261, 373, 444, 445
Silva, Virgulino Ferreira da 19, 20, 124, 134, 248
Silveira Bueno, Francisco da 360
Silveira Peixoto 249
Siqueira, Teófilo 70
Sócrates 223, 478
Soldadinho de Chumbo, O 377
Sosa, M. J. de 327
Spencer, Herbert 281
Staden, Hans 79, 152, 153, 156-162, 164, 165
Stalin, Josef 55, 441, 462
Stephenson, George 21
Stolf, Lais 364
Story of Inventions: Man, the Miracle Maker, The 307, 308, 321
Story of Mankind, The 306, 307
Swift, Jonathan 458, 459
Tácito, Hilário 82
Tasso da Silveira 308, 310, 316
Teixeira, Anísio 217, 260, 262, 280, 463

Through the Looking Glass, and What Alice Found There 377
Tin, Emerson 471, 473
Tolice de asno 116
Tom Mix (pseudônimo), ver Mix, Thomas Hezikiah
Tour du monde 211
Touro e as rãs, O 116
Tremembé, visconde de, ver Monteiro, José Francisco
Um jeca nos vernissages 77
"Unha-de-fome" 116
União, A 315
Universo ideológico da obra infantil de Monteiro Lobato, O 244
Urupês 9, 68, 70, 71, 74, 75, 88, 97, 140, 188, 275, 410
Útil e o belo, O 116
Van Loon, Hendrik Willem 295, 306-311, 315, 321
Van Loon's Geography – The Story of the World We Live in 308
Vargas, Getúlio 216, 251, 318, 321, 363
Vasa, Gustavo 307
Vasco da Gama 226
Vasconcellos, Zinda Maria Carvalho de 224, 226-228, 231, 244, 410, 413, 482, 483
Vaz, Léo 82
Velha praga 68, 140
Verissimo, Erico 308
Verne, Júlio 205, 206, 210, 211
Viagem ao céu 89, 110, 201, 202, 204, 205, 209, 212, 213, 216, 344, 375, 443, 478, 482
Viagem ao redor da Lua 206
Viagens de Gulliver 328, 458, 459, 466
Victor Filho, Manoel 312, 449, 450
Vida e a época de Rembrandt, A 308

Vidas ilustres 307, 308
Vieira, Adelina Lopes 36
Vieira, Adriana Silene 171, 213, 343
Villin, Jean G. 188, 242
Voltolino 44, 45, 48, 90, 105-107, 386
Vorepierre 211
Voz da Infância, A 342, 343
Washington Luis 362
Watt, James 321

Wells, H. G. 205, 260
Whright, M. S. 222
Wiese, Kurt 107, 109, 126, 139, 239
Windsor, duque de 441
Winter, J. 364, 65, 367, 368
Wright (irmãos) 317
Xavier da Cunha 480
Yamashita, Michio 312
Zaluar, Augusto Emílio 205

IMPRENSA OFICIAL DO ESTADO DE SÃO PAULO

Coordenação Editorial
Cecília Scharlach

Assistência Editorial
Berenice Abramo
Bia Lopes

Editoração
Teresa Lucinda Ferreira de Andrade

Formato:	15,5 x 22,5 cm
Mancha:	27 x 41 paicas
Tipografia:	Adobe Garamond LT 11,5/16
Papel:	Offset 90 g/m² (miolo)
	Cartão Supremo 250 g/m² (capa)
1ª edição:	2008
1ª reimpressão:	2009
2ª reimpressão:	2019

FUNDAÇÃO EDITORA UNESP

Presidente do Conselho Curador
Mário Sérgio Vasconcelos

Diretor-presidente
Jézio Hernani Bomfim Gutierre

Superintendente Administrativo e Financeiro
William de Souza Agostinho

Conselho Editorial Acadêmico
Danilo Rothberg
João Luís Cardoso Tápias Ceccantini
Luiz Fernando Ayerbe
Marcelo Takeshi Yamashita
Maria Cristina Pereira Lima
Milton Terumitsu Sogabe
Newton La Scala Júnior
Pedro Angelo Pagni
Renata Junqueira de Souza
Rosa Maria Feiteiro Cavalari

Editores-Adjuntos
Anderson Nobara
Leandro Rodrigues

Edição de Texto
Rony Farto Pereira (copidesque)
Viviane S. Oshima (preparação de originais)
Sandra Garcia Cortês
Enedina Araújo Ferreira Arashiro (revisão)

Pesquisa Iconográfica
Raquel Afonso da Silva
Thaís de Mattos Albieri
Vanessa Regina Ferreira da Silva

Editoração Eletrônica
Estúdio Bogari (Diagramação)

GOVERNO DO ESTADO DE SÃO PAULO

Governador
João Doria

Vice-governador
Rodrigo Garcia

IMPRENSA OFICIAL DO ESTADO DE SÃO PAULO

Diretor-presidente
Nourival Pantano Júnior